수업의 완성

교실 토론

MANY SIDES: DEBATE ACROSS THE CURRICULUM

수업의 완성
교실 토론

알프레드 스나이더 · 맥스웰 슈누러 지음

민병곤 · 박재현 · 이선영 옮김

사회평론아카데미

수업의 완성 교실 토론

2014년 4월 10일 초판 1쇄 발행
2015년 7월 7일 초판 2쇄 발행

지은이 알프레드 스나이더, 맥스웰 슈누러
옮긴이 민병곤, 박재현, 이선영

펴낸이 권현준
펴낸곳 (주)사회평론아카데미

편집 이선엽·고하영
디자인 김진운
본문 조판 디자인 시
마케팅 김현주

등록번호 2013-000247(2013년 8월 23일)
전화 02-326-1545
팩스 02-326-1626
주소 121-844 서울특별시 마포구 월드컵북로6길 56

ISBN 979-11-85617-05-3 93370

교육 개혁의 역사를 살펴보면 당대 문화에 대한 여망 때문에 저항을 받았던 다양한 운동이 존재했음을 알 수 있다. 학습 환경과 능동적 학습을 구현하기 위하여 학생과 교사에게 동반적 지위를 부여하는 오늘날의 교수법 동향을 단적으로 보여 주는 사례로 범교과 토론(Debate Across the Curriculum, DAC) 방법을 들 수 있다. 이 교수 방법은 학교에서 이루어지는 거의 모든 지적 훈련에 교실 토론의 과정을 활용한다.

　　알프레드 스나이더(Alfred Snider)와 맥스웰 슈누러(Maxwell Schnurer)는 범교과 토론 과정과 적용 방안을 다룬 독특한 책을 최초로 저술하였다. 스나이더는 교육 토론의 옹호자로서 30년 이상 영향력을 발휘해 왔다. 미국에서 대학 토론 코치로서 명성을 날린 그는 국가 교육과정 개혁 운동인 도시 토론 연맹(Urban Debate League)을 통하여 도심 지역 학생들을 위한 토론 교육을 개척하는 과정에서 얻은 경험을 국제 토론 공동체에 적용해 왔다. 그는 인터넷을 활용하여 어디에서나 토론을 할 수 있는 길을 열었다. 그는 중국, 칠레, 한국, 세르비아 및 다수의 구소련 위성국에서 토의와 토론이 활발히 일어나도록 개인적인 도움을 주기도 하였다. 이 책에 소개된 많은 개념은 국제적으로 인정받는 버몬트 대학(University of Vermont)의 세계 토론 협회(World Debate Institute)에서 현장 검증되었다.

　　스나이더의 제자인 맥스웰 슈누러는 미국의 대학 토론 코치로 손꼽히는 명성을 얻었고 대회 토론을 교실에 적용한 개척자이다. 웨이크 포레스트 대학(Wake Forest University)과 피츠버그 대학(University of Pittsburgh)의 토론 보조 코치로서, 매리스트 대학(Marist College)을 거쳐 현재 홈볼트 주립 대학(Humboldt State University)의 토론 코치로서, 슈누러는 초심자 및 초보 토론자를 훈련시키는 데 헌신하면서 변화를 주도하는 토론 활동의 본질을 강조해 왔다. 그는 미국의 정책 토론 대회에서 최고의 국가 심판 및 코치가 되었을 뿐만 아니라, 정치적 활동, 동물 권리, 사회 정의, 환경보호주의, 성 문제 등을 매우 강조해 왔다. 슈누러는 공공 토론 및 토론 봉사 활동 분야의 개척자로서 수많은 공공 토론을 개최하고 펜실베이니아, 뉴욕,

캘리포니아 등 전국 규모의 토론 봉사 프로그램에 참여해 왔다. 그는 미국 대표로서 일본 순회 토론단에 참여하였으며 국제적 토론 연대를 주장하고 항상 새로운 장소나 공간에서 기꺼이 토론을 탐색하고자 하였다. 그는 수많은 토론 연구기관에 오랫동안 근무하면서 범교과 토론 과정에 대한 대규모 평가에 참여해 왔다.

토너먼트형 교육 토론(academic tournament debate)은 중학교, 고등학교, 대학교 수준에서 비판적 사고를 가르치는 데 효과가 있음이 검증되었다. 토론을 화법 이외의 과목에서 다양한 교육 목표에 부합하는 교수적 도구로 사용하는 경우가 많았다. 예를 들면, 상호작용적 교수, 학생·교사 간 동반적 관계, 민주적 대화, 학습에 대한 학생의 주도권, 경험주의 교육, 듣기·말하기를 위한 의사소통 기술, 협력 학습, 비판적 사고, 전통적 연구 및 컴퓨터 기반 연구, 전략적 메모하기, 논리적 조직, 비판적 읽기, 평가, 흥미 등이 그것이다. 교실 안팎에서 이루어지는 토론은 비판적 사고를 향상시키는 협력 학습의 좋은 예이다. 토론의 기본적 원리는 경쟁이 지적 성취에 기여한다는 것이다. 경쟁하면서 협력하는 것이 가능할 것인가? 경쟁적인 토론 팀에서는, 공동 조사를 통하여 학생들이 서로의 성공에 참여하게 되고 서로의 실패 후에 더 열심히 연구할 동기를 갖게 된다. 또 역할이 정교하게 분배된 토론 팀에서는, 경쟁을 통하여, 자신뿐 아니라 공동선을 위하여 협력할 동기를 갖게 된다. 스나이더와 슈누러는 이러한 것을 교실에 적용할 수 있는 가능성을 보여준다. 생각하고 조사해 보는 것은 개인과 집단이 학습을 장악할 수 있게 해 준다. 교사와 학생은 함께 공부함으로써 학습을 위한 동반적 관계를 형성할 수 있다. 파울로 프레이리(Paulo Freire)는 이러한 협력을 일컬어, 민주적 대화와 비판적 사고를 장려하는 자유 교육에 이르는 지름길이라고 하였다.

민주적 대화는 학생들이 권위에 의존하길 바라는 전통 교육에 대한 강력한 해독제이다. 그러한 대화는 학생이 생각하고 문제를 해결하는 새로운 방법을 열어 줄 여지가 있고 교사의 독창성을 장려하기도 한다. 스나이더와 슈누러는 이러한 가능성을 독특한 구성 방안과 창의적 평가 방법으로 설명한다. 이 책은 매우 학술적인 훈련에 실질적으로 적용하기 위한 접근법을 충실히 다룸으로써 학생과 교사의 동반 상승효과를 유발하여 교육자의 전통적인 역할에 활력을 불어 넣는다.

지난 수년간 나는 운 좋게도 이 책에 있는 교육과정 자료를 활용하여 브라운 대학에서 열린 프로비던스 도시 토론 연맹(Providence[1] Urban Debate League) 교사 워크숍, 에모리 대학에서 열린 미국 도시 토론 연맹 교사 회의에서, 그리고 애틀랜타, 마이애미, 내슈빌에 사는 모든 사회경제적 계층의 학생들을 가르치는 학교 교사 400명 이상의 연수를 진행하였다. 평가가 매우 좋았지만, 아마 가장 인상적인 결과는 이 자료가 학교의 모든 교과목에서 쉽게 활용될 수 있다는 점일 것이다. 범교과 토론은 학생과 교사가 상호 학습이 가능한 대화를 활발히 함으로써 도시, 교외, 시골 학교의 진정한 변화를 이끌어 내는 데 기여할 것이다.

멜리사 맥시 웨이드(Melissa Maxcy Wade)
에모리 대학교(Emory University)

---

1   [역주] 미국 로드 아일랜드(Rhode Island) 주의 주도

이 책이 처음 발간되었을 때 초판이 유일할 것으로 여겼다. 사실 일부 교사들 중 소수의 틈새 독자들을 기대했다. 그런데 확실한 베스트셀러는 아닐지라도 이 책은 여러 학문 분야에서, 여러 수준의 교육 시스템에서, 여러 나라에서 인기를 얻게 되었다. 마치 전 세계의 교사, 교육자, 학생들이 활동적이고 비판적 사고력을 기르고 지식의 통합을 요구하며 의사소통 기술을 향상시킬 수 있는 교육적 방법을 찾고 있는 것 같았다. 토론은 확실하게 그러한 방법 중 하나이다.

교실 토론의 매력은 21세기에서 학생들이 성공하기 위해 필요한 다양한 기능을 다룬다는 점이다. 토론이 그러한 기능을 가르치는 유일한 방법은 아니지만 하나의 활동을 통해 여러 기능들을 함께 가르치는 데 유용하다. '토론' 자체만으로는 학생들의 개인적이고 사회적인 성공을 더 잘 준비시키기 위한 우리의 요구를 만족시킬 수 없다. 토론은 여러 기능의 조합으로서 매우 유용하다. 토론은 그 기능의 조합에 학생들을 참여시키는 방법인 것이다.

나는 그 방법을 어떻게 사용하는지에 대해 초판을 썼을 때보다 훨씬 많이 알게 되었다. 토론뿐 아니라 대학 수업에 대해서는 잘 알고 있었지만 중등학교와 같은 다른 수업 환경의 교실 상황에 대해서는 이해가 부족하였다. 많은 교사와 교육자들이 내가 그러한 것을 이해하는 데 도움을 주었다. 초판이 발간된 이래 많은 학교와 여러 나라에서 나의 생각을 전하기 위해 일하였는데 가장 중요한 것은 그들로부터 많은 것을 배웠다는 것이다.

그분들에게 감사의 마음을 전하고자 한다. 클레어몬트(Claremont) 대학 토론 활동 프로그램의 케이트 슈스터(Kate Shuster)는 나의 목적과 수단을 수정하고 보완하는 데 도움을 주었다. 슬로베니아의 보자나 스크르트(Bojana Skrt)는 범교과 토론에 대한 지치지 않는 옹호자이며 슬로베니아 국립 학교 시스템에 이 방법을 활성화하는 데 강력한 힘을 발휘하였다. 슬로베니아의 실험 정신으로 충만한 리아나 미홀릭(Liana Miholic)과 마르타니 도만즌코(Martina Domanjnko) 선생님은 큰 도움이 되었다. 2004년 이스탄불에서 개최된 국제토론교육협회의 학술대회에서 이 주제의 패널로 참여한 모든 분들도 이론과 실제의 교섭을 이해하는 데 도움을 주셨다. 미국의 프랑크 더핀(Frank Duffin)은 학습자의 성취가 실제로 의미하는 바에 대해 개념을 잡을 수 있는 매우 유용한 자료를 제공하였다. 내가 이러한 생각을 하도록 처음 격려하신 고(故) 조안 스미스(Joan Smith) 선생님께는 늘 마음의 빚을 지고 있다. 물론 공저자인 맥스웰 슈누러(Maxwell Schnurer)는 지치지 않는 혁신가로서 나의 일에 효과적인 비판을 해 준다. 이러한 생각을 공유하며 함께 일한 모두에게 일일이 감사의 마음을 전할 수는 없지만 아마도 그들은 내가 누구에게 얼마나 많이 감사하는지를 알고 있을 것이다.

나는 IDEA(국제토론교육협회)의 노엘 셀레지(Noel Selegzi)와 열린사회 연구소(Open Society Institute)의 마틴 그린월드(Martin Greenwald)의 후의에도 모두 감사를 드린다. 엘레노라 데센(Eleanora von Dehsen)은 함께 일한 최고의 편집자이다.

또한 나에게 쉬며 글을 쓸 수 있는 공간을 제공한 멕시코 바하 칼리포르니아(Baja California) 주의 푸에르테시토스(Puertecitos)에 있는 작은 집에도 감사한다. 밀물과 썰물을 보며, 펠리컨이 물고기 잡는 것을 보며, 물고기의 점프를 보며 생각을 쉽게 정리할 수 있었다.

마지막으로 나로 하여금 세상에 대한 희망과 우주의 마법에 대한 강력한 감각을 회복하여 준 러셀 데이비스(Russell T. Davies)에게 감사하고 싶다. 나는 그에 대한 믿음이 있었고 그는 나에게 매우 큰 도움이 되었다.

지금 남은 과제는 이 아이디어를 추진하는 것, 학교 환경에서 실행을 개선하는 것, 이 기법의 성과를 측정하고 평가하는 것이다. 이것은 매우 큰 과업이지만 나의 유능한 동지들과 함께 잘 해낼 수 있으리라 믿는다.

알프레드 스나이더(Alfred C. Snider)
버몬트 대학교(University of Vermont)

듣기에 대해 가르쳐 준 토론으로 인해 나의 인생은 바뀌었다. 우리는 토론을 자신의 관점을 관철하고자 하는 사람들이 자신들의 공격적인 주장을 두고 벌이는 경쟁으로 인식하고 있기 때문에 이 말이 조금 이상하게 여겨질 수도 있다. 토론은 나에게 그 반대의 효과를 가져왔다. 대학에 입학했을 때 나는 이미 공격적인 성향을 가지고 있었다. 경험 많은 운동권 학생으로서 격론을 벌이며 정치적인 면에서 감정을 폭발하고는 하였다. 토론은 이런 성향의 나를 변화시켰는데 처음으로 나의 논증을 비판적 시각으로 검토하도록 만들었다.

토론자들은 내가 어떻게 할 수 없는 첫 번째 사람들이었다. 그들은 내가 논증을 뒷받침하기 위해 사용한 근거들을 검토하고자 하였으며 내게 해명을 요구하였다. 더 중요한 것은 토론자였던 나의 친구들이 독창적이고 훌륭한 견해를 가지고 있었다는 점이다.

나는 학생들이 이러한 의사소통 능력과 비판적 사고 기술을 어떻게 계발할 수 있을까 하는 호기심에 버몬트 대학의 로렌스(Lawrence) 토론 협회에 가입하였다. 나는 순식간에 토론에 사로잡혔다. 토론은 새로운 생각을 탐색하도록 고무하는 학습 방법이었다. 호기심이 인도하는 대로 새로운 주제를 학습하고 관심이 가는 새로운 분야를 조사하면서 나는 원하는 대로 빠르게 생각 여행을 할 수 있었다. 토론은 내가 이미 결정한 답변을 성찰하게 하고 더 많은 질문을 하도록 만들면서 흥미를 자극하고 뒤흔들었다. 지금의 나를 있게 해 준 토론은 매우 훌륭한 것이다.

토론으로 인한 놀라움과 흥분은 누구나 경험할 수 있다. 토론은 굳이 학교에서 개최하지 않아도 되며 공식적인 행사가 아니어도 된다. 쟁점을 비판적으로 검토하고자 하는 사람들 간의 자연스럽고 신나는 상호작용이 토론이다. 나는 토론이 지역 공동체 집단, 사회 운동 연맹, 사회 운동가, 정당, 친구들, 사업 등에서 활용될 수 있다고 생각한다.

이러한 관점을 모두가 공유하고 있는 것은 아니다. 많은 사람들이 토론이란 정치학자, 토론 전문가, 의사소통 분야의 특정 영역에 속한 것으로 여기는데, 나는 이러한 생각에 결코 동의하지 않는다. 토론은 일반 사람들에 의해 행해져야 한다. 토론은 초등학교 교실, 고등학교 화학 교실, 토론에 대한 관심이 있는 곳 어디에서나 이루어져야 한다.

이 책은 이러한 비전의 시작점을 상징한다. 교실 내 토론의 활용을 권장하는 것은 토론이 특정 장소에서만 행해져야 하는 무언가 신성한 것이라는 관념에 대한 도전이다. 토론은 학문 연구의 특정한 영역으로 차단되어서는 결코 안 되며 누구나 참여할 수 있어야 한다. 나는 토론에 대한 친숙함이 커질 것을 확신하며 토론이 세계의 모든 사람에게 확산되기를 바란다. 이 책은 토론을 시도하고자 하는 모든 사람을 위하여 준비되었다. 독자들도 그 경이로움을 발견하기 바란다.

특별히 공저자인 스나이더(Snider) 박사님께 감사의 뜻을 전하고 싶다. 박사님은 나에게 오랜 기간 멘토이며 안내자이며 토론 코치이며 친구이셨다. 토론에 대한 박사님의 비전은 매우 파급력이 강하였다. 박사님의 열정과 통찰에 감사드린다. 더불어 지속적인 영감을 제공하며 내 사고의 스파링 파트너를 맡아 준 엘레나 카타네오(Elena Cattaneo)에게도 감사의 마음을 전하고 싶다. 나의 적극적인 행동과 솔직한 대화를 격려해 주셨던 나의 어머니 제이 홀리(Jai Holly) 여사께도 감사한다. 싸워볼 만한 가치가 있는 세상 안에서 내가 정직을 유지할 수 있도록 도와 준 모든 사회 운동가에게도 감사한다. 나의 멋진 친구 고든 미첼(Gordon Mitchell)에게도 감사한다. 그의 열린 마음의 정신과 어디서나 누구나 토론해야 한다는 의지는 나의 책 곳곳에 스며 있다.

나의 모든 친구들, 토론 코치들, 동료들, 나에게 수년간 영향을 준 토론자들에게 감사의 마음을 전한다.

맥스웰 슈누러(Maxwell Schnurer)
홈볼트 주립 대학교(Humboldt State University)

차례

제1장

교육 방법으로서의 토론

이 장에서는 토론에 관한 일반적인 관념들을 검토하고 논의한 후 토론의 핵심 요소를 개략적으로 설명하고자 한다. 토론의 기본 과정을 이해하기 위하여 일상생활과 사회에서 발견되는 토론들을 검토할 것이다. 이를 통하여 토론 과정에 대하여 갖고 있는 오해가 무엇인지 밝히고자 한다. 그리고 토론이 다양한 배경에서 유용한 교실 활동 방법이 될 수 있음을 보여 주고 교사들이 교실에서 토론을 활용하는 데 필요한 도구들을 제공할 것이다.

암허스트 대학(Amherst College)의 전 총장 알렉산더 메이클존(Alexander Meikel-john)은 다음과 같이 말하였다.

> 나는 학생들의 긴 대열에서 지적으로 가장 우수해 보이는, 즉 대학의 학업에서도 최고이고 미래의 지적 성취도 가장 뛰어날 것으로 전망되는 한 집단을 선정하고자 합니다. 그러나 나는 내가 좋아하는 철학 전공 학생, 수학 전공 우등생, 생물학 우수 학생 중에서 누구를 선정해야 할지 잘 모르겠습니다. 또 자신의 전공에서 우수한 성적을 거둔 파이 베타 카파 회(Phi Beta Kappa)[2] 학생들에게도 월계관을 수여할 수 없습니다. 제가 보기에 어떤 집단보다도 더 강하고, 학문적 끈기가 있으며, 더 왕성한 지적 호기심을 갖고 있고, 다가올 문제와 싸울 태세를 더 잘 갖추고 있는 이들은 바로 대학의 토론자들입니다. 이 학생들은 자신의 전공 분야를 넘어서 상호 간의 토론뿐만 아니라 다른 대학에서 온 친구들과의 지적 논쟁을 위해 연대하고 있습니다.(Willhoft, 1929: 9)

---

2   [역주] 미국 대학 우등생들로 구성된 친목 단체

말콤 엑스(Malcolm X)의 자서전에는 다음과 같은 내용이 있다.

나는 어떻게 노퍽(Norfolk) 교도소에서 토론이 매주 열리게 되었는지 말하였다. 독서는 분출하려는 증기와 같이 마음을 충동하였다. 어떤 식으로든 나는 그 백인에게 직접 말을 하지 않을 수 없었다. 나는 토론자 명단에 내 이름을 올림으로써 이 일을 할 수 있다고 생각하였다. …… 일단 발을 들여놓은 후, 나는 토론을 계속하였다. 선정된 주제의 어느 쪽 입장이 주어지든 나는 내가 찾아낼 수 있는 것들을 철저히 찾아가며 공부하였다.(X, 1964: 98)

메이클존과 말콤 엑스는 모두 학습 방법으로서 토론의 힘과 가능성을 강조한다. 메이클존은 토론이 다른 어떤 지적 노력보다 더 학습의 잠재력을 가지고 있고 미래를 위한 준비를 해 줄 수 있음을 암시한다. 메이클존과 마찬가지로 말콤 엑스도 토론에 해방의 잠재력, 즉 새로운 세계, 새로운 기능, 새로운 생각을 가르치는 힘이 있음을 강조한다. 토론은 학생들에게 자율권을 주고 비판적으로 학습할 필요성을 느끼게 하는 방법이다.

이 책은 토론을 교실 교수 기법으로 활용하는 데 관심을 갖고 있는 모든 교사와 교육자를 위한 자원이다. 토론은 매력적이고 호기심을 자극하며 이해력을 높여 주는 활동으로서 학생들을 교육하고 교사들이 교육에 대한 책임감을 갖도록 격려하는 데 도움을 줄 수 있다. 이 책을 통하여 독자들은 교실에서 토론을 정착시키는 데 실제로 필요한 사항들을 안내 받게 될 것이다. 이 책에서는 약 50년에 걸친 두 저자의 경험을 기반으로 하여 교실 토론을 하는 데 도움이 되는 전술적 도구들을 제시하였다.

정보화 시대에 대한 비판적 옹호

지식 정보화 시대는 점차 복잡해지고 있다. 쏟아지는 정보의 양은 점점 더 많아지고 변화의 속도는 빨라지고 있다. 따라서 교육의 방법은 시대에 적합하게 변화하여야 하며, 학생들에게 평생 학습법을 가르치는 것이 가장 중요한 일이 되었다.

우리의 교육 방법을 다시 생각할 만한 여러 가지 변화가 있다. 첫째, 이전보다 더 많은 정보를 이용할 수 있다. 고대 알렉산드리아 도서관의 자료가 책 한 권 분량에 해당한다면 현존하는 자료는 미국 의회 도서관 장서만큼이나 많다. 정보의 이해와 활용이 사회적 성공과 같은 긍정적인 결과를 얻기 위한 핵심 요소로 점점 더 부각되고 있다.

둘째, 사회적 변화의 속도가 실질적으로 빨라졌으며, 느려질 기미가 보이지 않는다. 과거에는 세대 변화에 따른 삶의 변화가 거의 없었다. 시민들은 매우 정형화된 교육 기법으로 특정한 과업과 역할을 수행하도록 훈련 받았고 그것으로 성공할 수 있었다. 직업과 삶의 양식은 한 세대에서 다음 세대로 전승되었다. 21세기에는 전 생애 동안 여러 가지 직업을 갖게 되는 게 당연하다는 인식이 확산되었다. '학습'을 '학창시절'의 일로만 한정할 수 없게 되었다. 그리고 각자 훈련 받은 직업이 기업 경제에 쓸모가 있으리라고 확신할 수도 없다. 변화하는 환경에서 응용할 수 있는 방법을 학생들에게 가르치는 것이 중요하다는 사실이 점점 더 분명해지고 있다.

셋째, 사건들 간의 상호관계로 인해 복잡성이 증대되고 있다. 이전에는 공동체나 국가 간의 관계가 지금보다 더 독립적이었다. 그러나 이제 국제 무역, 환경 문제, 정보 교환 등에서 각각의 공동체가 세계의 다른 부분에서 받는 영향력이 매우 커졌다. 게다가 무선 통신의 보급, 이동식 컴퓨터의 성능 향상, 교통의 발달과 같은 많은 기술적 변화가 사회의 모든 부분에 걸쳐 전 조직 체계에 영향을 미치고 있다. 세계적이고 체계적인 상호관련성을 이해하는 것은 모든 시민에게 주어진 도전적 과제이다.

넷째, 위에서 지적한 변화에 따라 담론과 의사 결정에 대한 소위 전문가 그룹의 지배력이 커졌다. 선인들은 '르네상스'의 인간이 되기를 희구해 왔을지 모르지만, 오늘날에는 전문적 지식이 인정받는다. 결과적으로 대부분의 토의에서 '전문가의 의견'을 듣거나 인용하는 것이 일반화되었다. 점차적으로 일반 시민의 역할은 사회적 비극, 예를 들면 경찰의 만행, 환경오염, 직장 폐쇄, 상품 결함으로 인한 피해와 같은 일이 발생했을 때 분노와 슬픔의 감정을 표현하는 데 그치는 반면, 그러한 사고를 둘러싼 심층적 쟁점과 시민에게 적용되는 공공 정책은 거의 다 '전문가'만 참여하고, 그것도 자신들의 기득권을 옹호하기 위하여 토의하는 경우가 점점 더 많아지고 있다. 토론은 개인의 독립적 사고를 필요로 한다. 일찍이 왈도 윌호프트(Waldo Wilhoft)는 이 점을 명확히 한 바 있다.

> 이 세상에서 가장 어려운 일은 생각하는 것이다. 학생은 독창적으로 생각하지 않고도 졸업을 할 수 있다. 책에 있는 것과 교사가 사실이라고 말하는 것을 배우는 것은 사고가 아니다. 사고는 새로운 생각의 길을 스스로 개척하는 데 있다. 이때 새로운 생각이란 생각하는 사람에게 새로우면 되는 것이지 전 세계에 새로운 것일 필요는 없다. 토론은 생각을 요구하며, 생각은 더 많은 생각을 필요로 한다. 토론자는 생각이 단지 편견의 재편성이거나 본래의 편향을 정당화하는 것이 아님을 배운다.(Wilhoft, 1929: 10)

말콤 엑스와 마찬가지로 윌호프트는 토론을 통하여 학생들이 새롭게 생각하고 새로운 생각을 탐색할 수 있음을 지적하고 있다. 수년 동안 토론에 참여했던 많은 학생들은 토론을 통하여 새로운 생각을 도입함으로써 변화를 불러일으킬 수 있다는 데 의견을 같이한다.

다섯째, 의사소통에서 논리성이 점점 더 사라져 가는 경향이 있다. 요구, 필요, 상품의 특징에 초점을 맞추었던 이전의 광고와, 이미지, 연상, 그리고 상품의 수와 성적·사회적 요구 간에 직접적 관계가 있음을 비논리적으로 연결하여 시민을 설득하려는 오늘날의 광고는 놀라울 정도로 큰 차이가 있다. 정치적 의사소통 또한 점차 상징화되고, 정보 중심적이며, 대규모 멀티미디어 캠페인에서 만들어 배포한 슬로건의 영향을 받고 있다. 민주주의는 새로운 국가들로 확산되어 가고 있지만, 진정한 시민 의식과 참여의 관점에서 보면 민주주의는 점차 천박해지고 있다. 소위 생각의 시장은 점점 더 세련되고 과장된 생각을 중시하는 경향이 있는데 이는 논리적으로 타당한 것과는 대척점에 있다. 맥버니·오닐·밀즈(McBurney, O'Neil, and Mills, 1951: 266)에서는 학생들이 피상적 추론을 피하고 비판적으로 사고하며 다른 이들과 소통하는 능력을 신장하는 데 토론이 매우 적합하다고 주장한다.

토론은 이러한 변화에 따른 문제를 치유하는 해결책이 될 수 있다. 토론은 독립적이고 자유로운 생각과 활력 있는 대화를 가능하게 한다. 토론은 쉽게 감시당하거나 통제되지 않으며 능동적인 사고 과정을 필요로 한다. 학생들에게 이러한 지적인 생존 기술을 가르치는 공간으로서 교실의 의미가 점점 더 부각되고 있다.

토론을 교실 기법으로 활용해 보면, 이러한 문제들을 이해하고 그 문제들을 다루는 방법도 알 수 있다. 토론을 통해서 과정과 내용을 학습할 수 있고 정보의 수집과 관리 방법을 배울 수 있다. 토론자는 쟁점의 서로 다른 측면들을 조사하고 이해하여야 한다. 토론자는 정보를 어떻게 수집하고 그것을 자신의 목적에 맞게 재구성할 것인지 배운다. 토론의 과정은 역동적이고 유동적이며 변화무쌍하다. 날마다 새로운 생각과 논증이 생겨난다. 반대자가 사용하는 논증 가운데는 예상되는 것도 있고 그렇지 않은 것도 있다. 토론에서는 논증이 서로 연결되어야 하는데, 이는 토론자들이 상대방의 반박을 이용할 방법을 찾고 있기 때문이다. 토론자는 토론 주제와 관련해서는 상대방과 경쟁하지만 팀끼리 그리고 학급 구성원끼리는 서로 협력하기 위해 노력한다. 토론자는 경쟁하기 위하여 협력하는 법을 배운다. 토론자가 반대자의 생각을 비판적으로 분석하고 해체하는 것은 온갖 정보를 교류하며 살아야 할 여생 동안 해야 할 동일한 일에 대한 준비 과정이다.

토론은 다루기 어려운 과제를 아주 단순한 공적 대화로 만들어 비판적으로 사고할 수 있게 한다. 토론 참여자들은 논쟁의 근원과 결과를 주의 깊게 살펴보고, 전문가들이 자신들의 이해관계를 염두에 두고 사실과 규준을 만들어 내는 경우가 많음을 배움으로써, 오늘날 우리를 압도하는 것처럼 보이는 많은 문제들에 대한 저항력을 기를 수 있다. 문제에 대한 새로운 해석을 모색하는 이들이 토론을 통하여 비판적 질문과 학습의 방법을 배우게 된다는 사실이 매우 중요하다. 토론은 학생들이 내용에 대하여 토론할 뿐만 아니라 문제의 틀과 그 문제를 해결할 방법에 대해서도 토론하도록 한다.

학생들은 토론을 통하여 생각을 신속하게 처리하고 표현하는 법을 배움으로써 정신적 민첩성을 기를 수 있다. 토론자는 상대의 생각을 듣고 즉흥적으로 반응하여야 한다. 토론이 이러한 압박 속에서 이루어지기 때문에 우리는 토론을 통하여 순발력이라는 교육적 목표를 성취할 수도 있다.

이 책은 이와 같이 흥미진진한 방법을 모든 교과의 수업에 도입하는 데 도움이 될 것이다. 고전적이지만 여전히 역동성을 갖고 있는 이러한 학습 방법을 오늘날의 학생 및 시민적 요구와 통합하고자 하는 이들에게 이 책은 유용하게 쓰일 것이다.

토론의 정의

'공개 토론(open debate)'이라는 이름으로 진행되는 과정이 많이 있지만, 이 책에서 토론의 정의를 내리는 것은 매우 중요한 문제이다. 토론은 의사 결정 집단 앞에서 어떤 관심 주제에 대하여 의견이 다른 상대방과 번갈아가며 공평하게 의사소통하도록 구조화된 사건이다.

이러한 정의는 토론에 대한 많은 원리를 함의하고 있다. 토론은 공평하게 설계되어야 한다. 어느 편이든 자신들의 견해를 제시할 동등한 기회를 부여받아야 한다. 토론은 일정한 의사소통 기간과, 시작과 끝의 형식을 갖추도록 구조화되어야 한다. 이러한 구조에 따라 준비와 전략의 사용이 가능해진다.

토론은 말이나 글로 하는 의사소통 사건(communication event)으로서 생각을 전달하고 논증하는 방법이자 행위이다. 모든 토론에는 논제가 있어서 토론 과정은 일반적 대화보다 더 뚜렷한 지향성을 갖는다. 논제는 그 자체로 중요성을 가지고 있어야 하며 참여자와 토론을 참관하는 청중의 흥미를 끌 수 있어야 한다. 토론은 하나의 쟁점을 둘 이상의 측면에서 다루며 옹호하는 입장이 사전에 정해지는 경우가 많다.

예를 들어, 국가가 특정 범죄에 대한 사형을 제도화하는 문제에 대한 토론이 열릴 수 있을 것이다. 여기에 대해서 한쪽은 사형을 찬성한다. 이때 주로 'pro', 'af-firmative', 'proposition', 'government'라는 표현을 쓰는데, 이 책에서는 찬성 (affirmative)이라는 표현을 쓰고자 한다. 또 다른 한쪽은 사형을 반대할 것이다. 이에 대해 대체로 'con', 'negative', 'opposition'이라는 표현을 쓰는데, 이 책에서는 반대(negative)라는 표현을 쓰고자 한다. 이 '반대 측'은 토론되는 논제의 분석에서 중요한 의미를 지니는데, 이는 토론자들이 자신들을 뒷받침할 가장 강력한 근거를 가져와 상대측의 생각에 대하여 문제를 제기할 것이기 때문이다. 토론에서는 각 진영들 간에 순서를 바꿔가며 발언해야 하는데, 이렇게 함으로써 그 전후의 파동과 반대되는 비판적 의사소통의 파동이 형성된다. 토론이 진행되는 동안 토론자들은 상대 토론자와 청중에게 자신들의 관점에 대한 동의를 요청할 것이고 마지막에는 참석자들에게 공개적으로든 비공개적으로든 어떤 '결정'을 요구할 것이다. 이러한 결정은 현재에만 타당하며 시간이 흐르고 새로운 정보가 나타나면 당연히 바뀔 수도 있다.

사회에서의 토론

어떤 사회에서든 무수히 많은 토론 형식이 존재할 수 있으나, 일반적이고 대중적인 토론의 예를 알면 토론 과정의 역동성을 이해하는 데 도움이 된다. 보편적인 토론의 개념을 살펴보는 것이 교실 토론의 모형을 만드는 데 도움이 될 것이다. 정부 토론, 법정 소송, 선거 후보 토론, 미디어 토론을 예로 들어 사회에서의 토론을 논의해 보자.

가장 분명한 토론은 국가경영(governance)과 관련된 토론이다. 입법부에서는 법률, 규정, 예산안에 대하여 토론한다. 동일한 시간이 허용되며 모든 진영의 발언이 허용된다. 토의 중인 특정 법령이 논제가 된다. 마지막으로 의원들이 투표를 함으로써 결정이 내려진다. 이러한 토론들은 교실 토론의 훌륭한 모형이다. 그래서 교사들은 정부 정책 토론의 보고서 표지에서 바로 토론 논제를 이끌어 내는 경우가 종종 있다.

법정 소송 또한 토론의 예인데, 이것은 특유의 전통적 법률 규칙을 따른다. 숙고할 논제가 있고, 변호인이 교대로 참여하며, 마지막에 판사나 배심원이 결정을 한다.

아마 사회 토론의 가장 일반적인 예는 선거 후보 토론일 것이다. 이는 국가 경영의 일부는 아닐지라도 그 전초전이며 대개 정치와 정책을 논제로 다룬다. 후보 토론은 형식이 다양하여 어떤 것은 이 책의 토론 정의에 부합하고 어떤 것은 토의 형식으로조차 보기 어려운 경우도 있다. 토론 과정의 힘은 후보자들이 자신들의 요구에 부합한 방향으로 토론이 진행되도록 영향을 미치고 설계하는 데 열성을 보임으로써 나타난다. 후보 간 토론은 말에 대한 오해, 무지의 노출, 비호감 이미지의 투사, 평정심을 잃을 가능성과 같이 참여자에게 위험한 요소들로 가득 차 있다. 경험적으로 보면, 후보들은 흔히 반대자와 직접 상호작용하는 것을 피하고자 하며, 순서를 바꿔가며 말을 하는 것보다는 언론인 패널이나 청중으로부터 질문을 받는 것을 선호한다. 후보 간 토론은 대부분 반대자들이 동일한 질문의 일부에 대해 답변하지만 진정한 토론의 대면과 충돌은 회피하기 때문에 사실상 대규모 기자 회견이나 마찬가지이다. 제대로 된 토론은 사람들과 그들의 생각에 대한 깊은 통찰을 보여 준다. 그래서 토론을 매우 신중하게 접근하는 후보가 있는 반면 참여를 아예 거절하는 후보도 있다는 것이 결코 놀랄 일은 아니다.

미디어 토론은 수많은 토론의 사례를 제공하지만, 토론의 본질을 희석하고 있는 것이 대부분이다. 뉴스 프로그램과 토크쇼에는 쟁점에 대해 동의하지 않는 이들의 짤막한 언급이 포함되는 경우가 많다. 패널 토의는 종종 다양한 관점을 두드러지게 보여 준다. 이러한 프로그램은 유용한 정보를 제공해 줄 수 있지만, 참된 토론의 잠재력을 이해하게 하지는 못한다. 종종 아주 복잡한 주제를 다루는 경우에도 일반적으로 시간도 짧고 화자의 발언도 너무 간단하여 쟁점을 명확히 드러내기 어려운 경우가 많다. 쟁점이 '토론되었다'는 인상을 시청자에게 줄 수 있지만 결정을 내리는 데 꼭 필요한 세부사항은 거의 제공해 주지 못한다. 시청자가 텔레비전에 주의를 기울이는 시간이 짧고 그마저도 소위 전문가가 점유하고 있기 때문에 시청자 입장에서 충분치 않은 것이다. 토크쇼와 같은 말하기 형식은 학생들이 상이한 입장을 제시할 수 있다는 점에서 흥미를 끌 수 있겠지만 진행자의 역할이 중요하다는 점에 유의해야 한다.

이들은 교사가 토론과 토론 주제를 이끌어 내는 데 유용한 유형들이지만, 의미 있는 토론을 위한 더 좋은 환경을 제공하기 위해서는 공공 토론이나 포럼과 같은 정통 토론 형식을 사용하는 것이 좋다. 공공 토론에서 시민들은 중요한 쟁점이 충분히 토론되는 것을 보고 들을 수 있고, 질문과 짧은 스피치에 기꺼이 참여함으로써 논제에 대해 더 깊이 이해하여 보다 나은 입장에서 의사 결정을 내릴 수 있게 된다. 경험적으로 보면 공공 토론은 건설적인 토론을 위하여 내놓은 제안 사항들이 좀 더 면밀히 다루어질 때 더 성공적이었다. 이는 교실 토론이 교사를 위한 교수 기법이 될 수 있음을 보여 주는 가장 비근한 사례이다.

일상생활에서의 토론

형식성은 낮지만, 토론의 구성요소는 일상생활에서도 많이 발견된다. 우리는 다른 사람들의 결정에 영향을 미칠 수 있는 설득 행위를 지속적으로 시도한다. 이것은 어떤 면에서는 변화를 요구하는 인간 존재의 본성이다. 이 책의 바탕이 이러한 일상적인 상호작용 위에 놓여 있다는 점이 좀 시시해 보일 수도 있으나, 토론은 이 세상을 개선하는 데 활력이 될 수 있다고 믿는다. 더 중요한 것은, 바로 이러한 작은 설득의 순간들이 우리의 삶에 가장 큰 영향을 미칠 수 있다는 점이다.

학생들이 설득과 설득을 거부하는 일 모두에 좀 더 숙달되도록 가르치는 것은 가치 있는 일이다. 다음 예들을 살펴보자.

취업 면담은 누구를 고용할 것인지에 대한 일방적 토론이다. 지원자는 의사소통을 통하여 근거를 제시하고, 면담자는 지원자가 답변할 질문을 던지며, 면담 상황은 구조화되어 있고, 결정은 최종 단계에서 내려진다.

학생이 어떤 과제의 제출 기한을 연장하기 위해 교사와 대화하는 것도 유사한 상황이다. 토의 주제는 과제 제출 기간을 연장해 달라는 설득적 요구이고, 논증자는 학생이며, 결정은 마지막 단계에서 내려진다.

소매점에서 물건 값을 깎는 일, 부모에게 승용차를 이용하게 해 달라고 요청하거나 특별히 무언가를 더 해 달라고 하는 일, 정부 정책에 대하여 친구와 토의하는 일, 다양한 책과 영화를 평가하는 일 등에는 토론의 요소가 내재되어 있다. 형식화된 정도가 낮을 뿐이다. 이 모든 예에서 그리고 일상생활의 많은 부분에서 사람들은 반대 의견을 제시하고 토론을 하면서 또는 토론이 끝난 후에 결정을 한다.

누구나 자연스럽게 토론 과정에 참여해 본 적이 있을 것이다. 토론이 우리 삶의 본질적 부분임을 깨닫게 되면 그 과정에 대한 불안과 염려가 많이 줄어들 것이다. 학생들은 이것이 전적으로 별개의 활동이 아니라 단지 자신들이 정기적으로 참여하는 담화의 좀 더 형식화된 유형이라는 점을 깨달아야 한다. 토론에 참여하여 배운 토론 기법을 통하여 학생은 자신의 남은 생애 중 설득해야 할 상황에서 자신이 해야 할 역할을 더 잘 수행할 수 있을 것이다.

토론에 대한 오해

토론할 수 없다고 생각하는 학생에게는 좀 더 적극적으로 도전 의식을 심어주어야 한다. 토론은 모든 사람을 위한 것이고 누구나 토론을 할 수 있다. 토론을 할 수 없다는 생각은 잘못된 것이며 교사들은 다음과 같은 토론에 대한 개념이 잘못된 것임을 알아야 한다.

"토론은 전문가를 위한 것이지 나를 위한 것이 아니다."라고 믿는 이들이 있다. 이러한 믿음에는 무언가에 대해 말하려면 그전에 모든 것을 알고 있어야 한다는 생각이 반영되어 있다. 이는 어떤 주제에 대한 토의와 토론은 상호작용을 통하여 그 주제에 대해 배우는 방법이라는 오래된 전통을 부정하는 생각이다. 모든 것을 아는 사람은 없으며 사람들은 모두 서로 다른 것을 알고 있고 그래서 서로의 생각을 나누는 것이 상호 이해와 지식의 진보를 위해 중요하다는 것을 학생들에게 가르쳐야 한다. 게다가 소위 전문가들이 제시하는 특정 관점은 시민 개개인의 관점이나 이익과 맞지 않는 경우가 많다. 시민 개개인은 비판적 주장을 할 수 있는 토론자로서 자신의 이익을 옹호할 수 있는 가장 좋은 위치에 있다. 그래서 시민적 참여가 중요하다. 대중의 목소리가 전문가의 목소리보다 열등하다는 허위를 시민이 받아들이면 자유는 시들어 버린다.

학생들은 '토론에 필요한 충분한 기술'을 가지고 있지 못하다는 생각도 있다. 이것도 흔한 오해이다. 학생들은 삶의 모든 영역에서 토론 과정에 참여한다. 그들은 의사소통을 통하여 영향을 미치고자 하고, 논증을 하여 어떤 관점을 뒷받침하며, 자신들이 동의하지 않는 생각을 비판하고, 자신들의 이익을 위하여 사람들이 결정을 내리기를 요청한다. 그들은 이러한 노력을 기울인 끝에 교실에 온 것이다. 다만 개선하는 일이 필요할 뿐이다. 이들은 토론의 구조와 배경을 다르게 이해하고 있을 뿐 자신들이 어떤 역할을 하는지에 대해서는 이미 잘 알고 있다.

마지막으로, 많은 학생들은 청중이 자신들의 말을 나쁘게 평가할 것이라는 두려움을 가지고 있다. 청중이 메시지에 집중하지 않거나 동의하지 않는 것을 두려워하는 것은 당연하다. 생각의 충돌이 토론의 목표 중 하나이며 지적인 불일치를 걱정할 필요가 없음을 학생들에게 주지시킬 필요가 있다. 사실 교실은 학생들을 지원하고 도와주는 곳이다. 모든 학습 구성원은 토론을 해야 한다. 그래서 행동에 대한 두려움을 완화할 필요가 있다. 학생들은 자신의 차례가 되면 동일한 운명이 기다리고 있기 때문에 결코 토론자를 '조롱'하려고 하지 않을 것이다. 경험적으로 보면, 학생들은 매일 새로운 환경과 조직에 참여하여 영향을 주고받는 체험을 함께 하면서 서로를 지원하고 돕는다.

토론의 개념적 구성요소

토론의 구조를 이루는 구성요소를 파악하기 위해서는 토론에 포함된 네 개의 과정, 즉 '전개(development), 충돌(clash), 확장(extension), 조망(perspective)'의 개념을 이해할 필요가 있다. 이는 '좋은' 토론에 포함되어야 할 요소가 무엇인지를 규정해 준다. 미국 토론 교육의 선구자인 로버트 브랜엄(Robert Branham)은 이러한 특징을 다음과 같이 지적하였다.

> 만일 토론이 '의견을 개진하고, 뒷받침하며, 논쟁하고, 방어하는 과정'이라면, 이러한 행위들을 순차적으로 완수하기 위해서는 토론자들의 논증에 일정한 속성이 있어야 한다. 즉, 진정한 토론에는 다음과 같은 논증의 네 가지 특성이 드러난다.
> 1. 전개: 논증을 제시하고 뒷받침하는 단계
> 2. 충돌: 논증을 적절히 반박하는 단계
> 3. 확장: 반박에 대하여 논증을 옹호하는 단계
> 4. 조망: 개별 논증을 더 큰 논제와 직접 관련짓는 단계(Branham, 1991: 22)

토론에서는 의견과 입장이 전개된다. 이 전개(development) 단계에서는 서술, 설명, 증명이 이루어진다. 보편적 의료 보장에 대한 토론에서 토론자는 단지 그 정책이 좋다고만 말하는 것이 아니라 그 정책이 필요한 이유, 정책의 내용, 성공적인 실행 방법 등을 설명해야 할 의무가 있다. 토론에서 토론자는 자신의 찬반을 밝히고 이에 대한 구체적인 설명도 해야 한다. 이러한 전개 방식을 통하여 학생들은 논제를 조사하는 능력을 기르고 자신감을 키울 수 있다.

토론에서는 의견이 반박된다. 토론 용어로는 '충돌(clash)'이라고 한다. 상대 진영에서 제시한 의견은 비판적인 눈으로 검토하여 약점, 결함, 비일관성 등을 지적할 필요가 있다. 이를 '충돌'이라고 부르는 이유는 단지 상대 진영의 의견에 동의하지 않기 때문이 아니라 상대 진영의 의견을 거부하는 특정한 이유를 제시해야 하기 때문이다. 상대방의 의견을 무시하는 것이 아니라 비평하여야 유용한 토론이 될 수 있다.

토론에서는 의견이 옹호된다. 토론 용어로는 '확장(extension)'의 과정이다. 반대자가 찬성자의 의견을 비판했을 때, 이에 대한 답변이 이루어져야 한다. 이 과정은 의견 개진, 반박, 옹호, 재반박, 재옹호와 같은 비판적 분석의 주기를 형성하여 토론이 마무리될 때까지 이어진다. 확장 과정에서는 활발한 의견 교환이 이루어지기 때문에, 청중과 참여자는 이 단계에서 가장 큰 지적 자극을 경험할 수 있다.

　　마지막으로, 모든 토론은 결정을 필요로 한다. 이는 조망(perspective)의 과정이다. 결정은 제시된 논증과 의견의 결론이다. 토론에서 나온 어떤 의견은 다른 것보다 더 중요하고, 어떤 의견은 복잡하게 서로 연관되어 있을 수도 있다. 토론자들은 청중이 의견과 쟁점을 평가하여 논리적 결정을 내릴 수 있도록 지원하여야 한다. 토의에서는 청중이 '더 생각해' 보면 되지만, 토론에서는 논제에 대하여 직접 의사 결정을 하거나 그 논제에 대한 토론을 누가 더 잘했는지 판정해야 한다. 결정 국면에서는 토론이 종결되고 참여자는 자신이 지지하는 쪽에 지적인 신뢰를 보내게 된다.

　　모든 토론이 다 그런 것은 아니지만, 이 요소들이 토론의 중요한 특성임에는 틀림없다. 이 개념적 구성요소들은 교실 토론에서 장려되어야 할 항목들이다. 이것은 인간이 서로에게서 어떻게 배우고 의사소통을 통하여 어떻게 성장하는지를 보여 주는 핵심 요소이다.

교육적 경험을 증진하는 토론 기법

토론은 교실에서 매우 유용한 교육적 방법이 될 수 있다. 교사와 학생은 토론이 다양한 교과목을 학습하는 방법이 될 수 있다는 점에 대해 매우 긍정적이다. 토론 활동은 학생들을 교육의 과정에 더 많이 참여하게 하고 교과 학습에서 독립적이고 비판적으로 사고할 기회를 제공하며 교사와 학생 모두를 즐겁게 한다. 이러한 생각은 3장에서 더 자세히 살펴볼 텐데, 우선 몇 가지 사례로 설명할 수도 있다.

　　독일어 수업에서 학생들이 "비엔나는 문화적으로 독일 도시이다."라는 논제로 토론한다. 이 경험은 암기한 표현을 주고받음으로써 의견을 말하는 단순한 대화 수준을 넘어, 의견을 형성하는 언어를 사용하는 학생들에게는 매우 긍정적이다. 학생들은 자신들의 언어 학습을 독일 문화에 대한 지식 및 독일 외부의 세계와 통합한다.

문학 수업에서 학생들이 "셰익스피어의 작품에서 햄릿은 비도덕적으로 행동한다."라는 논제로 토론한다. 이 논제는 학생들 두 팀이 하는 토론이나 일부 학생이 검사, 변호사, 판사, 증인의 역할을, 나머지 학생들이 배심원 역할을 하는 모의 법정과 같은 방식으로 다루어진다. 학생들은 연극의 일원이 되어 그 안에 있는 자신들의 모습을 상상하고 그것을 자신들의 삶과 관련지어 보도록 격려 받는다.

시사 문제 수업에서 학생들은 "팔레스타인 사람들은 정착할 조국이 있어야한다."라는 논제로 토론한다. 학생들은 이스라엘의 입장이나 팔레스타인의 입장으로 나누어 지지하는 입장에서 자신의 의견을 제시할 수 있다. 학생들은 각 진영에서 사용할 기본적인 논증과 정당화 방법을 배우면서 이 갈등의 근원을 이해하기 시작하고 이러한 참여 경험을 내면화하게 된다. 이와 같이 지속되는 분쟁이 아직 해결되지 않는 이유를 학생들이 이해하게 된 것은 교실 토론에서 얻을 수 있는 일반적인 효과로 볼 수 있다.

교사 양성 과정 수업에서 학생들은 "고등학교에서 표준 등급 시험(standard grading)을 학생의 장기 과제에 대한 포트폴리오 평가로 대체해야 한다."라는 논제로 토론한다. 학생들은 표준 등급 시험의 대안을 더 잘 알게 되고, 교사 평가의 의미와 용도에 대해 숙고하며, 학생과 교사의 동기 부여와 같은 쟁점들을 탐색하고, 교육의 책무에 대한 쟁점에 대하여 배우게 된다.

역사 수업에서 학생들은 "미국은 제2차 세계대전 중 일본에 원자폭탄을 투하하지 않았어야 한다."라는 논제로 토론한다. 학생들은 군사적 상황과 일본의 침공 문제뿐만 아니라, 무고한 희생자 대 군인들의 생명 구명, 전쟁에서의 윤리 등과 같이 질문에 내재되어 있는 가치 쟁점, 당시 일본과 미국의 정치적 현실을 탐색한다.

참여자들은 그러한 토론 이후에 강한 의견을 갖게 되지만 그것은 항상 풍부한 정보와 더 깊은 숙고가 수반된 의견이다. 이러한 사례와 다른 무수한 사례들을 통하여 우리는 토론이 거의 모든 교실에서 얼마나 쉽고 생산적인 학습의 도구가 될 수 있는지 확인할 수 있다. 어느 큰 대학의 학장은 일부 교수들이 "우리 학문 분야에서 모든 주요 쟁점들은 이미 결정되었기 때문에" 강의실에서 토론을 활용하려 하지 않았다고 말한 바 있다. 그녀는 만약 그것이 사실이라면 그 교육과정은 중단되거나 취소되어야 한다는 반응을 보였다. 왜냐하면 그것은 분명히 더 이상의 탐구가 필요하지 않은 '죽은' 과목이기 때문이다. 교실에서의 토론은 학습이 파편화된 지식을 단순히 기억하거나 내면화하는 것이 아니라, 의사소통과 상호작용을 통한 성장과 개인적 발달의 과정임을 보여 준다.

미국에서 가장 저명한 토론 교재의 저자인 오스틴 프릴리(Austin Freeley)는 학생들을 위한 토론의 지적인 힘에 대하여 다음과 같이 요약하여 말하였다.

토론은 의견을 검증하기 위한 지적인 격돌의 기회를 제공하는 독특한 대화적 형식 때문에 변별적이다. 논증의 창안은 학생이 관여할 수 있는 가장 복잡한 인지적 행위이다. 논증을 창안하기 위해서 학생은 도서관과 데이터베이스를 이용하는 방법에 대한 지식을 활용하여 쟁점을 조사하고, 자료를 조직하며, 분석하고, 서로 다른 자료를 종합하며, 논증이 도달할 결론의 질이라는 관점에서 정보를 평가하여야 한다. 이러한 과정 후에 논증을 형성하기 위해서 학생은 추론하는 법을 알아야 하고, 상이한 추론 방법을 인식하고 비평하여야 하며, 의사 결정의 논리를 이해하여야 한다. 청중에게 논증을 성공적으로 전달하는 것은 또 다른 인지적 기능을 반영한다. 복잡한 생각을 단어들로 명료하게 의사소통하는 능력이 그것이다. 마지막으로, 토론에서 학생들의 논증적 상호작용은 훨씬 더 복잡한 인지적 능력을 반영한다. 이는 다른 사람들의 논증을 신속하게 처리하고 이전의 입장을 재구성하거나 적용하거나 방어하는 능력이다.(Freeley, 1996: 30)

이 책의 활용법

이 책은 바쁜 교육자들이 활용하기에 적합하게 구성되었다. 처음 열 장에서는 교실 토론에 '어떻게' 접근할 것인지를 보여 준다. 경험에 따르면 토론을 교실에 도입하고자 하는 많은 교육자들이 아무런 지원 없이도 수업을 계획하고 실행할 능력을 갖추고 있음에도 불구하고, 대개는 토론 형식의 설계나 논제 설정이나 평가와 같은 분야에서 어려움을 겪고 있다.

　이 책에서는 교실 토론을 실행하는 데 필요한 주요한 단계들을 개관하고자 한다. 궁금한 분야를 다루고 있는 장을 찾아보기만 하면 된다. 각 장은 기능적으로 구성하였고 문체는 평이하게 쓰고자 하였다. 그리고 많은 예시를 통하여 추상적인 개념들을 쉽게 설명하고자 하였다.

　11장에는 특정 교과를 위한 제안과 안내가 담겨 있다. 교사는 이 장에서 필요한 부분을 참고하여 특정 교과의 교육 목표로 확장할 수 있도록 토론을 활용할 기본적 접근 방법을 찾으면 된다.

　마지막으로, 교사와 학생 모두에게 유용한 정보를 제공할 수 있는 참고문헌을 제시하였다. 즉각 이용할 수 있는 이 자료들을 통하여 학생들을 토론에 참여시키는 데 필요한 많은 기초적 기능들을 촉진할 수 있을 것이다.

　교육자는 미래를 조성하는 사람이다. 교사는 매 시간 학생들의 비판적 주장 능력을 신장시키고 좀 더 진지하게 교과 학습에 참여하도록 독려함으로써 그러한 미래에 긍정적 기여를 하고자 한다. 토론을 하나의 방법이라고 주장하는 것은 21세기 지식 정보 사회가 교육에 대한 새로운 비판적 방법과 접근을 요구한다는 생각의 토대 위에 있다. 토론이 이러한 벅찬 도전에 다가가는 유일한 방법은 아니지만 좀 더 나은 세계를 만드는 데 기여할 강력한 도구가 될 수 있다고 믿는다.

토론의 가치를 담은 글

아리스토텔레스가 말하는 토론의 가치

토론은 그 자체만으로도 응당 매력적인 것이다. 지성인은 토론에서 힘들고 자극적인 스포츠를 발견한다. 그러나 그러한 즐거움 외에 토론에서 발견할 수 있는 또 다른 가치는 무엇인가? 어떻게 그의 개인적인 성장과 미래의 경력에 도움을 줄 수 있는가? 토론은 과연 공공의 이익을 위한 헌신에 도움이 되는 것인가? 이러한 질문에 답하기 위해, 이 주제에 대해 모든 권위자 중 가장 유명한 아리스토텔레스에게 눈길을 돌려보는 것은 매우 흥미 있는 일이다.

BC 4세기에 아리스토텔레스는 수사학의 지식에서 도출할 수 있는 네 가지 가치를 정리하였다. 이 가치들은 고대 그리스에서와 마찬가지로 지금 현대사회에서도 유효하다.

1. 사기와 불공정의 승리를 방지할 수 있다. 토론자가 교육 토론에서 배운 기법들은 나중에 자신의 신념을 선포하고 부당하다고 여기는 것을 규탄하는 데 매우 유용하다. 민주주의는 권력자에 대한 자유로운 비판에 달려 있다. 보다 분명한 이유와 강력하게 표현된 비판은 옳은 것을 지켜내는 데에서 더욱 가치가 있다.

2. 과학적인 가르침이 도움이 될 수 없을 때 방향을 제시해 준다. 이러한 일은 주로 어떤 이가 다른 사람에게 실행 계획을 수용하도록 설득할 때 발생하는데, 이는 단순히 믿을 만한 입장이 되는 것으로는 충분하지 않으며 설득적이어야 한다. 단순한 사실을 제시하는 것만으로는 충분하지 않다. 훈련된 토론자일수록 자신의 방안이 수용될 수 있도록 명확한 논증과 설득 기법을 통합해 낼 수 있다.

3. 주장의 양면을 모두 따져 볼 수 있다. 토론은 관점을 제공하고 편견에서 자유롭게 해 준다. 토론자는 다른 측의 사례에서 말하는 바를 이해하는 방법을 배우게 되고 그로 인해 얻은 통찰은 자신의 입장에 반대하는 사람을 대할 때 도움을 준다. 의사 결정을 할 때 주의를 기울임으로써 효과적인 일상생활을 할 수 있을 것이다.

4. 자기방어를 할 수 있도록 돕는다. 일상생활에서 우리는 공격에 대처할 수밖에 없는 상황에 직면할 때가 있다. 우리는 경쟁이 치열한 사회에 살며 누군가가 우리의 것을 탐내기도 한다. 우리의 입장을 유지하기 위해 정당한 것과 부당한 것을 가리고 공격에 대응할 수 있는 토론의 기술이 필요하다.

출처: Lionel Crocker, *Argumentation and Debate* (New York: American Institute of Banking, 1962), 11－12.

토론의 가치를 담은 글

존 스튜어트 밀의 『자유론』에서의 토론

토론의 과정은 우리의 의견에 대해 근본적 질문을 유발한다. 우리는 어떻게 그것에 도달하였는가? 우리는 왜 그것을 고수하는가? 어떠한 대안적 의견들이 존재하고 그것들은 어떻게 우리의 의견과 비교될 수 있는가? 이러한 질문들을 제기하고 답변할 수 있는 능력은 진정한 지식인의 특징으로 오랫동안 간주되었다. 정치철학자 존 스튜어트 밀(John Stuart Mill, 1806-1873)은 1859년 『자유론(On Liberty)』에서 지혜, 궁극적으로는 자유 그 자체를 획득하는 데 필요한 전제 조건이 주관적 의견을 토론하는 능력과 의지라는 것을 인식하였다.

> 누군가의 판단이 확신으로 가득 차 매우 당당한 경우에는, 어떻게 그럴 수 있는가? 그의 의견과 행동에 관한 비판에 마음의 문을 열어 놓고 있기 때문이다. 자신에게 반대하는 모두에게 경청하는 훈련을 하였기 때문이다. 있는 그대로 이익을 얻고, 자신에게 그리고 경우에 따라 다른 사람들에게도 불합리했던 것들에 대한 오류들을 소상하게 설명하는 것이다. 인간이 어떤 대상의 총체적 지식에 다가가기 위한 유일한 방법은 다양한 의견을 가진 사람들의 말을 듣고, 사람들이 각자의 특징적 사고로 관찰하는 방식들을 공부하는 것이라고 그는 느끼기 때문이다. 어떠한 총명한 자도 이외의 방식으로 자신의 지혜를 결코 얻을 수 없다. 이러한 방식이 아니라면 인간 지성의 본질 내에 다른 방식으로 지혜로워질 수 있는 길은 없다.(Mill, 1859: 20)

밀(Mill)은 어떤 권력을 가진 사람에게서 무비판적으로 받아들인 '수용한 의견'과, 논쟁과 비판적인 숙의를 통해 형성된 의견을 구분하였다. 그것은 반드시 다음의 과정을 통해 얻어지는 것인데, 밀은 진정한 신념을 가지고 의견을 고수하고 표현할 줄 알아야 한다고 주장했다. 또한 검증되지 않은 의견은 비록 그것이 사실인 경우가 있더라도 '진실을 말하는 단어에 달라붙어 있는 더욱 우연적인 미신'이 될 뿐이라고 하였다(Mill, 1859: 35).

모든 논쟁 기회에서 반박되지 않았으므로 의견을 진실이라고 간주하는 것과 반박을 허용하지 않기 위한 목적으로 진실이라고 가정하는 것에는 상당히 큰 차이가 있다. 우리의 의견을 반박하고 반증하는 완전한 자유는 진실한 행위 목적을 추정하는 것을 정당화하는 중요한 조건이며, 그 밖의 다른 조건에서는 인간의 능력 범위 안에서 '옳다'는 것에 대한 이성적 추정을 할 수 없다(Mill, 1859: 19).

밀에게 토론은 중요한 쟁점에 대해 확고한 신념이 형성되는 과정이다. 이러한 확신들은 논쟁을 거치지 않은 의견일 수도 있는데 토론의 과정을 통해 부분적으로나 전체적으로 잘못된 것으로 입증될 수도 있다. 쟁점에 대한 더욱 상세하고 정확한 이해와 논쟁을 통해 다다른 결론에 대한 더욱 큰 확신이 토론의 과정을 통해 촉발될 것임을 기대하였다. 밀은 "다른 사람의 의견과 비교 분석하여 자신의 의견을 수정하고 완성하는 꾸준한 습관은 유일하게 안정된, 의지할 수 있는 기초이다. 이를 통해 생각을 실천할 때 망설이거나 의심하지 않을 수 있다."라고 주장하였다(Mill, 1859: 20).

밀은 스스로도 논쟁을 통해 검증된 강한 의견을 가진 사람이었다. 그는 당시에 많은 중대 사안에 대해 토론하였으며, 대의 정치의 책임, 인간 자유의 본질, 여성 예속에서 권력과 억압의 기제와 같은 시대를 초월한 사안에 대해서도 토론하였다. 그러나 밀은 토론의 적절한 범위를 정치적 또는 법적 질문으로 제한하거나, 토론의 장을 조직체의 공식 토의에 제한하여 보지는 않았다. 대신 토론을 '일상의 업무'라고 간주되는 모든 개인적, 종교적, 정치적, 과학적인 일들에 적용함으로써 함양되는 '생각의 습관'으로 여겼다. 밀은 "의견의 차이가 있는 모든 주제는 토론이 가능하며, 진실은 충돌하는 사유 사이에서 형성된 균형에 의존한다."라고 하였다(Mill, 1859: 36). 합리적인 논박의 검증을 견뎌내기 전까지는 자신의 의견에 대한 자신감 넘치는 확신을 반드시 유보해야 한다. 밀은 그것들이 근거가 없음이 입증될 때까지 전 세계에 항시적으로 초대장을 발부해야 하며, 그 초대가 수락되기 전까지는 만족하면 안 된다고 충고하였다(Mill, 1859: 21).

개인의 의견을 논쟁에 부치고자 하는 의지는 필요하다. 하지만 이것이 진정한 토론의 실현을 위한 충분 조건은 아니다. 의견이 진정으로 검증되기 위해서는 우선 가능한 한 강력하게 표현되어야 한다. 즉, 모을 수 있는 가장 강력한 근거와 논리에 의해 뒷받침된 수준 높은 논증이 의견의 검증을 위해 가장 적합하다. 사실로 밝혀진 다고 하여 의견을 고수하는 것은 충분하지 않다. 그 의견을 위한 최선의 이유를 만나야 한다. 게다가 의견이 정말 검증되기 위해서는, 발견할 수 있는 가장 설득력 있는 근거와 논리에 의해 뒷받침되는 가장 강력한 반박 논증에 직면하여야 한다.

이러한 의견의 충돌은 대립되는 입장을 서로 다른 진영에서 각각 옹호하는 진정한 토론을 통해 가장 잘 실현된다. 한 명의 화자에 의해 제시된 다른 관점은 실제 토론을 대체하지 못한다. 물론 한 명의 화자가 기존 입장을 지지하고 반대 측의 관점을 설명하고 반박하는 것은 가능하지만, 그러한 것은 실제 토론보다 주장되는 입장에 대한 도전이 상당히 약하다. 밀은, 실제 논쟁에서는 자신이 주장하는 바를 진심으로 믿고 있는 이성적인 사람이 이상적인 토론에서는 그와 반대되는 주장을 옹호할 수 있다고 보았다.

그러나 시급하게 중요한 문제를 논의할 그런 논쟁자들이 항상 있는 것은 아니라는 것을 밀은 인식하였다. 일반적인 상황에서 의견에 대한 가능한 최고의 논박을 제공하기 위해, 밀은 지금의 학생들에게는 익숙한 교육 토론(academic debate)의 형식을 지지하였다. 이 교육 토론에서는 참여자들이 꼭 자신의 신념을 대변하는 입장에서 토론하는 것은 아니다. 하지만 그들은 자신의 입장을 능숙하게 방어한다.

밀은 "도덕과 인간에 대한 진정한 이해를 위해서는 이러한 훈련법이 필수적이다. 모든 중요한 진실에 대한 반대자가 존재하지 않으면, 진정한 이해를 상상할 수 없으며 가장 능숙한 악마의 변호인(devil's advocate)이 나타내는 가장 강력한 논증을 통해 진정한 이해를 제공할 수도 없다."라고 주장하였다(Mill, 1859: 37).

주어진 사안에 대해 가장 강력한 입장과 반대 입장을 식별하는 능력, 그리고 가장 훌륭한 방식으로 이를 옹호하고 방어하는 능력이 바로 이 책에서 강화하기를 목표로 하는 토론의 기능이다. 능숙한 논쟁자가 활용할 수 있는 논증적 능력과 전략의 범위를 학생들에게 친숙하게 하고 그러한 전략이 가장 잘 적용될 수 있는 논리적이고 비판적 분석의 단계를 설명하도록 기획하였다. 이 책은 자신의 의견을 설득적이고 논리적으로 표현하고 반대해야 할 입장에 대해서는 강력하게 반박하는 데 필요한 실용적 지침이 될 것이다.

현대의 토론자에게 지침이 되는 대부분의 기술, 전략, 목적은 고대로부터 비롯된 것이다. 토론의 지적 활동으로 밀이 자리매김한 중요한 것들은 새로운 것이 아니었다. 사실 문명, 사회 질서, 지식의 특징으로서 많은 문화권에서 수백 년에 걸친 토론에 대한 이해를 반영한 것이다.

출처: Robert James Branham, *Debate and Critical Analysis: The Harmony of Conflict* (Hillsdale, N.J.: Lawrence Erlbaum Associates, 1991), 2 –4.

제2장

토 론 과 정 의 이 해

이 장에서는 학생들에게 토론하는 법을 가르치는 데 필요한 기초적인 정보를 제공하고자 한다. 교실 토론에 관심을 갖고 있다고 생각했지만 토론 교수·학습을 어떻게 해야 할지 잘 모르겠다고 생각하는 교사라면 이 장에서 필요한 정보를 얻을 수 있을 것이다.

자료 탐색과 쟁점 발견

토론은 새로운 생각을 탐색하는 과정을 안내해 준다. 토론을 통하여 교사와 학생은 새로운 분야의 문헌에 흥미를 갖기도 하고 다른 방식으로는 결코 할 수 없는 생각을 하게 되기도 한다. 토론을 준비하는 데 필요한 자료 조사를 통하여 학생은 새로운 개념들의 세계를 찾을 수 있다. 정교하게 고안된 교실 토론을 통하여 학생들은 생각을 적용하고 자신들의 견해를 설명해야 하는 상호작용적인 학습 환경을 만들어 나간다.

탄탄한 토론을 하기 위하여 첫 번째 고려해야 할 요소는 토론 주제를 정하는 것이다. 주제는 뒤따라오는 모든 논증들의 토대가 되기 때문에, 주제가 흥미로워야 학생들이 관심을 가지고 토론 과정에 열성적으로 참여할 수 있게 된다. 토론이 전체적으로 성공하려면 학생들이 쟁점과 토론의 형식을 충분히 이해해야 한다. 학생들이 토론에서 다루는 견해들에 관심을 갖는다면, 토론의 전체 과정이 성공할 수 있는 가능성이 열리게 된다. 그래서 교사는 시간을 들여서라도 학생들을 토론의 과정에 집중하게 하는 핵심 쟁점을 찾아내야 한다.

예를 들어, 교사가 토론을 통하여 아리스토텔레스의 증거(proof) 개념, 즉 에토스(화자의 공신력), 파토스(정서), 로고스(논리) 개념을 학생들에게 가르치고자 한다고 하자. 만일 교사가 학생들에게 어떤 유형의 증거가 가장 효율적인지 토론해 보라고 한다면, 학생들은 그 토론에서 어떻게 이길 수 있을지 상상할 수 없기 때문에 곤란해 할 것이다. 그러나 만일 교사가 수업에서 공공 포럼(public forum)을 하기로 하고 학생들에게 하나의 주제를 논증하기 위하여 각 유형의 증거를 사용하라고 한다면, 학생들은 동일한 주제에 대하여 서로 다른 논증을 어떻게 사용할지 알 수 있을 것이다. 학생들을 세 집단으로 나누어 "지구의 종말이 있다."와 같은 동일한 주제를 부과하고 에토스, 파토스, 로고스의 상이한 수사적 접근 방법을 비교하게 하면, 학생들은 확실히 이 개념들을 사용할 수 있게 될 것이다. 토론을 통하여 학생들은 자기 나름의 방식으로 발견의 기회를 얻게 되지만, 성공적인 토론을 위해서는 주제를 계획하고 준비하는 것이 중요하다.

토론 주제를 개발하는 손쉬운 방법은 주제를 만들고 선정하는 데 학생들을 참여시키는 것이다. 학생들의 발상을 활용한다면 토론에서 얻을 수 있는 것이 많다. 이는 교사가 수업할 주제를 만드는 것을 포기하는 것이 아니라 수업과 관련된 쟁점에 학생들이 초점을 맞추어 주제를 선정할 수 있도록 도와주는 것이다. 교사는 학생들이 더 배우고 싶어 하거나 심층적으로 탐구하고자 하는 세 개의 교과 영역을 써 보는 등의 과제를 부과해도 좋다. 또 학생들이 자신의 생각을 자유롭게 말하는 브레인스토밍 시간을 가진 후 그 과정에서 관심을 가질 만한 주제를 선정하게 할 수도 있다. 학생들이 친숙하지 않은 분야를 탐색하도록 격려하고, 친숙한 자료를 재가공하기보다는 새로운 것들을 배울 기회를 가지도록 하는 것도 권장할 만하다. 학생들의 관심 영역을 확장시키는 것은 그들의 참여도를 높이고 가르치는 일도 더 용이하게 해 줄 것이다. 5장에서 이러한 생각을 더 깊이 있게 논의한다.

주제가 정해지면, 교사는 교과 내용을 통해, 학생들이 토론에서 다룰 예상 주제들에 대한 분석을 할 수 있도록 지도해야 한다. 교사들은 학생들이 놓치기 쉬운 쟁점의 요소를 발견하도록 도와줄 수 있다. 교사는 개념들과 구체적인 쟁점에 대하여 저술한 주요 사상가들을 소개할 수 있다. 만일 학생들이 특정 관점을 제시하고자 한다면, 교사는 다른 주나 다른 나라의 신문을 읽어보게 하면 된다. 교사는 학생들에게 친숙하지 않은 용어들에 대하여 말하고 싶을 수도 있다. 이런 일을 위한 간편한 방법 중 하나는 토론에서 쟁점이 되는 문제를 개괄적으로 보여 주는 기초적인 글을 제공하는 것이다. 이렇게 함으로써 토론을 수업 주제로 이끌어 갈 기회가 생기기도 한다.

흥미롭고 적절한 수업 계획은 항상 학생들의 학습에 도움이 된다. 학생들은 스스로 의사 결정을 하면서 새로운 이해를 창출하게 된다. 만일 학생들이 주제가 관련성이 있고 관심이 있다고 느낀다면, 교사는 그들의 우수한 지적 성장의 결과를 볼 수 있을 것이다. 이것은 변증법적 관계를 촉발하여 학습의 경험을 교사의 수업 계획 너머에 있는 다른 무언가로 안내하게 될 것이다(Giroux, 1988: 197). 그래서 교사는 학생들에게 정보를 제공하는 것뿐만 아니라 그들이 자신들의 관점을 학급에서 함께 나눌 수 있도록 해야 할 것이다. 이러한 발견의 과정은 토론의 성공을 위해 매우 중요한 일이다.

자료 조사

조사 과제를 수행해 본 학생은 많지만, 토론을 준비하기 위한 조사는 새로운 경험이 될 것이다. 전통적인 조사 과제와 토론 조사 과제는 분명한 차이가 있다. 전통적인 과제에서는 학생들이 자신의 논증을 구축하고 이를 지지하는 정보만을 모으고 반대 증거는 회피하게 된다. 하지만 토론 조사 과정에는 일종의 포괄적 접근이 필요하다. 학생들은 반박에 대해 대응해야 하기 때문에 토론 준비 과정에서는 자신들의 주장에 대한 비판적 견해에 주의를 기울여야 한다. 여기에 자료 조사 불안증이 겹치면 학생들은 토론보다 조사 과정에 대해 더 걱정하는 모습을 보이기도 한다. 여기에서는 학생들에게 확신을 심어주고 자료 조사에 진력하도록 안내할 방안들을 제시하고자 한다.

조사에 드는 시간을 집중하고 학생들이 토론 형식과 조사에 대해 확신을 갖게 하는 흥미로운 방법은 토론에 이용할 수 있는 자료들을 제한하는 것이다. 교사는 학생들이 이용할 수 있는 자료 출처의 범위를 정해 준다. 가령, 학생들에게 짧은 서지사항을 나누어 주고 그것이 교사가 기대하는 연구의 범위임을 설명해 줄 수 있다. 또는 교사가 각 학생에게 한 편의 글을 나누어 주어 읽게 하고 다음 날의 토론을 준비하게 할 수도 있다. 이와 같이 이용할 수 있는 자료를 제한하여 교사는 이전에 토론해 보지 않은 학생들이 토론에 필요한 생각을 이끌어 내는 데 필수적인 포괄적 독서를 하도록 도와줄 수 있다. 이렇게 교사는 토론할 주제를 안내하고 짧은 수업 시간에 맞게 자료 조사에 근거를 둔 토론을 실시할 수 있다.

어떤 토론 주제에 대하여 토의할 때, 교사는 찾아야 하는 정보와 조사 방법에 대하여 학생들에게 설명해 주어야 한다. 조사는 교과서나 읽기 자료에 이미 제시된 생각을 활용하는 단순한 것이 되거나 어떤 주제를 깊이 있게 조사하기 위하여 도서관을 활용해야 하는 복잡한 것이 될 수도 있다. 따라서 교사가 요구하는 조사의 유형과 범위를 확실히 밝힐 필요가 있는데 이는 21세기의 학생들이 임의로 이용할 수 있는 정보의 양이 급증하고 있기 때문이다. 인터넷의 발전과 함께 조사 과정은 점점 감당하기 벅차고, 엄청난 양의 정보를 이용할 수 있기 때문에 핵심적인 연구 문제에 주의를 집중하지 않으면 안 된다. 만일 교사가 성공적인 조사를 위한 단계를 체계적으로 제공한다면, 학생들은 다양한 생각을 체계적으로 탐색하는 법을 배워 장차 그들의 삶에 활용할 수 있다. 다음은 성공적인 자료 조사를 위한 단계들이다.

주제와 관련된 기본 문헌 탐색

주제에 대해 잘 알기 위해서는 자료 조사를 해야 한다. 따라서 새로운 개념이나 예상치 못했던 용어를 접했을 때 놀랄 필요가 없다는 점을 학생들에게 주지시켜야 한다. 종종 조사를 처음 시작했을 때 조사 주제에 압도되는 경우가 있다. 그러나 이런 상태가 영원히 지속되지는 않는다. 전문가들이 사용하는 용어를 이해하기 위한 예비적인 독서와 비교 조사만 해 보아도 주제와 관련된 전문 자료를 활용할 수 있다. 자연과학 같은 분야에서는 엄밀한 전문 용어 사용이 요구되기도 하고 철학 같은 분야에서는 배경이 되는 사상을 알 필요도 있겠지만, 이런 것들은 학생이 제시된 내용을 철저히 파악하고자 노력한다면 얼마든지 이해할 수 있다.

이러한 과정을 시작하는 가장 손쉬운 방법은 주제를 개략적으로 설명하는 글을 찾아보는 것이다. 자신에게 새로운 분야를 조사할 때 가장 먼저 찾아보아야 하는 것은 해당 주제에 대한 개념과 배경을 개관하고 있는 기본적인 글이다. 이렇게 하면 그 주제를 이해한 상태에서 조사 방향을 잡을 수 있게 된다. 이러한 글을 어디에서 찾을지는 토론의 주제에 달려 있다. 시사 문제에 대해서는 심층 보도를 조사해 보면 되겠지만 철학적 가치에 대한 주제를 이해하기 위해서는 도서관을 방문해야 할 수도 있다.

나토(NATO, 북대서양조약기구)의 확대에 대한 토론에서 반대 측 입장인 학생이 쟁점을 조사한다고 가정해 보자. 처음 컴퓨터 검색을 해 보면 나토에 가입하고 있는 동유럽 국가들에 대한 복잡한 논의를 하고 있는 글들만 발견하게 될 것이다. 이 학생이 검색을 계속한다면 배경 정보를 제공하는 글을 찾게 될 것이고 자신이 읽은 것에 대해 질문 목록을 만들 수 있게 된다. 자신이 수집한 글을 처리해 가면서, 이 학생은 나토 확대에 대한 논쟁과 관련한 기본적인 용어와 주제를 이해할 수 있게 된다.

> ▶ 핵심어 목록을 작성해 보자. 핵심어는 어떤 주제에 대한 정보를 찾기 위하여 데이터베이스를 검색할 때 활용될 수 있는 검색어 또는 구이다. 핵심어 목록은 어떤 조사 과정에서나 중요한 부분인데, 이는 학생들이 핵심어 목록을 통하여 도서관에서 그리고 특히 전자 매체를 통하여 정보를 효율적으로 찾을 수 있기 때문이다.
>
> ▶ 도서관에서 무언가를 찾을 때나 컴퓨터 검색 엔진에 검색 내용을 입력할 때, 정보를 조직하는 사람들이 공유하는 핵심어들을 사용할 수 있다. 사서, 데이터베이스 관리자, 정보과학자들은 모두 표준화된 핵심어 목록에 기반을 둔 정보 조직 형식을 공유하고 있다. 가령, 알래스카에 사는 원주민 이누이트(Inuit)에 대한 정보를 찾고자 한다면, 많은 사서들은 이 정보를 이누

이트, 알래스카 토착민, 알래스카 미국 원주민과 같은 핵심어로 정보를 범주화할 것이다. 만일 조사자가 이누이트라는 용어로만 검색한다면 중요한 정보를 놓칠 수도 있다.

▸ 핵심어는 자료 조사의 어려움을 해결하는 데 필수적인 도구이기 때문에 조사 과제의 핵심어 목록을 잘 만드는 것이 매우 중요하다. 핵심어 목록은 새로운 정보가 발견되면 갱신되고 수정되어야 한다. 핵심어 목록을 보완하는 가장 손쉬운 방법 중 하나는 소논문의 끝부분을 보는 것이다. 그곳에는 대개 사서들이 논문을 분류하는 데 사용하는 핵심어 목록이 있다. 만일 이러한 핵심어들을 찾는다면 동일한 핵심어를 사용하여 분류된 다른 글들에 접근해 갈 수 있다.

포괄적 읽기

포괄적 읽기(holistic reading)는 토론에서 지지하는 입장이 어느 쪽이든 관계없이 중요한 근거를 이끌어내는 신중하고 적극적인 독서이다. 포괄적 읽기를 할 때 토론자는 모든 중요한 논거들을 찾아 토론되고 있는 주제의 관점에서 그것을 생각해 보아야 한다. 논증을 구성하는 데 도움이 되는 인용문, 통계, 비유, 사례 등을 접할 때, 이러한 내용이 토론에서 어떤 역할을 할 수 있을지 생각하면서 노트 정리를 해 두어야 한다.

포괄적 읽기를 통해 학생들은 주제를 숙고하면서 조사가 주제를 이해해 나가는 데 어떤 관련이 있는지 알게 된다. 나토 확대에 대하여 토론하는 학생은 자신이 떠올린 생각에 대해 메모하면서 논거와 의견을 발전시키기 시작한다. 상대편을 지지하는 강력한 논증이 있는가? 만일 그렇다면, 그 논증에 대한 답변을 반드시 찾고자 할 것이다.

포괄적 읽기는 지면에 있는 정보를 토론자가 사용할 수 있는 증거로 바꾸어 준다. 즉, 정보를 생각으로 전환하는 것이다. 포괄적 읽기를 하면서 학생들은 핵심어 목록을 수정하고 보완하여 자신들이 지향하는 논증의 방향을 정하기 시작할 것이다. 학생들은 이 전체 과정에서 메모도 해야 할 것이다. 토론자가 토론 논증 계획에 대해 생각하기 시작하는 것은 바로 이 과정이다. 학생들은 주요 논증에 대해 계획하고 조사에서 채워야 할 빈틈을 찾기 시작해야 한다.

한 학생이 나토를 동유럽 국가들까지 확대하는 문제에 대한 쟁점을 조사하고 있다고 생각해 보자. 주제에 반대하는 입장이라면, 학생은 나토 확대의 문제점을 논의하는 기본적인 글을 찾아야 한다. 학생은 자신의 검색어에 '비판적', '위기', '문제'와 같은 용어를 포함하고자 할 것이다. 그리고 기본적인 쟁점을 개관하고 확대를 반대하는 세 가지 강력한 논증을 제공하는 글을 신속히 찾아낼 것이다. 그러고 나서 반대하는 다른 좋은 이유를 발견하기 위하여 각 논증을 심층 조사할 것이다. 이러한 정보로 학생은 자신의 토론 메모를 정리하고 멋진 발언을 준비할 것이다.

서지와 각주의 활용

학생들은 포괄적 읽기 활동을 하는 동안 특별히 흥미를 끄는 글을 접할 수 있다. 조사를 통하여 훌륭한 한 단락의 글이나 특출한 인용구를 찾는 경우도 있을 것이다. 이 경우 학생은 각 저자가 사용한 출처를 되짚어 가는 조사를 해야 한다. 또 자신이 발전시키고 있는 생각들로 채워진 논저 목록을 서지에서 찾을 수도 있다. 훌륭한 인용문이 발견되었을 때, 각주를 활용하면 더 깊이 있는 특별한 논증을 찾을 수 있는 기회를 얻을 수도 있다. 다른 저자들이 자신의 논증을 가치 있게 만드는 데 활용한 조사 경로를 따르는 것은 매우 가치 있는 일인데, 이는 학생들이 새로운 발상을 할 수 있게 하며, 또 새로운 형태의 문헌들을 많이 접할 수 있기 때문이다. 이러한 문헌들은 가끔은 오래 되었을 수도 있으며 매우 다양하다. 이는 조사의 개요에서 누락된 부분을 채우는 가장 좋은 방법 중 하나이다.

출처에 대한 평가

토론을 하고자 하는 사람은 토론에서 사용하고자 하는 자료의 출처를 평가하지 않으면 안 된다. 편견, 시의성이 없는 논거, 신뢰할 만하지 않은 출처를 경계하여야 한다. 신뢰성을 평가할 때에는 가장 믿을 만한 출처라 할지라도 비판적으로 살펴보아야 한다. 모든 출처에는 편견과 오류가 있을 수 있기 때문이다. 학생들은 탐색하는 모든 쟁점에 대하여 비판적 태도를 취해야 하며, 토론에서 생각들을 집요하게 추적해 나가야 한다. 손꼽히는 전국 뉴스에서 가장 유력하고 널리 존경받는 뉴스 정보원이라 할지라도 자기 자신의 편견을 보지 못하는 경우가 종종 있다. '존경받는' 정보원에 대해서도 비판적 분석이 중요하다는 점을 강조하여야 한다.

인터넷 기반의 출처는 인쇄된 문서에 비해 더 못하다는 편견이 있다. 이는 좋은 출처도 있고 기본적으로 결함이 있는 출처도 있다는 가장 단순한 생각과 관련되어 있다. 인터넷의 규모가 방대하기 때문에 정보를 탐색하는 데는 약간의 기술이 필요하지만 어떤 출처가 인터넷에서 이용 가능하다는 이유만으로 그것이 좋지 않은 출처라는 것을 의미하는 것은 아니다. 어떤 인터넷 자료는 지극히 개인적인 편협한 선전에 불과하지만, 이것이 인터넷에서만 나타나는 특징은 아니라는 점이 확실하다. 사실 질 낮은 선전에 불과한 뉴스레터나 팸플릿이 간행되고 그중 상당수가 널리 유포되는 경우를 볼 수 있다. 그러나 인터넷에서 찾아볼 수 있는 고급 자료도 적지 않다. 웹페이지에 논문을 올리는 학자들이 많고, 저작물을 온라인으로 출판하는 학술지도 많다. 인터넷에는 주요 연구 도서관에 쉽게 접근하기 어려운 사람들이 이용할 수 있는 자료들이 많다.

연구물을 평가하는 것은 경험을 통하여 배울 수 있는 기술이다. 처음에 학생들은 저자가 제시하는 논증과 그 논증 내에서 증거로 제시된 것에 초점을 맞추어야 한다. 학생들은 해당 논쟁에 관련되어 있는 사람들이 누구인지 주의를 기울이면서 저자가 자격을 갖춘 사람인지 확인해야 한다. 예를 들어 선거구의 정치적 재획정에 대한 예술사 교수의 의견에는 무게를 둘 필요가 없을 것이다. 연구가 언제 발표되었는지도 중요한 문제이다. 좀 더 최근의 연구가 더 가치 있는 연구일 것이다. 학생들이 연구물을 평가할 때 가장 중요한 것은 제시된 아이디어에 초점을 맞추어야 한다는 점이다.

조사 경로의 추적

학생들이 메모하고 내용을 조직한 후에 보면, 흥미롭게 보이는 논거들을 다소 지엽적으로 연결한 경우가 있다. 이때 학생들에게 조사 경로를 따라가면서 새로운 착상을 하게 해야 한다. 공공 영역의 많은 논증들은 전문가의 관점을 모방하거나 재구성하는 경향을 보인다. 여기에는 기존의 방식에서 벗어나 새로운 생각을 발전시킬 여지가 거의 없다. 학생들은 심화된 조사를 해야 하는데, 포럼에서는 깊이 있게 의견을 탐색할 기회를 좀처럼 얻지 못한다.

조사 결과의 능동적 활용

학생들은 자신의 경험에서 나온 것을 주장해야 한다고 생각하는데, 막상 조사해 보면 사실 다른 사람도 반드시 그렇게 하지 않는다는 것을 알게 된다. 학생들은 자유롭게 자신의 주장을 펼치고 장단점을 방어할 수 있어야 한다. 토론 과정에서 자신의 생각과 경험이 지닌 가치를 인정받아야 한다. 또 대안이 될 만한 증거를 찾아보게 하는 것이 좋다. 역사적 사례, 이야기, 시, 음악 등은 토론에서 사용될 수 있는 매우 강력한 증거로 활용할 수 있다. 토론자는 심장과 머리를 사용하여 자신의 논증을 뒷받침할 매우 가치 있는 근거들을 찾아야 한다.

토론 메모 정리

토론자가 자신들이 논증하고자 하는 아이디어와 그에 대한 입장을 어떻게 정할지에 대한 좋은 생각이 있다면 조직적으로 기록하여야 한다. 여기에는 두 가지 방법이 있다. 하나는 색인 카드에 기록하는 것이다. 하나의 논증을 증거 및 아이디어와 함께 카드에 기록해 보자. 이렇게 한 후에, 토론자는 이 카드들을 논리적 순서로 조직할 수 있다. 두 번째 방법은 지면의 상단에 '중대 쟁점(big issue)' 명칭을 적고 이 쟁점에 관련된 모든 정보와 논증을 해당 지면에 적는 것이다. 예를 들어, 식품 선택에 관한 토론에서, 한 토론자는 기호(嗜好)에 관한 논증을, 다른 토론자는 비용에 관한 논증을, 그리고 또 다른 토론자는 윤리에 관한 논증을 기록한 지면을 각각 가지고 있을 수 있다. 첫 번째 방법은 최종 논증이 어떻게 될지에 대한 확신이 없는 토론자에게 유용하다. 두 번째 방법은 자신의 주요 논증에 대한 마음이 정해진 토론자에게 더 유용하다.

학생들은 메모의 효용성을 최대한 이끌어낼 수 있도록 내용을 조직하여야 한다. 교사는 학생들이 자신의 논증에 필요한 정보를 찾아낼 수 있도록 격려하는 것이 좋다. 때에 따라서 학생들은 자료 조사를 하는 것과 그 내용을 활용하는 것을 고려하여 메모 내용을 다듬어야 할 것이다. 그러나 만일 학생들이 속으로 말을 하면서 메모를 한다면 메모 내용을 정리하여 실제 말하기에서 논증의 일부로 활용할 수 있을 것이다.

학생들이 논증의 개요를 작성한다면 자신의 반대 측 논증에 초점을 맞추어 청중을 어떻게 설득할 것인지에 대한 아이디어를 얻을 수 있을 것이다. 나토 확대를 주장하는 토론자의 경우에는 먼저 나토 확대의 가치와 관련된 메모를 하고, 그 다음에 반대 논증에 대한 답변을 준비하게 될 것이다. 나토 확대가 동맹국을 불필요한 갈등에 빠지게 함으로써 국가 안보를 위태롭게 한다는 반대 의견은 매우 강력하고 중심적인 논증이므로, 이 문제에 대한 토론을 준비할 때 이러한 논증을 고려하는 것은 아주 좋은 출발점이 될 것이다. 논증 메모를 조직적으로 하게 되면 토론자가 자신의 입장을 이해하고 논증하는 데 도움이 된다.

논증의 구성

논증은 설득의 중심 도구이기 때문에 좋은 논증을 구성하는 것은 토론의 핵심 부분이다. 좋은 논증을 구성하기 위해서 학생들은 논증에 대한 전통적 개념에서 벗어나야 한다. 논증은 하나의 주장을 하는 단순한 진술이 아니다. "고양이는 좋은 반려동물이다."는 논증이라고 할 수 없다. 그 진술이 참임을 입증할 이유(reason)나 그 주장을 뒷받침할 어떤 근거(evidence)도 포함하고 있지 않기 때문이다.

학생들이 강력한 논증을 구성하도록 가르치기 위해서는 ARE 형식을 사용하는 것이 좋다. ARE는 논증을 구성하는 세 가지 주요소인 주장(Assertion), 이유(Reasoning), 근거(Evidence)의 두문자이다.

주장은 논증하고자 하는 핵심 의견이다.

이유는 진술이 참임을 보증 또는 정당화하는 것이다.

근거는 주장과 이유를 뒷받침하는 것이다.

ARE 형식이 사용된 논증의 간단한 예 두 가지를 살펴보자.

주장　고양이는 좋은 반려 동물이다.

이유　고양이는 자신이 믿는 대상에게 심리적 지지와 우정을 제공한다.

근거　고양이랑 10년간 같이 산 지바(Geeba) 이모는 고양이가 최고의 친구라고 생각한다.

주장　나토는 발트 해 국가들까지 회원국으로 받아들여야 한다.

이유　나토는 어떤 동유럽 국가의 침략도 막아 줄 동맹을 형성함으로써 안보를 보장한다.

근거　현재의 모든 나토 회원국이 오랫동안 서로를 존중해 왔다는 사실은 이 기구가 안전을 보장한다는 것을 보여준다.

ARE 형식을 활용한다고 해서 논증이 강력하다는 것을 보증하는 것은 아니지만, 이것은 토론자가 단순히 주장만 하거나 아이디어들이 어떻게 서로 관련되는지에 대한 설명 없이 근거만 제시함으로써 논증의 구성에 실패할 가능성을 줄여 준다. 학생들이 ARE 형식을 숙달한다면, 논증을 구성하는 데뿐만 아니라 상대방의 논증을 공박하는 데에도 활용할 수 있는 하나의 틀을 가지게 되는 것이다. 이와 같이 논증의 구성 요소를 이해하게 되면 다른 논증의 결점도 쉽게 찾을 수 있다.

위 첫 번째 예시에서, 어떤 학생은 고양이가 심리적 지지를 제공한다는 이유에 대해, 고양이에 알레르기 반응을 갖고 있는 사람들이 많으며 고양이와 가까이 있는 것 자체로 심리적 스트레스가 높아지는 경우가 있다고 주장함으로써 반론을 펼 수 있다. 각 논증을 뒷받침하는 가치를 파악하고 있는 학생들은 주어진 논증에 대한 반론을 좀 더 명확하게 펼칠 수 있을 것이다.

두 번째 예시에서, 토론자는 프랑스가 불만을 가지고 나토를 떠났고 많은 다른 동맹국들도 동맹 체제에 불만을 갖고 있음을 지적함으로써 나토 회원국들이 상호 존중해 왔다는 증거에 대한 반론을 펼 수 있을 것이다. 토론자는 나토가 발트 해 국가들까지 회원국으로 받아들이는 것은 러시아를 자극할 뿐이고 이 지역의 긴장감을 고조시킬 가능성이 높다고 말함으로써 주어진 이유에 대하여 반박할 수도 있을 것이다. ARE 형식의 가치는 그것이 학생들로 하여금 논증을 개발하고 이해하도록 해 주는 것뿐만 아니라 논증의 내용을 이해할 수 있게 하는 틀을 제공해 준다는 점에도 있다.

입론의 구성

주제를 긍정하는 입장을 지지하는 진영에서는 자신들이 조사한 것을 입론의 형식으로 개념화 및 조직화해야 한다. 입론(case)이란 주제에 대하여 부여 받은 입장을 정당화하는 논증의 집합이다. 더 중요한 것은, 입론이 토론자들로 하여금 자신들이 옹호하고자 하는 근거를 선택하게 해 준다는 것이다. 토론자는 입론을 통하여 자신이 중요하다고 생각하는 논거에 초점을 맞추고 이 논거를 주제에 맞추어 해석하는 방법을 파악하게 된다. 입론은 토론의 나머지 부분에 대한 틀을 세우는 것이기 때문에 중요하다. 토론의 입론을 구성하는 것은 대개 제시되는 논제가 무엇인가에 달려 있다. 토론 참여자는 자신의 견해를 토론의 핵심 주제에 맞추어야 한다.

정책 논제일 경우 또는 변화를 요구하거나 개혁을 주장할 때에는 문제 해결 형식이 가장 효과적이다. 이러한 유형의 토론에서 참여자는 변화가 필요하다고 요구할 문제를 개관하고, 해야 할 것에 대한 자신의 특정한 주장과 그러한 해결 방안이 문제를 해결할 것이라고 보는 이유를 제시한다. 학생들은 그 방안이 아직 실행되지 않은 이유, 예를 들면 무지라든가 정책적 의지의 결여와 같은 이유를 알고 싶어 할 수도 있고 그러한 주장이 어떤 부가적인 이익을 가져다주는지 알고 싶어 할 수도 있다.

한 가지 예로, "교육 개혁은 정당하다."라는 주제에 대한 토론을 생각해 보자. 찬성 측은 교육 제도가 남녀공학이 아닌 남학교나 여학교를 지원해야 한다고 주장하고 싶을 것이다. 만일 이 경우라면 찬성 측에서는 남녀공학 제도의 문제를 개관하고, 특히 남녀공학에서 여학생이 받는 피해를 설명하고자 할 것이다. 그리고 정부가 여성 교육 기관에 재정 지원을 해야 한다는 제안을 할 수도 있다. 그런 후 자신들이 제안한 방안이 제기한 문제를 해결할 것임을 입증하는 논증을 제시하고자 할 것이다. 이 경우에는 여성 교육 기관이 여성을 위해 더 좋다는 내용이 될 것이다.

가치 논제일 경우, 일반적으로 판단 기준에 바탕을 둔 입론이 사용된다. 토론에서는 가치를 평가하는 하나의 방법을 제시하고자 할 것이다. 가치에 대한 토론은 매우 주관적이기 때문에 토론에서 누구나 논증에 대해 생각할 수 있는 방법을 확립하는 것이 중요하다. 이것은 판단의 기준을 제공해야 한다는 뜻인데 이는 아마 토론 경기마다 특정 가치에 따라 판단되어야 한다고 제안하는 것처럼 간단한 일이다.

"몸은 신성한 것이다."라는 주제에 대한 토론을 생각해 보자. 찬성 측에서는 이 주제를 활용하여 몸에 재미로 문신과 피어싱을 하는 데 대한 반론을 펴면서 몸의 온전함이라는 기준을 활용하여 토론의 구도를 만들고자 할 것이다. 즉, 찬성 측은 토론 경기에서 몸의 온전함을 최고의 가치로 규정하는 입론을 구성하고자 할 것이다. 그들은 몸을 하늘로부터 받은 선물이라고 여겨 온 종교적 전통에 대해 언급하고 피어싱이나 문신과 관련한 실질적인 위험, 즉 감염이나 질병과 같은 문제를 거론할 것이다. 그러나 반대 측은 찬성 측이 선택한 기준을 반박하는 대응적 판단 기준(counter-criterion)을 제시할 수 있을 것이다. 이 예에서, 반대 측은 개인의 자유를 더 높은 가치라고 주장하고 싶을 것이다. 개인의 자유가 중요하다는 주장과 옹호를 한 후, 그들은 이러한 관점에서 문신과 피어싱에 대한 토론을 분석할 것이다.

사실 논제일 경우, 토론자는 자신의 입장을 뒷받침하기 위하여 생각을 조직하여야 한다. 사실 논제는 진실에 대한 우리의 인식을 문제시하기 때문에, 이러한 토론은 대개 그 주제를 입증하는 일련의 예시로 이루어진 입론으로 개념화하기 쉽다. 이러한 틀에서, 토론자는 자신의 논증을 연대기적으로 조직하거나 토론의 화제에 기반을 두고 조직하고자 할 것이다.

토론의 유형을 이해하고 화제의 유형에 맞는 입론을 구성하는 것은 청중을 설득하는 데 필수적이다. 입론 구성은 학생들이 자신의 주장을 주제와 수업의 목표에 초점을 맞추는 데 도움을 준다.

상대의 관점에 대한 비판적 분석

토론에서는 상대측에서 제시한 논증에 대응할 준비가 되어 있어야 한다. 학생들이 이렇게 하는 가장 쉬운 방법은 양측 입장에서 최선의 논증을 모두 브레인스토밍해 보고, 조사 단계에서 이러한 생각들을 추적하기 위한 포괄적 읽기를 활용하는 것이다. 학생들은 자신이 토론 상대편이라면 사용할 모든 논증의 목록을 만들고, 그들을 물리칠 준비를 해야 한다.

상대의 생각을 단순히 공격하는 대신, 토론자는 그 생각을 비판적으로 검토해야 한다. 토론은 상대가 전제하고 있는 생각의 강점과 약점을 따져 볼 수 있는 특별한 기회이다. 교사는 학생들이 토론의 가장 중요한 부분에 초점을 맞추게 해야하며 상대편에서 제시한 강력한 논증에 위축되지 않도록 해야 한다.

토론자는 색인 카드나 종이의 맨 위에 각각의 반대 논거를 적어 두고 각각에 대해 어떻게 대응할지 생각해 보아야 한다. 이렇게 함으로써 토론자는 결함이 있는 논점, 생략된 증거 또는 ARE 형식에서 약점을 찾아낼 것이다. 이러한 약점을 찾아내는 좋은 방법은 특정의 주장을 하는 사람을 비판하는 문헌을 찾아보는 것이다.

어떤 주장이든 그 약점을 지적하는 비판자가 있기 마련이고, 숙련된 양측 대변자들의 의견 불일치는 토론의 논증을 개관하는 데 도움이 되는 경우가 많다. 이러한 작업은 대부분 학생들이 조사를 통하여 주제에 친숙해졌을 때 가능하다. 상대방의 논증을 격퇴하기 위한 발견, 분석, 준비는 토론의 기본이 되는 부분이다.

의사 결정

토론자는 의사 결정 기술을 배울 필요가 있다. 의사 결정 기능은 평생 동안 선택을 하는 데 도움이 되기 때문이다. 토론은 학생들 자신의 세계에 영향을 미칠 어려운 결정을 숙고하게 하는 굉장한 기회를 부여한다. 토론에서 학생들은 논란거리를 검토하고 나아가 복잡한 문제에 어떻게 접근할 것인지 결정하도록 요구 받는다.

토론에서 결정을 어떻게 할 것인지 배우는 것은 어렵겠지만 그것이 토론의 결과를 결정할 수 있기 때문에 매우 중요하다. 만일 한 학생이 논증의 어떤 노선을 강조하기로 결정을 했는데 상대편이 강력한 반대 논증을 한다면 그는 토론에서 어려움에 봉착하게 될 것이다.

토론자들에게 가장 중요하고도 어려운 결정은 발언하는 동안 자신의 시간을 어떻게 사용할 것인가 하는 것이다. 이때 학생들이 반대 논증의 약점을 찾아내고 그것을 공략하도록 해야 한다. 만일 토론자가 자신의 반대 논증에 대하여 실질적인 결함을 지적할 수 있다면, 반대 측은 신뢰를 잃고 그 토론자는 상대 논증의 일부를 무력화할 수 있을 것이다. 하지만 이러한 전략은 위험 부담이 있다. 즉, 토론의 한 측이 명백한 논리적 실수를 하지 않을 정도로 신중하거나, 실수가 극히 미미한 것일 경우, 이들 논증을 집중 공격하는 것은 실패할 가능성이 있다. 왜냐하면 상대편의 사소한 부분에 집중을 하다가 시간을 잡아먹을 수 있기 때문이다. 이러한 접근은 토론의 초점을 핵심적 관심사에서 벗어나게 함으로써 청중이 집중하지 못하게 할 위험도 있다.

토론은 가장 중요한 논증, 즉 상대측 주장의 기반이 되는 논증에 초점을 맞추어야 한다. 이러한 논증은 반대자가 할 수 있는 최선의 것으로서, 만일 토론자가 상대방의 기반을 형성하는 논증을 무너뜨린다면 대개 토론에서 이기게 된다. 동시에 토론자는 자신의 논점을 지속적으로 강화해야 한다. 유능한 토론자는 대개 자신의 논증을 확장할 뿐만 아니라 가장 강력한 반대 논증을 무너뜨리는 데 초점을 맞춘다.

　　토론자가 계발하는 의사 결정 기능은 학생들이 토론에서 배워야 할 가장 중요한 인생의 가르침이다. 토론 학자 오스틴 프릴리(Austin J. Freeley)는 "인간사의 많은 문제는 복잡한 문제를 흑백 논리로 보는 경향에서 비롯한다."라고 주장한다. 그에 따르면 토론에서 학생들은 서로 존중하는 입장에서 서로 다른 많은 관점들을 바라보기 때문에 토론에서 이루어지는 의사 결정은 비판적 학습 기능을 형성하는 데 큰 도움이 된다. "어떤 명제의 두 측면을 토론하면서, 학생들은 현안 문제 대부분이 한 측면 이상을 가지고 있을 뿐만 아니라 명제의 한 측면만 하더라도 상당히 많은 부분의 가치를 포함하고 있음을 배우게 된다(Freeley, 1996: 28)."

　　토론에서 이루어지는 의사 결정의 많은 부분은 토론자들이 이기기 위해 뚜렷하게 논증을 강조해야 할 때 이루어진다. 이러한 결정은 토론의 결과에 중요한 영향을 미칠 수 있다. 의사 결정 기능은 연습과 경험을 통하여 나타난다. 학생들이 자신의 논증과 생각에 좀 더 익숙해지면 토론에서의 전환점을 좀 더 잘 인식할 수 있고 신속하고도 효과적으로 의사 결정을 할 수 있다.

구어 의사소통 기능

토론의 형식과 무관하게 구어적 의사소통 기능은 매우 중요하다. 명료한 생각과 말은 뛰어난 토론자의 전형적인 특징이다. 교사는 의사소통 이론을 잘 모른다 하더라도 이러한 기본 개념을 학생들에게 가르칠 수 있을 것이다. 구어 의사소통 기능의 이론은 상식에 기반을 두고 있다. 학생들은 자신의 논증을 신중하게 준비하고 조직하여 처음 들었을 때 이해가 되도록 해야 한다. 또 논증을 할 때 속도와 어조를 조절해야 한다. 논증이 의견으로만 이루어지거나 사실로만 이루어져서는 안 되고 이 둘을 적절히 조합해야 한다.

학생들은 즉석 말하기 방식(extemporaneous style of delivery)을 활용할 필요가 있다. 이것은 원고에 의존하지 않고 말하는 방식으로서 준비된 말하기 원고를 직접 읽는 것도 아니고 그렇다고 아무 메모 없이 말만 하는 것도 아니다. 말할 내용을 암기하는 것은 시간 소모적이고 위험한 방법인데, 이는 학생이 암기할 때의 실수로 다음에 할 말을 잊어버리고 말하기를 완전히 망칠 수 있기 때문이다. 기본적인 개요 메모를 바탕으로 말하면서 자신이 말하기의 어느 지점에 있는지를 확인하는 용도로만 메모를 활용하는 것이 훨씬 낫다. 즉석 말하기 방식은 토론자가 청중과 시선을 유지할 수 있도록 하고, 말하기가 어려울 경우 상황에 맞게 말을 조정할 여지도 있기 때문에 좋은 방법이다.

반대 측의 논증과 무관한 일련의 논증을 준비한 팀이 있다고 생각해 보자. 만일 이 팀이 발언 내용을 암기했다면, 암기한 대로 관련 없는 논증을 할 것이다. 그러나 즉석 말하기 방식을 활용하는 경우, 학생들은 자신들이 그렇게 할 준비가 되어 있다면 발언의 일부를 다른 내용으로 대체할 것이다.

발언에 할애된 시간을 지키는 것은 구어 의사소통의 기본이다. 청중은 토론자들이 주어진 시간 내에 발언할 것을 기대한다. 학생들은 자신의 발언을 연습함으로써 너무 짧거나 길게 말하지 않도록 해야 한다. 청중을 인식하는 것은 의사소통 기능의 기본적인 요소이다.

연습은 이 모든 기능의 핵심 요소이다. 우수한 학생은 논증을 두어 번 말해보는 것만으로도 토론의 일반적인 두려움을 거의 모두 해소할 수 있다. 시선 접촉이 좋아지고, 말할 때의 자신감도 향상되며, 소리 내어 말할 때 어색해 보이는 표현들도 연습을 통해 저절로 해결된다. 또한 연습은 학생들로 하여금 자신의 생각을 이해하고 그 생각을 명확하게 소통하고 있음을 확신하게 해 주기도 한다.

토론에 참여하는 것은 자연스럽게 공적 말하기 기능을 향상시켜 준다. 오스틴 프릴리는 다음과 같이 지적한다. "토론 발언의 구성과 전달은 논증의 효과를 결정하는 가장 중요한 요인이기 때문에, 토론자는 공적 말하기의 최고 원리에 따라 자신의 자료를 선정, 배열, 제시할 필요가 있다(Freeley, 1996: 28)." 많은 토론자들이 교실이나 라디오 방송과 같은 서로 다른 맥락에서 토론하도록 요청 받으며 각각의 상이한 청중은 학생들에게 상황에 따라 자신의 토론 기능과 공적 말하기를 활용할 것을 요청한다고 지적하면서 그는 다음과 같이 말한다. "청중과 말하기 상황에 지속적으로 맞추어 나가는 것은 사고와 말하기에서 유연성과 유창성을 계발해 준다 (Freeley, 1996: 28)."

듣기

토론은 학생들에게 듣기 기능을 가르치기에 가장 좋은 방법인데, 이는 토론이 주의 깊게 듣고자 하는 동기를 효과적으로 부여하기 때문이다. 토론의 성공 여부는 주의 깊게 듣는 능력에 달려 있다고 해도 과언이 아니다.

토론하는 학생은 토론의 핵심 생각에 주의를 기울이면서 논증의 전환점 (turning point)에 초점을 맞추어야 한다. 들으면서 동시에 필기하는 법을 배우는 데에는 연습이 필요하다. 교사는 학급의 모든 학생들과 함께 연습해야 할지도 모른다. 한 가지 좋은 연습 방법은 신문 기사를 소리 내어 읽어 주고, 들은 내용이 무엇인지 학생들에게 질문하는 것이다. 학생들이 청중의 역할을 할 때 능동적인 청자가 되라고 격려하는 것은 쉬운 일이 아니다. 학생들이 토론하는 급우들을 바라볼 때, 그들은 딴생각을 하면서 교실에서 무슨 일이 일어나는지 관심을 두려 하지 않는 경향이 있다. 토론을 듣는 대신 학생들은 자신이 토론해야 할 차례를 준비하고 싶을 것이다. 그럼에도 불구하고 교사는 학생들이 능동적인 청자가 되도록 분위기를 조성해야 한다. 학급은 하나의 공동체로서 행동해야 하고, 서로 배려하는 것이 토론의 성공을 위해 기본적인 일임을 학생들에게 상기시켜야 한다. 또한 모든 토론은 어떤 복잡한 생각을 깊이 조사하여 종합한 것으로서 학습을 위한 좋은 기회가 된다는 것도 상기시켜야 한다. 그러나 학급의 모든 학생이 TV, 인터넷과 같은 새로운 매체로 조사를 하고 있어서 토론에서 학생들이 어떻게 할지 걱정하는 이들이 많다. 학생들에게 그들 또한 토론자로 나설 것이므로 자신들도 그들이 만나고 싶은 청중이 되어야 함을 상기시켜야 한다. 청중으로 참여하는 학생들로 하여금 승자를 결정하게 하거나 학급의 나머지 학생들을 위하여 토론 주제에 대한 질의응답 시간을 제공한다면 학생들이 토론에 좀 더 주의를 기울일 것이다.

많은 학생들은 듣기 학습을 어려워한다. 토론에서 가장 중요한 부분의 하나가 바로 능동적인 듣기이다. 학생들이 성공하고자 한다면 듣기 기능을 향상시킬 필요가 있고 토론은 이러한 목표를 성취하는 방법을 제공할 수 있다. 프릴리와 같은 학자는 인간이 듣기 능력의 25%를 사용한다고 지적한 바 있다. 토론에서 만일 상대편이 말하는 동안 우리의 주의가 산만해진다면 우리의 대답은 효율적이지 못하고 '표적에서 벗어난' 말이 될 것이다. 그리고 만일 우리가 반대자의 논증에서 75%를 놓친다면, 토론은 끔찍해질 것이다.

토론자들은 예리하고 비판적인 관점으로 상대편의 말을 집중하여 듣고 메모하여, 정확한 요점을 짚어 반응하는 것을 점차 학습하게 된다. 이는 듣기의 어려움과 제약을 자신의 이점으로 바꾸는 것이다. 비판적으로 듣는 능력은 교육 받은 사람의 중요한 자질로 널리 인정되고 있다.

능동적 읽기를 하는 쉬운 방법 두 가지는 토론을 하는 동안 학생들에게 메모를 하게 하는 것과 학생 투표를 하게 하는 것이다. 메모를 함으로써 학생들은 제시되고 있는 논증을 주의 깊게 들을 수 있게 되고 토론에서 생각들이 어떻게 상호작용하는지를 살펴볼 수 있게 된다. 학생들로 하여금 발언이 끝난 후 논증할 것을 생각해 보게 하라. 자신들이 마치 참여자인 것처럼 토론에 대해 생각해 볼 것이다.

학생 투표는 학생들로 하여금 어느 쪽이 토론에서 이겼다고 믿는지 의사 결정을 하게 하며, 논증에 대하여 심사숙고하게 하고, 판단에 대해 생각하도록 해 준다. 학생 투표에 대한 좀 더 자세한 내용은 4장에서 다룰 것이다.

결론

토론은 효과적인 연구, 준비, 의사소통 기능뿐만 아니라 생각에 대한 확신과 같은 중요한 기능을 가르쳐 준다. 이러한 것들은 모두 상호 의존적인 개념들로서 학생들의 남은 생애에 도움이 될 기반을 마련해 주는 것들이다. 학생들을 토론에 참여시키는 것은 토론 주제에 대해 흥미를 갖게 하는 것 이상의 의미가 있다. 그것은 다른 많은 분야에서 성공하는 데 필요한 도구들을 제공해 주기도 한다.

토론의 열 가지 원리

토론을 통한 의사 결정은 다음과 같은 원리를 반영한다.

1. 의사 결정 방법으로서의 토론은 정보에 근거한 논쟁을 주고받음으로써 관련된 자료에 대한 엄밀한 검토와 검증 및 추론을 가능하게 한다. 그러므로 토론은 적절하게 사용되면 사려 깊은 판단과 중대한 결정에 이르는 수단이 된다.

2. 토론자는 상대의 관점을 공격할 때 미리 결정된 관점을 무조건 수용하며 승리만을 추구하는 선전자(propagator)가 아니다. 오히려 토론의 관습을 따를 때, 동료 연구자와 함께 협력하여 진실을 탐색하고, 토론자와 청중뿐 아니라 모든 관련자에게 최선으로 여겨지는 공통 행동의 과정을 선택하는 연구자가 된다.

3. 토론은 특정 유형의 주제, 특정 부류의 청중, 특정 담화의 양식에 제한되지 않는다. 그것은 숙의의 포괄적 형식이며, 어디에서든 어떤 방식으로든 발생하는, 정보에 근거한 책임감 있는 논쟁에 적용할 수 있는 원리와 절차이다.

4. 토론에 대해 배우게 되면 서로 다르지만 연관된 세 가지 방법에 익숙해진다. 이 세 가지는 과거와 현재의 토론에 대한 치밀한 관찰과 분석, 안내된 연습, 논증 이론이 담긴 토론 이론의 이해 습득이다. 세 가지 모두 서로 비교할 수 없을 정도로 중요하다. 교사는 세 가지 모두를 강조해야 하며, 학생은 세 가지 모두에 집중해야 한다.

5. 반성적 의사 결정에서 조사는 필수적인 부분이다. 발언하기 위해서 서고, 기록하기 위해서 앉는 순간에 토론자가 되는 것은 아니다. 최종적으로 하게 될 판단을 위해 관련된 문제를 조사하기 시작했을 때 이미 토론자가 된 것이었다. 토론은 주제와 관련된 잠정적인 조사에서 최종 결정에 이르는 과정이다.

6. 아리스토텔레스의 전통 논리는 현대의 실제적인 논쟁적 추론 방식에 대해 불완

전한 설명을 제공한다. 보다 정확하고 유용한 논리는 현대 영국의 논리학자 스티븐 툴민(Stephen Toulmin)의 형식에서 추론된 것이다.

7. 개인적이고 정서적인 증거들은 논리적 증거들보다 못하지 않으며, 비판적 결정과 관련이 있다. 확장된 툴민의 논증 분석은 개인적, 정서적, 논리적 근거들을 공통적인 구조로 환원하여 비교 검증이 가능하게 한다. 그러므로 토론자는 세 가지 유형의 근거들을 비판적 논쟁의 분석 틀 내에서 사용할 수 있다.

8. 철학자의 궁극적 목표가 개념 간의 관계를 규명하는 것이라면, 토론자의 궁극적 목표는 개념을 근거로 사용하여 청자나 독자의 신념에 영향을 미치는 것이다. 그러므로 토론자의 연구에서 신념이 기능하는 방식에 대한 지식은 필수적인 부분이다.

9. 타인과의 효과적인 논증 의사소통은 전달 방식의 탁월함에 달려 있다. 명료성(clarity)과 흡인력(attractiveness)은 공통 기준으로서 토론자로 하여금 지나치지도 않고 부족하지도 않게 개별 논증이 정확한 중량감을 지닌 상태로 표현되도록 한다.

10. 교실 토론을 위한 연습과 대학 토론 대회는 그 자체로 전부가 아니다. 공공 정책을 결정할 자유 시민으로서 이후의 삶에서 직면할 책임감 있는 토론 상황에서 필요한 기능과 태도를 함양하는 방법인 것이다.

출처: Douglas Ehninger and Wayne Brockriede, *Decision by Debate* (New York: Dodd, Mead, 1963), vii – viii.

제3장

교실 토론의 목표

토론에 관심을 갖고 있음에도 불구하고, 많은 교사들은 바쁜 교실 스케줄에서 토론에 쓸 시간을 낼 수 있을지에 대해 여전히 의구심을 갖고 있다. 토론은 교과와 관련하여 학생들을 돕는 데 유용할 뿐만 아니라 그 자체가 교육적으로 유익하다. 이 장에서는 교실 교육과정에 통합된 토론 교육의 목표와 그렇게 할 때의 장점에 대하여 살펴보고자 한다.

교과 내용에 대한 관심

토론은 학생들을 자신이 공부하고 있는 교과에 흥미를 느끼게 하는 데 좋은 기회를 제공한다. 전통적으로 교육은 교수자가 정보를 제공하고 학생이 지식을 단순히 수용하는 것과 같은 형식적인 하향식 방법으로 이루어져 왔다. 이러한 교육 체제는 종종 학생의 지식을 검사하기 위한 시험과 밀접하게 연결되어 있다. 이러한 교육 방법이 오랜 전통을 갖고 있음에도 불구하고 많은 교육 전문가들은 이러한 접근 방법의 가치에 의문을 제기한다(Giroux, 2001: 128; Whang and Waters, 1988: 198).

학생들은 암기하고 다음 단계로 넘어갈 수 있을 정도만 자료에 관심을 갖는다고 주장하면서, 전문가들은 이러한 유형의 학습이 피동적이어서 학생들에게 내면화하기 어렵다고 생각해 왔다. 미국의 경우 이러한 경향은 중등 과정 후에 확실히 나타난다. 학생들이 대학에 왔을 때 정보를 암기하고 그것을 시험에서 풀어내는 데는 익숙하지만, 그것을 과목과 관련짓는 능력은 취약하고 관심도 없는 경우가 많다.

이와 같은 교육의 과정은 학습된 것이며 학생들이 스스로 무관심하게 된 것은 아니다. 학생들은 스폰지와 같이 지식을 흡수하는 것이 자신들이 할 일이라고 배워 왔다. 그 결과 그들은 지식의 역동성과 잠재력에 대한 감각을 상실하였다. 이러한 학습된 행동은 새로운 교수법을 도입함으로써 바꿀 수 있다. 능동적이고 흥미로운 교수 방법은 교사가 가르치는 과목에 대한 학생들의 참여의식을 높이고 그들을 뛰어난 학생들이 되도록 용기를 불어넣을 수 있다. 이것은 그들이 시험을 대비하고 있기 때문이 아니라 배우고자 하는 마음이 있기 때문이다.

이러한 생각이 새로운 것은 아닐 것이다. 만일 경험이 많은 교사라면 교실 체제를 이루는 전통적인 요소를 뒤집는 활동과 기회를 제공할 때 학생들이 반응한다는 것을 알고 있을 것이다. 교사가 안고 있는 어려움은 어떻게 이러한 흥미로운 활동을 하면서 동시에 학생들에게 필요한 정보를 제공하느냐 하는 것이다. 교육 방법으로서의 토론은 두 가지 방면에서 모두 도움을 준다. 토론은 학생들로 하여금 교과 내용을 알고 그에 대해 명확하고도 설득력 있게 말할 수 있도록 해 준다.

학생들은 듣기만 하는 데 머물러서는 안 된다. 즉, 능동적인 학습에 참여해야 한다. 그들은 분석, 종합, 평가를 포함하는 고등 사고 과정에 참여해야 한다. 능동적인 학습을 촉진하는 전략은 학생들로 하여금 행동하게 할 뿐만 아니라 자신들이 하고 있는 것에 대해 생각하게 한다. 찰스 본웰(Charles Bonwell)과 제임스 에이슨(James Eison) 같은 교육학자들은 다음과 같은 결론을 내렸다. "교실에서 이러한 교수법의 사용이 중요한 이유는 그것이 학생들의 학습에 미치는 강력한 영향력 때문이다. 예를 들어 몇몇 연구 결과를 보면 학생들이 능동적인 학습을 촉진하는 전략을 전통적인 강의보다 더 좋아한다는 사실을 알 수 있다. 학생들의 학업 성취도 평가에 대한 다른 연구들도 능동적인 학습을 촉진하는 전략들이 내용의 숙달 측면에서는 강의와 비슷한 역할을 하지만 학생들의 사고와 작문 기능의 발달 측면에서는 우월하다는 것을 보여 준다(Bonwell and Eison, 1991: 2)."

이러한 두 가지 동기화는 학생들로 하여금 배우고자 하는 용기를 내도록 해 준다. 자신의 무지를 깨닫게 하는 단 한 번의 토론만으로도 학생들은 그 주제를 이해하고 다음번을 위하여 준비하고자 하는 강렬한 열망을 갖게 된다. 학생들은 토론에 참여함으로써 정보를 알게 되는 것뿐만 아니라 그 정보를 토론에서 활용할 수 있도록 가공하기까지 한다. 기본적으로 토론은 학생들이 능동적으로 교육에 참여하여 지식과 생각을 탐색하게 하고 의견 충돌이 일어날 때 그러한 생각과 관련지어 지식을 활용할 수 있도록 해 준다.

이러한 과정에서 매우 중요한 것은 토론에서는 공적인 태도를 취할 필요가 있다는 것이다. 일반적인 상황에서 교사가 학생을 평가할 때에는 학점을 사용한다. 그런데 토론에서는 학생들이 일어서서 개별적으로 견해를 제시한다. 그들은 자신의 생각을 제안하고 방어한다. 이러한 공적인 책무성은 매우 중요하며 학생들은 그러한 상황을 매우 진지하게 받아들인다. 그들은 이러한 공적 선언을 했기 때문에 자신의 생각과 자기 자신을 관련짓게 된다(Cialdini, 2001: 78). 학생들은 자신이 주장한 신념을 반드시 유지할 필요는 없다. 하지만 자신의 생각을 인격적으로 결합했기 때문에 이러한 신념이 중요할 것이다. 무언가가 중요하다고 자기 자신에게 말하는 것도 의미 있는 일이지만, 인간은 사회적 존재이고 다른 사람에게 말한 것을 고수할 의무가 있기 때문에 공적으로 선언을 하는 것이 훨씬 더 의미 있는 일이다.

토론은 오래된 문제를 새로운 시각으로 보게 해 준다. 학생들은 시험에서 일대일로 지식을 전달해야 하는 상황보다 학급의 나머지 학생들, 즉 더 큰 집단의 사람들에게 발언을 해야 하는 상황에서 더 큰 책임감을 갖게 되기 때문에, 토론은 학생들에게 쟁점의 뿌리를 이해하고자 하는 열망을 갖게 한다. 토론을 통하여 학생들은 "왜?"라는 매우 중요한 질문을 던진다. 교과 내용에 대한 피상적인 관심을 갖고 있는 사람에서 어떤 견해를 방어할 책임이 있는 개인으로 인식이 변화하기 위해서는 토론자가 자신이 말하고 있는 바에 대해 알고 있어야 한다. 학생들은 토론을 준비하면서 학문에 대한 태도가 수동적인 관점에서 능동적인 관점으로 빠르게 바뀌게 된다.

안드레아 런스포드(Andrea Lunsford)와 존 루츠키비츠(John Ruszkiewicz)는 『모든 것이 논증이다(Everything's an Argument)』라는 책에서 학생들로 하여금 더 깊이 있는 논증을 하도록 격려하는 힘은 그들이 자신을 방어할 책임을 질 때라고 하면서 다음과 같이 설명하였다. "사람들이 직접 논증하는 글을 쓸 때, 그들은 대안과 선택을 인식하고 있다. 전형적으로, 그들은 자신이 서 있는 지점이 어디쯤인지를 알고 논증을 시작한다. 그러나 그들은 자기 자신과 다른 사람들에게 자신의 입장이 합리적이라는 사실을 좀 더 완벽하게 확신시킬 만한 강력한 증거가 필요하다는 것도 깨닫게 될 것이다. 그리고 가끔 그들은 그 주제에 대해 더 많은 것을 알게 되었을 때, 의견이 바뀐 자신을 보고 놀랄 때도 있다(Lunsford and Ruszkiewicz, 1999: 19-20)." 토론은 학생들에게 일련의 순서에 따라 질문을 하게 하는데, 이는 지식의 피상적인 수준에 만족하지 않고 깊이 있는 논증을 추구하게 만든다.

교사는 토론을 통하여 무관심 문제를 해결할 수 있다. 여러 가지 측면에서 이해의 책임이 학생들에게 있다고 볼 수 있기 때문이다. 토론은 문제와 쟁점의 토대에 대한 탐색을 촉진하는 일종의 이기심을 유발하기도 한다. 토론이 교육 과정에 통합된다면, 교사는 교육에 대한 자신의 관점이 어떠하든 자신의 학생들을 자극하고 격려할 수 있을 것이다.

교과 내용의 쟁점 토론

토론의 유익 가운데 하나는 지식을 학생들이 다룰 수 있는 형식으로 변형할 수 있다는 점이다. 이것은 간단하게 말하자면 토론을 통하여 학생들이 교실에서 배운 지식을 적용하는 데 능숙해진다는 것을 의미한다.

교육적 요구는 대개 학생들이 어떤 주제에 친숙해지고 그것을 아주 단순한 방식으로 활용할 수 있는 능력을 기르는 데 있다. 예술사 과목을 생각해 보자. 예술사 수업은 대개 학생들로 하여금 많은 수의 미술 작품을 기억하고 제작 시기와 작가를 말할 수 있게 되기를 기대한다. 이러한 접근 방식의 목적은 역사에 대한 감각을 계발하고 예술에서의 변화가 어떻게 다른 예술가들에게 영향을 미치는지를 보여주는 데 있다. 이러한 지식의 응용은 대개 학생들이 이미 배운 것을 동일한 방식으로 적용하는 보고서나 시험을 통하여 나타난다.

토론은 이런 유형의 교육에 문제를 제기하는데, 이는 학생들이 지식을 배워야 할 뿐만 아니라 그것을 자신들이 다루어 창조적인 논증과 반응으로 포장해야 하기 때문이다. 이러한 과정에서 학생들은 예술사의 중요한 개념을 기억해야 할 뿐만 아니라 특정 논증을 하는 데 활용할 수 있는 방식으로 그러한 정보를 인식해야 한다. 이러한 '행함을 통한 배움(learning by doing)'은 효과적인 교육 수단이며 사람들이 일상생활에서 배워 나가는 방식을 잘 보여주는 것이기도 하다(Schank and Cleary, 2005: 제6장).

"예술의 진보는 갑작스럽고도 충격적이다."라는 주제에 대한 토론을 생각해 보자. 이 주제를 뒷받침하기 위해 학생은 여러 예술가들과 예술의 시기를 연결해 보아야 할 것이다. 토론이 학생에게 요구하는 것은 입체주의에 대해 언급하고 중요한 입체파 예술가, 공간, 미술품을 설명하는 것이 아니라 그러한 정보 간의 관련성이다. 이 경우 학생은 중국의 예술가, 초기 인상파 예술가, 앤디 워홀(Andy Warhol), 크리스 오팔리(Chris Ofali)를 예로 들면서 예술은 급진적 예술가가 새로운 자유를 추구할 때에만 변화한다는 점을 지적할 수 있을 것이다.

혹자는 이러한 관련성은 연구 보고서에서도 쉽게 찾아볼 수 있는 것 아니냐고 반응할 수도 있다. 그러나 토론에서는 학생들이 자신의 생각을 방어해야 하기 때문에 지식의 적용 양상이 상당히 다르다. 위와 동일한 주제에 대한 연구 보고서에서는 학생이 머리를 써서 이러한 유형의 연결을 해 내야 할 것이다. 하지만 토론에서는 학생이 그러한 연결을 해야 할 뿐만 아니라 그것을 방어까지 해야 한다. 주제에 대하여 찬성 측을 지지하는 학생은 위와 같은 논증을 구성해야 할 뿐만 아니라 인상주의 예술가들이 특히 부드럽고 유유자적한 예술적 변화를 추구하였고 당시 예술의 지평을 넓히지 않았다는 논증에 대응할 준비를 해야 한다.

게다가 토론에서는 아이디어를 생동감 있게 방어하기 때문에 학생들은 집중적인 상호작용을 하는 동안 정보를 조직하고 활용하는 법을 배우게 된다. 이러한 상호작용의 결과는 교실에서 쉽게 복제할 수 없는 일종의 지식 활용으로 나타난다. 학생들은 자신들의 정보를 계획하고 조직한 후 도전을 받을 때마다 그러한 계획을 실행하기 때문에 매우 복잡한 단계에서도 자신의 논증과 토론의 주제를 인식할 수 있게 된다. 이러한 지식의 조작을 통하여 교과 내용에 대한 새로운 형태의 이해가 가능해지며 이는 교실 학습에 의미 있는 기여를 할 수 있게 된다.

옹호 지향 교육(advocacy-oriented education)

전통 교육에 사용된 교수법을 살펴보면, 학생들을 위한 몫이 매우 적음을 알 수 있다. 정보가 학생들에게 제공되면 그들은 지식으로의 초대를 받아들일 기회를 갖게 되고 참여자가 되어 그 지식을 암기하거나 친숙해지면 그만인 것이다. 이러한 과정은 특히 학생들이 생각을 이해하거나 개념을 추구하기 위한 시도를 건성으로 하게 만들며, 특히 혼란에 직면할 경우 더욱 그러하다. 이는 대개 그러한 노력을 기울여야 할 실질적인 필요나 당위를 느끼지 못하기 때문에 나타나는 현상이다. 이러한 교육적 모형은 일종의 재앙인데, 이는 그러한 방식이 학생들의 남은 삶에 지속될 것이고 그것이 무언가를 배우는 방식이라고 믿어버릴 것이기 때문이다.

학습에 대한 이러한 접근법을 '소비자' 접근법이라고 명명할 수 있는데, 이러한 과정은 학생들이 가능한 교육적 선택지를 숙지하고 그 결과로 자신들이 배울 필요가 있는 것을 다른 누군가가 제공해 줄 것이라고 기대하면서 무언가를 배우는 데 돈이나 시간을 투자하는 것으로 볼 수 있다. 더 위험한 것은 그러한 교육적 틀의 한계를 받아들이는 것이다. 이러한 상황에서 학생들은 수업의 요구를 충족시키는 것만으로 지식을 얻거나 좋은 성적을 받게 되리라고 기대하게 된다. 이와 같이 소비자 접근법으로 사고에 접근한다는 것은 지식을 추구하고자 하는 열망이 다른 누군가가 그것을 제공해 줄 것이라는 기대로 전락하게 된다는 것을 의미한다.

독일의 철학자 프리드리히 니체(Friedrich Nietzsche)는 「삶에 대한 역사의 유익함과 해로움에 대하여(On the uses and disadvantages of history for life, 1874)」라는 글에서 교육에 대한 이러한 접근법의 위험성에 대하여 설명하였다. 그는 역사적 문제의 복잡한 원인을 탐색하지 않고 표면적 수준의 결과만을 고찰하는 데 만족하는 현대의 교육을 한탄한다.

개성이 안으로부터 제거되었다. 밖에서 보면 그것이 보이지 않는다. 이는 결과 없는 원인이 있을 수 있는지 진정으로 묻고 싶게 하는 일이다. 혹 위대한 역사적 세계인하렘(harem)³을 지켜야 하는 환관과 같은 부류인가? 순수한 객관성이야말로 이러한 이들의 특징을 가장 잘 나타내 주는 말일 것이다. 왜냐하면 그 과업은 역사를 비호하는 것이지만, 결국 역사를 많은 역사서 외에 나올 것이 없는 것, 아무 실제적인 사건도 없는 것으로 보고 있을 뿐이기 때문이다. 이러한 역사는 어떤 개인도 '자유롭게', 즉 말과 행동 모두를 자기 자신과 타인에게 진실되고 정직하게 하도록 만들지 못한다는 사실에 유의해야 한다. 오직 그러한 진실성을 통해서만 현대인의 비탄, 내적 고통이 드러나고, 관습과 가장(假裝)을 통한 불안한 은폐를 대신하여 진정한 보조 장치인 예술과 종교가 결합하여 문화를 뿌리내리게 할 수 있을 것이다. 이 문화는 우리의 실제적 요구에 부합하는 것이며 오늘날 보편 교육에서 그렇게 하도록 가르치는 바와 같이 그러한 요구들에 대해 자기 자신을 속이고 그 결과로 거짓말쟁이가 되게 하지 않는다.(Nietzsche, 1997: 85)

니체의 입장은 교육이 비판적 질문을 제기하고 소비자 접근법을 피하기 위한 중요한 기회라는 것이다. 교육은 공적 생활에서 우리가 좀 더 박식한 참여자가 되도록 도와주기 때문에 중요하다고 볼 수 있다. 이러한 교육을 통하여 우리는 가치 있고 선한 것을 이해하고, 지도자의 악하고 위험하기까지 한 주장을 이해하며, 필요할 경우 목소리를 높일 수 있게 된다. 불행하게도 교육에 대한 소비자 접근법은 학습에 대한 가장 단순한 접근 방법을 권장함으로써 이 모든 것을 방해한다. 반면에 토론은 참여와 비판적 사고에 초점을 맞추어 교육에 자양분을 제공한다.

능동적이고 참여적인 시민이 사회 변화의 가장 강력한 옹호자라는 점에서 옹호는 매우 중요하다. 이와 같은 변화의 옹호자들은 세계적으로 그 중요성이 높아지고 있다. 젊은이들은 특히 자기 자신과, 자신이 관심을 갖고 있는 것을 옹호하는 방법을 배울 필요가 있다. 조디 도슨(Jodie Dawson)도 "십대들에게 자신을 옹호할 수 있는 권한을 부여함으로써 배움과 삶을 성공적으로 이끄는 데 필요한 기능을 계

---

3   [역주] 이슬람 국가에서 부인들이 거처하는 방으로 일반 남자들의 출입이 금지된 장소. 보통 궁궐 내의 후궁이나 가정의 내실을 가리킴.

발하도록 도와줄 수 있다."라고 말하였다(Dawson, 2004: 1). 사회학자이자 비평가인 헨리 지루(Henry Giroux)는 지식을 갖춘 민주주의 옹호자의 감소로 인하여 미국 사회의 지위가 위험에 직면해 있다고 주장한 바 있다. "민주 정부, 공공 기관, 민주적 과정에 대한 민중의 신뢰가 점차 줄어드는 것과 관련하여, 미국인에게 제공된 단체나 시민 참여의 유일한 형태는 시민 정신의 실질적 형태와 반대되는 소비주의이다 (Giroux, 1988: 3)." 미국의 정치적 현실에 대한 지루의 절망적인 전망을 해결하는 법은 학생들을 가르쳐서 능동적 옹호자가 되게 하는 것이다. 이를 위하여 그들의 의견에 대한 정보를 학생들에게 줄 필요는 없으나, 공적 논쟁을 조사하고 비판적으로 성찰하도록 가르치고 나아가 자신들의 의견이 가치 있는 것임을 타인에게 설득하는 방법을 가르칠 필요는 있다. 이것이 토론의 기본 목표이다.

토론을 분석 방법으로 선택하는 것은 학생들에게 어떤 옹호와 분석의 과제를 부과할 것인지에 대하여 시사하는 바가 많다. 더글라스 에닝거(Douglas Ehninger)와 웨인 브로크리드(Wayne Brokriede)는 토론과 다른 유형의 의사소통을 구별하기 위한 몇 가지 심리적 실험을 제안한다.

토론을 자신의 방법으로 선정하는 데 개인의 선택이 얼마나 중요한지를 이해하기 위해서 다음의 다섯 가지 심리적 실험을 수행해 보자. (ㄱ) 생각해 보자. "광신도와 엄격한 종파주의자들은 갈등의 중재를 호소하는가 아니면 무조건적으로 믿고 생각 없이 받아들일 것을 호소하는가?" (ㄴ) 법정의 끈질긴 증거 조사와 지도자에 의해 촉발된 군중의 충동적이고 감정적인 결정을 대조해 보자. (ㄷ) 공직 출마자가 자신의 반대자를 공개 토론에서 만나는 것을 거부하는 경우가 얼마나 자주 있는지 떠올려 보자. (ㄹ) 질문해 보자. "광고주가 자신의 가장 가까운 경쟁자와 같은 시간이나 공간을 얻기 위하여 계약하고 구매자들에게 두 회사의 광고를 모두 들을 때까지 구매 결정을 연기해 달라고 요구하는가?" (ㅁ) 무엇보다도 가장 흥미로운 것은 아마도 법정에서 이루어지는 열렬한 토론을 한 시간 동안 들어보는 일이 될 것이다. 그런 후 라디오나 텔레비전 광고를 한 시간 동안 듣고 법정 토론과 비교해 보자.(Ehninger and Brokriede, 1963: 18)

토론은 학생들에게 아이디어를 어떻게 논증하고 방어할 것인지 가르쳐 준다. 이러한 수업은 공적 삶에서 성공하는 데 핵심적인 역할을 한다. 토론은 전통적인 소비자 정신 위주의 교육에 대한 대안을 제공하기 때문에 가치가 있다. 토론은 숙련되고 비판적인 변화의 지지자를 가르치는 데 도움이 된다. 토론은 기본적으로 연구, 사고, 조직, 옹호의 기술에 관한 것으로서 공적 옹호를 위한 훌륭한 입문 과정이다.

설득 기능 학습

토론은 학생들이 설득을 더 잘할 수 있게 하고 설득 기능과 관련된 책임감도 길러 준다. 토론의 개념은 논증에 긍정적으로 반응하도록 청중을 설득한다는 생각에 이미 전제되어 있다. 토론의 수행적 요소에는 중요한 논증들과 그에 반영된 논리만이 아니라 설득과 관련된 세부적인 기법에 대해 아는 것까지도 포함된다.

토론을 통해 배울 수 있는 가장 인상적인 설득 기법 중 하나는 자신감이다. 자신의 논증과 생각에 대한 자신감이 있는 토론자들은 청중에 대하여 매우 긍정적인 에토스(화자의 공신력)를 제공한다. 이것은 토론에 들어가기 전에 준비해야 할 매우 중요한 요소이다. 자신의 논증에 숙달해 있고 토론할 준비가 되어 있는 학생들일수록 더 자신감 있는 모습을 볼 수 있다. 그러나 토론은 또 다른 수준의 자신감을 부여하는데, 이는 상황이 좋지 않을 때 침착할 수 있는 용기이다. 토론은 적어도 두 진영이 참여하기 때문에, 종종 자신들이 대응할 준비가 되어 있지 않은 논증으로 서로 충격을 줄 수 있다. 토론은 그러한 예기치 못한 상황을 준비하는 데 필요한 신속한 사고 기능을 가르쳐 준다. 빠르게 대응하는 능력은 대개 약간의 토론을 경험해 본 사람이라면 자연스럽게 발현되기도 한다.

자신감과 함께, 토론을 통해 배울 수 있는 설득 기능으로는, 감동적인 언어 사용, 말하기 기법, 내용 조직, 청중 분석 등을 들 수 있다. 토론하는 학생은 이러한 설득 기능을 자연스러운 발견의 과정을 통하여 알게 된다. 교사가 언어 선택의 설득적 본질에 대해 쉽게 설명하지 못할지라도, 학생들은 토론을 통해 어떤 것이 효과가 있는지 배울 수 있다. 토론은 교과 때문이 아니라 활동의 본질 때문에 이러한 인식을 하게 한다. 교사가 토론을 도입하여 가르치고자 하는 설득 기법이 무엇이든지 그것은 학생들에게 매우 가치 있는 것임에 틀림없다. 언어 수업에서는 특정한 환언 능력이 강조될 수 있다. 정치 수업에서는 역사 속 인물의 설득 연설이 초점이 될 수도 있다. 교사들은 설득에 관한 어떤 형식적인 교수법을 따를 필요가 없으며, 학생들은 토론을 통해서 배우고 그 토론의 결과물을 이해하게 될 것이다. 토론에 직접 참여하지 않는 학생들에게 배심원의 역할을 하도록 하고 때때로 토론자 학생들에게 투표의 형태로 문서상의 피드백을 제공하게 하는 이유 중 하나가 바로 이것이다. 동료들의 판단이 학생들에게는 매우 중요하며, 그들이 자신들의 토론 수행에 대하여 다른 학생들로부터 얻는 피드백은 설득의 과정에 대한 학습의 풍부한 기반을 제공해 준다.

설득에 대해 더 많이 이해함으로써 학생들은 자신들의 태도에 영향을 미치고자 하는 바람직하지 않은 시도, 즉 전달자, 청중, 메시지 그 자체, 그리고 메시지가 전달되는 채널과 관련된 변인들을 조작하여 설득력을 높이고자 하는 시도에 저항하는 방법을 배울 수 있다(Marlin, 2002:95). 토론은 이러한 학습에 특히 유용한 연습의 기회를 제공한다.

교과나 교수법과 무관하게 토론은 학생들에게 설득을 가르쳐 준다. 그뿐만 아니라 토론은 학생들에게 자신들이 새롭게 발견한 설득 기술과 관련된 책임감에 대해서도 가르쳐 준다. 학생들은 언어 선택이나 설득 기법은 잘 준비하였지만, 정작 주제 조사는 게을리 한 토론자를 금방 알아본다. 토론자들은 많은 정치인과 지도자들이 자신들의 논증을 말의 성찬으로 감추고자 한다는 것도 알게 될 것이다. 토론자들은 설득자가 청중의 마음을 얻는 데 사용하는 전략을 알고 있기 때문에 훌륭한 논증 대신 설득 기법을 쓰는 것에 예방 접종이 되어 있다. 더 중요한 것은 토론이 학생들로 하여금 화자와 청중 간의 윤리적 관계를 살피도록 격려한다는 점이다. 학생들은 설득하는 법을 배우기는 하지만, 어떤 희생을 치르고서라도 설득을 해야 하는 것은 아니며 설득 행위에 대한 책임감은 잠시라도 토론에 참여해 본 후 훨씬 더 분명해진다.

토론에 참여함으로써 얻는 설득의 기술은 수행과 그 준비 과정을 통하여 자연스럽게 드러난다. 토론 연습을 통해 얻을 수 있는 설득 기술은 매우 가치 있는 것으로서 결코 과장된 것이 아니다. 토론을 통하여 설득 기술뿐만 아니라 설득당하지 않는 방법을 습득하고 설득의 부정적 요소를 윤리적으로 이해하는 것도 가능하다. 설득 방법은 부정적 효과가 있을 수 있는데 토론자는 설득의 '값싼' 길을 피하는 방법도 깨달을 수 있다.

비판적 사고 학습

토론은 비판적 사고를 가르치는 데 가장 효과적인 방법 중 하나이다. 토론은 학생들이 자신의 논증을 방어하도록 준비시키기 때문에 능동적 토론은 비판적 사고를 촉진한다. 전통적 교육 방법이 학생들에게 내용과 개념을 가르치는 데 비해, 토론은 학생이 그러한 지식을 스스로 탐구하는 여행의 출발점으로 활용하도록 안내해 준다.

학생들은 토론에서 자신의 주장에 대한 책임을 지기 때문에, 토론자들은 주장의 근원을 탐색하는 데 민첩하다. 주제에 대해 들은 바에 만족하는 대신, 토론은 학생들로 하여금 자기 자신의 이해를 추구하게 하고 논증의 기반을 연구하고 비판함으로써 생각에 문제를 제기하도록 이끌어 주기도 한다. 이러한 과정이 비판적 사고에 기본이 된다.

비판적 사고는 지식을 새로운 문제와 논쟁에 적용하는 능동적 기능이다. 비판적 사고는 단순히 문제에 대해 열심히 생각하는 것을 의미하지 않는다. 그것은 생각과 개념을 새로운 방식으로 적용하는 것을 의미한다. 비판적 사고는 학생들이 이미 배운 개념을 취하여 새로운 상황에 적용할 때 일어난다. 즉, 자신의 지식을 이전에 분석할 준비를 해 보지 않은 상황에서 적용하는 경우이다. 어떤 학생이 제3세계 국가들이 국내 소비보다 수출에 초점을 맞추어 다수확 품종과 농약을 사용하도록 권장했던 '녹색 혁명'을 포함하여 농업 세계화의 역사적 근원에 대해 배우는 것이 무엇인지 생각해 보자. 그 학생은 이러한 방법이 토양을 황폐화하고 식수를 오염시키는 등 대부분의 나라들에 파괴적인 영향을 미치기도 한다는 것을 알게 된다. 이러한 연구는 비판적 사고가 아니라 생각의 근원을 탐색하는 비판적 사고의 첫 단계일 뿐이다. 비판적 사고는 그 학생이 제3세계 국가들의 부채 탕감을 옹호하는 논문을 접하게 될 때 일어난다. 이 학생이 이러한 지식의 편린들을 결합하고 이와 같은 두 가지 개별적인 정보들을 연결할 때 비판적 사고 활동을 하는 것이다.

경험적 연구에 따르면 토론 활동과 비판적 사고 활동 간에는 관련성이 있는 것으로 보인다. 더 엄격하게 통제된 대규모 연구가 필요하기는 하지만, 이러한 결과를 지지하는 증거가 많다(Shuster, 2004: 2). 오스틴 프릴리(Austin Freeley)는 다음과 같이 지적한다.

> 대학의 논증과 토론 강좌가 표준화 검사에서 비판적 사고 점수를 향상시켰는지에 대해 조사한 수많은 연구들에 따르면 논증 집단 학생이 통제 집단 학생보다 더 높은 점수를 얻었음이 통계적으로 유의하게 입증된다. 콜버트(Kent R. Colbert)는 CEDA나 NDT 토론에 1년간 참여한 토론자는 비토론자보다 비판적 사고 검사에서 의의 있게 더 높은 점수를 얻었음을 보여주었다.(Freeley, 1996: 270)

비판적 사고는 학생들에게 기능과 내용을 가르친다고 해서 단순히 발현되지는 않는다. 오히려 이러한 관련짓는 능력을 배우는 참여자에게서 계발되는데, 대개는 아이디어 간의 관련성을 충분히 생각해 봄으로써 가능해진다. 이러한 비판적 사고 기능을 가르치는 데 가장 좋은 활동 중 하나가 바로 토론이다. 토론을 위한 조사는 정확하게 이러한 연결에 초점을 맞추기 때문에 매우 가치 있는 일이다.

폴(Paul)과 엘더(Elder)는 비판적 사고의 결여와 관련한 문제를 다음과 같이 설명한다.

> 누구나 생각한다. 그렇게 하는 것이 우리의 본성이다. 그러나 우리의 생각은 대개 그대로 둘 경우 편향되거나, 왜곡되거나, 치우치거나, 무지하거나, 완전히 편견에 사로잡히게 된다. 그러나 우리 삶의 질과 우리가 생산하거나 만들거나 짓는 것의 품질은

정확하게 우리의 생각의 질에 달려 있다. 조잡한 생각은 돈과 삶의 질 모두에서 비용이 많이 든다. 그러나 우수한 사고는 체계적으로 교육되지 않으면 안 된다.(Paul and Elder, 2001: 1)

자신의 입장을 지지하거나 대변해야 할 때 이러한 비판적 조사 방법을 활용하도록 하는 것은 비판적 사고 기능을 성장시키는 훌륭한 교육적 접근이 된다.

긍정적인 교실 분위기 조성

교실에서 토론을 활용하는 것의 유익 중 하나는 토론이 교실을 더 활기차게 만든다는 것이다. 학생들이 일어서서 돌아다니고 주제에 대해 흥미를 느끼며 자신의 생각과 조사 결과를 학급의 다른 친구들과 나누고 짝과 함께 적극적으로 활동하면서 교실은 긍정적인 활력으로 가득 차 북적거린다. 이런 교실은 교사 모두가 꿈꾸는 곳으로서, 이곳에서 학생들은 활기를 느끼고 그들의 남은 생애에 도움이 될 생각과 경험을 얻게 된다.

토론은 교실에서 이러한 분위기를 조성하는 데 도움이 되는데, 이는 토론이 학생들을 참여하게 하고 그들의 관심을 공적인 토론 수행으로 보상해 주기 때문이다. 학생들은 자신의 수행에 대한 책임감을 갖고 있기 때문에 교육의 과정에 더 몰두하게 된다.

많은 교사들은 이러한 신바람이 다른 많은 수업 영역으로 전이될 것이라는 점을 깨닫지 못하고 있다. 신나고 활기에 찬 학생들은 자신들이 받아들이는 지식의 배출구, 즉 그 정보를 사용할 장소가 있기 때문에 교사로부터 더 많은 것을 배우려는 열의를 갖게 된다. 학생들은 자신들이 배운 지식을 어떻게 활용할 수 있는가? 이러한 물음에 대한 답은 토론이 학생들의 지식을 논증으로 활성화시킨다는 것이다. 토론 후 학생들은 더 관심을 갖게 되고 어떤 학생들은 수업에 참여하는 것에 훨씬 더 흥미를 느낀다.

새로운 유형의 지식 창출

토론을 통하여 학생과 교사는 새로운 사고를 하게 된다. 활동으로서 토론의 본질은 모든 참여자를 위한 새로운 인지적 공간을 만들어 내는 데 있다. 토론은 주제에 대해 잘 아는 대변자들 간의 살아 있는 대화이다. 그래서 우리는 토론에서 어떤 아이디어가 전개될지 예측할 수 없다. 토론은 의견이 서로 다른 참여자 사이, 예를 들면 주장과 그에 대한 반대 주장을 하는 학생들 사이에서 지식을 비판적으로 적용하여 이루어진다.

토론을 위한 준비 과정에서도 참여자들은 새로운 지식을 만들어낸다. 자신들이 잘 모르거나 동의하지 않는 주장을 방어하라는 과제를 부여받은 학생들은 자신들이 전혀 고려해 보지 않았을 새로운 개념에 대해 공부할 기회를 얻는 조사 과정을 통하여 도움을 받을 것이다.

또 학생들이 새로운 유형의 지식을 만들어내는 것은 실제 토론에서이다. 교사와 학급의 나머지 학생이 듣고 있는 동안 교실의 앞에 있는 한 학생이 말을 시작한다면 토론은 색다른 경험이 된다. 교실에서 전통적인 권력 구조가 토론을 하는 동안 노출되고 탐색될 수 있다. 학생이 교육적 연결고리의 중심에 있기 때문에 교육의 본질은 형식적으로 변화된다.

헨리 지루(Henry Giroux)는 교사들에게 정치적 교육을 하라고 조언한다. 그에게 정치적 교육이란 강도 높은 비판적 탐구이다. 지루(Giroux)는 토론을 명시적으로 옹호하지는 않지만, 이러한 교육에 대한 정당화는 교실에서 토론을 활용하는 것과 아주 잘 어울린다.

정치적 교육은 또한 학생들에게 위험을 감수하고, 질문하고, 권력에 도전하고, 비판적 전통을 존중하고, 권위가 교실과 다른 교수 공간에서 어떻게 사용되는지를 성찰하도록 가르치는 것을 의미한다. 정치적 교육은 학생들에게 자기 자신을 비판적으로 표현하는 것뿐만 아니라 그들의 정체성, 가치, 욕망이 형성되는 참여의 구조와 토론의 지평을 바꾸는 기회를 제공하기도 한다. 정치적 교육은 어떻게 권력이 학생들로 하여금 비판적 시민으로서의 역할을 구성하고 확장하는 과정에서 학생들에게, 학생들을 통하여, 학생들을 위하여 작동하는지 이해할 수 있도록 하기 위한 교육적 조건을 구성한다. 그러한 담론에 중심적인 것은 시민정신은 기술적 효율성의 결과가 아니라 앎, 상상력, 저항을 연결하는 교육적 투쟁의 결과라는 사실이다.(Giroux, 2000: 139)

지루는 어떤 교육이 이루어져야 하는가에 대한 비전을 표현한다. 그의 목표는 상상력, 비판적 사고, 정치적 사고를 권장하고 교실 내의 권력 관계를 탐구하는 것이다. 교수 방법으로서의 토론은 이 모든 것에 기여할 수 있다. 토론은 자신의 확신과 흥미가 새로운 생각과 개념을 발견하게 하는 장소로 학생들을 이끌 수 있다. 교실 토론을 통하여 학생들은 새로운 관계를 발견하고 지적 성장의 새로운 지름길을 밝힐 수 있다.

토론은 본질적으로 학제적인 것이기 때문에 학생들이 학제적 노력을 기울이는 능력을 향상시킬 수 있다. 과학에 대한 토론은 종종 윤리학에 관한 질문을 포함하고, 윤리학에 관한 토론은 과학에 의해 발견된 새로운 가능성을 조사하지 않으면 안 되며, 경제학에 관한 토론은 인간 심리학과 사회학에 대한 고려가 필요하고, 국제 관계에 대한 토론은 역사와 정치학에 대한 고려가 필요하다. 토론은 학생들로 하여금 학문 기반 교육과정의 제약을 깨뜨리고 세계에 존재하는 실제적인 복잡성을 보도록 해 준다.

토론의 즐거움

토론은 보고 참여할 수 있는 즐겁고 재미있는 일이다. 토론은 수업에 새로운 차원의 즐거움을 선사할 수 있다. 토론은 실질적인 유익을 교실에 제공하기도 하지만 교사와 학생 모두에게 즐거운 교실을 만드는 데도 기여한다.

가르치는 것이 너무 어렵고, 스트레스를 주며, 보람 없는 일이라고 생각되는 경우도 종종 있다. 토론은 가르침의 사역을 학생과 나누는 전형적인 기회이다. 교사는 교실 앞에서 가르치는 대신에 토론을 통하여 다른 학생을 가르치는 학생을 도와주는 역할을 할 수 있다. 그것은 교사가 나누고자 하는 지식이 활성화하는 것을 보여 준다는 점에서 즐길 만한 일이다. 교사 자신이 학생들에게 얼마나 큰 영향을 미치는지 알기 어려운 때가 종종 있다. 게으르다고만 생각했던 학생이 몇 달 전에 가르쳤던 논증을 재현해 보여 교사를 놀라게 할 수도 있다. 전체 토론 과정에 대한 상당한 공포감을 갖고 있던 수줍음 많은 학생이 일어나서 말하라고 하면 얼굴이 밝아질 수도 있다.

로저 섕크(Roger Schank)와 칩 클리어리(Chip Cleary)는 『교육의 엔진(*Engine for Education*)』에서 학교를 즐겁다고 말하는 학생은 거의 없으나 '즐거운' 일은 학생들이 기억하는 일이고 때로는 가장 중요한 일이라고 말한다. 그들의 말을 들어 보자.

그러나 대다수의 사람들에게 자신의 학창시절에 대한 한 단어의 표현이 아마 '즐거움'과는 상당히 다른 어떤 것이라는 점은 명확하다. 어떤 필자든 학창 시절에 대해 쓴 글을 보면 아주 고통스럽고 때로는 우스운 이야기를 하는 것을 볼 수 있다. 대부분의 사람들에게 학교는 짜증스럽고 스트레스를 주며 때로 고통을 주기도 한다. 사람들이 학창 시절의 좋은 기억을 떠올릴 때 하는 이야기는 학교 그 자체와 관련된 것은 거의 없고 친구를 사귀거나 함께 어울렸던 이야기가 대부분이다. 사람들이 학교와 관련된 성공담을 말할 때, 대개 큰 시험을 앞두고 벼락치기를 했다거나 좋은 성적을 받기 위해 애썼다는 이야기가 대부분이다. 그것은 결코 학습에 대한 것이 아닌 경우가 많다. 왜 그러한가?

학교에서 아동의 정신적 삶을 포괄하는 흥미로운 일이나 사물은 어떤 형태로든 다른 아이들과의 상호작용에서 비롯된 것이 분명하다. 학교는 학습에 관한 것이 아니다. 그것은 일에 관한 것이며 경쟁에서 이기는 일에 관한 것이다. 그것은 돈에 관한 것이고, 다른 아이들이 자신을 좋아하도록 하는 일에 관한 것이며, 교사가 자신을 좋아하도록 하는 일에 관한 것이다. 이 중 어떤 것도 본래 나쁜 것은 없다. 학교가 진정 관여하는 것은 대부분 평범한 삶의 일부이며 아동들이 그것들을 학교에서 다루지 않아야 할 이유도 없다. 그러나 아동들은 학습도 해야 한다.

일반적으로 학습이 즐겁다는 것을 배워야 한다. 개인의 지평을 넓히는 것이 즐거움이라는 것, 무언가에 대해 잘못 알고 있었음을 배우는 것이 고통스럽지 않다는 것, 그리고 교육적 모험을 감행하는 것은 할 만한 가치가 있다는 것을 배워야 한다. 학교가 이러한 일을 하기에 좋은 장소라는 것을 배워야 한다. 오늘날의 아이들은 9월에 학교에 복귀하는 것, 시험 보는 것, 성적표 받는 것을 두려워하며 대개는 공포에 휩싸인다. 학교가 스트레스를 주는 곳이라는 것은 놀라운 일이 아니다. 그러나 아이들이 지적인 즐거움을 갖지 않아야 할 이유는 없으며, 발상에 즐거워하고 새로운 지식을 얻는 데 도전 의식을 느끼지 않아야 할 이유도 없다. 자연스러운 학습은 기본적으로 즐거운 일이다. (에필로그)

학생들은 토론이 역동적이고 재미있기 때문에 토론을 좋아한다. 교실에서 교육은 학생들이 더 좋은 논증을 하기 위해 노력할 때, 가령 역할극 토론에서 주어진 자신의 정체성에 더 몰입할 때 이루어진다. 토론은 학생들이 자기 자신의 학습을 주도하고 자신들의 흥미를 따라 하기 때문에 즐거운 것이다. 학생들은 무언가를 새롭게 발견할 때 그 지식을 공유하고 동료 집단의 칭찬을 받아들일 수 있다.

결론

이 장에서는 먼저 토론의 목표와 유익에 대하여 설명하였다. 교실 토론을 해 봄으로써 이러한 유익의 일부를 직접 경험해 보기를 바란다. 모든 교실 토론이 문제점이 없는 것은 아니며 회의가 드는 순간도 있을 것이다. 그러나 교실 특성에 맞는 형식을 찾아 교육과정의 일부로 토론을 하고 토론 연습을 통해 꼬인 부분을 푼다면 토론이 교사와 학생 모두에게 도움이 될 것이라고 믿는다.

토론의 가치-학생에게 보내는 편지

존에게

그러니까 자네는 토론에 참여하여 역할을 맡게 되면서, 이러한 활동이 정말 참여할 가치가 있는 것인지 알고 싶은 것이군. 어떻게 나에게 편지를 쓸 생각을 했을까. 자네는 분명 반에서 성실한 학생 중 하나일 것 같네. 자네의 학문에 내가 도움이 될 수 있어 감사하게 생각하네. 아마 어떤 선생님이 자네에게 올해 토론 주제가 우리 세계를 이해하기 위해 공부할 만한 훌륭한 것이라고 추천했을 수도 있겠지. 아마 자네는 여행의 즐거움, 대중의 호평, 승리의 쾌감, 체력보다는 두뇌로 승부하는 경쟁에서 학교를 대표한다는 자부심만을 떠올려 보았을 수도 있을 거야. 어떠한 동기라도 아마 쉽게 그러한 생각들을 하게 할 것이네. 나는 빨강머리 소녀 옆에 있기 위해 대표 팀에 참가한 한 고등부 토론자를 기억하네. 그는 그럭저럭 괜찮았지. 토론을 일 년이나 그 이상을 해 보면 그 안에 알찬 가치들이 많이 있다는 걸 자네도 알게 될 걸세. 졸업한 후 회상하며 이렇게 말하겠지. "학교에서 들은 어떤 수업보다 토론에서 얻은 것들이 난 더 많구나."

내가 어떻게 아느냐고? 토론자들은 항상 입증을 요구하고 증거를 원하지. 그러니 내가 수집한 사실을 이야기하지. 국가적으로 명성이 높은 토론 협회 중 하나인 '델타 시그마 로(Delta Sigma Rho)'의 베이츠 대학(the Bates College) 지회 200명에게 자신의 경력에 토론의 훈련이나 경험이 어떠한 가치로 작용하였는지를 묻는 편지를 내가 보냈다네. 그 답변들은 대단하여 그 학교 내에서도 그들의 답변을 묶어 발췌하여 학교 신문에 실었지. 그들의 대부분은 내가 지도했던 학생들이어서 그들에 대해서라면 밤을 새워서도 얘기할 수 있네.

토론이 유익한 것은, 자네가 직장 생활을 시작할 때까지 기다릴 필요도 없다네. 고등학교 토론 팀 코치가 델타 시그마 로의 한 멤버로서 내게 답변을 주었다네.

"매년 대표 팀에서 조금밖에 활동하지 못했지만, 토론에서 발언한 경험은 모두에게 분명하게 자기 성장의 중요한 일부가 되었습니다. 수업 시간에 쉬운 말 한마디도 못 하여 늘 굴욕을 당하던 한 학생이 있었습니다. 2학년 때 토론자로서는 절망적이었지만, 대신 자신의 팀에 대해 논리와 증거를 마련하는 데 크게 기여하였습니다. 3학년 말에는 세련된 토론자가 되어 그가 참여했던 뉴잉글랜드 시합에서 고등부 토론자로서 상위권에 입상하였습니다. 그 팀의 네 학생은 각각 하버드, 다트머스, 베이츠, 뉴햄프셔 대학에 지원하였고 바로 합격하였습니다. 네 학교 모두 이들의 고등학교 토론 활동 경험이 합격의 강력한 요인이 되었음을 분명히 했습니다."

한 유명한 학교의 학교장은 다음과 같이 썼다네. "내가 40여 년 동안 공립과 사립학교들에서 토론 활동을 지도하는 동안 토론 경험을 쌓은 남녀 학생들이 성공한 졸업생들 사이에서도 두각을 드러내는 것을 보고 보람을 느꼈습니다. 이 젊은이들은 사회 문제에 가장 열띤 흥미를 갖고 있으며 대학 과정과 대학 졸업 후에도 멋진 공공 화법을 구사할 수 있었습니다."

이러한 유익들은 대학과 대학원에서도 이어졌네. 어느 유명 대학원의 학생은 "대학원 과정의 수업을 준비하는 것은 마치 토론 실습을 준비하는 것과 같습니다."라고 말하더군. 나의 한 제자가 군부대의 과학 분야에 관심을 갖게 되어서 로스앤젤레스에서 일을 하다 결국 매사추세츠 공과대학(Massachusetts Institute of Technology)에서 반에서 2등으로 졸업하였지. 그런 다음 그는 변호사가 되기로 한 원래 계획대로 돌아갔네. 그는 하버드 로스쿨에서 반 수석으로 졸업하고 *Harvard Law Review*의 편집자가 되었어. 그 후 저스티스 프랑프루터 대법원(Justice Frankfurter of the Supreme Court)의 법무관이 되었네. 그는 "법대생의 가장 가치 있는 자산은 토론 활동을 통해 얻어지는 내용 조직의 기술입니다."라고 썼다네. 그는 또 새로운 토론 방식으로 향상되는 기술은 법무관에게 가장 필요한 것이라고 말했다네. 코넬, 시카고, 콜롬비아, 예일 법대의 상위권 학생들도 이와 같은 고백을 했다네.

토론의 유익은 직업 세계에 실제 입문했을 때 더 커지지. 해군의 어느 소령은 입대를 위해 대학을 떠나기 전까지만 해도 뉴잉글랜드의 챔피언이었네. 전쟁 후 그가 대학으로 돌아오고 다시 챔피언이 되었지. 그는 다음과 같이 답변하였지. "보통 사람들은 해군이 비논리적인 조직이라 생각하겠지만, 학교 토론에서 얻은 논리 훈련은 해군에서도 나에게 커다란 유익을 주었습니다." 산타 바바라에 위치한 캘리포니아 대학교(the University of Califonia) 총장은 "만약 나에게 내 경력에 가장 크게 기여한 학교 활동을 하나 뽑으라고 한다면, 나는 망설임 없이 토론 활동을 택하겠다."라고 했네. 어떤 대학 총장도 대답하기를 "나의 토론 경험은 나의 작문과 대중 연설에 가장 큰 영향을 미쳤다."라고 했다네.

오하이오 웨슬리안 대학교(Ohio Wesleyan University) 교수는 다음과 같은 답변을 했지. "수업을 하는 선생으로서 내가 얻어낸 성공은 모두 토론 경험에서 배운 것들을 꾸준히 사용하였다는 것에서 기인한다." 탁월한 어느 성직자도 연이어 이런 답변을 했다네. "사역의 연습 단계에서 어떤 준비보다 토론의 훈련이 나에게 더 도움이 되었다. 이것은 더 정확하게 생각하도록, 더 설득력 있게 말하도록, 스스로에게 이것이 필요한지, 적당한지, 효과가 있는지 생각하도록 가르쳐 주었다."

존, 당연하게도 이 사람들은 그저 의자를 뒤로 젖히고 앉아 토론 코치들이 그들의 성공을 만들어 주도록 내버려 둔 게 아니네. 그들은 노력했다네. 토론은 노력이 필요하지만 이 노력은 활동을 통해 얻게 되는 매우 가치 있는 산물이라네. 토론자는 매우 바빠서 시간을 최대로 활용할 수 있는 방법을 터득하게 되지. 자네도 알게 되듯, 이것은 성공적인 대학생의 필수 습관이 되지. 지역 YMCA 캠프의 전직 관리자는 다음과 같이 답변했다네. "토론은 지금 내 시간 관리의 시작점이 되었다. 대학 시절 느낀 시간 계획의 필요성과 내가 해야 하는 것을 해 내는 에너지는 나의 현재 업무에도 이어지고 있다."

비즈니스 분야에서 나온 가장 흥미로운 답변 중 하나는 큰 광고 회사에서 텔레비전 자료 조사를 하는 한 여성이었다네. 그녀는 면접 경험을 다음과 같이 소개하였네. "토론 훈련을 통해 나는 이 직업을 얻게 되었다. 회사 면접에서 부장님이 질문을 하였는데, 그는 날카로웠고 방어 태세를 갖추게 하는 당황스러운 능력을 가진 사람이었다. 하지만 토론 중 힘들었던 경험을 떠올리며, 그때처럼 고개를 들고, 다른 사람이 대부분의 이야기를 하도록 내버려 두었다. 그리고 상대방의 주장을 뒤집었다."

이와 비슷한 사례는 다른 남성에게서도 얻을 수 있었지. 토론 협회 전 대표의 이야기라네. "내가 제너럴 일렉트릭에서 얻은 새 직업은 토론 훈련에서 빚진 것이다. 2년 전, 제너럴 일렉트릭의 지부장이 우리의 공장에 대해 말하였을 때, 유일하게 그에게 맞섰던 사람은 나였다. 나는 당신의 전제에 동의한다면 당신의 논리는 완벽하다고 말하였다. 그러고 나서는 가능한 한 전략적으로 내가 그의 주요 전제에 동의하지 않는다는 것과 그 이유를 말했다. 그는 나를 해고하는 대신에 2년 뒤 나를 자신의 보좌관으로 임명하여 뉴욕에 데리고 갔다."

메인의 전 주지사, 훗날 영화업계의 주요 인물이 된 그는 토론 훈련이 7년 동안의 정치 캠페인과 아메리칸 프로덕션 코드를 승인 받기 위해 브리티시 모션 픽처스 프로듀서를 찾아 영국까지 가는 여정에서 모두 도움이 되었다고 썼어. 그는 토론 훈련 덕분에 험난한 직종에서도 성공할 수 있었다네.

메인의 그 다음 차기 주지사였던, 현재 주 상원 의원이신 분은 설문지에 단순한 답변을 넘어선 진솔한 글을 써 주셨다네. 미국 토론 협회를 언급하며 '공무원 경력에 끼치는 토론의 영향력'에 대해 언급하였지. 1957년 10월 15일자, 'Vital Speeches'를 읽어 보게나.

콜롬비아 대학교(Columbia University) 동물학 학부장은 다음과 같은 답변을 썼지. "토론 경험은 내게 과학 실험만큼이나 유익했다." 유엔의 세계 보건기구의 대중 자문위원이자 매사추세츠 공과대학(Massachusetts Institute of Technology) 교수는 이란이나 이집트에서 보건 계획을 발표할 때 느꼈던 토론의 가치에 대해 언급하였어. 유명한 연합신문사의 한 편집자는 다음과 같이 답변하였지. "1948년 제네바에서 열린 정보 열람 자유에 대한 국제연합 회의 대표단의 본부장 보좌관으로서, 나는 다른 나라 대표들과 밤낮을 지내며 토론을 해야 했다. 나는 구 소련 및 그 위성 국가 대표들과 논쟁해야 했고, 또 미국에서 언론 자유는 수호되고 있음을 우리의 친구들에게 확신시켜야 했다."

당연히 답변을 해 준 성공한 사람들은 모두 대학부 토론 팀에 속했던 사람들이라네. 또 거의 대부분은 고등부 때부터 토론 팀 활동을 했던 사람들이지. 나는 그들 중 한 사람의 고등학생 시절을 기억하고 있다네. 그는 내가 처음 코치를 맡았던 팀에서 나온 고등부 토론 대회의 첫 챔피언 중 한 명이었지. 몇 년 전 그는 전국 노동관계 위원회의 자문위원으로 있었고, 한번은 연방정부를 위해 500명이 넘는 변호사들을 고용해야 하는 책임을 지게 되었지. 그는 다음과 같이 답변을 했다네. "나는 수년간 인재를 채용할 때 토론 활동 경험을 우대했고, 전문적인 역량을 충분하게 보유한 그들에게 최고의 보수를 주는 것이 전혀 아깝지 않았다. 그들은 모든 자료를 훌륭하게 수집하였고 엄밀하게 분석하였다. 그들은 정보를 논리 정연하고 명확하게 발표하였다." 이 전직 고등부 토론자는 현재 벌티 항공기 법인(Vultee Aircraft Corporation)의 부회장이자 자문위원이 되어 자신의 경력에 토론 훈련이 얼마나 가치 있었는지 깨닫는다고 하네.

또 다른 고등부 주 선수권 토론 대회 우승자는 여러 해 동안 AP특파원으로 로마에 갔고, 그 다음 부에노스아이레스, 그리고 현재 멕시코시티에 파견되어 있어. 나는 그가 15살 때 내가 맡은 고등부 토론 대표 팀에 들어온 후 베이츠 대학 토론 선수단으로 세계를 돌던 걸 기억하지. 그는 다음과 같이 답변하였지. "토론 훈련은 뉴스 보도 준비를 하는 것만큼이나 특정한 가치를 지니고 있다. 그것은 간명한 표현, 사안의 양면을 분석해야 한다는 인식, 공명정대함, 객관성을 기르는 데 도움이 된다. 자료를 조직하는 훈련은 정연한 뉴스 서사에서 사실을 정리하는 데 아주 귀중한 준비 과정이다."

그러나 단지 주 선수권 대회 챔피언들만 그들의 토론 훈련에 감사했던 것은 아니라네. 고등부 토론 팀의 후보 선수였던 한 학생은 다음과 같은 이야기를 했다네. 그는 고등학교 시절 대표 팀 주전 선수는 되지 못했지만 대학부에서는 선수가 되었다네. 그 또한 세계를 두루 다니며 토론을 펼치다 변호사가 되었네. 그는 증권거래 위원회의 사무 변호사로 근무하다 지금은 미국 법무장관의 특별 보좌관으로 법무차관 사무실에 선임되어 대법원에서 위원들의 대변인 역할을 맡고 있네. 그는 다음과 같이 답변하였지. "상소심 법원에서 사건을 주장하는 것은 토론 형식과도 매우 흡사하다. 주된 요소는 예습과 브리핑이다. 만약 변호가 따분하고 흥미가 없으면 법정에 있는 사람들을 잠재워 버리고 사건에서 지기 십상이다." (그가 나에게 사석에서 고백하기를 일부 판사들이 최근 재판에서 정말 잠들어 버렸고, 유명한 법조인의 주의를 얻기 위해서는 활력 있는 발언을 해야 했다고 했다.)

　　이 청년들은 메인 주에서 고등학교를 졸업했어. 나는 빨강머리의 청년이 뉴햄프셔 선수권 토론 대회 고등부 챔피언 트로피를 수상하는 사진을 내 스크랩북에 갖고 있다네. 미국 연간 백과사전 편집자로서 그는 이렇게 말했네. "토론 훈련은 어떠한 형태로든 미국 연간 백과사전의 매년 정기 간행물과 내가 쓰고 편집하는 모든 기사들마다 그 역할을 담당하고 있다." (그는 다음과 같은 개인적인 이야기를 덧붙였는데, 그가 지금의 아내가 된 소녀를 만난 것도 고등부 토론을 통해서였고, 그들은 서로 논쟁하느라 시간을 보내지는 않았다고 하네. 그들은 좋은 동반자임에 틀림없네. 좋은 토론자가 되기 위해 자네의 동료들과 원만하게 잘 지내는 것이 좋다네, 존!)

　　1948년 그들의 첫 출판을 통해 나는 자네에게 쓰는 이 편지들로 어느 전문인을 도와준 명예를 입었네. 민간 항공 위원회의 변호사는 다음과 같이 답변하였네. "토론 훈련을 받은 우리들은 문제에 접근하는 방법을 배웠다. 내 경우에는 토론 주제에 대해 입론의 도입부를 구성하는 과정과 그에 대한 연습을 의식적으로 언급하였다. (변호사답게 들리지 않는가?) 2-3천 장의 진술서와 수천 장의 증거 자료를 통합하여 법률 브리핑을 하는 것이 어려울 때는 토론 활동에서 배운 방식대로 개요를 서술하고 주장의 초안을 만드는 시작 단계를 떠올려 본다. 더욱 복잡하고 어려운 질문들을 가지고 법률 문서를 만들기보다는 '토론해 봅시다.'라는 고등부에서 사용하던 지침서를 가지고 법률 문서의 초안을 처음 만들었던 생생한 기억이 나는 창피하지 않다."

　　1960년 대통령 캠페인 기간 동안 '자유와 연합'(Freedom and Union)은 정치적 주목을 받고 있는 인물, 대통령 후보, 정부위원, 선임의원과 국회의원 들에게 설문 조사를 하였다네. 절반 이상의 인물이 학교에서 토론 활동의 경험을 가지고 있었네. 이들 중 89%는 고등학생들에게 정치적 열정을 가지고 토론 활동에 참여하기를 권고했어. 여기엔 닉슨 대통령과 케네디 대통령도 포함되어 있네. 답변들은 한결같이 토론자에게 충분한 자료 조사 활동, 양측의 경청, 신중할 것, 논리적일 것, 평등함에 대한 충고였어. 이 인물들은 학교 토론 활동에서부터 어떻게 연설을 정리하는지, 자신감을 충만하게 하는지, 연설을 수행하는지에 대한 방법을 찾았다네.

자, 이제 여기 있네, 존. 고등학교, 대학교, 대학원, 전문 직업에서 남녀 모두 토론을 해 본 자들은 이러한 가치를 발견했다네. 대학 학장, 교사, 세일즈맨, 성직자, 기업체 간부, 변호사, 사회 복지사, 과학자, 편집자, 주부 모두 토론에 시간과 노력을 투자한 만큼 토론 활동에 대해 감사를 느끼고 있네. 비즈니스 분야나 전문 직업군의 리더들은 정보를 모으고 판단하는 훈련과 논증과 진실을 구별하고, 문제를 분석하고, 반박 자료를 선택하고, 청중에게 영향을 미치는 것 등 현재의 문제를 토론하는 가치를 언급하였지.

이 진술들은 어느 작은 학교의 전직 토론 참여자들에게서 나왔다네. 존, 자네가 토론 활동을 고려하니 하는 말일세만, 현재 미국의 저명한 인물들은 대학교에서 또는 고등학교에서 훈련 받은 토론자가 많다네.

또 다른 나의 조사에 따르면 토론 훈련이 모든 참가자에게 분명한 영향을 미쳤고, 성공적인 고등부 토론 대표자들이라는 증거를 내어 놓았다네. 예를 들어 내셔널 델타 시그마 로의 회장은, 그들의 회원 절반은 전미 대학 우등생 친목회인 파이 베타 카파 회의 멤버이기도 하다고 얘기했지. 또 다른 조사에 의하면 Who's Who(인명사전)에서는 다른 학교 활동 참가자들보다 토론 참가자들이 더 많은 것으로 밝혀졌지. 그렇다네, 존. 토론에 뛰어드는 결심을 한 스스로에게 박수를 보내게 될 거라 난 생각하네. 그것은 시간과 노력이 분명히 필요하다는 말일세. 하지만 노력은 자네를 저버리지 않지. 그리고 사실은 재미가 있기도 하지. 설문지에 답해 준 이들 중 한 명은 현직 대학 교수인 윌리엄 메츠(William Metz)였다네. 그는 처음으로 'Mr. Mess' 씨로 소개되면서부터 그러한 삶을 정말 살게 되었다고 말했다네! 그러니 만약 시도해 볼 용기가 나거든 나에게 알려 주기를 바라네. 그렇다면 토론을 수행하는 자세한 방법을 알려 주지.

자네에게 의미 있는 활동이 될 토론을 위하여

브룩스 큄비(Brooks Quimby)

출처: Brookss Quinby, *So You Want to Discuss and Debate?* Rev. ed.(Portland, Maine: J. Weston Walsh, 1962), 1-8.

제4장

교 실 토 론 의 다 양 한 형 식

막상 교실 토론을 시작하려면 형식적 토론에 대한 경험이 없는
교사들은 토론 수업을 어떻게 계획해야 할지 몰라서 두려워하는
경향이 있다. 이 장에서는 이런 교사들을 위해 토론의 다양한
형식을 소개하고, 수업에 적합한 형식을 고를 수 있는 정보를
제공할 것이다.

교실에서 활용할 수 있는 토론의 형식은 교사의 필요나 수업 계획에 따라 얼마든지
유연하게 선택될 수 있다. 이 책에서 가장 강조하는 바는 토론을 하는 데에서 특정
토론의 형식이 반드시 옳다거나 그르다는 생각을 버려야 한다는 것이다. 비판적으
로 생각하거나 논의할 논제만 있다면 재미를 위해서든, 학습을 위해서든, 발표력 향
상을 위해서든, 토론의 목적이 무엇이건 간에 이에 맞는 좋은 형식을 선택할 수 있
다. 단지 제약 사항이 있다면 토론에 주어진 시간이 부족하거나 교사의 흥미나 관
심이 이에 미치지 못할 수 있다는 것이다.

토론 형식의 선정

자신의 수업 상황에 적합한 토론 형식을 결정하기 위해서는 약간의 준비가 필요하
다. 우선 수업의 목표가 무엇인지를 명확히 하여야 하며, 자신의 교실 상황이 지닌
제약들을 파악하여 실행하기 어려운 활동들을 제외할 수 있어야 한다. 그리고 자신
의 교육적 목적에 적합한 토론의 형식에는 어떤 것들이 있는지를 파악해야 한다.

이와 같은 조건들을 탐색하면서 토론 수업을 준비한다면 자신의 수업에 가장 적합한 토론 형식을 찾을 수 있을 것이다.

토론 형식을 선택할 때 가장 중요한 요소는 바로 수업의 목표라고 할 수 있다. 만약 수업의 초반 단계에서 수업 분위기를 잘 형성하기 위한 목적으로 토론을 활용한다면 학생 누구나가 참여할 수 있고 서로 자유롭게 이야기할 수 있는 토론 형식을 선택해야 할 것이다. 또한 찬성과 반대로 팀을 나누어 대립하는 주제에 대해 완성도 있는 논쟁을 벌여야 한다면, 기본 규칙이 확실하게 정해진 토론 형식을 선택하여야 학생들에게 준비할 수 있는 충분한 시간과 기회를 줄 수 있을 것이다. 교사가 토론 형식을 잘 선택하면 학생들의 흥미와 관심을 지속시키면서 수업 목표를 효과적으로 달성할 수 있다.

토론 형식을 고를 때 교사는 교실 상황이 지니는 제약도 고려해야 한다. 학생이나 교사에게 허락되는 수업 시간이 얼마나 되는지, 한 학급의 인원이 얼마나 되는지, 다루고자 하는 주제에 대한 학생들의 인지적 수준이 어떠한지, 언어적 어려움은 없는지, 공간적 제약은 없는지와 같은 요소들이 토론의 형식을 선택하는 데 변수가 될 수 있다. 이와 같은 요소를 사전에 고려하지 않는다면 간단한 형식의 토론 수업도 매우 부담스럽게 다가올 수 있다.

입문 단계의 토론 형식

토론에는 다양한 형식이 있으며 각각은 교실 상황에서 고유의 가치와 기능을 지닌다. 이 장에서는 토론의 다양한 형식들을 알아보고 각각의 교육적 가능성과 제한점을 알아볼 것이다. 또한 각 토론 형식을 위한 준비 단계와 실제적인 준비 과정에 대해 살펴볼 것이다. 보다 자세한 사항은 7장을 참고하면 된다.

원탁 토의(Roundtable Discussion)
초보 단계에서 비교적 쉽게 선택할 수 있는 형식은 원탁 토의이다. 원탁 토의는 한 교실에서 비교적 많은 수의 학생들이 참여하기에 적합한 모형이며 명칭에서 드러나듯이 실제로 원형으로 된 탁자에 둘러 앉아 토의를 한다.

역할	활동	시간
사회자	주제 소개하고 발언자들의 참여 돕기	1분
찬성 측	주제에 대해 찬성 측 입장에서 발언하기	1분
반대 측	주제에 대해 반대 측 입장에서 발언하기	1분
청중	주제에 대해 질문하고 토론자들은 답변하기	4분
모두	사회자의 진행에 따라 전체 토의하기	4분
사회자	주요 쟁점을 정리하며 마무리 발언하기	1분
사회자	청중의 투표 결과 정리하여 승자 발표하기	1분

원탁 토의의 형식은 상황에 따라 조정할 수도 있다. 예를 들면, 청중 질의 시간에 청중이 중립적인 입장에서 질문하도록 할 수도 있고 찬성 측이나 반대 측의 입장에 서서 질문하도록 유도할 수도 있다. 이와 같은 형식은 특히 어린 학생들에게 아주 유용하며 대부분의 학생들이 이 형식을 친숙하게 받아들일 수 있다(Spencer-Notabartolo, 2004).

원탁 토의 형식의 장점

▸ 비형식적인 토론 상황을 제공하여 학생들이 말하기 불안을 느끼지 않도록 해 준다.
▸ 수업 시간 내에 교실 안의 학생이 대부분 참여할 수 있도록 해 준다.
▸ 학생들이 조사해 온 주제의 세부적인 부분에 집중할 수 있도록 해 준다.
▸ 다른 토론의 입론 단계로서 유용하다.

▶ 언제나 모든 학생이 참여할 수 있는 것은 아니다.

▶ 복잡한 주제를 다루기에 부적절하다.

▶ 치열한 논박의 과정이 없기 때문에 흥미가 덜할 수 있다.

공공 포럼(Public Forum)

공공 포럼 토론은 여러 사람들이 논쟁이 되는 사안을 토의하기 위해 모였던 전통적인 의회를 모방한 것이다. 공공 포럼 토론에서는 토론에 참여하지 않겠다고 생각하면 발언을 하거나 참여할 필요는 없다. 대신에 사회자가 특정 주제를 소개하고 참여할 의사가 있는지를 묻는데, 이때 그 주제에 대해 참여하고 싶은 사람은 전체 학생들 앞에서 자신의 주장을 밝히면 된다. 제시된 특정 질의에 대해서는 종종 마지막 단계에서 이에 대한 참석자들의 투표로 의사 결정이 이루어지기도 한다.

공공 포럼 토론은 학생들에게 토의할 수 있는 기회를 부여하고 수업의 딱딱한 분위기를 깨는 데 유용하게 쓰일 수 있다. 왜냐하면 학생들에게 말하기를 강제하지 않기 때문에 발표에 대한 긴장감은 낮아지고 창의적이고 자연스러운 발언 분위기가 조성되기 때문이다. 또한 이 토론 형식은 논증이나 오류를 분석하는 도구로도 교육적으로 의미 있게 쓰일 수 있고 학생들과 친숙한 주제에 대해 토의하는 데 좋은 방법을 제시해 줄 수도 있다.

하지만 공공 포럼 토론은 제한적인 측면이 있다. 자료를 준비할 필요가 없기 때문에 토론에 참가한 학생들이 새로운 지식을 거의 활용하지 않는다. 따라서 학생들에게 토론의 일정을 미리 알려 주거나 자료 조사를 해 오도록 과제를 부여한다면 이와 같은 제한점을 극복할 수 있을 것이다. 때로는 말이 많은 학생들이 토론을 독점하는 문제가 발생할 수도 있다.

공공 포럼 토론을 준비하는 것은 학생들에게 해야 할 활동을 설명하는 수준으로 수월하게 진행되는 것이 보통이지만 자료 조사를 위한 시간을 계획한다면 더 복잡한 과정이 필요할 수도 있다. 이러한 경우에는 학생들의 상황을 고려해 토론의 형식이나 발언 시간을 조정할 수 있다. 예를 들어, 잘 모르는 학생들과 수업을 한다면 학생들에게 이름표를 달아주어 누가 발표하는지를 파악할 수 있을 것이다. 또 아무도 말하지 않는 상황에서라면 대화를 시작할 수 있도록 몇몇 학생들에게 논의를 시작하도록 미리 유도할 수도 있다.

공공 포럼 토론 형식을 활용할 때는 몇 가지 상황을 고려해야 한다. 공공 포럼 토론은 학생들의 발언 순서를 확인해 주는 사회자가 필요한데 교사가 이 역할을 맡을 수도 있다. 또한 효과적인 진행을 위하여 발표를 원하는 학생들의 이름 목록을 적고 토론이 진행되어 가는 과정을 살펴보면서 학생들의 이름을 추가해 가는 방법을 활용할 수도 있다. 또한 토론을 진행해 가면서 조심스럽게 수업의 목표나 형식에 대해서 설명을 해 줄 수 있다. 중요한 것은 발언자 한 명당 얼마나 많은 시간을 발언하느냐를 정하는 것인데 주로 1분에서 3분 정도가 적절하다. 발언자의 발표가 끝나면 토론에 참여한 학생들은 질문을 던진다.

역할	활동	시간
의장	주제와 규칙 소개하기	1분
시민	일어나서 발언하기(최대 2분)	30분
의장	마지막 발언하고 투표하기	1분
시민	일어나서 발언하기(최대 1분)	8분
의장	투표 결과 집계하고 발표하기	1분
라디오	회의 결과 보도하기	1분
텔레비전	회의 결과 보도하기	1분
모두	돌아가며 악수하고 서로를 격려하기	2분

그리고 교실의 특수한 상황이나 요구에 맞도록 다양한 방법으로 토론의 형식을 조정할 수 있다. 학생들에게 문학 작품 속의 역할, 역사 속의 인물, 역사 속의 단체, 노동자, 세금 납부자, 기업의 로비스트, 환경 단체, 법률 집행관, 지방정부 행정관 등과 같이 쟁점과 관련된 구체적인 역할을 줄 수도 있다. 또 자리를 배치하는

경우에 찬성 측 학생들은 교실의 오른쪽에, 미처 마음의 결정을 내리지 못한 학생들은 중간에, 그리고 반대 측 학생들은 왼쪽에 앉게 할 수도 있다. 학생들은 토론 도중에 마음이 바뀌면 자리를 바꾸면서 자신의 입장을 표현할 수도 있다.

공공 포럼 토론의 마지막 단계로 투표가 항상 필요한 것은 아니다. 학생들에게 청중의 입장에서 자신이 공감하는 발표에 박수를 치도록 하거나 동의하지 않는 발표에 대해서는 공손하게 이에 대한 반응을 보이도록 격려하여 친절하고 긍정적인 학습 공동체를 형성하도록 격려할 필요가 있다.

공공 포럼 형식의 장점

▶ 다른 토론의 입론 단계로서 유용하다.

▶ 조직하기가 쉽다.

▶ 한 번에 많은 학생들을 참여시킬 수 있다.

▶ 연구 중인 자료에 대한 세부적인 쟁점을 만드는 데 유용하다.

▶ 역할극 놀이에 좋은 형식이다.

공공 포럼 형식의 단점

▶ 몇몇 학생들이 참여하지 않을 수 있다.

▶ 짧은 발언시간으로는 복잡하거나 어려운 문제를 다루기 어렵다.

▶ 발언자마다 서로 다른 쟁점에 초점을 맞추게 되어 쟁점의 흐름이 불분명해
  질 수 있다.

즉흥 논증 토론(Spontaneous Argumentation, SPAR)

즉흥 논증 토론은 클레어몬트 매케나 대학(Claremont Mckenna Colleges) 토론부 지도교수인 존 미니(John Meany)에 의해 인기를 얻게 되었지만 미국 유수의 대학 강의에서도 이와 같은 형식의 수업을 적용한 사례를 찾아볼 수 있다. 즉흥 논증 토론

은 두 명의 토론자가 무작위로 논제를 골라낸 다음, 몇 분간의 준비 시간을 거쳐 그 주제에 대해서 즉흥적으로 토론을 하게 된다.

즉흥 논증 토론은 재미있고 흥미로울 뿐 아니라 자신감을 심어 줄 수 있는 활동이다. 마치 집에 있는 것처럼 생각될 정도로 발표자의 긴장감을 최소화할 수 있으며, 신속하게 진행되고, 청중이 토론에 참여할 수 있기 때문에 학생들은 이러한 토론 형식을 선호하며 인기도 매우 좋다. 즉흥 논증 토론은 내용 조직, 단어 선택, 비유, 논리적 능력 등과 같은 학생들의 말하기 능력을 신장시키기 위한 최고의 도구이다.

하지만 학생들의 창의력이나 흥분 정도가 토론의 제한점으로 작용하여 가끔 실패로 끝날 수도 있다. 토론자들은 사전에 어떤 조사 활동도 하지 않기 때문에 경우에 따라서 잘못하면 즉흥 토론은 교육적이라기보다는 유머러스한 상황으로 비칠 수도 있다. 그러나 만약 교사가 토론에서 기대하는 것을 학생들에게 알려 주고 이것에 따라 지도한다면 위와 같은 결점들은 최소화될 수 있을 것이다.

즉흥 논증 토론을 활용하기 위해서 교사는 누구나 아무런 준비 없이 토론에 참여할 수 있는 성격의 주제를 고르고 이를 목록으로 만들어 둘 필요가 있다. '얼음 덩어리보다 갈아 놓은 얼음이 더 낫다.'라는 얼핏 보기에 간단해 보이는 논제도 학생들에게 좋은 반응을 얻은 주제 가운데 하나였다. 즉흥 논증에 활용할 수 있는 주제들은 매우 다양하여 어떤 수업의 주제와도 잘 어울릴 수 있다. 교사는 학생들이나 가르치고자 하는 내용에 적합한 여러 주제들에 대해 브레인스토밍을 할 필요가 있다.

역할	활동	시간
찬성 측 토론자	주제에 대해 찬성 측 발언하기	1분
반대 측 토론자	찬성 측 첫 번째 토론자에게 질문하기	1분
반대 측 토론자	주제에 대해 반대 측 발언하기	1분
찬성 측 토론자	반대 측 첫 번째 토론자에게 질문하기	1분
청중	질문이나 논평하기	5분

즉흥 논증 토론 역시 필요에 따라 토론의 형식을 조정할 수 있다. 만약 청중 질의를 없애고 싶다거나 토론자들의 반대 신문(cross-examination) 시간을 제외하고 싶다면 그렇게 해도 된다. 수업 시간에 맞춰 토론자들이 발언할 수 있도록 시간을 조정할 수도 있으며 학생들의 말하기 기법을 신장시키기 위한 방안에 대해서 토의한 후에 즉흥 토론의 틀을 바꿀 수도 있다. 이때 교사는 제시한 논증의 내용에 따라 학생들을 평가하지는 않겠지만 말을 할 때에는 확실한 입장을 가지고 주요 논증에 대하여 조직하고 이를 간단히 소개해야 한다는 점을 주지시켜야 한다.

즉흥 논증 토론을 준비하는 것은 간단하다. 교실에서 토론을 진행하는 경우에는 칠판에 진행될 토론의 순서를 적어두거나 발언하고 싶어 하는 한 팀의 학생들에게 토론을 시작하도록 지시한다. 발언자는 앞으로 나와 무작위로 토론의 주제를 선정하는데 각자 뽑은 토론 주제에서 본인이 발언하기 원하는 것을 선택할 수도 있다. 이를 위해 교사는 미리 상황에 맞게 몇 개의 주제에 대해서는 설명할 수 있도록 준비해야 한다. 또 몇 분 정도 학생들을 교실 밖으로 내보내서 토론을 준비할 시간을 갖도록 할 수도 있다. 학생들끼리 대강 논의를 마친 것 같으면 또 다른 학생들도 이와 같은 과정을 반복하게 하면 두 팀의 학생들이 동시에 토론을 준비할 수 있게 된다. 그래서 첫 번째 토론자들을 부를 때 다른 팀 토론자들이 밖으로 나가게 되어 시간 차이를 두고 토론을 준비하게 되면 다른 학생들은 따로 기다릴 필요가 없다. 또한 교사는 학생들 각각에게 토론 활동에 대한 간단한 평가를 하면서 학급 차원의 쟁점과 연결될 수 있도록 한다.

즉흥 논증 토론의 장점

▸ 빠르게 진행된다.

▸ 역동적으로 진행되기 때문에 학생들의 흥미를 유지시킬 수 있다.

▸ 짧게 발언하기 때문에 학생들에게 부담이 없다.

▶ 복잡한 논제를 다루는 데 부적합하다.

▶ 짧은 토론을 위해서 많은 논제들을 만들어 내야 한다.

공공 토론(Public Debate)

공공 토론 형식을 활용하면 1시간 안에 29명 정도의 학생들이 직접 토론에 참여할

역할	활동	시간
의장	논제[4]와 토론자 소개하기	2분
찬성1	찬성 측 입론하기	3분
반대1	반대 측 입론하기	3분
찬성2	찬성 측 입론 확장하기	3분
반대2	반대 측 입론 확장하기	3분
청중1	쟁점, 논증, 새로운 의견에 대해 발언하기	1-2분
청중2	쟁점, 논증, 새로운 의견에 대해 발언하기	1-2분
청중3	쟁점, 논증, 새로운 의견에 대해 발언하기	1-2분
청중4	쟁점, 논증, 새로운 의견에 대해 발언하기	1-2분
청중5	쟁점, 논증, 새로운 의견에 대해 발언하기	1-2분
청중6	쟁점, 논증, 새로운 의견에 대해 발언하기	1-2분
반대3	반대 측 입장 요약하기	3분
찬성3	찬성 측 입장 요약하기	3분
청중7	쟁점, 논증, 새로운 의견에 대해 발언하기	1-2분
청중8	쟁점, 논증, 새로운 의견에 대해 발언하기	1-2분
심판	투표하기	1-2분
의장	유효 투표수 세기, 결정 내리기	1-2분
토론자	악수, 축하, 앉아서 쉬기	2분
라디오	라디오 방송 보도하기	1분 30초(90초)

---

4   [역주] 원저에는 '동의안, 결의안'의 뜻으로 'the motion'을 사용하고 있다. 이는 의회의 전통을 강하게 반영하고 있는 용어이다.

수 있다. 학생들은 모두 역할을 맡기 때문에 각자가 직접 토론에 참여하게 되는데 그중 라디오 매체와 같이 광범위한 사회적 조건과 상황을 반영하는 역할을 맡은 학생들은 토론에 대한 심판의 결정, 신문 보도와 같은 그들이 맡은 업무를 글로 써 보게 하고 토론이 끝난 후에 제출하게 한다.

공공 토론 역시 토론 참여자의 수를 줄이거나 청중 발언 시간을 조정하거나 쟁점과 관련되어 있는 역할을 달리 부여하는 등 토론의 형식을 교실 상황에 맞게 조정할 수 있다. 또한 청중은 박수를 치거나 정중하게 거부의 반응을 보이는 등 토론에 적극 참여하는 모습을 보여 보다 활기 있게 토론할 수 있다.

공공 토론의 장점

▶ 많은 학생들의 참여가 가능하다.

▶ 한 학기 단위로 구성이 가능하다.

▶ 어느 정도 복잡한 쟁점에 관해서 논의하는 것이 가능하다.

▶ 역동적인 흐름으로 진행되어 청중의 관심을 끌 수 있다.

▶ 말하기와 쓰기가 통합된 과제를 낼 수 있다.

▶ 토론자가 미처 고려하지 못했던 쟁점에 대해 청중이 보충 발언을 할 수 있다.

▶ 역할극을 하기에 최적의 모형이다.

공공 토론의 단점

▶ 자칫하면 서커스 같은 구경거리가 될 수 있다.

▶ 계획에 따라 진행되는 것이 중요하다.

▶ 청중의 발언이 오히려 중요한 쟁점에 대한 관심을 분산시킬 수 있다.

팀 토론

토론을 하는 학생들은 둘 이상이 하나의 팀을 구성할 수 있다. 팀 토론 형식은 자료 조사의 부담이나 역할 분배에 따라 달라질 수 있는데 보통 미국이나 일본의 정책 토론은 충분한 자료 조사와 준비 시간이 필요한 반면, 영국, 아일랜드, 호주를 비롯한 국가에서 진행되는 의회식 토론은 좀 더 즉흥적으로 이루어지는 경향이 있다.

유의할 점은 모든 형식이 꼭 특정한 인원 수의 팀을 이뤄야 되는 것은 아니다. 토론은 융통성 있는 교육 방법이므로 '일대일'로 진행되는 토론에서부터 '다대다'로 진행되는 토론까지 가능하다.

준비가 필요한 토론(Prepared Debate, 정책 토론)[5]

실제적인 자료 조사와 준비가 필요한 미국과 일본의 정책 토론에서는 토론 형식이 발언, 반대 신문과 같이 정해진 절차에 따라 진행되며 논제 또한 의미있는 정책의 변화에 초점을 두어 선택된다. 이 토론 형식은 미국의 고등학교, 대학교의 토론 대회 형식으로 인기를 끌고 있다. 1964년 러셀 윈즈(Russel Winds)와 로버트 오닐(Robert O'Neil)은 『토론 길잡이(A Guide to Debate)』라는 책에서 토너먼트 정책 토론을 다음과 같이 정의하고 있다.

"토론 대회는 주어진 논제에 대해 찬성 측과 반대 측이 정해진 규칙에 따라 논증을 하는 것이다. 토론의 결과는 보통 한 사람이나 그 이상의 사람들에 의해 평가된다(Winds & O'Neil, 1964: 26)." 토론의 형식이 종종 경쟁을 부추기기도 하지만 가르치고자 하는 주제에 적합하게 활용한다면 매우 유용한 형식이 될 수 있다.

정책 논제로 사용되는 주제는 정부 정책의 중요한 변화를 이끌어 내는 찬성 측의 역할로 시작된다. "정부는 고등학교 졸업 자격을 갖춘 모든 학생에게 대학 교

---

5   [역주] 정책 토론은 Policy Debate이지만 이 장에서는 주제에 대한 사전 준비와 심도 있는 자료 조사를 강조하여 'Prepared Debate'라는 용어를 사용하였다. 이후에 소개될 즉석 토론(Extemporaneous Debate)의 경우에도 의회식 토론(Parliamentary debate)과 동일하지만, 주제에 대한 사전 준비나 자료 조사보다는 재빠른 사고와 설득 기술을 강조하여 즉석 토론이라는 용어를 사용하였다.

육(고등 교육)을 받을 수 있는 기회를 보장해야 한다.", "정부는 서반구 밖에 위치한 전투 기지와 병력을 철수시켜야 한다."와 같은 논제가 정책 논제의 사례이다.

정책 토론은 학생들에게 주장, 자료 조사, 증거 분석, 순발력 있는 사고력과 같은 기능을 길러 줄 수 있다. 학생들은 사례나 증거를 들어 주장을 하고 대립할 수 있는 주요 쟁점을 만드는 데 시간을 보낸다. 이와 같은 활동은 교실 활동을 극대화할 수 있도록 해 주며 이미 토의했던 주제를 보충할 수 있도록 해 주기도 한다. 토론자들은 보통 두 명씩 팀을 이루는데 둘 사이에 맺어지는 관계는 교실 상황에서 매우 유용하게 작용한다.

하지만 자신감을 가지고 복잡한 쟁점에 대해 토론하기 위해서는 광범위한 자료 조사가 필요하기 때문에 학생들이 이 부분에서 곧잘 어려움을 느끼기도 한다. 자료 조사가 필요한 정책 토론의 특성상 교사는 토론의 목적이나 주제를 학생들에게 미리 안내해야 한다. 토론이 어떻게 진행되며 각 토론자들은 어떠한 역할과 책임을 맡게 되는지에 대한 전 과정을 설명해 주어야 한다. 정책 토론에 더 많은 학생들이 참여하는 것도 가능하지만 전통적으로 두 사람이 한 팀을 이루는 경우가 많다. 두 명의 찬성 측 토론자가 주장을 개진하면 반대 측 두 명의 토론자는 찬성 측 논의에 대한 반론을 구성하는 식으로 경쟁을 벌인다.

정책 토론을 하기 위해서는, 우선 논제를 정하고 토론자들이 팀을 이루도록 한다. 교실의 모든 토론자에게 같은 주제 영역을 알려 주고 찬성 측이 서로 다른 접근을 해 나가도록 하거나 각 토론 팀마다 서로 다른 주제로 진행할 수도 있다. 서로 다른 주제로 토론하게 되면 청중은 다양한 주제에 대해 배울 수 있게 되어 흥미를 가질 수 있지만 자료 조사의 부담이 늘어나는 단점도 있다. 전통적인 정책 토론은 서로의 역할을 바꾸기도 하는데, 이와 같은 방식으로 토론자들은 찬성 측과 반대 측 각각의 역할을 익혀 나가게 된다. 시간이 허락된다면 같은 주제에 대한 찬성 측과 반대 측, 양측의 입장에서 토론할 수 있는 기회를 가질 수 있도록 수업을 계획할 필요가 있다.

예를 들어 "정부는 고등학교 졸업 자격을 갖춘 모든 학생에게 대학 교육을 받을 수 있는 기회를 보장해야 한다."는 논제로 토론을 하게 된다면, 찬성 측과 반대 측이 어떤 쟁점으로 충돌하게 될지 다음과 같이 예상해 볼 수 있다. 찬성 측은 자신의 반에서 상위 40%에 드는 성적으로 졸업한 학생이라면 누구든지 정부의 장학금 지원을 받아야 한다고 주장할 것이다. 이에 대해 반대 측은 만약 그와 같이 정책이 변경된다면 여러 가지 불이익이 발생할 것이며, 정부는 정책을 실현하기 위해 엄두도 못 낼 정도로 막대한 재원을 마련해야 하고, 그와 같은 재원을 마련한다고 할지라도 재원을 장학금 용도로 쓰게 된다면 장년들을 위한 사회기반 사업과의 균형을 위한 또 다른 필요가 생겨나게 된다고 주장할 것이다. 또 찬성 측의 입장대로 정책이 실행된다면 대학 교육의 질이 저하될 것이며 학생들은 결과적으로 지나치게 단순화된 교육을 제공받게 될 것이라고 반박할 것이다.

정책 토론을 준비할 때 학생들이 논제에 대해 조사 활동을 하도록 안내하는 것이 중요하다. 학생들은 토론을 위한 자료를 찾거나 정보를 평가하는 데 시간과 조언이 필요하다. 만약 양쪽이 자신의 논증을 세우는 것을 끝냈다면 서로가 자료를 준비하는 것을 도와주도록 하는 것도 방법이 될 수 있다. 또 자료를 준비할 시간이 촉박하다면 교사는 논제와 관련된 자료를 모아 전체 학생들에게 제공하거나 자료 조사의 기초 단계에서 활용하도록 안내할 수 있다.

정책 토론의 가장 중요한 목표는 충돌할 수 있는 찬성과 반대의 입장을 만드는 것이다. 토론의 특성은 어떤 논쟁적 사안을 해결하기 위해 찬반 논증의 역동적 상호작용을 촉진하는 것이기 때문에 각 학생들은 자신의 주요 논증을 내세우는 입론 발언과 상대편의 논증에 대한 반박인 반론 발언을 하게 된다. 다음은 전통적인 정책 토론의 방식을 제시한 것인데 총 2시간 정도가 소요된다. 물론 교사는 수업 상황에 맞추어 발언 시간을 조정할 수 있다.

주제도 정해지고 토론 팀도 결성되었다면 순서에 따라 학생들이 발언 시간을 채울 차례이다. 첫 번째 입론은 99% 정도 사전에 준비된 것인 반면, 나머지 발언들은 찬성 측과 반대 측이 제시하는 논증에 따라 자연스럽게 흘러가게 된다. 토론을 시작하기 전에 보다 적극적인 청중의 분위기를 만드는 것이 필요하다. 만약 '과연 이번 토론에서는 누가 이길 것인가'에 대해 청중이 투표하게 한다면 교사는 사전에 토론을 평가하는 기준에 대해 설명해야 할 것이다. 또한 투표 없이 그냥 듣게

역할	활동	시간
찬성1 입론	입론하기	8분
반대2 반대 신문	찬성1 입론에 대해 반대 신문하기	3분
반대1 입론	찬성 측 입론에 대해 공격하고 반대 측의 다른 쟁점 제시하기	8분
찬성1 반대 신문	반대1 입론에 대해 반대 신문하기	3분
찬성2 입론	찬성 측 입론을 방어하고 반대 측 쟁점 분석하기	8분
반대1 반대 신문	찬성2 입론에 대해 반대 신문하기	3분
반대2 입론	찬성 입론에 대한 공격 지속 및 새로운 반대 쟁점 전개하기	8분
찬성2 반대 신문	반대2 입론에 대해 반대 신문하기	3분
반대1 반박	반대2 입론과 같지만 다른 쟁점을 다루기	5분
찬성1 반박	찬성 측 입론 방어하고 주요 반대 쟁점에 대응하기	5분
반대2 반박	토론 요약 및 중요 쟁점에 대해 비교 · 평가하기	5분
찬성2 반박	토론 요약 및 중요 쟁점에 대해 비교 · 평가하기	5분

만 한다면, 교사는 학생들에게 적극적으로 경청해야 하는 청중의 윤리적 책임에 대해 상기시켜 주어야 한다. 또한 지금은 청중이지만 나중에 토론을 하게 되었을 경우에는 본인들도 마찬가지로 적극적인 청자가 되어 토론을 경청해 주기를 원하게 될 것이라고 말해 줄 수 있다.

토론의 효율적인 진행을 위해서 토론자들이 자신의 발언 시간을 확인할 수 있는 방법들을 개발해 두면 유용하다. 학생 지원자 중 한 명에게 시간 관리자의 역할을 부여하고 남은 시간을 카드에 써서 보여 주거나 말로 토론자들에게 공지해 줄 수도 있다. 토론자들은 자신에게 주어진 토론 시간을 준수할 수 있도록 주의해야 하고, 교사는 토론자들에게 어떠한 방법으로 평가 받게 될지에 대해 설명해 주어야 한다.

정책 토론의 장점
▶ 자료 조사의 유용한 방법이며 자기주도 학습이 가능하다.

▶ 복잡한 쟁점도 논의될 수 있다.

▶ 학생들 간의 협업 능력을 키울 수 있다.

▶ 학생들이 주제에 대한 깊은 이해를 할 수 있다.

정책 토론의 단점

▶ 수업 시간이 많이 소요된다.

▶ 학생들이 불충분하게 자료를 조사해 올 수 있다.

▶ 자료 조사와 준비 시간을 많이 할당해야 한다.

즉석 토론(Extemporaneous Debate, 의회식 토론)[6]

즉석 토론은 전 세계의 많은 나라에서 일반적으로 행해지고 있는 의회식 토론 대회의 형식을 따르고 있다. 의회식 토론은 재빠른 논리, 위트, 설득적인 말하기 기술을 강조한다. 토론 형식은 정책 토론과 비교할 때 유사한 점도 많지만 결정적인 예외도 존재한다. 즉석 토론은 원칙상 토론에서 증거를 인용하는 것을 허용하지 않고 상대편의 발언 도중에 질문이나 간단한 진술을 포함한 의사 진행 발언(POO)[7]에 따라 일어서서 발언할 수 있다. 게다가 논제는 전통적으로 토론 시작 몇 분 전에 발표되기 때문에 토론자들은 자료 조사가 아닌 정신적 순발력과 추론 능력에 따라 논제를 해석해야 한다. 의회식 토론 대회에서 각자 조사 활동을 하기는 하지만 즉흥적인 것이 일반적이다.

즉석 토론의 최대 장점은 재빠른 사고와 설득 기술을 강조한 것이다. 학생들은 재빠른 위트와 창의적인 능력을 발휘해 토론에 임해야 한다. 자료 조사 활동이

---

6   [역주] 즉흥 논증 토론은 논제 설정이나 토론 참여가 즉흥적으로 이루어지는 데 비해 즉석 토론은 주어진 논제에 대하여 별도의 자료 준비 시간을 주지 않고 약간의 준비 시간을 준 후 즉석에서 토론에 참여할 수 있도록 한다는 점에서 차이가 있다.

7   [역주] 의사 진행 발언(Point Of Order)은 상대측이 토론의 규칙을 어겼을 경우에 의장에게 요청하는 것으로, 의장이 이를 받아들이게 되면 규칙을 어긴 팀이 불리해질 수 있다.

정책 토론보다 덜 강조되기 때문에 토론에 입문하는 학생들에게는 상대적으로 매우 쉬운 형식으로 받아들여질 수 있다. 전통적으로 즉석 토론에서는 청중이 토론에 적극적으로 개입한다. 발언 중에 책상을 손바닥으로 쳐서 찬성 측에 동의하는 의견을 표시하거나 잘못된 논증이라고 판단될 경우에는 온건하게 야유 의사를 표시하면서 반대하기도 한다.

즉석 토론의 최대 단점은 조사 활동을 강조하지 않는다는 것이다. 따라서 이 형식은 특정한 주제에 대한 조사나 지식을 요구하는 학급의 기말과제 프로젝트 수업에는 어울리지 않는다. 왜냐하면 토론자들은 논제를 자유롭게 해석할 수 있으며 토론의 방향을 때때로 예측할 수 없기 때문이다. "한 푼 아낀 것은 한 푼 번 것이나 마찬가지다."라는 논제의 경우 다음과 같이 여러 가지 다른 방법으로 토론이 진행될 수 있다. 어떤 사람은 이 논제를 바탕으로 '소비자들이 신용 카드 사용을 줄여야 많은 이자 비용을 아낄 수 있다.'라고 주장할 것이고 어떤 사람은 '정부는 복지 사업에 대한 지출을 줄여서 예산을 보전할 필요가 있다.'고 논증할 것이다. 또 다른 사람은 'IMF(국제통화기금)는 제3세계의 빚을 청산해 주어야 저개발 국가 시민들이 무거운 이자를 무느라 굶지 않을 것이다.'라고 말할 수 있다. 실제 상황에서 논제에 대한 해석은 이와 같이 상당히 무작위로 이루어질 수 있다. 따라서 학생들이 논제를 무작위로 해석할 가능성을 차단하기 위해 보다 정확한 설명을 제공해야 하며 논제에 대해 타당한 해석을 내릴 수 있도록 지도해야 한다.

'보충 질의(POI)'[8]는 의회식 토론의 핵심적인 부분이다. 보충 질의는 토론을 분명히 하기 위해 자료를 간단히 제공하는 것이다. 전통적으로 보충 질의는 사실만을 전달해야 한다. 하지만 학급에서 사용할 때는 보다 유연하게 활용할 수 있다. 또한 반론을 제외한 첫 번째나 마지막 발언에서는 보충 질의를 할 수 없는 '보호 시

---

8   [역주] 보충 질의(Point Of Information)는 토론 중 상대측에게 요구하는 발언권으로 보통 15초를 넘기지 않는 짧은 주장이나 간단한 질문, 설명 요구를 위해 사용된다. 현재 발언하고 있는 사람의 발언 시간에 포함되기 때문에 발언자는 상대방의 요청을 받아들일지 여부를 상황에 따라 적절하게 판단해야 한다. 참고로 신상 발언(Point Of Personal Privilege)은 소음, 환기 상태, 보안 등과 관련된 긴급 상황에서 요청하거나 상대측에게 자신의 권위가 손상되었다고 판단할 때 의장에게 요청할 수 있으며 응급한 상황이 아닌 경우에 활용하게 되면 벌점이 있을 수 있다.

간'이 있다. 보호 시간을 제외한 나머지 시간에는 반대하는 의견에 대하여 일어나서 "보충 질의를 요청합니다."라고 하거나 "그 점에 대해서는(On that Point!)"이라고 말할 수 있다. 토론자는 이에 대해 "예"라고 하며 보충 질의를 받아들일 수도 있고 "아니오, 다음에"라고 하며 거절할 수도 있다. 만약 보충 질의가 받아들여지면 반대 측 토론자는 15초 이내로 질문하여 대답을 듣고 간단한 의견을 제시할 수 있다. 능숙한 토론자라면 보충 질의라는 기회를 잘 활용할 수 있어야 하며 상대측 토론자가 토론 내내 어떠한 지적을 할 수 있을지 예의주시해야 한다. 이와 같은 토론 형식은 토론 분위기를 역동적이고 재미있게 만든다.

교실에서 즉석 토론을 활용하고자 한다면 학생들에게 토론이 어떻게 진행될지에 대해 설명하고 의사 진행 규칙을 실습해 볼 수 있도록 해야 한다. 또한 토론 논제의 목록을 만들어 볼 필요가 있다. 교사는 토론 전에 주제의 범위를 학생들에게 알려 주고 미리 학생들이 배경 조사를 해 오도록 준비시킬 수 있다.

여기에서 제시하는 모든 형식이 즉석 토론 형식으로 가능하지만 참고 삼아 주요 대회 형식을 소개한다. 교사는 교실 상황에 맞도록 발언의 순서나 시간을 조정할 수 있다.

미국 의회식 토론(American Parliamentary Debate)

역할	활동	시간
찬성1 입론	찬성 측 입론하기	7분
반대1 입론	찬성 측 입론을 공격하고 반대 측 입론을 위한 또 다른 쟁점 제시하기	8분
찬성2 입론	찬성 측 입론을 방어하고 반대 측의 새로운 쟁점에 대응하기	8분
반대2 입론	찬성 측 입론을 계속 공격하고 반대1에서 제시한 쟁점 발전시키기	8분
반대 반박	토론 요약 및 중요한 쟁점에 대해 비교·평가하기	4분
찬성 반박	토론 요약 및 중요한 쟁점에 대해 비교·평가하기	5분

의회식 토론 대회의 형식은 나라마다 다양하다. 캐나다에서는 반대 측 리더(야당 당수)가 두 번째 입론과 마지막 반론을 한다. 영국에서는 두 사람씩 네 팀으로

의회식 토론 팀이 구성되는데, 찬성과 반대 각각 두 팀으로 나뉜다. 토론자는 5, 6, 7분 정도 한 번씩만 발언한다. 오스트리아와 아시아에서는 찬성과 반대가 각 3명으로 구성된다.

즉석 토론은 준비할 것이 생각보다 적지만 논제를 정해야 하고 토론자들에게 발언 시간이 얼마 남았는지 알려 줄 수 있는 타임 카드가 필요하다. 또한 진행될 토론에 대해서 청중이 능동적으로 참여할 수 있도록 분위기를 만들어야 한다. 의회식 토론에서는 청중이 자신의 마음에 들거나 들지 않는 주장에 대해서 적극적으로 반응하는 것이 일반적이다. 선호하는 주장에 대해서는 탁자를 연속적으로 두드리며 환호하고, 싫어하는 주장에 대해서는 야유를 보내기도 한다. 물론 교사는 청중의 반응을 어디까지 허용할 것인가에 대해 사전에 결정해야 한다.

의회식 토론의 장점

▸ 재빠른 사고와 말하기 능력을 강조한다.
▸ 손쉽게 파악할 수 있고 일반적으로 잘 알려진 주제에 대해 이야기한다.
▸ 대회를 조직하고 개최하기가 쉽다.
▸ 보충 질의는 토론 참여자들에게 역동적인 흥미를 제공해 준다.

의회식 토론의 단점

▸ 즉석 주제를 준비하는 시간과 함께 상당한 학급 활동 시간이 필요하다.
▸ 교사가 선택한 주제에 대해 학생들이 잘 모를 수도 있으며 최적의 토론이 이루어지지 않을 수도 있다.
▸ 즉석 토론의 특성상 학생들은 의사소통에서 불쾌함을 경험할 수도 있다.
▸ 보충 질의는 토론의 중요 요소이자 토론자에게 요구되는 능력이기는 하지만 토론의 초기 단계에서 학생들이 자신 없어 하거나 효율적으로 활용하지 못할 가능성이 있다.

의회식 토론에 대한 보다 자세한 정보를 원한다면 존 미니(John Meany)와 케이트 셔스터(Kate Shuster)가 저술한『예술, 논증 그리고 옹호(Art, Argument and Advocacy, 2002)』,『그 점에 대해서(On that point, 2003)』를 추천한다.

역할극 토론(Role-Playing Debates)

역할극 토론은 역사적이거나 소설적인 상황을 토론 형식에 활용하여 설득적 말하기를 강조하는 활동이다. 학생들은 특정한 인물이 되어 보거나 어떤 특정한 장면의 참여자가 되어 역할극에 참여할 수 있다. 극장과 토론을 통합함으로써 매우 재미있고 만족감을 주는 역할극 토론을 해 볼 수 있다.

역할극 토론은 학생들이 자기 자신의 역할에서 벗어나 다른 역할을 해 보도록 하기 때문에 매우 유용한 경험을 제공해 준다. 이와 같은 상황 설정은 학생들의 말하기 불안을 감소시켜 주고 자신이 어떤 논증을 펼쳐야 하는지를 분명히 인식할 수 있도록 해 준다. 또한 학생들의 상상력을 자극하기 때문에 비교적 어린 나이의 학생들도 성공적으로 역할극을 수행해 나갈 수 있다. 토론할 거리와 참여하고자 하는 의지만 있다면 이 토론은 모든 교실에 쉽게 적용할 수 있다.

그런데 역할극 토론을 위해서는 모든 참여자가 문제가 되는 장면을 이해했다는 것을 바탕으로 하기 때문에 교사는 이에 대해 상당한 준비를 해야 한다. 따라서 모든 학생이 사전에 해당 주제에 대해 조사하여 토론하고자 하는 문제에 대하여 이해할 수 있도록 해야 한다. 이때 교사는 단지 장면만 제시해서는 안 되고 참여자들에게서 많은 의견을 이끌어 내도록 해야 한다. 다행히 이와 같은 과정은 교사가 사전에 준비한 것을 바탕으로 하며 수업의 주제가 된다.

역할극은 토론과 결합했을 때 매우 강력한 수업 기술이 될 수 있다. 이 책 전반에서 강조하는 내용을 통해 역할극의 교육적 정당성을 확인할 수 있다. 아담 블래트너(Adam Blatner)의 다음과 같은 견해는 이를 잘 드러내 준다.

역할극은 사회극(sociodrama)[9]에서 나온 방법론으로, 학생들이 문학작품, 사회 연구, 과학이나 수학의 미묘한 측면들을 이해할 수 있도록 돕는다. 게다가 자료에 대해서 배우는 것뿐 아니라 학생들을 보다 흥미 있게 몰입시킴으로써 활동과 지식이 통합될 수 있으며, 대안들을 탐색하고 새롭고 창의적인 해결책을 찾도록 만든다. 역할극은 창의성, 의사소통 능력, 문제 해결 능력, 자기 인식 능력, 팀을 이루어 협력적으로 일하는 능력을 계발시켜 줄 수 있는 가장 좋은 방법이다. 또한 몇 년 내에 쓸모없거나 관련이 없어질지도 모르는 단순한 사실을 배우는 것에 비해 21세기를 준비할 수 있는 능력을 길러주는 데 도움이 된다. (http://www.blatner.com)

역할극 토론을 위해서 교사는 양측이 팽팽하면서도 좋은 논증으로 대립할 수 있도록 하는 논쟁거리를 잘 찾아야 한다. 이때 역사에 대한 질문을 던지는 것은 특히 유용한데, 예를 들면 희대의 판결을 재현해 보거나 트루먼 대통령에게 일본에 원자폭탄을 투하한 것에 대한 책임을 묻는 등과 같은 새로운 재판 상황을 상상해 보는 것도 좋다. 또 다른 예로는 원시림 보존과 같은 동시대 문제를 놓고, 토론자들이 가구업자, 환경 보호론자, 정부 관리, 시민, 지역 사업가 등의 다양한 역할을 맡도록 할 수 있다. 역할극의 형식은 실제 상황에 따라 매우 다양하게 진행된다. 만약 재판 형식이라면 교사는 판사가 되어 양측에게 발언할 기회를 부여할 수도 있다. 또는 회의 형식이라면 교사는 대화나 토의를 시작하도록 제안하는 역할을 할 수도 있다.

역할극에서 학생들은 주어진 상황과 역할에 따라 행동해야 하기 때문에 명확하게 무엇을 해야 할지가 정해져 있다. 따라서 역할극을 하는 당일 학생들은 자신의 역할을 택하고 무엇을 해야 할지 고민하는 것이 아니라 다른 학생들을 어떻게 설득할지에 대해서만 고민하면 된다.

---

9   [역주] 미국의 심리학자 모레노 (J.D. Moreno)가 사용한 집단 심리 요법으로, 집단 생활에서 발생하는 갈등과 문제를 해결하기 위한 일종의 사이코드라마

역할극 토론의 장점

▶ 학생들은 자신에게 주어진 역할을 하는 것을 즐거워 한다.

▶ 역할극 토론은 가르치려는 내용과 통합하기에 용이하다.

▶ 발언 순서와 길이에서 어떤 형식이든 사용 가능하다.

역할극 토론의 단점

▶ 학생들이 자신의 역할을 너무 과장되게 표현해서 주의를 집중하기 어렵게 만들 수 있다.

▶ 학생들이 불충분한 정보를 가지고 자신의 역할을 수행하기도 한다.

▶ 학생들은 자신이 아닌 다른 사람이 되어 생각한다는 것을 어려워할 수 있다.

▶ 교사와 학생 모두 상당한 준비 시간이 필요하다.

모의재판 토론(Mock Trial Debate)

모의재판 토론은 법정 토론을 모방한 것으로, 학생들은 법률을 실행하는 법률가의 역할을 하게 된다. 이와 같은 토론 형식은 그 자체가 법률의 규준과 개념이 어떻게 존재하게 되었는지 이해할 수 있도록 돕고 법률 논쟁에 대해 조사할 수 있도록 해주기 때문에 법률가를 지망하는 학생들에게 매우 매력적이다.

모의재판 토론에서 학생들은 엄격하게 진행되는 토론의 절차 속에서 서로 다른 견해를 탐구하게 된다. 만약 교사가 원한다면 다양한 전통이 있는 법정을 활용할 수 있으므로 토론 형식을 구성할 때 법률 체계의 선례를 따를 수 있다. 교사는 이와 같은 형식의 토론을 통해 법에 대한 개념을 가르칠 수 있을 뿐 아니라 법의 형식에 대해서도 알려 줄 수 있다. 또한 이를 통해 학생들은 우리 사회에서 법이 어떻게 작동하는지를 이해할 수 있을 것이다. 법학의 실제를 체험해 봄으로써 어떻게 법률이 사회 구조에 스며들어 있는지 아는 데 큰 도움을 받을 수 있다.

도나 로스(M. Donna Ross)는 교사들이 유용하게 활용할 수 있는 모의재판 기술에 대한 다양한 조언을 제공하고 있다. 자세한 자료는 사이트(http://debate.uvm.edu/NFL/rostrumlibmocktrial.html)에서 얻을 수 있다.

모의재판 토론 형식에는 최소한 두 가지의 제약 조건이 따른다. 우선 창의적인 발언이 위축될 수 있고, 때때로 복잡한 토론 형식으로 인해 토론자들이 중압감을 느낄 수도 있다. 하지만 이와 같은 문제는 철저한 토론 준비를 통해 해결할 수 있을 것이다. 논제를 신중하게 선정하고 전문가의 도움을 받아 예비 단계의 자료 조사를 한다면, 학생들은 법에 대한 새로운 개념들을 발견할 수 있으며 자신감을 얻어서 포럼에서 자신의 창의적인 생각을 표현할 수 있을 것이다. 게다가 교사가 재판장의 용도를 설명하고 재판 전문 용어를 융통성 있게 사용할 수 있도록 도와준다면 복잡한 형식에 의한 심리적 중압감은 어느 정도 해소될 수 있다.

모의 법정 형식은 그 자체가 사법 체계를 드러내는 모형으로 쓰일 수도 있다. 미국에서는 특정한 법률 사건이나 발의안을 두고 서로 입장을 달리하는 양측이 토론을 벌인다. 종종 논란이 되었던 재판의 사례가 토론의 논제로 활용될 수도 있다. 학생들은 법률 사건의 한쪽을 옹호하면서 선례가 되는 판결문들을 찾아 법과 관련한 자신의 논증을 제시할 수 있다. 교사 혹은 학생 평가단은 재판관 혹은 재판관 위원회로 참여할 수 있다. 또 마지막 결선과 같은 상황에서는 실제 재판관을 초청해 모의재판을 주재하도록 요청할 수도 있다.

과거나 현재의 법률 관련 쟁점들이 모의재판의 소재로 활용될 수 있으며 이는 피고의 유죄나 무죄를 밝히는 상황으로 재연될 수도 있다. 또는 '햄릿은 셰익스피어 희곡의 주인공이 아니다.'와 같은 논제의 경우 법률적 상황은 아니지만 이를 모의법정의 소재로 다룰 수도 있다.

교사는 필요에 따라 토론 모형을 조정할 수 있다. 증인 수를 줄일 수 있고, 원고나 원고 측 증인을 만들 수 있으며, 양측에 새로운 법률가를 두어 반대 신문을 전담하게 할 수도 있다. 또는 배심원단 중 대표 한 명이 재판장의 역할을 맡아 결정 사항을 발표하도록 할 수 있으며, 법률가(변호사)의 수를 줄일 수 있고, 언론의 역할을 조정할 수도 있다.

법은 여러 측면에서 토론의 다양한 유형들을 보여 주고 있다. 모의재판 토론 역시 법률 쟁점으로 토론하려는 학생들에게 강력한 도전의 기회를 제공해 줄 것이다. 이와 같은 상황은 토론자인 학생에게나 사회 모두에 유용한 가치를 제공해 줄 수 있다.

모의재판 토론 첫째 날: 50분

역할	활동	시간
판사1	피고인에 대한 기소장 읽기	3분
피고인	자기 변론하기	3분
검사1	검사 모두 진술하기	6분
검사 측 증인1	검사2 증인1에게 반대 신문하기	2분
변호사2	기소 내용에 대해 변론하기	6분
검사 측 증인1	변호사1 증인1에게 반대 신문하기	2분
검사 측 증인2	검사1 증인2에게 반대 신문하기	2분
검사 측 증인2	변호사2 증인2에게 반대 신문하기	2분
검사 측 증인3	검사2 증인3에게 반대 신문하기	2분
검사 측 증인3	변호사1 증인3에게 반대 신문하기	2분
피고인 측 증인1	변호사2 증인1에게 반대 신문하기	2분
피고인 측 증인1	검사1 증인1에게 반대 신문하기	2분
피고인 측 증인2	변호사1 증인2에게 반대 신문하기	2분
피고인 측 증인2	검사2 증인2에게 반대 신문하기	2분
피고인 측 증인3	변호사2 증인3에게 반대 신문하기	2분
피고인 측 증인3	검사1 증인3에게 반대 신문하기	2분
라디오1	재판에 대해 보도하기	1분 30초(90초)

모의재판 토론 둘째 날: 45분

역할	활동	시간
검사2	기소 사실에 대해 마무리 발언하기	6분
변호사1	마무리 변론하기	6분
판사2	배심원에게 설명하기	2분
배심원은 재판정에는 머물지만 독자적으로 심사숙고하듯이 행동하기		
배심원 발언	각 배심원들 1분 동안 발언하기	9분
배심원 준비 시간	배심원 간 자유 토의하기	10분
배심원 투표	배심원들이 차례로 유/무죄에 대한 입장 표명하기	1분
판사3	판결문을 읽고 유/무죄를 선고하기	2분
축하와 격려하기		
신문	패소한 측에 대해 인터뷰 보도하기	3분
텔레비전	승소한 측에 대해 인터뷰 보도하기	3분
라디오2	재판에 대한 보도하기	1분 30초(90초)

모의재판 토론의 장점

▸ 참여하거나 관전하기에 흥미롭고 역동적인 말하기 상황을 제공한다.

▸ 발언 내용에 깊이 관여하게 되어 학생들에게 도전 의식을 심어 줄 수 있다.

▸ 모든 학생들에게 역할을 주어 참여시킬 수 있다.

모의재판 토론의 단점

▸ 학생들이 각자의 역할을 충분히 안내받고 학습해야만 가능하다.

▸ 재판 준비를 위해 많은 시간이 요구된다.

▸ 학생들의 법적 논증을 이해하는 데 어려움을 느낄 수 있다.

▸ 적합한 논제의 선정이 모의재판의 성패를 가른다.

▸ 반대 신문 시간이 충분하지 못할 수 있다.

입법 토론(Model Congress Debate)

입법 토론 모형은 학생들에게 정부가 직면할 수 있는 가상적 토론 상황에 관여할 수 있는 기회를 줄 수 있다. 이 형식은 많은 수의 청중이 참여할 수 있는 가장 좋은 방법이다. 많게는 300명의 학생들까지도 참가할 수 있었기 때문에 이는 학급 간 혹은 학교 간에 서로 토론할 수 있는 경험을 제공해 줄 수 있다.

입법 토론 모형은 제안된 공공 정책에 대하여 많은 수의 국회의원이 참여한 가운데 열리는 미국 의회식 토론의 형식을 따른다. 전통적으로 학생들은 사전 조사를 통해 자신이 통과되었으면 하고 바라는 법률안에 대해 써 보는 활동을 미리 해야 한다. 교사는 조사해 온 주제에서 추려낸 조언들을 학생들에게 제공하고 학생들이 제출한 법안들을 다 모으고 복사해서 법안 철을 만들어 참여 학생 각자에게 배부한다. 또한 학생들이 그 법안들을 충분히 읽어 보고 그 주제에 대해서 연구할 시간을 가질 수 있도록 시간적 여유를 두고 과제를 부여할 필요가 있다. 그런 다음 학생들은 교실에 모여 의회식 토론 규칙에 대해 숙지하고 법안에 대해 토론하기 시작한다. 토론이 끝난 후 학생들은 이 법안에 대한 심의 여부를 투표로 결정하게 된다.

이와 같은 형식은 흥미로우면서도 도전적인데 정치 분야의 최근 논제에 대하여 정보에 바탕을 둔 토의를 진행할 수 있으며 빠르게 반응할 수 있기 때문이다. 학생들은 많은 관중들 앞에서 즉흥적으로 이야기할 수 있기 때문에 일반적으로 이와 같은 과정을 좋아한다.

이 모형의 약점은 토론을 구성하는 것이 어렵다는 것이다. 왜냐하면 학생들은 조사 활동을 하거나, 법안을 쓰고 토론 형식을 익히는 모든 과정에서 지도를 받아야 하기 때문에 교사나 학생에게는 매우 번거로운 일이 될 수도 있다. 다행스럽게도 몇 가지 준비로 이와 같은 문제를 극복할 수 있다. 학생들에게 조사 활동의 일환으로 한 주 동안 신문을 읽어 오는 간단한 활동을 과제로 내고 그중에서 만들고 싶은 법안이 떠오르면 정해진 양식에 따라 써 오게 한다.

입법 토론을 방해하는 또 다른 요소는 군중 심리이다. 특정한 논제에 대해 토론할 때 학생들은 일반적인 통념에 휩쓸리게 되는 경우가 많다. 이러한 위험에 대처하기 위해서는 어려운 결정을 내리는 것이 얼마나 중요한지에 대해 토의하거나,

개개인의 정치적 성향을 떠나 논증의 질을 판단해야 할 특별한 필요성이 있음을 주지시키는 등의 방법을 활용할 수 있다.

입법 토론을 교실에 적용하는 것은 어렵지 않다. 학생들에게 일주일간의 자료 준비 시간을 주고 각자가 생각하는 법안을 써 오게 한 다음 제출하게 한다. 교사는 이에 대해 검토하고 학생들은 법안을 수정한다. 이후 학생들이 모인 가운데 제출한 법안을 복사하고 나누어 준 후 이를 읽고 토론할 시간을 갖는다. 이때 교사가 의장 역할을 하여 각 법안에 대하여 누가 말할지 안내해 줄 수 있다. 가능하다면 학생들이 의사 진행을 하게 한다. 그리고 어떤 법안으로 토론하기를 원하는지 결정한 후 그 법안을 쓴 학생에게 법안을 발의하는 연설을 할 기회를 주는 방법으로 진행한다.

다음에는 학생들에게 2분 정도의 시간을 준 후 법안 발의자에게 질문할 기회를 주고 자유로이 발언할 기회를 주면서 토론을 진행해 나간다. 이때 교사는 모든 학생이 질문과 응답 시간을 갖도록 할 것인지 혹은 청중으로부터 나온 질문을 받아들일지의 여부를 결정해야 한다. 토론은 정해진 시간이 끝날 때까지 계속될 수도 있고 주어진 논제에 대해 논의할 힘이 남아 있을 때까지 계속 진행될 수도 있다. 그 이후에 학생들에게 법안에 대하여 찬성, 반대 혹은 기권과 같은 입장을 표하는 투표를 진행하도록 한다. 토론 모형에 따라 자원자가 성명을 발표할 수도 있고, 참여자에게 특정한 주나 국가를 대표하는 역할을 하도록 지도할 수도 있다. 이와 같은 토론 형식을 응용하게 되면 훨씬 흥미진진한 토론을 할 수 있다. 미국의 NFL에서 운영하는 양식에 따른 의회식 토론 진행에 대한 안내는 사이트(http://www.nflonline.org/AboutNFL/LeagueManuals)에서 참고할 수 있다.

입법 토론 모형은 최대한 많은 학생들이 참여하여 자신들이 제시한 논제에 대해 논의할 수 있는 기회를 제공해 준다. 참여자 수가 많고 학생들이 직접 참여하여 논제를 선정하기 때문에 이 형식은 학생들에게 인기가 많다. 또한 다양한 토론자들의 욕구를 만족시켜 줄 수 있다.

입법 토론(Model Congress Debate)

역할	활동	시간
의장(교사)	포럼을 개최하게 된 것에 대한 환영사	1-5분
법안 발의자	법안을 발의하게 된 배경과 이유를 밝히기	2-4분
	법안 발의자에게 질문하기	2-3분
전체	발의한 법안에 대해 찬성과 반대 발언하기	2분

입법 토론의 장점

▶ 개방적인 형식이어서 모든 학생들의 참여가 가능하다.

▶ 학생들은 법안에 대해 찬성하거나 반대하는 역할을 맡았다는 데 자부심을 느낀다.

▶ 수업 내용에서 쉽게 관련 법안을 끌어올 수 있다.

▶ 많은 학생들이 동시에 참여할 수 있다.

▶ 어떤 법안에 대한 지지를 위해 다른 법안에 대한 지지를 보장하는 등의 협상 능력을 발휘할 수 있다.

입법 토론의 단점

▶ 광범위한 자료 준비가 필요하다.

▶ 토론 진행을 위해 수업 시간을 많이 할애해야 한다.

▶ 학생들이 법안이 지닌 논증적 설득력이 아니라 법안을 발기한 학생의 인기에 영합하여 투표할 수 있다.

▶ 토론에 참여하고 싶어 하지 않는 학생들은 군중 속에 숨어 버릴 수 있다.

토론 형식의 다양한 변형

어떤 토론 형식을 선택하더라도 교사는 학생들이 토론 과정의 매력을 충분히 느낄 수 있도록 토론 형식에 재미있는 변형을 가할 수 있다. 팀으로 구성된 토론자들의 숫자를 바꾸어 본다든지, 패널로부터 질문을 받는 순서를 넣는 등의 방법이 쓰일 수 있다. 이를 통해 주제를 분석하는 광범위한 도구로 토론을 활용할 수 있다.

토론 참여자 수의 변화

전통적인 정책 토론이나 의회식 토론은 두 명이 한 팀을 이루고 즉흥 토론은 팀이 아닌 한 사람이 양측에서 토론하는 형태로 진행되었다. 하지만 이러한 숫자는 필요 조건은 아니다. 거의 모든 토론은 양측의 1인만으로도 진행 가능하지만 참가자 수를 늘릴 수도 있다. 다음으로는 토론에 참여하는 토론자 수를 변화시키는 방법에 대해 논의하고자 한다.

토론 팀 참여자 수 줄이기

토론에 주어진 시간을 줄이고 싶다거나 한 학생이 개별적으로 어떻게 토론 수행을 성공적으로 해 나가는지를 추적하고자 한다면 교사는 당연히 토론에 참여하는 학생 수를 줄이기 원할 것이다. 찬성이나 반대 측 토론자를 한 명으로 한정하게 되면 준비와 토론 진행이 훨씬 쉬워진다. 단점은 토론자의 입장에서는 단독으로 모든 책임을 지기 때문에 토론 과정에서 훨씬 많은 피로감이나 긴장을 느끼게 될 수 있다는 것이며, 장점은 일정 짜기가 쉽고 수업 운영을 유연하게 할 수 있다는 것이다.

토론 팀 참여자 수 늘리기

토론에 많은 학생들이 참여하기를 바라거나 교실의 모든 학생들이 활동하기를 원한다면 토론자 수를 늘리고자 할 것이다. 미국의 센트럴 펜실베이니아에서 활용하는 토론 형식은 4명이 팀을 이루어 진행되는데, 한 사람이 한 번씩 발언하게 된다. 또 각각 다른 학생들이 질문과 발언을 하게 할 수도 있고 토론에 참여하는 사람의 수를 늘리면서 각자의 발언 시간은 짧게 하도록 할 수도 있다. 이때 3:3 혹은 4:4로 구성하는 것이 합리적이다. 토론자 수를 늘리게 되면 한 사람이 입론이나 반론을 다 하기보다는 마지막 발언을 하는 토론자를 따로 둘 수 있다.

기타 변형 형식

패널 질의(Panel of Questioners)

미국의 공공 토론에서 사용되지만 교실에서는 거의 사용되지 않는 또 다른 토론의 변형 방식은 패널 질의를 추가하는 것이다. 학생들이 참여하는 패널 질의는 자료 조사에 대한 책임감을 느끼게 할 뿐 아니라 토론자들에게 수준 높은 질문을 할 수 있도록 만들어 준다.

　　패널 질의를 통해서 더욱 많은 학생이 토론에 참여할 수 있으며 쟁점에 대하여 심도 있는 대화가 오갈 수 있다. 만약 교실에서 팀을 구성하여 연속적으로 의회식 토론을 진행하려고 한다면, 토론에 참여하지 않는 나머지 토론자들을 패널로 참여하도록 하여 패널에게 각자 과제를 부여하고 실제 토론에서 토론자들에게 질 높은 질문을 던질 수 있도록 준비시킬 수 있다.

청중 질의 시간(Audience Question Time)

교실 토론에 대한 주요 비판 중 하나는 소수의 학생들만 토론 활동에 참여하기 때문에 대다수의 청중이 흥미를 잃고 지겨워한다는 것이다. 토론에 참여하지 않는 학생들이 질문을 할 수 있는 시간을 주어 토론자들에게 대답하도록 한다면 학생들의 참여를 높일 수 있다.

다면 토론(Multisided Debate)

대부분의 토론 쟁점은 명백히 흑백으로 나누어질 수 없다. 사실 『논증 문화(*Argument Culture*)』를 저술한 데보라 태넌(Deborah Tannen)은 이러한 이원적 대립을 조장하는 문화적 요구에 대해 다음과 같은 문제를 제기했다.

> 우리는 '모든 문제에는 양면이 있다.'라는 속담에 개방적이고 확산적인 사고가 담겨 있다고 여기지만 이 속담에도 모든 것은 양 극단의 대립적 문제라는 가정이 반영되어 있다.(Tannen, 1998: 8)

사실 대부분의 토론 논제는 다면적인 접근과 해결책에 의해 설명되는 것이 가장 바람직하다.

UN이 북한에 대해 어떤 입장을 취해야 하는가로 토론을 한다고 생각해 보자. 강경 노선인 사람들은 자신의 정부에 대해 반발하는 북한에 대해 엄격한 제재를 가하거나 단호한 군사 행동을 취해야 한다고 할 것이다. 또 다른 사람들은 무너진 북한의 사회 기반을 재건하도록 돕고 굶주리는 아동들을 먹여야 한다는 인본주

다면 토론(Multisided Debate)

역할	활동	시간
교사	도입하기	2분
과제를 한 학생들	배경 설명하기	4분
A 팀	A 입장에서 입론하기	6분
B 팀	B 입장에서 입론하기	6분
C 팀	C 입장에서 입론하기	6분
학생 전체	청중의 질문 또는 다른 의견 개진하기	18분
학생 1	논평하기	3분
학생 2	논평하기	3분
A 팀	A 입장에서 반론하기	4분
B 팀	B 입장에서 반론하기	4분
C 팀	C 입장에서 반론하기	4분
교사	마지막 발언하기	1분

의적인 도움을 요구하는 입장을 보일 것이다. 그리고 북한이 핵 프로그램을 포기하는 데 협조한다면 경제적인 지원을 하겠다는 입장을 보일 수도 있다. 마지막으로는 불간섭 정책을 나타내는 것인데 UN이 할 수 있는 최선은 북한을 있는 그대로 놓아두는 것이라고 주장할 수 있다.

토론은 다른 세상을 상상하면서 실험해 볼 수 있는 기회를 제공한다. 토론자들은 어떠한 중요한 변화가 발생한다면 세상은 어떻게 달라질까에 대한 생각을 구체화하면서 비판적 사고력을 계발하게 된다.

이와 같이 다면 토론은 우리의 사고력을 끊임없이 자극하며 다른 토론이 쉽게 빠질 수 있는 단순한 흑백 논리를 피할 수 있도록 도움을 준다.

다면 토론의 장점

- ▶ 둘 이상의 입장에서 토론하기 때문에 더 상세하고 역동적인 토론이 가능하다.
- ▶ 둘 이상의 입장에서 토론하기 때문에 청중의 관심을 끌기 좋다.
- ▶ 청중의 질문 시간이 길기 때문에 새로운 생각을 발견하고 쟁점으로 발전시킬 수 있다.
- ▶ 60분으로 진행되는 형식은 학급에 적용하기 용이하다.
- ▶ 반론에서 요약과 마무리 발언을 할 수 있다.
- ▶ 의견 개진은 토론자들이 무시하거나 지나쳤을 수 있는 쟁점에 대해 보충해 준다.
- ▶ 배경 설명은 관련 정보를 청중에게 제공하여 논제에 집중할 수 있도록 해 주며 각 입장에 대한 설명이 이루어질 수 있도록 해 준다.

다면 토론의 단점

- ▶ 세 가지 독립된 입장에서 옹호가 이루어질 수 있는 적합한 주제를 선정해야 한다.

> ▸ 질문은 관련이 있으면서도 구체적이어야 한다.
>
> ▸ 청중에게 질문을 허용할 경우 사전에 검토를 거쳐야 한다. 그렇지 않으면 질문의 질을 보장할 수 없다.
>
> ▸ 세 가지 다른 입장에서 오는 복잡성으로 인해 일부는 혼란을 겪을 수 있다.

확장된 토론 / 주제로의 복귀

만약 토론을 원래 계획했던 전체 수업의 목표에서 학생들을 잠시 쉬어 가게 하는 활동 정도로 인식했던 교사라면, 수업 전반에 토론을 확대 적용하는 것에 대해 걱정하고 부담을 느낄 것이다. 하지만 토론은 유용한 연습일 뿐 아니라 학습 활동 계획과 긴밀하게 통합될 수 있다. 따라서 토론을 전체 수업을 지향하게 하는 방법으로 활용하는 것이 전적으로 가능하다.

예를 들어 고대 그리스·로마 문명에 대해 배우는 역사 수업 시간을 생각해 보자. 교사는 몇 가지 사항을 설명하기 위해 수업 시간에 다양한 시기와 방법을 활용해 토론 활동을 진행할 수 있다. 아테네의 민주주의와 스파르타의 군대 문화의 대립적 가치에 대해 공공 포럼 토론을 진행할 수도 있으며, 소크라테스의 재판으로 역할극 토론을 할 수도 있다. 또한 로마의 군대 문화가 위험하게 팽창하는 것을 문제 삼아 의회식 토론을 할 수도 있다. 토론은 수업의 각 단계를 분명히 보여 주는 데 활용될 수 있다. 이때 이 책에서 제시한 토론 형식의 기본적 정의만 충족한다면 토론 수업을 설계할 때 무엇이 옳고 그른가에 대한 판단으로 고민할 필요가 없다.

똑같은 역사 수업을 예로 들어 설명하면 학습 기간 전반에 걸쳐 하나의 주제로 토론하는 것 역시 가능하다. 만약 '그리스와 로마는 문명의 요람이다.'라는 주제로 연구를 한다고 하면, 한 학기 동안 여러 사항에 대해서 연속적인 토론을 유도해 낼 수 있다. 같은 주제로 되돌아가서 학생들이 수업 교재에 대해 심화된 이해를 할 수 있도록 격려할 수 있다. 한 학기 동안 학생들은 여러 방면에서 토론을 진행할 수 있는데, 노예제를 바탕으로 한 아테네 사회에 대해 미리 학습한 내용을 탐구하여 아프리카나 아시아가 그리스나 로마에 끼친 학문적 기여의 중요성을 논의할 수 있다. 또한 진행 중인 토론에서 로마 건축을 그 증거로 들 수도 있는데, 이때 토론의 결과는 부차적인 것이며 실현되는 교육 목표가 훨씬 중요해진다. 확장된 토론은 여러 사항에 대하여 이미 학습한 주요 논제를 되짚어 보게 하며 이전에 습득한 지식을 형성하는 데 도움을 준다.

또한 토론은 학생들이 자신이 배운 것을 새로운 형태로 구체화하도록 만들어 주기 때문에 학생들 스스로가 흥미로운 새로운 결과를 이끌어내는 데 기여할 수 있다.

결론

교사로서 자신의 학생들에게 딱 맞는 토론 형식을 찾아내는 것이 어려울 수 있지만, 토론은 기본적으로 모든 교실에서 유용하게 쓰일 수 있는 도구이다. 이 장에서는 교실 토론에서 적합한 형식을 선택하는 데 도움을 주고자 하였으며, 부록에는 다양한 토론 형식을 수록해 놓았다. 가장 먼저 할 일은 한 가지 형식의 토론을 선정하여 현재 가르치는 교육과정에 적합한가를 전반적으로 살펴보는 것이다. 토론은 교사로서 학생들의 학습을 깨닫는 데 도움을 줄 것이다.

토론 형식 예시

1:1토론(20분)

찬성 측 첫 번째 발언	4분	주제에 대한 입론
반대 측 첫 번째 발언	4분	반박, 새로운 쟁점 소개
찬성 측 두 번째 발언	3분	반박과 요약
반대 측 두 번째 발언	3분	반박과 요약

각 팀 준비 시간은 3분

반대 신문이 있는 1:1토론(30분)

찬성 측 첫 번째 발언	5분	주제에 대한 입론
반대 신문	3분	
반대 측 첫 번째 발언	5분	반박, 새로운 쟁점 소개
반대 신문	3분	
찬성 측 두 번째 발언	4분	반박과 요약
반대 측 두 번째 발언	4분	반박과 요약

각 팀 준비 시간은 3분

2:2토론(30분)

찬성 측 첫 번째 발언	4분	주제에 대한 입론
반대 측 첫 번째 발언	4분	반박, 새로운 쟁점 소개
찬성 측 두 번째 발언	4분	반박
반대 측 두 번째 발언	4분	반박
찬성 측 반박	2분	요약
반대 측 반박	2분	요약

각 팀 준비 시간은 3분

반대 신문이 있는 2:2토론(40분)

찬성 측 첫 번째 발언	5분	주제에 대한 입론
반대 신문	3분	
반대 측 첫 번째 발언	5분	반박, 새로운 쟁점 소개
반대 신문	3분	
찬성 측 두 번째 발언	5분	반박과 요약
반대 신문	3분	
반대 측 두 번째 발언	5분	반박과 요약
반대 신문	3분	
찬성 측 반박	2분	요약
반대 측 반박	2분	요약

각 팀 준비 시간은 3분

청중 질문이 있는 3:3토론(55분)

찬성 측 첫 번째 발언	4분	주제에 대한 입론
반대 신문	3분	
반대 측 첫 번째 발언	4분	반박, 새로운 쟁점 소개
반대 신문	3분	
찬성 측 두 번째 발언	5분	반박
반대 측 두 번째 발언	5분	반박
청중 질의응답	15분	
찬성 측 세 번째 발언	4분	요약
반대 측 세 번째 발언	4분	요약

각 팀 준비 시간은 4분

반대 신문이 있는 2:2토론(60분)

찬성 측 첫 번째 발언	5분	주제에 대한 자신의 사례 증명
반대 신문	3분	
반대 측 첫 번째 발언	5분	반박, 새로운 쟁점 소개
반대 신문	3분	
찬성 측 두 번째 발언	6분	반박
반대 신문	3분	
반대 측 두 번째 발언	6분	반박
반대 신문	3분	
반대 측 첫 번째 반박	3분	반박
찬성 측 첫 번째 반박	3분	반박
반대 측 두 번째 반박	3분	요약
찬성 측 두 번째 반박	3분	요약

각 팀 준비 시간은 7분

법정 토론(60분씩 2일 소요)

토론자 소개	2분
기소문 낭독	2분
검사 측 주장	5분
검사 측 1번 증인	5분
변호사 질문	3분
검사 측 2번 증인	5분
변호사 측 주장	5분
변호사 증인 1번	5분
검사 질문	3분
변호사 증인 2번	5분
검사 질문	3분
검사 요약	5분
변호사 요약	5분
판결 준비	
평결 낭독	1분

양측 준비 시간은 3분

토론 형식 선택

	긍정적 요인	부정적 요인
공공 포럼 토론 The public forum debate	· 많은 학생의 참여 · 주제에 대해 소개하기 좋음 · 창의성이 장려됨 · 많은 준비 필요 없음 · 다른 유형과 잘 통합됨 · 조사가 필요 없음	· 학생의 이데올로기를 강화할 수 있음 · 일부 소수 학생에 의해 주도될 수 있음
즉흥 논증 토론 The spontaneous debate	· 재미있음 · 어휘 선택, 내용 구성과 전달을 위한 훌륭한 방법임 · 토론 대비에 대한 압박감이 경감됨 · 조사가 필요 없음	· 김빠진 토론이 될 수 있음
정책 토론 The policy debate	· 주제에 대한 숙달이 탁월함 · 주제에 대해 심도 있게 분석함 · 조사와 준비가 장려됨	· 전문용어가 진입 장벽이 될 수 있음 · 준비가 필요하여 많은 준비 시간이 요구됨
의회식 토론 The parliamentary debate	· 팀워크와 창의성이 장려됨 · 연설 능력을 강화하는 데 탁월함	· 주제에 대한 창의적인 해석으로 인해 토론이 다른 방향으로 전개될 수 있음 · 조사는 선택임
역할극 토론 The role-playing debate	· 다양한 수업에 접목이 용이함 · 자신의 신념을 대변하는 것이 아니므로 학생의 불안감이 경감됨	· 참여하는 모든 학생이 익숙해야 함
모의재판 토론 The mock trial	· 매우 잘 구조화된 환경임 · 법적 문제에 적합함	· 전문용어로 인해 매우 높은 진입 장벽이 존재함
입법 토론 The model congress debate	· 많은 학생이 참여 가능 · 학생에게 익숙한 주제임	· 준비가 필요함

제5장

교 실 토 론 의 논 제

토론 과정의 대부분이 토론 논제 개발에 좌지우지되기 때문에
논제를 만드는 것은 매우 신경이 쓰이는 일이다.
이 장에서는 이와 같은 부담을 덜어주기 위해 논제를 개발하는
방법과 수업의 목표에 맞는 토론 활동을 구성하는 것에 대해
알아볼 것이다. 토론 관련 서적의 검토를 통해 논제 구성을 위한
지침을 제공하였는데 여기에서는 논제의 세 가지 종류인 사실,
가치, 정책 논제에 대해 살펴볼 것이다. 또한 전통적이지 않는
주제 접근법으로 재연의 방법을 활용한 논제 구성에 대해서도
다룰 것이다.

토론의 장을 마련해 주는 논제

토론은 항상 무엇인가에 대해 논한다. 논제 없는 토론은 말싸움 그 이상도 그 이하
도 아니다. 논제가 정해지면 토론자들은 그에 대해 충분한 발언을 할 수 있도록 준
비하며 상대편이 어떠한 논증을 구성하게 될지 기대하게 된다. 또한 논제는 청중이
토론을 통해 무엇을 얻을 수 있는지를 알려 주며 토론 종반에 있을 의사 결정을 위
해 실질적으로 논의를 초점화하도록 만든다.

　　논제는 교실에서 교육적인 주제를 제공하는 데도 기여한다. 서툴게 만들어
진 논제는 수업에서 다루는 주제의 주변만 맴도는 토론만 하게 한다. 예를 들어, 학
생들이 면화에서 솜과 씨를 분리하는 조면기(繰綿機)와 같은 산업 혁명기 발명품의
중요성에 대해 학습하는 것이 목표였다고 하자. "기술은 인간의 역사를 바꾸어 놓
았다."와 같은 넓은 범위의 논제로 토론하기보다는 "어떤 기술적 발명품이 산업화
를 가장 잘 도울 수 있었는가?"와 같은 질문으로 토론하는 경우 수업의 목표를 더
욱 잘 달성할 수 있다. 교사가 논제 선정에 주의를 기울인다면 학생들은 교사가 의
도한 범위 내에서 토론을 할 수 있을 것이다.

대학 토론 대회와 정보 상황은 지난 100년간 변화해 왔음에도 불구하고 논제를 구성하는 기존 지침은 변하지 않았다. 따라서 선행 연구를 통해 기존에 잘 확립되어 있는 기본 원칙을 도출해 내는 것은 매우 유용하다. 이 장에서는 몇 권의 토론 고전 서적으로부터 교실 토론의 논제를 구성하는 지침을 얻어 낼 수 있었다. 다시 한 번 우리 세대 이전의 지식에 대해 감사를 표현한다. 이 부분은 특히 논제 선정의 기술에 대한 로버트 브랜엄(Robert Branham)의 생각에 힘입은 바가 크다.

논제 구성의 지침

논제는 교과의 중요 부분을 탐색할 수 있어야 한다

토론을 성공적으로 이끄는 주제를 만드는 가장 쉬운 방법 중 하나는 오래 지속되고 있는 논쟁을 탐색해 보는 것이다. 대부분의 연구 분야에서는 그 분야에 순수한 열정을 가지고 전념하는 사람들이 쉽게 동의할 수 없도록 경합을 벌이는 부분이 있다. 어떤 쟁점의 양 측면은 종종 좋은 논증의 체계를 구성하며 이 둘은 서로 쉽게 화합할 수 없다. 예를 들어, 과학 연구 목적을 위하여 동물을 이용하는 것에 대해 토론하는 경우 동물 보호론자들은 동물 실험에 대한 대안을 요구할 것이다. 이 논쟁의 경우 양측의 입장은 분명하기 때문에 토론이 잘 구성될 수 있다. 어떤 영역의 논쟁은 종종 찬성 측이 유리한 위치를 점하기도 하는데, 이는 찬성 측은 기존에 당연시해 왔던 통념에 대해 의문 제기를 요구하기 때문이다.

또한 교실 토론의 논제를 통해 다양한 행위자들, 개인, 국가 등에 의해 행해진 중요한 선택들을 검토해 볼 수도 있다. 역사에 대한 연구는 토론 논제로 쓰기에 유용하지만 결정을 쉽게 내리기 어려운 선택의 상황에 놓이게 만든다. 문학 역시 인물들이 만들어 낸 중요한 선택들로 가득 차 있어서 토론 논제로 유용하게 쓰일 수 있다. 정치나 정부에 대한 연구 역시 공공 정책, 선거, 법제화 등과 같이 토론할 거리를 쉽게 선택할 수 있도록 해 준다.

교실 토론의 논제는 수업 중 다루는 주요 내용에서 가져올 수 있다. 짧으면서도 비교적 자유로운 토론 형식을 활용하면 교육과정의 일부를 쟁점화하여 설명하는 데 유용하다. 항상 광범위한 쟁점에 초점을 두어 토론할 필요는 없으며 수업 중 아주 특정한 부분을 위해 짧은 형식의 토론을 선택할 수도 있다. 광범위한 주제를 다룰 경우에는 쟁점이 될 수 있는 부분이 많기 때문에 종종 학기가 끝날 때까지 논의가 계속 지속되는 경우가 있다. 하지만 광범위한 쟁점의 탐구할 만한 여러 부분을 여러 시점에 여러 번의 짧은 토론 형식을 통해 진행한다면 학생들의 관점과 적용 능력은 향상되고 성숙할 것이다. 주 정부와 연방 정부 간 힘의 균형과 같은 사회 교과 쟁점의 경우에는 여러 번의 교실 토론을 통해 성공적으로 가르칠 수 있는 주제이다.

논제를 만들 때는 연구가 뜻하는 바가 무엇인지 고려해야 한다. 연구 주제가 너무 큰 경우에는 심층 조사가 불가능할 수 있으며, 연구 주제가 너무 좁을 경우에는 연구를 하는 학생들이 당황하거나 난감해 할 수도 있다. 또한 토론 논제를 만들 때에는 토론에서 찬성과 반대 양측이 동등한 질의 논증을 만들어 낼 수 있을지, 양측이 조사에 대한 부담을 공평하게 지게 될지 등에 대해서도 고려해야 한다.

논제는 흥미로워야 한다

모든 논제가 토론을 흥미롭게 만들지는 않는다. 어떤 질문은 토론거리가 될 수는 있지만 다루고자 하는 주제로서는 별로 유용하지 않을 수 있다. 학생들 본인이나 다루고자 하는 수업 과정이 개인적으로 더 관련성이 높을수록 더 재미있는 논제를 찾아낼 수 있다.

널리 알려진 많은 역사적 논제들조차 이 첫 번째 기본적인 검증 단계를 통과하지 못했다. 1945년 윌리엄 트루펀트 포스터(William Trufant Foster)는 어떤 토론 논제는 그 자체가 흥미롭지 않다고 지적하였다. 예를 들어, 철광석과 석탄 사용의 비교 사례는 토론 논제로 적합하지 않을 뿐 아니라 그에 대한 답이 어떻게 나올지에 대한 관심도 매우 적기 때문에 흥미로운 논제가 되지 못한다고 보았다. 또한 토론은 교실 경험의 중요한 요소가 되기 때문에 '바늘 끝에 몇 명의 천사들이 서 있을 수 있는가?'를 결정하려는 중세 시대의 학문적 논쟁은 더 이상 실제적인 쟁점이 될 수 없다고 보았다(Foster, 1945). 포스터는 학생들은 수업에서 즉각적으로 흥미를 느끼는 요소를 쟁점으로 삼을 필요가 있다고 하였는데, 이런 시각은 1945년이나 지금이나 동일하게 적용될 수 있다. 논제 선정에서 학생들과 관련 있으며 흥미 있어야 한다는 것은 중요한 요소가 된다.

논제를 재미있게 만드는 가장 쉬운 방법은 학생들을 논제 작성에 참여하도록 하는 것이다. 작문 과제를 부여하고 난 후 학생들에게 생각해 낼 수 있는 논란거리에 대해 브레인스토밍을 하도록 하면 학생들은 더 연구하고 싶은 주제에 대해서 제안할 것이다.

논제는 논쟁 가능한 것이어야 한다

모든 논제가 토론이 가능한 것은 아니다. 어떤 논제는 너무 뻔해서 엄청난 독창성을 가진 사람들만이 토론이 가능하며 대부분의 청중이나 참여자들에게 고려할 만한 가치를 지니지는 못할 수도 있다. 또 거의 대부분의 사람들이 한쪽의 입장에 동의하고 있는 경우 그 논제는 단합 대회용이 되거나 다수의 동조를 얻지 못하는 사람들을 비난하기 위한 목적으로 사용될 것이다. 마찬가지로 모두가 반대하기를 원하는 논제로는 좋은 토론을 이끌어 내는 것이 어려울 것이다.

뻔한 소리로 들리는 주제를 피해야 하며, 어떤 근사치와 같은 것으로 결코 증명되지 못할 논제들 역시 피해야 한다. 포스터는 "나트륨은 염소보다 소금의 가치에 더 기여한다.", "만약 천사가 어떤 한 가지 언어로 말할 수 있다면 그것은 아마 히브리 어일 것이다."와 같은 끔찍한 논제를 제시하며 토론의 주제가 되려면 기발함의 실행 그 이상의 것을 제공해야 한다고 했다. 논제는 논증을 통해 합리적이고 건전한 결론에 도달할 수 있는 가능성을 제공해야 한다(Foster, 1945: 5).

그럼에도 불구하고 보편적으로 인기 없어 보이는 생각들을 탐색해 보는 것도 가치가 있다. 이와 같은 논증이나 생각들은 옹호할 수 없는 논증 전략을 사용하더라도 토론해 볼 만한 가치가 있다. 예를 들어 포스터가 제안했던 "남자가 여자보다 문명의 발전에 더 기여하였다."와 같은 주제는 포스터의 눈에는 토론 가능한 논제가 아니었다(Foster, 1945: 5). 하지만 지금 우리는 남성과 여성, 두 성이 사회에 기여한 긍정적, 부정적 효과를 검증하는 것을 매우 흥미롭게 생각한다. 매우 고리타분한 어떤 것에 대해서 토론하려 할 때는 어떤 생각들이 사람들의 관심을 어떻게 끌어낼 수 있는지 탐색하거나 토론자들이 자신의 입장에 실제 감정을 반영하여 토론하지 않도록 논제를 재구성해야 한다.

논제는 찬성 측이 현상의 변화를 지지하도록 해야 한다

대다수의 토론 형식에서 결론 혹은 논제를 지지하는 찬성 측에게 첫 번째와 마지막 순서에 발언할 기회를 준다. 이와 같은 형식은 찬성 측에게 유리해 보이지만 찬성 측은 관습적인 지식이나 현존하는 정책을 뒤엎는 의무나 책임을 지기 때문에 이와 같은 부담이 유리한 입장을 상쇄시켜 준다고 본다. 이와 같은 찬성 측의 역할은 자신의 입장을 분명히 설명해야 하는 찬성 측 토론의 첫 번째 입론에서도 잘 드러난다. 기존의 신념이나 실제를 바꾸기 위한 시도를 찬성 측에서 해야 하기 때문에 찬성 측은 일명 '입증 책임(burden of proof)'이라 불리는 매우 정교하게 배치된 의사소통 상황에 놓이게 된다.

찬성 측은 첫 발언과 마지막 발언 기회를 갖기 때문에 토론에서 문제가 되는 개념을 도입할 수 있어서 유리한 입장에 서게 된다고 볼 수 있지만, 달리 보면 자신들이 세운 기준에 대한 책임 역시 지게 된다. 예를 들어, 토론 대회에서 난민에 대한 식량 지원을 찬성하는 입장에 서 있는 학생들은 상대측 토론자들을 참혹한 현실을 바꾸는 데 냉담하다며 비판할 수 있다. 하지만 자신들이 제시한 사례에 대해 상대편 역시 공격할 수 있다는 것을 알고 있어야 한다. 학습 상황에서 이와 같은 경쟁은 교실 안의 학생들에게 자신의 입장을 개진하는 것의 어려움을 깨닫게 해 주며 그들이 이미 아는 것을 확인하는 것이 아니라 토론을 통해 세상을 탐색하도록 격려해 줄 수 있다.

논제는 하나의 중심 생각을 담고 있어야 한다

토론에는 시간제한이 있기 때문에 복잡한 주제를 심층적으로 다루기에는 시간이 부족하다. 따라서 토론을 준비할 때 브레인스토밍 단계와 자료 조사 단계를 통해 마치 상대 의견의 약점을 찾는 것처럼 쟁점에 대해 복합적인 수준까지 포괄하려고 노력해야 한다. 초점 있는 토론을 하기 위해서는 하나의 중심 생각으로 좁혀서 진행해야 한다. 이렇게 하면 찬성 측은 미리 반대 측이 펼칠 수 있는 논증을 예상하여 답변을 준비할 수 있어서 깊이 있는 토론을 할 수 있다. 논제가 여러 가지 생각으로 나뉘게 되면 토론 준비가 더 어려워질 뿐 아니라 검증을 하는 과정도 모호해진다. 만약 여러 생각들이 서로 관련 있는 것이라고 해도 하나의 중심 생각이 아닌 두 갈래로 나누어진 논제는 각각에 대해 절반 이상의 노력을 더 들여야 하기 때문에 토론의 깊이를 더 얕게 만들 수밖에 없다. 하지만 이 규칙에 예외가 존재하는데 "사생활 보호의 권리가 공공의 알 권리보다 중요하다."라는 논제의 경우처럼 두 개념을 비교하는 경우이다. 포스터(Foster)는 두 부분으로 구분된 논제이지만 효과적인 사례를 제시하였다. 이들 대부분의 논제들은 같은 중심축을 따라 두 개의 질문으로 구성되는데 예를 들면 "군사 훈련(교련 과목)은 미국의 공립 학교에서 가르쳐야 하며 신체 건강한 시민은 일정 기간 군 복무를 해야 한다(Foster, 1945: 11)."와 같은 것이다. 이때 두 가지 질문은 같은 입장에서 응답될 수 있는 것이기 때문에 질문은 하나의 중심 생각에 초점을 두고 있다고 볼 수 있다.

논제는 품격이 있어야 한다

토론은 품격이 있을수록 더욱 매력 있으며 이해하기 쉽다. 에이브러햄 링컨, 레슬리 페인버그(Leslie Feinberg),[10] 이반 일리치(Ivan Illich)[11]는 비교적 직접적이고 단순한 (straightforward) 문장을 통해 자신의 의사를 잘 전달했기 때문에 우리는 그들의 우아한 문장을 흠모한다. 토론 논제 역시 이처럼 단순하고 직접적으로 표현될 필요가 있다.

논제를 진술할 때는 "가능한 한 적은 단어를 사용하라."는 충고만큼 적절한 것이 없다. 더 많은 용어를 쓸수록 논제는 더욱 복잡해진다. 대부분의 단어는 여러

---

10   [역주] 트랜스젠더 및 사회 정의 실현을 주제로 강연과 저술 활동을 하는 사회운동가
11   [역주] 오스트리아의 철학자이자 신학자로 봉건적인 로마 가톨릭 교회와 정치 체제를 비판하며 해방신학 운동을 함.

가지 방식으로 정의될 수 있기 때문에 여러 가지 용어를 사용하게 되면 더욱 이해하기도, 정의하기도, 토론하기도 어려워진다. 또한 토론에 사용되는 단어의 의미는 분명해야 한다. 모든 용어는 어느 정도의 애매성을 포함할 수는 있지만 어떤 단어는 다른 것에 비해 훨씬 더 불분명한 의미를 지니기 때문에 지나치게 추상적인 용어는 가능하면 피해야 한다.

교실에서 토론을 하기 위해서는 분명하고 품격 있는 논제를 만드는 것이 교사가 해야 할 주요한 역할 중의 하나가 된다. 종종 학생들은 자신의 생각들을 서투르게 진술하는 경우가 있다. 예를 들면, 한 학생은 전 재판장 윌리엄 렌퀴스트(William Rhenquist)[12]의 정치적 견해에 대해 토론하기 위해 '끝내주는 렌퀴스트(Rhenquist rocks)'라는 표현을 사용하기도 했다.

논제를 보다 우아하게 표현하도록 할 수 있는 가장 좋은 방법 중의 하나는 학생들이 주제뿐 아니라 토론을 통해 얻고자 하는 것을 생각해 보도록 하는 것이다. 학생들에게 어떤 쟁점이 토론에서 다루어지기를 원하는지 물어보고 그 쟁점에 초점을 맞출 수 있는 논제로 서술할 수 있도록 도와주어야 한다. 예를 들어, 학생들이 포르노그래피의 해악에 대해 토론하기를 원할 경우 토론의 주제를 "포르노그래피는 세상에서 가장 악한 것이다."라고 진술할 수도 있다. 이와 같은 진술은 포르노그래피를 세상에 존재하는 또 다른 악인 전쟁, 아동 학대 등과 비교하여 더 악한 것을 찾게 만들 수 있다. 수업의 목표가 포르노그래피가 어떻게 여성을 대상화하여 물건 취급하도록 하는가에 있다면 논제는 "포르노그래피는 여성에게 득보다 실이 된다."로 진술되는 것이 좋다.

논제는 중립적 용어를 사용해야 한다

토론을 계획할 때, 양측에게 중립적인 입장으로 해석되도록 논제를 설정해야 한다. 한쪽으로 편향된 용어를 사용하게 되면 토론이 진행되는 방식에 영향을 끼치게 되

12 　[역주] 미국의 법조인으로 제16대 연방 대법원장을 지냈으며 일관된 보수적 입장을 견지했으나, 결국 대법원 내에서 보수파와 진보파의 분열을 조장했다는 비난도 받음.

며 청중은 부당하다는 인식을 하게 된다. 만약 중립성이 결여된 용어를 사용하게 되면 토론은 한쪽으로 기울게 된다. 또 다른 위험은 반대 측은 찬성 측을 그 용어의 기준대로 설정하려고 하기 때문에 토론에 혼란을 유발하게 된다는 것이다. 예를 들어 제2차 세계대전 기간에 대한 토론을 하려고 할 때 "모든 국가는 야만적인 국가 연합에 맞서 싸우기 위해 단결해야 한다."는 논제가 제시되었다고 하자. 반대 측은 일본, 이탈리아, 독일 연합이 의료 보장이나 대중교통 등에서 문명화되어 있기 때문에 이 논제에 포함되지 않는다고 주장할 수 있다. 이때 야만적이라는 용어가 바로 중립적이지 않은 편향된 용어라고 할 수 있는데, 이와 같은 용어에 청중이 이끌리게 되면 토론을 듣기도 전에 어느 한쪽으로 기울게 될 가능성이 있다.

또한 토론에서 사람들이 자극적으로 보이는 논제를 불쾌하게 생각할 위험이 있다. 논제를 진술할 때 환경 보호론자들을 '제정신이 아닌 사람'이라고 하거나 여성 운동가들을 '남자 혐오증 환자'라고 하면 논의가 혼탁해지며 결국 토론의 결과도 왜곡된다. 토론 주제가 공격적으로 느껴지게 되면 소수가 논제의 용어를 바꾸려고 해도 대부분의 사람들은 그 논제에 참여하지 않을 것이다. 학생들 또한 토론에 참여하기를 거부하거나 청중이 될 구성원들 역시 토론장에 나타나지 않을 것이다. 따라서 공공의 청중을 대상으로 진행되는 토론에서 부정적인 언어를 사용하는 것은 극도로 위험하다. 그리고 성의 없는 태도로 진술된 논제는 많은 사람들에게 자신이 의도적으로 배제되었다는 느낌을 줄 수 있다. 또한 동질적인 청중을 대상으로 할 경우, 모두가 동의하는 논증에 대해서는 격려하고 환호하는 집회 분위기로 토론이 진행될 수도 있다.

논제는 너무 광범위하게 진술하지 말아야 한다

토론은 한정된 시간 동안 진행되기 때문에 논제는 제한된 몇 가지 쟁점에 초점을 두어야 한다. 물론 이와 같은 초점화는 독립적인 토론자나 연속적으로 진행되지 않는 토론에 한해 이루어져야 한다. 왜냐하면 전국적인 규모로 진행되는 정책 토론 논제의 대부분은 광범위한 주제를 다루지만, 이와 같은 논제는 수천, 수만 번의 토론이 이루어지면서 주제와 관련한 광범위한 현상을 포괄하게 된다. 하지만 교실 상황에서의 토론은 주어진 논제에 대해 한 번이나 혹은 몇 차례에 걸친 토론만 이루어지기 때문에 토론 대회의 논제와는 상황이 다르다.

전국적인 정책 토론 대회에서는 하나의 주제로 1년 혹은 1학기 동안 토론이 이루어진다. 이와 같은 상황에서는 광범위한 주제가 요구된다. 로버트 브랜엄은 1년 동안 지속되는 토론 대회와 단위 학급에서 실시되는 토론을 대조하여 다음과 같이 말하고 있다. "논제는 제공되는 시간 안에 만족할 만한 수준에서 논의할 수 있도록 충분히 제한되어야 한다." 브랜엄은 "미국 정부는 우주 탐사를 확대해야 한다."와 같은 논제는 한정된 교실 수업 시간에 충분히 논의될 수 있는 성격이 아니라고 본다. 왜냐하면 우주 탐사에는 매우 다양한 방법과 선택들이 있기 때문이다. 하지만 "미국 정부는 2000년까지 화성에 우주선을 보내야 한다."와 같은 논제로 수업을 하게 되면 보다 유용한 결과를 얻을 수 있다고 보았다.

논제의 유형

논제는 사실, 정책, 가치의 세 종류로 나눌 수 있다. 이와 같은 분류는 수업의 목표를 달성할 수 있는 좋은 논제를 만드는 데 도움을 준다. 사실에 대해서 토론을 할 때 학생들은 "케네디(John F. Kennedy) 대통령 암살은 리 하비 오스왈드(Lee Harvey Oswald)의 단독 범행이었다."와 같은 사실을 증명해야 한다. 또 정책에 대해서 토론을 할 때는 "뉴팔츠[13]에서 녹색당이 더 많은 도움을 줄 수 있다."와 같이 문제를 해결할 수 있는 행동에 대한 계획을 제안해야 한다. 그리고 가치에 대한 주제로 토론을 해야 하는 토론자들은 "패스트푸드는 가정식보다 맛이 없다."라는 맛에 대한 가치 판단 기준과 의견들을 제시해야 한다.

---

13   [역주] 미국 뉴욕 주 얼스터카운티에 있는 마을

사실 논제

사실 논제는 토론자들에게 어떤 대상에 대한 현재, 과거, 미래에 대해 이야기하도록 한다. 사실에 대한 토론은 시대의 가장 흥미진진한 논쟁을 포함하기도 하고 학생들에게 자신들이 그것을 결정적으로 밝혀낼 수 있다는 기분이 들도록 하기 때문에 인기가 있다.

사실 논제는 '인과, 정의, 과거의 상황, 예측(Branham, 1991: 34)'을 포함한다. 인과에 대한 토론은 "핵에너지는 인간에게 해롭다."와 같은 것으로 문제가 된 것이나 아니면 그 해결 방법에 대해 다룬다. 정의에 대한 토론은 "공개 항의는 반역죄이다."와 같이 어떤 것이 특정 범주에 속하는지 아닌지에 대해 토론한다. 이와 같은 토론은 "미국은 베트남전에서 승리했다."와 같은 과거의 상황, 즉 역사에 대한 토론을 포괄하기도 한다. "수단의 학살은 종족 학살이다."와 같은 정의 문제를 다루는 토론에서 학생들이 정치적 맥락을 알면 수단에서 발생한 사건에 대해 더 잘 설명하는 데 도움을 받을 수 있다. 종족 학살과 같은 용어의 다양한 정의에 대한 이해와 이전의 종족 학살에 대한 정보가 토론을 준비하는 데에서 중요한 부분이 된다. 사실 논제는 예측 방법을 가르치는 데도 유용하다. 학생들은 현재의 지식에 기초하여 미래는 어떻게 될 것인가를 상상하게 된다. 학생들은 "지구 온난화는 21세기 중반부터 식량 안보를 위협할 것이다."와 같은 예측에 대한 논제로 토론할 수 있다.

논제를 만들 때는 적절한 토론 시기와 맥락을 고려해야 한다. 특정 국가의 인구가 증가하는지 여부에 대한 토론은 특정 시기에 초점을 맞추어 학생들이 같은 것을 토론할 수 있도록 해야 한다. 또한 앞서 언급한 사실 논제의 유형들 중에서 다루고자 하는 주제가 무엇인지를 결정하는 것도 중요하며 논제에 적절한 용어를 신중하게 선택할 필요가 있다.

> 인과 문제를 다루는 논제는 "~의 원인이 된다. ~를 일으킨다. ~에 상당 부분 기여한다." 등과 같은 적절한 인과적인 용어를 포함해야 한다.
> 또한, 정의 문제를 다루는 논제는 "~에 속한다, ~중의 하나이다, ~라고 정의

되어야 한다." 등과 같은 적절한 분류 용어를 포함해야 한다.

과거의 상황 문제를 다루는 논제는 적절한 역사적 용어를 포함해야 한다. 예를 들어 "~이었다, ~하였다."와 같은 과거 시제를 사용하거나 주제와 관련된 특정 시기를 언급하여 과거 상황임을 진술해야 한다.

예측을 다루는 논제는 적절한 미래 시제를 사용해야 하며 예측되는 특정한 상황이나 사건을 상세화하거나, 무제한적으로 먼 미래에 대한 토론을 하지 않도록 어느 정도의 시간 범위를 합의해 놓고 이에 대한 진술을 해야 한다.

사실에 대한 해석은 시간에 따라 변화하며 종종 토론이나 토의 과정을 통해 변하기도 하기 때문에 사실 논제를 다룬 토론은 논쟁 가능성이 매우 높다. 사실 논제를 통해 학생들은 자신이 사실로 받아들인 것이 무엇이며 그것을 어떻게 사실로 수용하게 되었는지에 대해 더욱 잘 이해할 수 있다. 그리고 이와 같은 논제를 다루면서 학생들이 그 생각이 사실이라는 것을 어떻게 알게 되었는지, 지식의 범주에는 무엇이 있는지, 인과 관계는 무엇인지에 대해 탐색할 수 있게 된다.

가치 논제

가치 논제는 인물, 장소, 사물, 사건에 대한 평가 문제를 다룬다. 가치 논제의 표현은 평가적 용어의 형식을 띠며 이는 특정 대상에 적용된다. 종종 대상에 대한 평가적인 용어는 미, 중요성, 평등, 도덕성, 윤리성과 같이 추상적인 개념을 다루며 이에 대한 다양한 해석의 가능성을 열어 두고 있다.

가치 논제를 만드는 것은 교육과정에서 주제를 찾아내고 학생들에게 그것에 대해 평가하도록 하는 것처럼 단순할 수 있다. 역사 수업에서 나치즘의 악랄함에 대해 논쟁하려 한다면 "히틀러는 역사상 최악의 지도자이다."와 같은 가치 논제로 다룰 수 있다.

우리는 일상생활을 통해 무엇을 더 좋아하는지, 무엇이 옳고 그른지와 같은 가치에 대해 토론하는 데 익숙해져 있다. 로버트 브랜엄(Robert Branham)이 지적하듯이 영화나 식사와 같이 우리가 함께 공유하는 경험을 바탕으로 그것들의 가치에 대해 이야기를 나누는 것에 매우 익숙하다(Branham, 1991: 35). 마찬가지로 학생들은 가치 토론에 대해 종종 편안함을 느끼지만 반대로 가치를 평가하는 것을 어렵게 느끼는 경우도 많다.

가치 논제는 무엇이 좋다, 나쁘다, 못생겼다, 아름답다와 같이 절대적인 방법으로 다루어져야 한다고 가정하는 경우가 많다. "살인은 언제나 비도덕적이다."와 같은 논제가 이에 해당한다. 하지만 가치는 "경제적 번영의 추구는 환경의 질을 보존하는 것보다 중요하지 않다."와 같은 논제처럼 다른 대상과의 비교를 통해 토론되는 것 또한 사실이다. 가치 토론은 학생들이 참여할 수 있는 좋은 기회를 제공하며, 교사의 입장에서는 주제를 초점화하고 교육적 가치를 고려하여 교수 계획을 할 수 있도록 해 준다.

정책 논제

정책 논제는 사회나 개인의 행위에 대한 것을 다룬다. 이와 같은 논제는 "무엇을 해야 하는가?"에 대해 이야기한다. 정책 논제의 사례로는 '어떤 후보에게 투표를 할 것인가?', '입법부가 어떤 법을 적용할 것인가?', '어떤 상품이나 전문적 서비스를 이용할 것인가?' 등이 있다. 그 외에도 다음과 같은 것들이 있다(Branham, 1991: 36).

"정부는 과학 연구의 목적으로 인간 태아의 줄기 세포 사용을 허가해야 한다."
"전 세계는 고래 사냥을 중단해야 한다."
"캐나다의 퀘백 주는 분리 독립해야 한다."
"미국의 메인 주 정부는 복권 사업을 운영해야 한다."
"루이스턴 시는 재활용제를 의무화해야 한다."
"의회는 대통령을 위해 X라는 정책을 지지해야 한다."

"대학은 합격/불합격 제도를 확립해야 한다."

"대학 평의회는 졸업을 위한 조건으로 최소한 한 가지 이상의 외국어에 대한 지식을 요구해야 한다."

"대학은 캠퍼스 내에서 인종 차별적인 발언을 하는 것을 금지해야 한다."

정책 논제를 만들기 위해서는 다음과 같은 지침을 유념해야 한다.

▶ 어떤 행동이나 정책이 구체화되어야 한다.

▶ 행동의 주체를 구체화해야 한다.

▶ '~ 해야 한다(Should).'는 용어는 논제가 가치인지 정책인지를 판별하게 해 주는 데 유용하다.

정책 토론은 특정한 제안에 초점을 맞추기 때문에 정책 논제를 만들 때, 교사는 수업 목표에 따라 주제의 요건을 분명히 할 필요가 있다.

세 가지 유형인 사실, 가치, 정책 논제는 완벽하게 상호 독립적인 것은 아니다. 논제들은 서로 중요한 방법에서 겹치기도 한다. 예를 들면 가치 논제는 다루는 대상이 과거에 어떠했으며 현재에는 어떠할지에 대한 질문을 사실 논제로 활용할 수 있으며, 사실 논제 또한 대상이 어떠해야 하는지와 같은 가치 논제의 질문을 활용할 수 있다. 또한 정책 논제 역시 무엇을 해야 하는지 결정하기 위해서는 사실에 대한 지식이나 가치에 대한 적용과 깊은 관련을 맺을 수밖에 없다.

특정 시기 논제와 상황 재연 논제

논제는 특정 시기 동안 발생한 사건이나 특정한 역할을 맡은 토론자를 염두에 두고 만들어지기도 한다. 이와 같은 상황은 사실, 가치, 정책 논제로 구성될 수 있다. 특정 시기와 관련한 주제란 예를 들어, 유엔이 이스라엘의 국가 성립을 논의하는 시기

등과 같이 특정한 어떤 시기를 설정하고 토론자들에게 만약 그 시기에 살고 있었다면 어떤 입장을 가질 수 있는가에 대해 토론하도록 하는 것이다. 상황 재연 논제란 예를 들면, '목재를 위해 노령림[14]을 벌목해야 하는가'와 같은 논제를 제시하여 토론자들을 특정한 상황에 처하도록 하고 벌목 회사 대표, 지역 행정가, 지역 사회 사업가, 환경 단체 운동가 등의 다양한 역할을 맡아 실제 상황처럼 토론하도록 하는 것이다.

특정 시기 관련 논제는 역사 소설에 비추어진 실제적 혹은 가상적 역사를 공부하는 데 대단히 유용하다. 상황 재연 논제 또한 이익 집단의 충돌이 표출되는 복잡한 사회적 상황을 공부하는 데 쓸모가 있다. 이와 같은 상황 재연 토론은 학생들이 묘사되는 상황 속에서 중요한 역할을 하는 행위자들의 다양한 관점을 이해하는 데 도움을 준다.

한번은 역할극 토론 방식을 활용한 적이 있는데, 학생들은 1960년대 베트남전을 반대하고 흑인 인권을 주장했던 '민주 사회를 위한 학생 연합(SDS)'의 활동가의 역할을 맡았다. 그리고 이 토론에서 흑인의 인권보다 여성의 인권에 초점을 맞추기 위해 학생 연합을 떠나려고 갈등하는 활동가의 상황을 연출했다. 이와 같은 역할극에는 그 당시 생활에 대해 많은 상상적 재구성이 필요하다.

이와 같은 논제를 활용할 때 교사는 생산적인 토론이 되기 위해 학생들에게 추가적인 정보를 제공해야 한다. 첫째, 토론에 대한 배경 지식을 학생들이 알 수 있도록 해야 한다. 특정 역사적 상황과 사회적 맥락의 토론에 학생들이 참여할 수 있도록 소통하는 것이 중요하다. 만약 배경지식에 대한 상세한 정보가 없다면 이와 같은 훈련의 의의는 감소할 것이다. 이와 같은 준비 과정은 교실에서 특정 시기에 대한 학습을 통해 이미 이루어졌을 수도 있다. 둘째, 학생들이 특정한 개인을 대표한다고 하면 그 개인에 대한 연대기적 정보를 구체적으로 제공해야 한다.

---

14   [역주] 벌기에 달한 입목의 평균 재적 생장량이 저하하고 있는 산림. 보통 성장이 빠른 수종은 50년까지, 성장이 늦은 수종은 80년까지를 '장령림'으로 하고, 그 이상을 '노령림(老齡林)'으로 분류함.

결론

이 장에서는 각 교과 과목과 관련된 지식의 활용 방법과 이에 대한 안내를 다루었다. 논제 설정은 어디에 초점을 두어 토론할 것인지를 결정할 뿐 아니라 학생들이 자료 조사를 준비해야 할 방향을 정해 주기도 한다. 따라서 교사는 많은 시간을 투자해서 논제를 만드는 데 심혈을 기울여야 한다. 서로 다른 논제는 서로 다른 유형의 토론을 만들어 내는데, 교사는 학생들에게 가장 잘 맞는 논제를 융통성 있게 잘 활용할 수 있어야 한다.

제6장

학생과 함께하는 교실 토론 준비

이 장에서는 교사들이 학생들을 교실 토론에 참여할 수 있도록
도와줄 수 있는 방법에 대해 알아볼 것이다. 학생들은 집중
훈련까지는 아니더라도 토론의 기본적인 절차와 기술을 익힐
필요가 있기 때문에 이 장을 통해 실제적인 교실 토론을 준비하는
데 필요한 정보를 파악할 수 있을 것이다. 하지만 기본적인
내용이므로 특정 쟁점에 대한 자세한 정보를 위해서는 각 장의
부록을 살펴보거나 참고 문헌을 참조할 필요가 있다.

토론 기술과 실제에 대한 간략한 소개

교실 토론을 할 때 이 장의 내용을 활용하여 학생들과 공유하거나 학생들이 실제
토론을 준비할 때 도움이 되는 내용을 찾을 수 있다. 이 책은 교실 토론을 준비하는
교사들을 대상으로 할 뿐 아니라 교수·학습 방법으로 토론에 흥미를 가지고 이를
활용해 보려는 모든 교육자들을 대상으로 하고 있다.

토론 교육 경험상, 학생들에게 복잡한 토론 기술을 가르치는 데 많은 시간을
허비할 필요가 없다. 다행히도 토론의 과정은 파악하기 쉽고 토론 기술 중의 상당
부분은 우리가 항상 사용하고 있는 자연스러운 의사소통 방법이다. 토론의 경험이
유용하기는 하지만 학생들은 '토론 방법'에 대해 긴 시간 동안 학습할 필요는 없다.
교육적 경험과는 상관없이 모두가 토론을 할 수 있으며 토론을 해야 한다.

교사는 토론의 기술에 대해 강조하기보다는 토론할 주제나 생각들에 더욱
초점을 맞출 필요가 있다. 토론은 질문의 한 방법으로 현상을 이해하는 데 기여할
수 있는 대화가 일어나는 모든 상황에서 일어나기 때문이다.

학생들은 교사에게 교실 토론에서 본인들이 무엇을 해야 할지 분명히 인식

할 수 있도록 보다 구체적인 기준을 요구하기도 한다. 이때 교사는 학생들에게 토론이 진행되는 방법과 각각의 학생들이 토론에서 어떤 역할을 해야 하는지에 대한 분명한 틀을 제공하고 이를 확실히 알려 줄 필요가 있다.

토론 자체의 자발적인 에너지가 명백하게 드러나기도 하지만 토론 참가자들은 토론을 통해 중요한 의사 결정 능력도 익히게 된다. 토론을 통해 학생들은 주제에 대해 정의할 수 있으며 토론 절차에 대해서도 활동을 통해 익혀 나가기 때문이다. 이 절차는 토론의 운영에 엄청난 영향을 미친다.

이 장에서는 토론 수행에 대한 영감과 성공적인 토론을 위해 필요한 행동의 점검 사항을 제시하며 논의를 시작하고자 한다. 한때 뉴욕시 토론 연합 코치들이 좋은 토론자와 그렇지 않은 토론자의 특성을 정리해 달라는 요청을 한 적이 있다. 왜냐하면 '더 나은 토론'을 수행한 팀이 우승하게 되므로, '좋은 토론자'와 같은 추상적이고 상징적인 성격의 특성들이 토론 대회의 승리와 바로 직결되기 때문이다. 따라서 토론 대회와 같이 경쟁적인 속성을 지닌 상황에서는 이 성격을 보다 직접적으로 드러내 줄 필요가 있었다. 여기에서도 이와 같은 진술이 학생들의 성공적인 인생과 직결된다고 보고, 교사가 이를 활용할 수 있도록 좋은 토론자가 갖추어야 할 조건들을 다음과 같이 정리하였다.

능숙한 토론자

▶ 우승했을 때 품위 있고 친절한 태도를 보이며 패하더라도 정중하게 예의를 지킬 수 있다.
▶ 자신의 논증을 입증하라는 요구와 압력에 대해 강력한 이유를 제공할 수 있다.
▶ 경쟁에서 승리하는 데 초점을 맞추기보다는 논증을 통해 토론에 도움이 되도록 질문과 대답을 할 수 있다.
▶ 우수한 증거를 제시하지만 증거가 아닌 논증에 초점을 둔다. 자신의 논증을 뒷받침하기 위해 증거를 제시하며 청중이 논증의 중요성을 미리 알고

있다고 단정하지 않는다.

▶ 토론에 의욕적으로 마음을 다해 참여하여 역동적인 토론을 한다.

▶ 전체 토론의 큰 그림을 볼 수 있으며 하나의 생각이 다른 생각에 어떻게 영향을 미치는지를 알고 토론에서 이들의 관계를 활용하여 분석할 수 있다.

▶ 토론 주제에 대하여 확실하게 파악하는 것의 중요성을 알고 있다.

▶ 토론에서 비판적인 지점을 정확하게 짚어 내기 위해서 체계적인 정보 조직의 중요성을 파악하고 있다.

▶ 진실을 발견하고 이해하고자 하는 지적인 인격을 갖추고 있다.

미숙한 토론자

▶ 토론에서 이기는 것이 쉽지 않으며 그 결과 또한 자동으로 얻어지지 않는다는 사실에 당황하거나 의사 결정력의 부족으로 유익한 토론을 하지 못한다.

▶ 심판, 상황, 상대 팀, 운명 등의 모든 것이 자신의 편이 아니라고 원망하거나 불평한다.

▶ 상대 토론자, 심판, 청중, 주최자 등 참석자 모두에 대해 존중하는 태도를 보이지 않는다.

▶ 마치 특권이 있는 것처럼 발언한다. 즉, 자신의 믿음이나 생각들을 다른 사람에게 이유도 설명하지 않은 채 받아들이라고 강요한다.

▶ 토론에서 다양한 쟁점과 논증 사이의 관계를 파악하지 못한다.

▶ 지극히 일반적인 수준에서 말하거나 반대로 특정한 부분에 대해서만 말한다. 토론의 전체 그림을 보는 것과 지극히 작고 상세한 부분에 대해 동시에 아는 것이 중요하다는 것을 이해하지 못한다.

▶ 지나치게 경쟁적이거나 무관심하여 토론을 즐기지 못한다.

▶ 승패를 제외한 심판의 비평이나 조언을 주의 깊게 듣지 않는다.

▶ 토론 중에 몰입하여 집중하지 못한다. 밖에서 일어나는 일에 정신이 팔려 있거나 주의가 산만하다.

누가 토론을 잘하는지 결정하는 것은 어려운 일이다. 이를 위해서는 토론의 과정을 주의 깊게 살펴보고 각 토론자의 활동을 자세히 관찰할 필요가 있다. 위에서 제시한 항목들은 교사와 코치로서의 오랜 경험에 바탕을 둔 것으로 교실 토론을 할 때 지침으로 활용할 수 있다. 유의할 점은 각 항목들은 목표나 학생들을 평가하기 위한 지침이 아니라 토론의 태도 형성을 위한 제안 정도의 성격을 지닌다는 것이다.

사람들은 토론에 참여하면서 토론의 기술을 익혀 나간다. 따라서 학생들에게 토론을 아무리 잘 가르쳤다고 하더라도 학생들이 처음부터 유창하게 토론을 해 내리라고 기대해서는 안 된다. 학생들에게 토론의 기술을 가르치는 데 초점을 맞추기보다는 유의 사항을 제시하고 학생들이 직접 실행해 보도록 안내할 필요가 있다. 앞서 제시한 능숙한 토론자나 미숙한 토론자에 대한 목록은 올바른 방향을 지시해 줄 수는 있지만 전통적인 관점에서 보면 가르칠 수 있는 것이 아니다. 대신 교사는 학생들이 자신만의 길을 탐색하고 긍정적인 토론자의 자연스러운 덕목을 발견해 나갈 수 있도록 칭찬해 주어야 한다. 토론에 대한 간략한 소개만으로 교실 토론 활동을 시작하기에 충분하다. 한번 시작을 한 이후에는 실제 경험과 수행 과정을 통해 하나씩 익혀 나갈 수 있다.

쟁점의 발견

학생들에게 토론 주제에 어떻게 접근하는가를 가르치는 것이 쟁점 발견의 기술이다. 사람들은 일반적으로 자신이 취하고 있는 관점의 이유나 다양한 쟁점들에 대해서는 알고 있지만 자신이 동의하지 않는 입장에서 논증하고 이유를 제시하는 것에는 익숙하지 않다. 마찬가지로 학생들이 토론을 하게 될 경우, 논란이 되고 있는 다양한 쟁점들이 있는지 알기 위해 또 다른 단계를 거쳐야 할 필요가 있다.

말콤 엑스는 감옥에서 지내면서 토론의 이 과정을 다음과 같이 기술하였다.

"나에게 주어진 주제에 대해 어떤 입장이 되든지 간에 나는 찾을 수 있는 모든 자료를 참고하고 공부를 하였다. 그리고 상대편의 입장에서 어떻게 이길 수 있는지에 대해 고민하였다. 그런 이후에 상대를 굴복시킬 수 있는 방법을 찾아낼 수 있었다."

학생들은 논쟁에서 어떤 쟁점이 중요한지를 결정하는 데 어려움을 겪을 수 있다. 쟁점은 논제에 대해 의미 있는 이야기를 나누는 데 본질적이면서도 꼭 필요한 생각이나 개념을 말한다. 예를 들면, 낙태의 권리에 대한 토론에서 태아가 사람인지 아닌지와 같은 쟁점을 들 수 있다.

이것은 그 쟁점에 따라 각자가 이 질문에 대해 지니는 입장을 정한다는 점에서 본질적이다. 또한 어떤 토론자도 낙태의 권리에 대해 토론할 때 이 쟁점에 대해 언급하지 않을 수 없다는 점에서 꼭 필요하다. 이는 어떤 생각이 절대적으로 본질적이고 피할 수 없을 때에만 쟁점이 될 수 있다는 것은 아니다. 이들 기준에 조금이라도 부합한다면 쟁점으로 고려될 수 있으며 이에 대해 사전에 준비해야 한다.

학생들은 기본적인 '필수 쟁점(stock issue, 우선되는 주제)'이나 '균형 지점(points of stasis, 주요 논증)'[15]을 찾으며 다양한 논제에서 쟁점들을 발견할 수 있다. 학생들은 그들의 삶을 통해 익혀 온 기본적인 방법을 통해 쟁점들을 발견해 내는데, 그 방법들에는 교과서 해석하기, 관련 영역의 논쟁거리 살펴보기, 브레인스토밍 기법 활용하기, 사고 실험하기 등이 있다.

교과서 해석하기   교과서 자료는 학생들에게 쟁점을 발견할 수 있는 통찰력을 제공한다. 특히 주제에 대해 학습할 때 교사가 서로 다른 의견들과 다양한 관점에 주목하게 할 경우에 더욱 그러하다. 학생들은 독서, 강의, 토의를 통해 자신의 생각에 반응하며 토론하고자 하는 주제와 관련된 내용을 발견할 수 있다.

관련 영역의 논쟁거리 살펴보기   활발하게 나날이 발전하는 영역의 지식들

---

15   [역주] 그리스어의 고정적인(standing), 혹은 현상을 유지(standstill) 등의 말에서 나온 말로, 영어에서는 '균형 혹은 부동의 상태'를 의미함. 두 토론자가 같은 종류의 논증으로 논쟁하고 있을 때 성취된다.

은 모두 논쟁거리를 가지고 있다. 이와 같은 논쟁을 살펴보는 것은 교실 토론을 하기에 좋은 주제를 만들어 준다. 그뿐 아니라 학생들이 아직 알지 못하는 주제에 대해 다른 시각에서 접근할 수 있도록 해 주며 이를 토론 논제에 적용할 수 있도록 만든다. 교사는 학생들에게 그와 같은 논제를 소개하고 그와 관련하여 더 연구해 볼 만한 학자들을 알려 줄 수 있다.

브레인스토밍 기법 활용하기　브레인스토밍도 쟁점을 발견하기 위한 훌륭한 도구이다. 이 방법은 소집단이 모여 주어진 주제 내에서 중요한 생각들이 무엇인지 결정하기 위해 논의하는 것이다. 모든 생각들이 제시되어 목록화될 수 있고, 제시된 생각에 대해서는 다음 단계 이전까지 아무런 비판을 받지 않는다. 공동으로 생각의 목록을 만들기 위해서는 생각이 제시되는 속도가 느려질 때까지 계속 진행할 필요가 있는데, 이때부터 소집단의 진정한 창의력이 작동하기 시작하기 때문이다. 학생들은 명백한 생각들이 이미 다 나온 이후에 자신의 생각을 펼치거나 심화시켜 나간다. 생각의 목록이 구조화된 이후에는 비판과 분석이 이어진다. 중복되는 생각들을 하나로 묶고 관련 있는 생각들은 더 큰 범주로 통합하고 부적절하거나 관련 없는 생각들은 배제한다. 이렇게 해서 만들어진 목록들은 쟁점을 발견하는 데 좋은 자료가 된다.

사고 실험하기　사고 실험은 학생들이 더 좋은 해결책을 상상하기 위해 공상에 빠질 수 있도록 허용한다. 이와 같은 방법 역시 쟁점을 발견하는 데 유용한 기술이다. 우리 중 아무도 알베르트 아인슈타인이 오스트리아의 전철 안에서 빛의 속도로 여행을 떠나는 것을 공상한 것처럼 통찰력 있지는 않겠지만 이와 같이 비판적이고 창의적인 상상은 상당히 흥미진진하며 유용하다. '만약 동물들이 인간과 의사소통할 수 있다면 어떻게 될까?', '이와 같은 종류의 세상은 서로 다른 종들 간의 관계에 어떤 영향을 미칠 것인가?' 등과 같이 사고 실험을 통해 실제로 어떤 일이 일어났다거나 어떤 존재가 있다고 상상해 보고 이 생각들을 관련이 있는 다른 생각들에 투영해 볼 수 있다.

정책 토론의 대부분은 사고 실험과 관련이 있다. 부자에게 상당한 정도의 세금 인상을 추진한다고 해 보자. 사고 실험은 이와 같은 정책이 실현된다면 어떠한 결과가 초래될지 상상해 보는 것이다. 부자들이 높은 세금이 부과되는 것을 피해 자신의 자산을 해외로 빼돌릴 가능성도 있을 것이고, 세금 혜택을 보기 위해 자선 목적의 기부를 늘릴 수도 있다. 또한 보다 많은 사람들이 세금과 관련해 부정행위를 하거나 다른 목적의 기금들이 적게 소요될 수도 있다. 대부분의 학생들은 이와 같이 매우 강력하고 창의적인 상상을 할 수 있기 때문에 토론에서 쟁점을 발견하는 데 사고 실험의 방법이 유용하게 활용될 수 있다.

토론에 참여하는 학생들에게 추가적인 자료 조사를 하게 만드는 것은 궁극적으로 쟁점을 발견하기 위한 좋은 연습이 된다. 학생들은 자신의 의견을 지지하기 위해서나 상대편의 관점에 도전하기 위해서 활용할 정보들을 찾고 배열하고 준비하게 되는데, 이런 자연스러운 과정의 결과로 쟁점이 발견된다.

말할 내용의 조직

멋진 생각이 엉성한 조직에 의해 망쳐질 수 있듯이 평범한 생각도 적절하게 조직만 된다면 보다 개선되고 성공적인 것으로 보일 수 있다. 토론자의 중요한 목표 중 하나는 논리적인 방식으로 논지를 제시하고 의미 있는 방식으로 생각들을 관련짓는 것이다. 또한 화자가 제시하는 논증에 청중이 응답하도록 연결하는 것이다. 만약 생각이 긴밀하게 연결되지 않거나 청중이 자신의 논증에 어떠한 대답을 할지 예측하지 못한다면 서로에 대한 이해는 불가능하다.

토론에서 자신의 입장을 정당화하거나 논증을 구성할 때 기본적인 개요를 작성하는 능력은 중요하다. 이를 위해 생각들을 분석하는 방법에 대해 알아볼 것이다.

주요 논점

생각들을 주요 주제 아래에 나누어 배치한다. 이와 같은 주요 주제는 논증해야 할 부담이 있는 것들이다. 각 주요 논점들은 다른 것들과 확실히 구분될 수 있도록 해야 한다. 만약 어떤 생각이 결론을 내리는 데 필수적이고 결정적인 것이라면 주요 논점에 포함되어야 한다. 주요 논점들은 결과에 앞서 원인이 결론에 앞서 배경이 진술되는 것처럼 적절한 순서로 배열되어야 한다. 주요 논점에 대한 진술은 그 아래에 배열된 모든 논점과 관련이 있는 것이어야 한다. 발언할 때는 주요 논점별로 구성해야 논의하는 내용을 청중이 개념화하는 데 도움을 줄 수 있다. 따라서 교사는 학생들에게 청중이 토론이 진행되는 동안 중요한 사항, 즉 주요 논증들을 개괄적으로 기억할 수 있도록 주요 논점을 사전에 정리할 필요가 있다는 것을 강조해야 한다.

종속 논점

각 주요 논점은 그것을 뒷받침해 줄 수 있는 세부적인 여러 논점으로 구성된다. 이때 주요 논점 아래의 종속 논점들은 자연스럽게 하위 항목으로 묶일 수 있다. 이와 같이 생각을 분류하는 것은 토론을 성공적으로 이끌기 위해 결정적으로 필요할 뿐 아니라 비판적 사고를 위해서도 필수적이다. 여러 가지 생각들은 어떤 특징적인 생각이나 개념, 일반적이거나 구체적인 속성, 논리적 사고의 단계 혹은 통일성이 있는 다른 방법에 의해 분류될 수 있다.

표시법(Notation)

개요를 쓰거나 논증할 때, 숫자나 기호를 사용해 논증의 하위 단계를 표시하면 여러 논증들을 구분하는 데 도움이 된다. 주요 논점은 I, II, III, IV 등로 로마자로 표시하고 주요 논점의 하위 주제들은 A, B, C, D 등의 알파벳으로, 하위 주제의 특정한 사실들은 1, 2, 3, 4 등의 숫자로 표시한다. 어떤 논점이 하위 구조를 이루기 위해서는 최소한 2가지 이상의 생각들이 필요하다. 그렇지 않고 하나의 생각만이 하위 구조를 이루게 되면 일반적인 이야기를 하는 것으로 생각되기 때문에 A를 정당화하기 위해서는 B가, 1을 정당화하기 위해서는 2의 항목이 필요하다.

말할 내용을 구성하는 다른 방법은 저자를 비판하여 논증하거나 상대편의 입장에 특정 쟁점을 적용하는 것이다. 이와 같은 사례들은 보다 하위 구조의 논증으로 구분해야 한다. 예를 들면 찬성 측이 농업의 기업화가 해롭다고 주장한다면, 반대 측은 이 주장에 대한 응답을 구성할 필요가 있다. 응답을 구성하는 방법에는 다음 두 가지가 있다.

이유의 나열: 숫자 사용   토론자들은 어떤 것이 진실인지 아닌지를 설명하기 위해 상호 독립적인 여러 가지 이유를 나열하기도 한다. 만약 찬성 측이 게이의 결혼은 가족의 구조를 깨뜨린다고 주장한다면, 반대 측은 왜 그것이 진실이 아닌지를 다음의 세 가지 독립적인 이유를 들어 반박할 수 있다. 첫째, 게이 부모도 착실한 부모만큼이나 자신의 자녀를 사랑할 수 있다. 둘째, 자녀에게 게이는 훌륭한 역할 모델이 될 수 있다는 연구 결과가 있다. 셋째, 자녀에게 보다 나은 환경을 제공할 수 있을 만큼 게이 부모들은 소득 수준이 높다. 제시한 세 가지 이유들은 각각 다르기 때문에 이들은 상호 독립적이라고 할 수 있다. 따라서 상대측 토론자들은 이를 각각 개별적인 이유로 인식하여 반박할 수 있어야 한다.

추론의 연쇄: 기호 사용   어떤 논증은 복합적인 생각으로 이루어져 있으며 여러 단계의 추론 과정을 거쳐야 한다. 이와 같은 단계적 사고의 과정을 추론의 연쇄라고 하는데 다음과 같은 토론 상황을 생각해 볼 수 있다. 게이의 결혼은 가정의 구조를 깨뜨린다(A). 이는 국가의 국제적 위신을 떨어뜨리는 결과를 초래한다(B). 따라서 적국에서 우리를 공격할 가능성이 높아진다(C). 이 연쇄도 다른 연쇄들처럼 강점만큼 약점이 있다. 따라서 상대편은 게이 가족이 가족 구조를 무너뜨리는 것이 아니라는 것을 밝혀 내는 등 연쇄의 한 지점만 끊으면 된다. 상대적으로 긴 추론 과정을 거쳐야 하는 경우에 원래의 전제에서 멀어지면 멀어질수록 논증은 위의 사례처럼 더욱 약해지기 마련이다.

논증 조직의 효과

토론에서 나열된 논증이 독립적인지 그리고 추론의 고리들이 존재하는지를 분별하는 것은 매우 중요하다. 앞서 언급한 방법으로 논증을 조직하게 되면 각 논증의 차이를 밝힐 수 있으며 토론의 질을 높이는 데도 유용하다.

2장에서 언급했던 것처럼 논증을 ARE 형식으로 조직하게 되면 논증을 개념화하는 데 도움이 된다. ARE 모형에서 논증은 주장, 이유, 증거 세 가지로 구성될 수 있다. 학생들에게 토론에서 발언할 경우에 ARE 형식을 활용하여 논증을 개념화하도록 할 필요가 있다.

주장　주장은 토론자들이 청중이 받아 적거나 기억했으면 하고 바라는 것이다. 주장은 비교적 짧고 강력해야 하며 논증적 관계를 잘 표현해야 한다. 또한 긍정적으로 진술해야 하며 추론 과정을 미리 보기처럼 제공해 줄 수 있어야 한다. 단순히 "우리가 이겼다."라고 말하는 것 이상으로 "무엇이 건강에 좋다." 혹은 "연구 결과 아무런 유해 효과가 발견되지 않았다."와 같이 논증하게 되면 청중은 배후에 있는 이유를 이해하기 쉽다. 왜 그러한지, 그리고 이 진술이 왜 진실인지에 대한 이유를 제시하는 것이 논증 활동의 기초이다. 주장은 두 가지 생각 사이의 관계를 표현하고 이 생각들이 잘 소통할 수 있도록 해 주는 진술을 제공한다.

이유　토론자들은 자신의 논증을 뒷받침하는 논리적 기초를 설명해야 한다. 이때 '단언(claim)'과 '논증(argument)'은 다르다. 단언은 무엇은 어떠하다고 진술하고 그 이유를 알려주지 않는다. 그래서 토론에서는 아무런 이유도 없이 "우리가 이겼다.", "우리의 논증이 우수하다.", "우리가 말한 사례가 진실이다." 등과 같이 단언만을 계속할 수도 있다. 하지만 논증은 왜 그것이 진실인지 이유를 밝혀 주어야 한다. 이를 위해서는 듣는 사람의 입장에서 그것을 믿도록 만들 수 있는 논리적인 규칙들을 활용해야 한다. 종종 토론자들은 자신이 발언할 내용을 작성할 경우에 이 단계를 거치지 않고 주장-증거의 형태로만 제시하는 경우가 있다. 그들은 위험을 무릅쓰고 온갖 인용구, 참고 문헌 사이에서 방황하며 주장을 하지만 청중은 여전히

"왜 그렇지?"라는 의문을 해결하지 못하게 된다.

근거 토론자들은 자신이 제시한 논점을 뒷받침하기 위해 사실, 증언, 사례, 전문가의 의견들을 제시해야 한다. 이와 같은 근거들은 토론에서 인용의 형태나 토론 이전에 조사되었던 통계 자료의 형식으로 제시되며, 자신의 주장을 직접적으로 뒷받침하거나 관련성을 맺고 있는 것이어야 한다. 논증하기 위해 반드시 이와 같은 공식적인 근거가 필요한 것은 아니다. 토론자가 건전한 논리적 원칙을 활용하기만 한다면 효과적으로 논증할 수 있다. 논증을 논리적으로 제시하는 것만으로 근거가 될 수 있다.

토론 발언 중에 조직화를 위해 중요하게 사용되는 도구를 '내용 이정표(sign-posting)'라고 한다. 내용 이정표는 토론자가 강력한 논증을 만들고 이를 순서대로 제시하려고 할 때나 청중에게 이와 같은 생각들을 미리 보여 주기 원하는 경우에 사용할 수 있다. 특히, 제시되는 생각들이 복잡하게 연결될 경우에 더욱 중요하게 활용될 수 있다.

효율적인 접속어의 사용(논증 간의 연결 짓기)도 청중이 토론자가 논증을 제시하는 순서를 이해하는 데 도움이 된다. 쟁점에 대해 응집성 있는 토론을 하게 되면 전체 토론이 훨씬 부드럽게 진행될 수 있으며 더 많은 충돌 지점을 만들어 상대팀과 토론할 수 있도록 해 준다. 이때 접속어는 도입 부분의 내용 이정표를 통해 미리 보여 주었던 것을 반영해야 한다는 점을 명심해야 한다.

내용 이정표와 정확한 접속어의 사용은 각 주요 논점 안에서의 구체적 논증을 청중과 상대 팀이 이해하는 데 도움을 준다. 내용 이정표는 각 논증을 이해하고 서로 다른 논증들을 구분하기 위해 토론 전반에 걸쳐 사용되어야 한다. 또한 접속어의 사용은 이어서 어떤 내용이 나오게 될지에 대한 정보를 제공해 준다. 또한 청중에게는 '아, 이 부분에서 다른 내용을 말하려 하는구나.'와 같은 심리적인 변화의 지점을 알려 주어 토론을 들으면서 중요한 내용을 메모하여 조직화할 수 있는 시간을 제공해 준다. 내용 이정표의 가장 중요한 기능은 토론에 참여한 모든 사람에게 중요한 내용을 효과적으로 메모할 수 있도록 도와준다.

기본적인 구어 의사소통 기능의 향상

구어로 소통하는 토론에서 학생들은 자신의 기본적 공공 화법 능력을 보여 주고 동시에 시험 받게 된다. 학생들은 이미 교실에서 발표한 경험이 있고 매일 구어적 의사소통 상황에서 의견을 주고받기 때문에 교사는 학생에게 어떻게 발언을 해야 하는가에 대해 많은 시간을 들여 가르칠 필요는 없다. 하지만 학생들과 청중을 대상으로 하는 말하기의 기본적인 개념에 대해 공유하여 학생들이 이와 같은 상황에 몰입하여 발언할 수 있도록 도와줘야 한다.

어떤 발표 상황에서든지 가장 우선적인 목표는 분명하고 이해하기 쉽도록 해야 한다는 것이다. 만약 청중이 화자가 말하고자 하는 바를 분명히 이해하지 못한다면 설득하려는 목표를 달성할 수 없을 것이다. 또한 발표를 잘하게 되면 화자의 공신력을 높일 수 있다. 전달력이 좋으면 청중은 화자의 이야기를 이해하고 믿고 싶어지기 때문이다. 따라서 학생들은 자신의 생각을 분명하고 솔직하게 전달하기 위해 애써야 한다.

청중은 역동적인 토론자를 선호하는 경향이 있다. 따라서 학생들은 강조하여 말하는 연습을 하여 설득력을 갖추고, 청중을 끌어들일 수 있는 능력도 구비하도록 노력해야 한다. 역동적인 토론자는 에너지가 넘치고 열정적이며 책임감 있고 청중을 감동시킬 만한 다양성을 지니고 있다. 또한 자신의 발언이 청중에게 신뢰감을 주고 있는지를 항상 확인하며 이를 위해 노력한다.

토론에서 역동적으로 발언하려면 아래 세 가지 원칙을 적용하는 것이 좋다.
▶ 다양성: 특정 수사적 표현을 너무 반복적으로 사용하지 않도록 주의해야 한다.
▶ 강조: 목소리나 몸짓과 같은 전달 방법을 최대한 활용하여 가장 중요한 논증을 강조하거나 제시한 증거 중에서 가장 중요한 용어가 선명하게 드러날 수 있도록 해야 한다. 또한 자신의 자연스러운 성량의 범위 안에서 발표해

야 한다.

▸ 자연스러움: 진심을 담아야 한다. 청중이 발표자가 거짓을 말하고 있다고 생각한다면 그를 신뢰하지 않는 것은 말할 것도 없고 발표의 내용조차 믿으려하지 않을 것이다.

위 세 가지 원칙은 구어 의사소통의 전달력을 높이기 위한 다양한 물리적 차원에 적용될 수 있다.

▸ 성량: 강조를 위해 성량의 변화를 적절히 활용해야 한다. 하지만 너무 소리를 지르거나 너무 작게 이야기해서는 안 된다.

▸ 어조: 강조를 위해 어조의 변화를 적절히 활용해야 한다. 하지만 평소에 사용하지 않는 특이한 음색을 낸다거나 자신의 성격과 맞지 않는 소리를 내려고 해서는 안 된다.

▸ 속도: 중요한 내용을 말할 때는 약간 천천히 말해야 하며 청중의 마음을 움직이고자 할 경우에는 약간 빠르게 의사소통해야 한다.

▸ 손짓: 중요한 논점을 말할 때 이를 강조하기 위해 손짓을 사용할 수 있다. 적절한 손짓은 발표자를 에너지 넘치고 역동적으로 보이게 한다. 하지만 발언의 중심은 전달하고자 하는 내용이 되어야 하며 보여 주기 식의 과도한 행동과 손짓을 해서는 안 된다. 오히려 손짓을 많이 하게 되면 발표 내용에 집중하지 못하게 된다.

▸ 표정: 얼굴은 신체의 부분 중에 가장 감정을 잘 전달할 수 있는 부분이라고 할 수 있다. 사람들은 발표자의 얼굴에 주목하기 때문에 자신의 논점에 잘 맞는 얼굴 표정을 지어야 하며 오해할 수 있는 표정은 피해야 한다.

▸ 움직임: 약간씩 이동하는 것을 두려워해서는 안 된다. 하지만 발표하는 연단이나 원고와 너무 떨어져 돌아다닌다는 인상을 주어서는 안 된다.

교실 토론은 일종의 드라마로 인식될 수 있다. 모든 학생은 각자 자신에게 적절한 역할을 맡았다고 인식할 필요가 있으며 이때 첫인상은 매우 중요하다. 인터뷰 상황에서 대부분의 사람들은 피면접자를 만난 지 3분 안에 그들의 외모만으로 고용 여부를 결정한다고 한다. 좋은 토론자 역시 그 역할에 잘 어울리는 사람으로 보여야 한다.

- 진중한 품행으로 언제든지 토론에 임할 전문성을 갖춤.
- 충분히 준비했고, 시간에 맞추어 말하는 것에 긍정적인 자신감을 갖춤.
- 친절하고 성숙하며 책임감 있는 태도를 갖춤.
- 똑똑하고 역동적이며 좋은 성격 등 신뢰성을 갖춤.
- 상황에 적절한 옷을 입고, 천박한 언어를 사용하지 않으며, 두려워하지 않고 예의 바른 태도를 취하는 등 위엄을 갖춤.

이와 같은 지침들은 상식적인 수준이지만 학생들이 빨리 더 나은 발표자가 될 수 있도록 도와주는 데 유용하다.

기본적인 메모 기술

적절하게 메모하는 능력은 토론자에게 매우 필수적인 기술이다. 이를 토론에서는 토론 흐름표(flow sheeting) 혹은 흐름표(flowing)라고 하는데, 상대방이 제시한 논증에 답하기 위해서는 상대방의 말을 받아 적고 그것을 기억했다가 순서에 맞도록 응답할 수 있어야 한다. 토론 흐름표는 상대방의 발언 내용에 대한 여러 가지 메모로 구성되어 있으며 자신이 발언할 때는 발언할 내용을 정리한 메모가 될 수 있다. 또한 메모하는 기술은 중요한 토론 경험 중의 하나로, 잘 익혀 두면 평생 유용하게 쓸 수 있다.

학생들은 서로 다른 생각들의 흐름을 추적하기 위해 공책을 여러 부분으로 나누어 작성할 수 있도록 준비해야 한다. 공책의 한 면을 사분면으로 나누어서 서로 다른 영역으로 구분해 놓을 수 있다. 대회에 참여한 토론자들은 단을 나누어서 주요 논점의 각각을 대표하는 논증을 받아 적고 각각의 발언을 메모한다. 그리고 제시되는 모든 생각들의 흐름을 좇아가기 위해 노력한다. 메모를 잘하는 학생들은 상대방의 주요 견해와 충돌하는 지점을 찾고 직접적으로 이에 대한 응답들을 조직화할 수 있다. 만약 토론자가 상대방이 제시한 생각들을 아무 생각 없이 단순히 받아 적고 자신이 하고 싶은 이야기를 대강 적어 두었다가 발언하게 된다면 발언하는 논증은 모두 주의산만하고 혼란스럽게 보일 수 있다. 게다가 중요하고도 꼭 필요한 논점을 놓쳐버릴 수도 있다. 따라서 메모하는 기술을 익히는 것은 토론을 위해서도 매우 중요하다. 다음은 토론자들을 위해 적용할 수 있는 특별한 메모의 기술이다.

- 어떤 필기구를 사용해야 할까? 검은색이 좋다. 왜냐하면 읽기 편하기 때문이다. 또한 필기구는 종이 위에 부드럽게 써지는 것이 빨리 받아 적는 데 유리하다. 얼룩이 지지 않으며 자신의 손에 익어 편리하게 쓸 수 있는 것이 좋다. 중간 굵기의 펜을 사용하는 것이 좋지만 작게 써야 할 때는 가는 펜을, 크게 써야 할 때는 굵은 펜을 사용할 수도 있기 때문에 항상 여러 종류의 펜을 준비하는 것이 좋다.
- 어디에 적어야 할까? 대부분의 토론자들은 노란색 리걸 패드(8.5×14인치 크기의 용지철)를 이용한다. 왜냐하면 노란색 용지여서 검은색 글씨를 쉽게 볼 수 있으며 8.5×14인치 정도 크기는 여유 있게 메모할 공간이 있기 때문이다. 또한 리걸 패드를 사용하면 여러 장의 메모지가 같이 붙어 있어 정리하기 편리하다.
- 토론 흐름표를 작성하기 위해서 몇 개의 단이 필요할까? 보통 각 발언마다 하나의 단을 만들어 둔다. 이렇게 하면 한 단에 각각의 논증을 적어 둘 수 있어서 추적해 가기 좋고 전체 쪽을 살펴보면 토론 전체를 살펴볼 수 있다. 따라서 토론을 시작하기 전에 미리 단을 작성해 두면 좋다.
- 여러 권의 리걸 패드를 활용하게 되면 각각의 서로 다른 논증을 정리해 두는 데 매우 유용하다. 예를 들어 일본의 핵 군사력의 영향에 대해 토론한다

고 할 때 학생들은 군사적 관계, 국제 관계에 대해서 각각 정리할 수 있다. 그리고 핵전쟁을 경험한 국가로서의 문화적인 측면에 대한 토론을 또 다른 리걸 패드에 정리할 수 있다. 이처럼 분리된 리걸 패드를 사용하면 토론에서 주요 쟁점과 관련된 사항을 정리하는 데 도움이 된다. 반면 낱장의 여러 종이들이 토론 시에 이리저리 정신없이 날리게 되는 것은 바람직하지 않다.

- 최대한 여백을 두어 메모하는 것이 좋다. 상대가 발언을 시작하게 되면 말한 내용을 해당 칸에 기록하되 토론을 통해 제시한 내용을 발전시켜 나갈 내용을 적을 수 있도록 여백을 남겨 둘 필요가 있다. 빽빽하게 여러 내용을 적게 되면 나중에 해당 논증을 골라내기도 어렵고 발언할 때 메모해 둔 내용을 참고하여 읽기도 어렵다. 여러 장의 메모를 하는 것을 부담스러워하지 말고 각각의 다른 주요 논점에 대해서는 여러 장의 종이를 이용해서 여유 있게 정리할 필요가 있다.

- 기호를 사용하라. 말하는 내용이 빠르게 진행되기 때문에 토론자의 발언을 일일이 받아 적는 것은 어렵다. 대신에 이를 알아 볼 수 있도록 축약하여 표현해야 한다. 이때 유용한 방법이 논증적 상황에서 보통 일어나게 되는 개념들을 드러낼 수 있는 상징적 기호를 활용하는 것이다. 상대방의 발언을 새로운 기호나 축약된 형식으로 표현하게 되면 그것들을 적어내느라 진땀을 뺄 필요도 없으며 쉽게 상대방의 논증의 흐름을 따라 갈 수 있다. 논리적 기호는 다음과 같다. 이에 대한 부정일 경우에는 아래 기호에 \ 표를 넣어 표시하면 된다.

↑　　증가
↓　　감소
＝　　동일함
→　　원인으로 인한 결과
＞　　~보다 큼(많음)
＜　　~보다 작음(적음)

또 다른 기호들은 다음과 같다.

X 화자가 언급한 개별 증거

? 물음에 대한 대답이 이루어지지 않은 경우

▲ 변함

⊖ 이미 증명된 주장

⊗ 논증을 증명하지 못하는 증거

토론에서 주로 나오는 용어를 자신만의 약어로 만들 수도 있고 학생들이 토론할 주제에서 자주 나오는 용어를 공동으로 약어를 정해 사용할 수도 있다. 처음에 약어를 사용하겠다고 하면 주로 모음을 생략하는데, 예를 들어 'hospital'을 'hsptl.'이라고 표시한다. 이와 같은 약어에 보다 친숙해지면 'hsptl.'에서 글자 수를 더 줄일 수도 있다. 결론적으로 하나의 글자만으로도 전체의 복잡한 논증에서 그 의미를 알아차리게 될 수 있다.

논리적 기호와 토론에서 사용하는 기호, 주제 약어 등을 조합하여 사용하면 상대방이 제시하는 논증을 보다 빠른 속도로 메모할 수 있으며 이를 이해하고 또 해석하여 청중에게 이해할 수 있도록 말해 줄 수도 있다.

학생들이 메모하는 것을 익히는 데 어려움을 겪는다고 해도 그리 걱정할 필요는 없다. 대신 학생들이 메모를 배우면서 토론을 즐길 수 있도록 격려해 주면 된다. 많은 훌륭한 토론자들이 자신만의 기발한 메모 방식을 개발해 왔다. 토론 시에 메모를 하려는 학생들을 위한 조언은 다음과 같다.

• 결코 포기하지 마라. 발언하는 내용 중 어떤 것을 놓쳤다고 하더라도 다음 발언을 기다리면 된다. 토론에서 한 번 흐름을 놓쳐 버리게 되었다고 메모하는 것을 포기한다면 의미 있는 참여 기회 전체를 놓치게 된다.
• 할 수 있는 한 모든 것을 메모하라. 자신의 관심과 에너지를 토론 내용을

듣고 정리하는 데 쏟아부어라.

- 교사나 다른 학생들에게 메모한 내용을 보여 달라고 부탁하자. 그 내용에는 배울 것이 많다.
- 연습하고 토론을 보면서 흐름을 파악해 메모해 보려고 노력하자.
- 작성한 토론 흐름표를 보면서 얼마나 많은 메모 기술을 사용했는지 확인해 보고 새로운 메모 기술을 적용하면서 이를 발전시켜 가자.
- 구조화하라. 화자가 구조화하고 분류하는 방식대로 메모하고 있는 모든 논증을 구조화하고 분류하라. 토론에서 자기 팀이나 상대방의 특정 논증과 연결시킬 수 있도록 들은 숫자와 문자를 모두 써라.
- 동료를 활용하라. 상대 팀의 준비 시간을 활용하여 자신이 놓친 논증에 무엇이 있는지 자신의 동료에게 묻고 상의하라.

이러한 지침들로 학생들은 더욱 훌륭하게 메모하고 토론할 수 있을 것이다.

질의와 응답의 기술

질의 시간은 충돌을 극적으로 보여 주기 때문에 토론에서 가장 박진감 넘치는 부분이다. 청중이 토론자에게 하는 질문, 토론자가 서로에게 하는 질문에 대해 알아보고, 토론자가 필요로 하는 질문을 끌어내는 강력한 질문의 기술을 소개한다. 질문은 다음의 목적을 지녀야 한다.

- 논점을 분명히 하기
- 오류를 지적하기
- 상대의 인정을 받아 내기
- 논증을 구성하기
- 청중에게 토론의 기술을 보여 주거나 청중이 토론자를 지지하고 싶도록

만들기

대부분의 토론자들은 자신의 논증에 집중한 나머지 좋은 질문 기술이 발휘할 수 있는 가치를 무시하는 경향이 있다. 하지만 전체 토론에서 질문과 응답이 차지하는 적지 않은 비중을 고려할 때 질문은 토론의 의미 있고 본질적인 부분이라고 할 수 있다. 만약 토론자가 질문의 가치를 과소평가한다면 그 영향은 바로 청중에게 미칠 수 있다. 청중은 질문과 응답이 오고 가는 시간을 매우 좋아하는데, 그 이유는 논증과 주장이 분명하게 드러날 뿐 아니라 질문과 응답을 통해 그 둘을 구별할 수 있기 때문이다. 또한 질문하는 시간은 찬성과 반대 양측을 대조하기에 가장 필요한 시간이기도 하다. 청중은 양측이 던지는 질문을 관찰하면서 어느 측이 더욱 날카롭고 즉각적으로 반응하는지를 알아차리게 된다. 이때 청중은 더욱 빈틈없이 재빠르고 날카로운 질문을 던지는 팀이 이기기를 바라는 분위기를 형성하기 마련이다. 따라서 우수하고 효과적인 질문 시간을 운영하면 청중의 심리적인 지지를 얻어 낼 수 있다.

모든 발표 상황이 그렇듯이 역동적으로 발표하는 것이 중요하다. 토론자는 준비된 질문을 해야 하며 자신감을 가지고 질문에 적극적으로 대답해야 한다. 질의 응답 시간은 청중에게 찬성과 반대 양측을 대조하여 견주어 볼 수 있는 시간이므로 토론자가 반영하는 이미지는 청중에게 중요하게 작동한다.

질문은 다음과 같은 내용을 포함하고 있어야 한다.

▶ 상대방의 짧은 대답을 요구하는 짧고 초점화된 질문을 해야 한다.

▶ 질문의 대상, 즉 무엇을 언급하고자 하는지를 밝혀야 한다.

▶ 자신이 제시한 논증을 선전하려 하거나 이를 너무 당연하게 여기는 것처럼 보이면 안 된다. 그러면 응답자는 이어서 이야기하려는 논증의 내용을 미리 선점해 버릴 수도 있다.

▶ 상대방이 은근히 헐뜯는 방식으로 대답하리라고 예상되는 질문을 해서는

안 된다. 예를 들면, 상대방에게 "이번 토론에서 이길 것 같으냐?"는 식의 질문을 해서 어쩔 수 없이 그렇다는 식의 대답을 유도하는 질문을 해서는 안 된다.

▶ 질문이 주장을 명확히 하는 것이라 해도 모든 질문은 중요해 보여야 한다.

▶ 정중해야 한다. 만약 무례하게 대답한다면 청중은 바로 알아차릴 것이다.

▶ 상대방을 옴짝달싹하지 못하게 하도록 참신한 방향에서 접근해야 한다.

▶ 개방형 질문은 피하는 것이 좋다. 이와 같은 질문은 응답자가 자신의 발언을 하게 만들 수 있다.

▶ 상대방이 아니라 청중을 바라보아야 한다.

▶ 가능하면 앞선 발언의 내용과 통합된 질문을 해야 한다.

▶ 질문의 효과를 얻으려면 사슬처럼 이어지는 질문을 만들어야 한다.

응답은 다음과 같은 내용을 포함하고 있어야 한다.

▶ 가능하면 간결하게 대답해야 한다.

▶ 가능하면 이전에 언급한 내용에 바탕을 두고 대답해야 한다.

▶ 자신이 속한 팀의 입장에 바탕을 두고 대답해야 한다.

▶ '종종', '때때로'와 같이 한정할 수 있는 부사를 사용하여 대답하라. 그래야 선택의 여지를 남길 수 있다.

▶ 가능하면 토론에서 사용된 인용구를 활용해서 대답해야 한다.

▶ 관련 있는 질문에만 대답해야 한다.

▶ 청중을 바라보고 대답해야 한다.

질의응답 시간은 토론에서 가장 흥미진진하고 역동적인 부분이며 다양한 참여자의 숨겨진 능력이 발휘되는 시간이다. 따라서 토론자들은 이 시간을 능동적이고 전략적으로 활용하여 토론을 성공적으로 이끌고 토론에서 제시된 내용을 보다 잘 이해하기 위해 노력해야 한다.

토론 판정 방법

학생들이 심판의 입장이 되어 토론을 바라보게 되면 토론의 과정을 더욱 잘 이해하게 된다. 물론 청중도 토론을 관찰하면서 배우지만 학생들이 막상 다른 사람을 평가하는 위치에 놓이게 되면 토론에서 긍정적인 평가를 받기 위해 무엇을 해야 하는지 더욱 잘 이해하게 된다. 또한 숙제로 토론에 대해 평가한다면 청중을 보다 직접적으로 토론에 관여하도록 만들 수 있다.

심판의 여러 가지 역할에 대해서는 8장을 참고하면 된다. 심판은 토론 말미에 더 신뢰 가는 쪽에 투표함으로써 토론이 자신의 의견에 어떠한 영향을 미쳤는가를 결정하는 역할을 한다. 찬성과 반대 양측의 발표 능력을 평가하거나 토론에서 어느 측이 더 좋은 토론 능력을 보였는가 등을 평가하는 것이다.

이때 '더 좋은 토론 능력을 보였다.'라는 것은 심판이 어느 쪽이 옳다는 것을 결정하는 것이 아니라 어느 쪽이든 좋은 토론을 한 쪽을 결정한다는 것이다. 어떤 토론의 결정도 온전히 객관적이지 않다는 것을 인식하고 있으면서도 심판은 최대한 객관성을 유지하도록 노력해야 한다. 그래야 마지막 결정에서 자신의 의견에 최대한 자유로워질 수 있으며 판단을 유보한 채 토론에서 제시되는 논증에 귀를 기울일 수 있다. 심판은 토론에서 논증적인 개입이나 간섭을 피해야 하며 오로지 토론자들이 논증하고 밝혀낸 것에 근거하여 결정을 내려야 한다. 마치 학생들이 교사의 특정 이데올로기적 편견에 의한 평가가 아니라 학생이 보인 기능에 대한 평가를 원하는 것처럼 심판을 맡은 학생들 역시 이와 같은 점에 유념하여 객관적인 자세를 유지해야 한다.

어느 쪽이 더 좋은 토론을 했는지 판정하려면 근면 성실함, 공정함, 토론 주제에 대한 지식이 필요하다. 심판은 토론에서 공유된 논증을 잘 듣고 이를 대조와 분석을 통해 평가할 책임이 있다.

학생 심판은 성실하며 주의 깊은 태도를 지녀야 한다. 심판은 적극적인 듣기를 해야 하며, 토론자의 논증을 이해하려고 최선을 다해야 한다. 적극적인 듣기란 토론이 진행되는 동안 많은 메모를 하고, 화자에게 집중하며, 주의를 흩뜨리지 않으려는 것을 포함한다. 또한 심판은 집중하고 있다는 비언어적 신호를 보내 토론자를 편하게 해 주어야 한다.

학생 심판은 최대한 공정해지려 노력해야 한다. 물론 논제와 관련한 지식, 배경, 교육 수준, 부모, 전달되는 언어의 기술 등이 다르기 때문에 개인으로서 완전한 객관성을 유지한다는 것은 불가능하다. 하지만 각 개인은 자신이 강하게 지키고 있는 사고방식이나 정치적·도덕적 신념에 대해 잘 알고 있어야 한다. 이러한 개별적 편향을 인식하고 있으면 심판으로서 자신에게 편견이 없는가를 확인하고 성찰하는데 도움이 된다. 심판의 역할은 자신의 앞에서 일어나고 있는 토론을 평가하는 것이다. 이와 같은 판정의 과정은 정해진 기준에 따라 한 측면의 수행을 비교하는 것이 아니라 제시된 모든 측면의 수행을 비교하는 것이다.

학생 심판은 토론하는 주제에 대해 어느 정도의 지식을 숙지하고 있어야 한다. 학생들은 또래들과 비슷한 것에 대해 알고 있다는 점에서 좋은 심판의 역할을 할 수 있다. 다른 학생들과 함께 수업 시간에 배운 주제에 대해 알고 있기 때문에 토론자와 심판은 쟁점에 대해 공통적인 수준의 지식을 지니고 있다고 볼 수 있다. 물론 어떤 학생들은 주제에 대해 더 상세하거나 덜 상세하게 또는 다르게 알고 있을 수도 있다.

학생들이 판정을 하게 되면 스스로 권위를 지니게 될 뿐 아니라 청중으로서 보다 토론에 몰입할 수 있다. 또한 학생 심판은 동료 학생들에게 중요한 피드백을 제공하며, 교실 토론의 수준을 끌어올리는 데 도움이 된다.

찬성 측 입론 준비

학생들은 일반적으로 토론 논제를 옹호할 수 있는 자신만의 입론을 구성하는 것을 재미있어 한다. 주제에 대해 말하고 싶은 것이나 하고 싶은 것을 결정할 수 있고 자신이 할 수 있는 생각들을 내놓을 수 있기 때문이다. 또한 자신이 조직하고 싶은 방식대로 전략적 용어를 사용하기도 하고 제시하는 논증에 답을 숨겨 두거나 상대측 토론자를 함정에 빠뜨리거나 상대측이 약한 논증을 지지하도록 유도하기도 한다. 찬성 측의 입장에서 토론하는 것은 의사소통의 전략들을 개발하고 배우기 위한 좋은 계기가 된다. 토론자들은 논제에 대한 자신들의 입론을 준비하면서 주장하는 것을 연습할 수 있다. 찬성 측은 자신이 무엇을 지지하는지, 옹호하는지, 어떠한 생각을 나타내고자 하는지를 결정할 수 있다. 다른 사람들도 어떤 생각에 대해 고려하거나, 반대하거나, 지지하거나, 검증할 수 있는 '공공 포럼'과 같은 상황에서는 찬성 측이 아니라 하더라도 현실을 변화시킬 수 있는 제안을 할 수 있다. 토론에서 강력한 찬성 측 입론을 구성하는 방법을 익히는 것은 가장 기대되는 토론 결과 중의 하나이다. 학생들은 성인이 되어서 자신의 입장을 지지하고 옹호할 필요가 있는데 이와 같은 경험은 큰 도움이 된다.

　　학생들이 사례를 고르고 준비하기 위해서는 자료를 조사하고 주의를 기울여 자신의 생각을 조직화해야 한다. 학생들은 질문과 관련이 있는 문헌에 접근하고자 할 것이며 자신의 주장을 뒷받침할 좋은 증거를 찾고자 할 것이다. 이 사례의 개념을 뒷받침할 논문이나 단행본이 있을까 알아보고 만약 있다면 목적을 충족할 수 있는 정보나 사실을 배열하는 방법에 대해서도 익힐 수 있을 것이다. 해당 자료가 너무 많다고 걱정할 필요는 없다. 왜냐하면 토론을 시작했을 때, 문헌을 읽어 알고 있다면 항상 반대 측보다 앞설 수 있기 때문이다. 해당 분야에 대해 폭 넓게 읽고 전체적으로 보면서 관련 쟁점들을 이해할 필요가 있다. 토론을 준비할 때 어떤 분야의 지식에 익숙해지도록 준비하는 것 자체가 그 과목에 대한 학생들의 역량을 높이는 것이다.

　　자신의 입론과 반대되는 증거들이 나왔다고 해서 너무 의기소침해질 필요 없다. 완벽한 진실은 존재하지 않기 때문이다. 반대 측 논증을 예측하면서 배우게 될 뿐 아니라 다수의 증거가 자신의 쟁점을 증명하게 되면 이를 극복할 수 있게 된다.

　　꼭 그렇게 해야 하는 것은 아니지만 학생들이 자신의 신념에 따라 입론을 선택할 수 있도록 배려해 줄 필요도 있다. 물론 토론자가 자신이 믿고 있지 않은 견해를 옹호하는 것도 자신의 신념에 도전해야 한다는 점에서 지적으로 매우 가치 있는 일이다. 하지만 학생들이 진심으로 믿거나 옹호하고 있는 생각의 편에서 토론을 하게 되면 자신의 생각을 강력한 논증으로 바꾸어 말하는 데 도움이 된다. 또한 다른 형태의 토론에서도 자신의 입장을 대변하는 이야기를 하고 싶어 하기 때문에 학생들의 토론 능력을 최대로 끌어올려 줄 수 있다.

자료 조사도 토론에서 배울 수 있는 중요한 기술이다. 찬성 측 입장에서 토론을 준비하려면 가장 좋은 증거를 찾을 수 있도록 자료를 조사하는 데 역점을 두어야 한다. 학생들은 도서관에 가서 토론의 중심 생각과 관련된 자료를 찾고, 좋은 논증과 사례들을 찾기 위해 논문과 단행본들을 훑어볼 것이다. 그렇다고 해서 도서관에서 찾은 아무 자료나 읽는다면 결코 자신이 원하는 정보에 접근할 수 없을 것이다. 도서관에 어떤 자료가 있고 무엇이 가장 중요한 자료인지를 파악해서 그것들을 먼저 읽어야 한다.

책을 포함해서 전문적인 저널, 정부 문서, 인터넷 사이트, 정기 간행물, 뉴스, 전문가 집단을 위한 특수 자료 등의 주제와 관련된 모든 자료를 확인해 보아야 한다.

다양한 종류의 자료를 찾았다면 그것들을 분류하고 각 장의 머리말을 찾아 가장 좋은 자료를 찾는 것으로 시작해야 한다. 그리고 원하는 부분을 가지고 있을 법한 것들을 찾아야 한다. 각 장의 내용을 살펴볼 때는 시작과 끝의 몇 단락을 읽어 보아야 한다. 그리고 그 정보가 마음에 들면 첫 문장과 마지막 문장을 읽어 보면서 그 장의 단락을 하나씩 살펴볼 필요가 있다. 그리고 그 문장들이 자신의 자료에 적합하다고 판단이 되면 그 전체 단락을 읽어 볼 필요가 있다. 이와 같은 방식으로 자료를 읽게 되면 관련 없는 수천 장의 자료에서 헤매는 것이 아니라 꼭 필요한 정보만을 골라서 읽을 수 있다. 이때 교사는 학생들이 배경지식이 들어 있는 자료들에 전체적인 관점에서 접근할 수 있도록 도와주어야 한다.

또한 학생들은 단행본의 부록 부분에서 그들이 제시하고자 하는 사례의 핵심어를 꼭 찾아보아야 한다. 논문이나 다른 단행본 역시 핵심어로 검색해 보아야 한다. 핵심어를 사용하게 되면 방대한 문헌들 속에서 토론에서 이기기 위해 필요한 정확한 정보를 찾는 데 도움을 받을 수 있다.

포괄적인 읽기를 위해서 찬성 측 토론자는 반대 측의 증거나 논증에 대한 자료도 찾아 읽어 보아야 한다. 자신의 입장에 반하는 논증을 이해하지 못한 상태에서 자신의 주장을 완전히 이해했다고 보기는 어렵다. 또한 학생들은 필요하지만 아직 찾지 못한 논증이나 증거에 대해서도 주의를 기울여야 한다. 이 정보를 찾기 위해서 특별한 자료 조사를 추가해야 할 수도 있고, 그럴 수 없다면 그 자료 없이도 효과적으로 찬성 측 입론을 논증할 수 있는 방안을 모색해야 한다.

이제 토론자는 토론 논제를 옹호하고 이를 소개할 수 있는 입론을 할 준비가 되어 있다. 찬성 측 첫 번째 입론은 청중에게 첫인상을 주기 때문에 특별히 강력하게 제시되어야 할 필요가 있다. 토론자에 대한 것이나 전달하는 견해에 대해서나 좋은 인상을 줄 수 있도록 발언해야 한다.

토론자는 자신의 입론을 청중에게 설명하기 위해 사용할 언어에도 주의를 기울여야 한다. 다채롭지만 정교한 용어를 사용해야 하며 자신의 논증이 말하고자 하는 바가 무엇이며 왜 그 논증이 중요한지에 대해서 설득력 있는 입론을 펼쳐야 한다.

찬성 측 입론을 시작할 때 팀 구성원 중 한 명이 논제를 읽고 이에 대해 두세 문장으로 설명하는 말을 해야 한다. 왜냐하면 구체적인 증거나 부속적인 논증을 제시하기에 앞서 심판에게 논제와 관련한 개략적인 설명을 하는 것은 이해를 돕는 좋은 방법이기 때문이다.

토론자는 주요 쟁점이나 몇 개의 주장을 구체화하고 자신의 주요 논증을 분명하게 조직하여 제시하기를 원할 것이다. 따라서 자신의 주장을 많지 않게, 분명하게 그리고 논제의 필수 쟁점에 부합하도록 조직해야 한다. 주장에 사용되는 단어들은 분명하고 심판이나 청중이 받아 적기에 단순하도록 진술되어야 한다. 또한 너무 많은 하위 논점들을 제시하는 것을 피해야 한다. 제시되는 생각들이 파편적이거나 사소해 보이지 않도록 하고 중요한 것을 말해야 한다. 학생들은 논증을 의미 있는 범주별로 모아 두고 왜 자신의 방안이 문제를 해결할 수 있는지에 대한 모든 논증들이 입론에서 제시될 수 있도록 신경 써야 한다.

교실에서 활용하는 토론의 유형에 따라서 학생들은 그에 맞는 형식의 발언을 준비해야 한다. 예를 들면, 특정한 정책 논제로 토론하는 경우 학생들은 문제(problem), 원인(cause), 해결 방안(solution), 실천 가능성(feasibility)과 같은 구조를 활용하여 토론을 진행한다. 이와 같은 구조는 심판이나 대부분의 사람들이 토론을 쉽게 이해할 수 있도록 해 준다.

5장에서 사실, 가치, 정책, 역사적 재연 등 네 가지 종류의 논제에 대해 언급했다. 논제의 종류에 따라 찬성 측은 서로 다른 종류의 입론 형식을 활용할 수 있다.

사실 논제의 경우에는 무엇이 사실이고 무엇이 사실이 아닌지에 대해 다루는데, 이와 같은 논제는 다시 네 가지의 다른 범주로 구분될 수 있다. '흡연은 폐암을 유발한다.'와 같은 인과, '조류는 공룡의 자손이다.'와 같은 정의, '스파르타 인이 되는 것보다 아테네 인이 되는 것이 낫다.'와 같은 과거의 상황, '미사일 방어 시스템은 핵 사용을 증가시킬 것이다.'와 같은 예측 등이 그것이다. 어떤 토론도 절대적인 사실적 진리를 결정할 수는 없지만 토론은 사실의 사회적 타당성을 효과적인 생각으로 확립하는 데 도움을 준다(Branham, 1991 : 35).

사실 논제로 찬성 측 토론을 준비하려면 다음과 같은 주장을 다루어야 한다.
- ▸ 인과, 정의, 과거의 사건, 예측 등 어떤 유형의 논제인지를 설명하고 그와 같은 종류의 주장을 증명할 수 있는 적절한 과정을 확립해야 한다.
- ▸ 여러 가지 형식의 증거를 통해 사실임을 증명해야 한다.
- ▸ 잠재적인 반대 논증이 무엇인지 예상하고 이를 반박해야 한다.

가치 논제의 경우에는 어떤 대상을 평가하는데 논제는 어떤 것의 선, 악, 추함, 아름다움, 위대함, 평범함 등에 대해 진술한다. 이와 같은 논제는 종교, 철학, 윤리, 예술 등의 영역에서 주로 찾아볼 수 있는데, 예를 들면 '사형 제도는 비도덕적이다.'와 같은 것이다. 가치 논제는 '비도덕적'이라는 평가적 용어와 '사형 제도'라는 평가의 대상으로 구성된다.

가치 논제로 찬성 측 토론을 준비하려면 다음과 같은 주장을 다루어야 한다.

▶ 평가적 용어를 설명하고 그 용어가 어떻게 적용될 수 있는지 증명한다.

▶ 가치를 분석하기 위한 기준이 제시되어야 한다. 만약 삶의 질에 대해 토론
   한다면 안전성(safety and security)을 삶의 질 측면에서 정의할 수 있어야
   한다.

▶ 잠재적인 반대 논증이 무엇인지 예상하고 이를 반박해야 한다.

정책 논제는 찬성 측이 제시한 특정 방안이 채택되어야 하는지에 대해서 토론하게 되는데, 이와 같은 논제는 정치, 국제 관계, 정부, 조직 개혁, 개인의 미래 설계 등의 영역에서 주로 다루게 된다.

이와 같은 논제의 예로는 "정부는 매년 수입을 보장해야 한다."와 같이 일반적으로 정책 논제는 찬성 측에 의해 제시된 정책을 채택하는 것이 좋은지에 대해 논의하게 된다.

정책 논제로 찬성 측 토론을 준비하려면 다음과 같은 주장을 다루어야 한다.

▶ 문제 상황이 존재한다.

▶ 현재 시스템으로는 문제를 해결할 수 없다.

▶ 문제를 해결할 특정한 방안이 있다.

▶ 특정한 방안이 확인된 문제를 줄일 것이다.

역사적 재연 논제는 주어진 과제의 기준에 따라 매우 역동적으로 진행될 수 있다. 학생들은 사실, 가치, 정책 혹은 세 가지를 조합한 형식의 주제를 선택할 수 있다. 이와 같은 주제의 변화는 토론 형식을 보다 흥미진진하고 교육적으로 의미

있게 만들어 준다. 이는 교사가 찬성 측이 전개하고자 하는 입론을 학생들에게 제공할 수 있는 일반적인 길잡이가 되며 대부분의 토론에 적용 가능하다.

반대 측 반론 준비

토론의 특성 중 하나는 생각의 충돌이다. 하지만 생각이 충돌하도록 만드는 것이 학생들이 가장 어려움을 느끼는 부분이기도 하다. 심판이나 청중은 중요 쟁점에 대해서 상대측이 구체적으로 동의하지 않는 것을 보고 누가 더 토론을 잘하는지 살펴보게 된다. 찬성 측이 제시한 입론에 대해 반대 측 토론자는 반박과 분석을 통해 생각이 충돌하도록 만들어야 한다. 다음으로 찬성 측을 공격할 수 있는 반대 측의 반론에 대해 알아볼 것이다.

이의 제기

토론자는 상대편의 논증을 분석하여 이에 대해 이의를 제기해야 한다. 이의 제기는 상대 주장의 부당함을 지적하고 그 논증이 거부되어야 한다고 주장하는 것이다. 이의 제기는 논증이 논리적으로 부적절하다는 것을 자세하게 지적하고 이러한 부당함에 기초하여 해당 논증을 재평가하는 것이다. 반대 측의 도전에 대해 찬성 측이 부적절하게 응답을 하게 되면 해당 논증에 대해서는 반대 측에 대한 재평가가 이루어진다. 효과적인 이의 제기의 형식은 단순하고 직접적이어야 한다.

누락된 요소를 구체화한다. 논증에서 무엇이 빠져 있거나 불완전한 것이 있을 때, 예를 들어 논증이 논리적인 단계를 밟고 있지 않다거나 논증적 오류를 범하고 있을 때, 구체적인 것과 일반적인 것을 혼동하고 있을 때 이를 부각하여 공격할 수 있다.

반대의 중요성을 드러내야 한다. 특정한 논증에서 문제가 발견되면 새로

찾은 사실에 근거해서 논증은 재평가되어야 한다. 대부분의 토론자가 범하는 잘못 중의 하나는 찬성 측의 주장이 완벽하지 않기 때문에 거부되어야 한다고 주장하는 것이다. 하지만 그 논증이 강력하지 않을 뿐 아니라 증명하고자 하는 부분과의 관련성이 떨어진다고 주장하는 편이 훨씬 더 설득력을 지니게 된다. 단순히 찬성 측에게 더 완벽해지기를 기대하는 것보다 관련성에 대해 구체적으로 질문하게 되면 찬성 측이 대답하기 더욱 어려워진다. 만약 찬성 측이 대답하지 못하면 반대 측은 왜 이와 같은 부적절성이 찬성 측이 제시한 전체 논증을 부당하게 만드는지에 대해 구체적으로 논의할 수 있게 된다. 이때 기억해야 할 중요한 점은 이의 제기에 기초하여 논증을 어떻게 재평가하는가와 어떻게 이의 제기를 해야 찬성 측이 대답하기 어려울지에 대해 아는 것이다.

찬성 측의 증거 반박

반대 측은 찬성 측 증거가 부적절하다고 반박해야 한다. 증거는 논증을 뒷받침하는 역할을 하기 때문에 반대 측은 찬성 측 증거가 심각하게 부적절하다고 주장하여, 증거가 증명력을 가지고 논증을 뒷받침하고 있는지를 의심하도록 만들어야 한다. 다음은 찬성 측의 증거를 반박할 수 있는 간단한 기술이다.

주장과 증거를 연결 짓는다. 찬성 측은 자신의 논증을 뒷받침하기 위해 증거가 실제 의미하는 것보다 더 넓고 강력한 논증을 사용하는 경향이 있다. 반대 측 토론자는 찬성 측 증거의 실제 내용을 최대한 자세하게 살펴보고, 제시된 중요한 정보가 특별한 경우에는 허점이 있으며 또한 어떤 경우에만 중요하게 여겨진다는 점을 들어 반박할 수 있다.

증거의 영향력을 공격한다. 가능성의 범위는 '절대적으로 그렇다.'에서부터 '절대적으로 그렇지 않다.'에 이르기까지라고 볼 수 있다. 하지만 양 극단에 있는 생각은 거의 존재하지 않기 때문에 대부분의 생각들은 그 둘 사이의 어느 지점에 위치하기 마련이다. 따라서 제시한 증거의 한정사를 구체화하고 이를 분석하여 증거의 영향력을 공격할 수 있다.

증거의 지속성과 관련성에 대해 질문한다. 일반적으로 이후에 일어날 사건을 설명해야 하기 때문에 최근에 증명된 증거가 그렇지 않은 것보다 훨씬 설득력이 있다. 하지만 토론의 맥락에 따라서 시간의 흐름에 영향을 받는 증거와 그렇지 않은 증거가 존재한다. 어떤 사람을 사모해 왔다는 증거가 6개월 정도의 최근 정보라는 것이 사랑 받거나 존경 받고 있다는 것을 결정해 줄 수 없다. 그에 비해서 알제리가 최근에 핵무기를 보유하려는 의도가 있다는 것의 정보는 상황에 따라 급변할 수 있기 때문에 시간의 영향을 많이 받게 된다. 찬성 측 토론자가 제시한 정보가 시의성이 떨어지는 것일 때 시간의 흐름에 따라 달라질 수 있는 가능성이 있는 증거는 지적되거나 비판받을 수 있다.

정보원에 대해 검증한다. 토론에서 증거를 활용하는 이유는 전문가의 사실이나 의견에 의해 논증을 뒷받침하기 위해서이다. 고등학생이나 대학생은 토론하는 주제에 대한 전문가로 보기 어렵기 때문에 토론자는 자신의 주장을 뒷받침하기 위해 해당 분야 전문가의 의견을 인용하려 한다.

반대 측은 자신이 조사한 검증된 정보를 읽어 나가면서 찬성 측이 제시한 정보에 대해 증거가 지니는 자격 요건을 알려 달라고 요구해야 한다. 검증받지 않은 증거는 상대되는 논증과의 비교를 통해 빠르고 간단하게 증거로서의 가치를 인정받지 못하게 된다. 토론에서 주장의 신뢰성이 문제가 되는 경우에 반대 측은 찬성 측이 제시한 검증되지 않은 자료와 비교해서 자신의 검증된 자료를 청중이 선택하도록 설득할 수 있다.

정보원의 편향성을 지적한다. 쟁점이 되는 중요한 논제에 대해서 특수한 관점으로 글을 쓰는 사람들은 종종 어떤 관점에 경도된 사람일 수 있다. 어떤 주장과 관련해서 직접적 이해관계에 있는 정보원의 경우, 미국 외무성은 "미국의 대외 정책이 평화를 증진시키고 있다."와 같이 말할 것이다. 새로운 엔진 발명가인 월라스 민토(Wallace Minto)는 '나의 새로운 발명품은 기존의 가솔린 엔진을 대체할 수 있다.'라고 주장할 수 있다. 모든 사람들은 나름의 편견을 지니고 있지만 제시한 증거 전체를 부정할 만큼 강력하지는 않다. 하지만 심각한 편견을 유발할 수 있는 정보원의 경우에는 이를 지적해야 하고 이를 통해 그 증거가 지닌 힘은 줄어들 수밖에 없다.

논문의 결론을 확인한다. 학술 논문은 대부분 논쟁에 대해 전체적으로 다루고 쟁점에 대한 양측의 견해를 소개한 후 결론 부분에 자신들의 독특한 관점을 제시하는 경향이 있다. 따라서 학생들은 어떤 쟁점에 대해서 여러 저자들의 결론을 참고해 보아야 한다. 그래야만 어떤 주제에 대한 학술 연구의 방향을 이해하고 그 분야의 학술적 성과를 바르게 파악할 수 있다.

반대 측은 찬성 측이 주장하는 문제의 해악이나 피해의 조건들에 대해 동의하지 않도록 준비해야 한다. 반대 측은 찬성 측 주장대로라면 끼칠 수 있는 영향에 대해 충격을 감소시키고 청중에게 찬성 측이 사태를 과장할 수도 있음을 인식시켜야 한다. 해악이나 피해에 대한 주장은 해악의 종류 등 질적인 주장 혹은 양적으로 해악이 미치는 범위로 진술될 수 있으며 때때로 이 둘을 모두 활용할 수도 있다. 반대 측 토론자는 이 두 가지 유형으로 증거를 거부할 수 있도록 준비할 필요가 있다.

질적인 주장은 양적으로 평가되기 곤란하다. 예를 들어 자유, 평등, 정의와 같은 개념들은 매우 중요하지만 이는 11% 정도 더 정의롭고 25% 정도 더 평등하다와 같이 양적으로 평가될 수 있는 것이 아니다. 질적인 주장과 관련된 토론에서는 주장을 위반한 사례를 제시하는 것이 바람직하다. 예를 들어 발언의 자유를 억압하고 있는 사례를 하나 제시하는 것이 언론의 자유에 대한 토론에서는 충분하게 기여할 수 있다. 반대 측 토론자는 질적인 주장에 대해서도 반박할 수 있는 준비를 해야 한다. 질적인 주장에 대해 반박할 수 있는 기술에는 다음과 같은 것들이 있다.

영향 받은 사람들의 수를 밝힌다. 찬성 측이 제기하는 문제의 질적인 영향이 소수의 사람들에 국한되어 있음을 밝힌다. 만약 한 사람의 자유가 제한당하고 있다면 이는 불행일 수 있다. 하지만 수백만의 사람들의 자유가 억압되고 있음을 들어 양적 차원에서 논의하게 되면 문제가 선명해진다. 문화적 가치와 관련된 수많은 토론에서 자유를 제한당한 사람들이 상대적으로 적다면 그 주장은 '미끄러운 경사면(slippery slope)의 오류'[16]를 범하고 있는 것이다. 반대 측은 문제의 결과로 얼마나 많은 사람들이 영향을 받고 있는가에 대해 고려할 필요가 있다.

제한되는 가치의 정도가 다름을 부각시킨다. 반대 측은 질적으로 제한되는 가치가 작다는 것을 주지시켜야 한다. 사생활의 침해에 대해서 논의할 때 단순히 이웃집을 살펴보는 것과 민간인의 집에 도청 장치를 설치하여 살펴보는 것은 차이가 있다. 반대 측은 위반하고 있는 가치의 정도가 어떠한가를 분명히 밝혀야 한다. 예를 들어, 찬성 측이 고등학생은 학교 신문에 자신이 원하는 것을 쓸 수 없도록 하는 것이 언론의 자유를 보장하는 헌법 수정 제1조를 위반한다고 주장할 수 있다. 하지만 학교 신문이 선정적인 기사를 출판하지 말아야 한다는 것과 교사들이 학생들의 글을 검열하는 것은 다른 차원의 문제이다. 위반의 정도가 아직 결정되지 않은 상태이기 때문에 반대 측은 이와 같은 사례에 대한 논의를 통해 찬성 측의 주장이 헌법 수정 제1조가 지닌 전체의 무게로 판단되어서는 안 된다고 주장할 수 있다.

손실이 그다지 중요한 가치가 아님을 밝힌다. 반대 측은 찬성 측이 주장하는 손실이 그리 중요하지 않은 가치임을 밝혀야 한다. 자유, 정의, 사생활 등 다른 권리들은 개인이 이를 소중히 여겼을 때 받아들여질 수 있다. 사람들이 사생활의 가치를 소중히 여긴다면 이를 잃게 될 경우 매우 심각하게 인식할 것이다. 하지만 사생활의 가치를 중요하게 생각하지 않는다면 설사 그것을 잃는다 해도 별로 중요하게 인식하지 않을 수 있다. 만약 찬성 측이 주장하는 질적인 가치의 영향에 대하여 개인들이 무관심한 것처럼 보인다면 그것을 잃는다고 해서 당사자들이 희생되었다고 보기 어

---

16   [역주] '미끄러운 경사면(slippery slope)의 오류'는 미끄러운 비탈길에 발을 한번 잘못 들여놓으면 원치
      않아도 끝까지 미끄러지는 상황에 빗대어, 하나의 입장 또는 결정을 받아들이게 되면 이후에 일어나는 결
      과 역시 그러하리라고 연장하거나 확대하여 해석하는 오류를 말함.

려울 것이다. 반대 측 토론자는 찬성 측이 우선시하는 가치가 해당하는 사람들에게 그다지 큰 결핍을 초래할 만한 중요한 가치가 아니라는 점을 부각해야 한다.

찬성 측이 다른 가치를 희생하고자 한다는 점을 알린다. 반대 측은 하나의 가치를 선호하게 되면 다른 것이 제한될 수 있음을 알려야 한다. 우리가 소중히 여기는 가치들은 역시 소중하게 여기고 있는 다른 가치들과 교환될 수 있다. 어떤 가치들은 저울처럼 한쪽이 높아지게 되면 다른 한쪽은 낮아지게 되는 것처럼 '상호 관계'에 있다. 자유와 안전, 사생활과 공동체, 평등과 정의 등의 가치들은 어떤 상황에서 상호 간에 이율배반적인 관계에 있다고 할 수 있다. 반대 측 토론자는 다른 가치를 위반함으로 해서 얻어지는 가치를 대조하여 손실에 대한 인식이 덜 강조되도록 할 필요가 있다.

문화적 편견이 존재함을 밝힌다. 반대 측은 찬성 측의 가치가 문화적으로 함의하고 있는 바가 다르기 때문에 그렇게 중요하지 않다고 주장할 수 있다. 특별한 문화적 맥락에 기대고 있는 가치 논제의 경우에는 이를 탐색하기 위해 어떤 가치가 보편적인지 상대적인지를 결정하기가 매우 어렵다. 예를 들어 민족적 우수성이나 문화적 지위와 관련된 논증은 민족이나 문화 간의 잠재적인 공격성을 유발할 수 있기 때문에 증명되거나 부정되기가 어렵다. 또한 이와 같은 가치는 전 세계적으로 받아들여지고 넓게 수용되는 가치에 비해서 덜 중요한 것으로 인식할 수 있다. 문화적 맥락에 대한 찬성 측의 주장은 반대 측에게 자칫하면 자민족 중심주의로 인식되어 공격받을 수 있다.

양적인 주장, 즉 쉽게 수량화하여 평가될 수 있는 돈, 금, 사람 수 등은 구체적인 양으로 표시하여 분석하는 것이 가장 좋다.

정확한 수치를 요구한다. 10,000명의 목숨과 관련된 일은 1,000명이나 혹은 9,999명보다 더 중요하게 생각된다. 마찬가지로 한 번의 핵발전소 사고보다는 세 번의 사고에 의해 연상되는 피해가 더 심각하다. 반대 측 토론자는 찬성 측이 증거로 든 수량을 증명하도록 요구해야 하며, 그 숫자를 감소시키거나 그 사건의 중요성을 축소해야 한다. 하지만 수를 과장해서는 안 되며 찬성 측과의 협의를 통해 동의한 수의 경우에는 일관성 있게 반복하여 논의를 진행해야 한다.

각 사례의 심각성에 대해 평가한다. 찬성 측이 주장하는 심각한 영향을 받은 사례를 평가해야 한다. 영향과 관련된 많은 주장은 그 심각성의 정도에서 차이가 나게 마련이다. 암과 일반적 감기는 모두 질병이기는 하지만 그 둘의 심각성은 비교할 수조차 없다. 때때로 수백만 명의 사람에게 일어날 수 있지만 그것이 그리 심각한 것이 아니라면 매우 중요한 문제라고 볼 수는 없다. 이와 같은 분석을 하게 되면 찬성 측의 주장에 비해 반대 측의 주장이 더욱 중요하게 보이도록 만들 수 있다.

가능성에 대해 의심한다. 찬성 측이 미래에 미칠 영향에 대해 주장하는 한, 그들은 반드시 그 사건의 가능성 정도에 대해 구체적으로 제시하여야 한다. 영향에 대한 토론은 그것이 일어날 수 있는 위험에 대해 평가하는 것이어야 한다. 지구에 충돌할 소행성이 끼칠 비극에 대해 토론하는 것은 양측이 모두 그럴 일이 없다는 것에 동의한다면 전혀 우리와 상관없는 것이 된다. 미래에 일어날 일을 0% 아니면 100%라고 평가하는 경우가 많지만, 실제로는 그 중간쯤 위치한다. 특히 반대 측과 찬성 측이 실제 충돌할 때는 더욱 그렇다. 예를 들어 찬성 측이 국가 X가 국가 Y를 공격할 것이라고 주장하는데 반대 측보다 약간 더 나은 증거를 제시했다고 해서 국가 X가 국가 Y를 공격하는 것은 아니다. 그것은 단지 국가 X의 공격 가능성은 공격하지 않을 가능성보다 크다는 것이다. 미래에 있을 악영향에 대한 논쟁 역시 이와 비슷하다. 반대 측은 찬성 측의 가능성을 염두에 두고 그 위험에 대한 인식을 줄여나갈 수 있도록 반박해야 한다.

시간에 대해 검토한다. 곧 다가올 사건에 대한 주장은 청중의 관심을 끌기 마련이다. 우리는 시간적으로 먼 것보다는 가까운 것에 대해 더욱 잘 이해하려고

하기 때문이다. 몇 주 뒤에 일어날 일은 상상할 수 있지만 몇 년 내에 일어날 일은 상상하기 어려운 것과 마찬가지이다. 먼 훗날에 일어날 일에 대해서는 아는 것이 적기 때문에 시간과 관련하여 논제를 검토할 필요가 있다. 이를 전통적으로는 '미래 참작'이라고 한다. 반대 측 토론자는 찬성 측이 예상하는 시간의 틀에 대해 이의를 제기할 수 있다. "언제 그 일이 일어나고 얼마나 지속되는 것입니까?" 반대 측 토론자는 찬성 측이 제시한 논증에 변화를 줄 수 있는 예상되는 결과에 개입되는 또 다른 변수를 제시하여 찬성 측이 제시한 시간의 틀을 재조정할 수도 있다.

가역성이 있는지 검토한다. 지갑을 잃어버리는 것과 순결을 잃어버리는 것은 전혀 다른 종류의 사건이다. 전자는 다시 새 지갑, 면허증, 돈 등을 구할 수 있는 것처럼 되돌릴 수 있는 것이고 후자는 다시 얻을 수 없는 것이다. 일반적으로 가역성이 없는 사건보다는 가역성이 있는 사건이 중요성이 덜하다. 이는 논리적으로 구별된다. 가역적 사건에서 실수했다면 이는 바로잡을 수 있지만, 그렇지 않은 사건이라면 그럴 수 없기 때문이다. 예를 들어 몇몇 증거는 한번 아마존의 우림이 벌목되면 다시 되돌릴 수 없다는 것을 보여 준다. 따라서 이러한 파괴는 나중에 다시 되돌릴 수 있는 생태계의 재앙보다 중시되어야 한다. 만약 반대 측의 예측이 찬성 측의 예상된 결과를 반박하기에 좋지 않다면, 찬성 측의 시나리오가 가역적임을 지적해야 한다.

도덕적인 의무를 제시한다. 양적인 측면의 이익이나 피해는 도덕적인 의무와 관련된 개념과 비교하여 설명할 수 있다. 예를 들어 높은 수준의 보수를 준다고 하더라도 그 일이 독성이 있는 화학 물질을 생산하는 일과 관련 있으며 화학 물질이 보관되어 있는 곳의 주민에게 피해를 준다면 도덕적으로 용납될 수 없다. 돈은 좋지만 어떤 경우에는 도덕적인 의무 때문에 다른 선택을 해야 하는 일이 발생한다. 반대 측은 어떤 도덕적인 가치가 정말로 필요한 것인지에 대해 이의를 제기할 필요가 있다. 독성이 있는 화학 물질이 생산되더라도 인류에게 의미 있는 유익을 끼칠 수도 있기 때문이다. 또한 많은 경우에 도덕적 의무의 적용은 또 다른 다양한 도덕적인 주장과 관련 있기 때문에 논의할 가치가 있다.

자발적으로 초래한 위험을 구별한다. 위험성과 관련된 상황에서, 예를 들면 흡연을 하는 것과 차를 타는 것은 모두 자발적인 행동이다. 하지만 이 둘은 필요성의 정도에서 차이가 난다. 일을 하기 위해 차를 탈 수는 있지만 직장에 출근하는 사람 모두가 흡연을 하는 것은 아니다. 위험성에 대해 토론할 때, 반대 측은 위험이 자발적인 것임을 알릴 필요가 있다. 예를 들면 집에 침입자가 들어와서 살해를 당하거나 오염 물질을 만드는 회사에 의해 오염된 물을 마신 경우는 비자발적으로 초래된 위험에 해당한다. 전통적으로 이와 같은 위험은 개인의 자유의 가치와 대조되어 설명된다. 철학자인 존 스튜어트 밀은 남에게 피해를 주지 않는 범위에서 자신의 의지대로 자신에게 피해를 줄 수 있다고 생각했다. 보다 최근에는 이와 같은 견해를 유지하여 자발적인 위험은 비자발적인 위험과 다르다고 구분하고 있다. 자발적 위험은 사회적으로는 이득이 될 것이 없지만 비자발적인 것보다는 심각하지 않다. 반대 측은 찬성 측이 예상하는 위험이 자발적인 것과 관련이 있을 경우에는 여유를 부릴 수 있다. 물론 찬성 측의 염려나 예상되는 결과를 모두 없앨 수는 없지만 비자발적인 위험과 관련을 짓는 반대 측의 주장에 비해 자발적인 위험을 안고 있는 찬성 측의 주장은 설득력이 떨어진다.

전체에 대한 구성비를 밝힌다. 어떤 것을 작아 보이게 하려면 더 큰 것과 비교해야 한다. 어떤 질병에 감염된 사람이 전체 인구의 3%라면 감염되지 않은 97%의 인구에 비해 상대적으로 덜 중요해 보인다. 하지만 이와 같은 기술은 부분적으로만 효과가 있을 뿐이며 다른 것과 조합되어 사용되어야 한다.

시간과 장소를 통해 비교한다. 미래에 있을 영향을 묘사하는 진술은 특정한 시간과 장소를 염두에 두기 마련이다. 예를 들면 중세 시대에 기대되는 공중위생의 정도와 현대의 기준은 같을 수가 없다. 14세기에 살았던 사람이 깨끗하게 생각하는 도시가 우리에게는 매우 더러운 곳일 수 있다.

영향력이 분명하고 커 보이는 찬성 측의 주장은 비교를 통해 그 효과를 감소시킬 수 있다. 예를 들면 어떤 대상들은 완벽하지 않지만 역사상 어떤 시기에는 더 나왔을 수 있으며 전 세계 어느 나라에서보다 더 나은 상황일 수 있다. 두 경우 모두 반대 측의 논증은 찬성 측 주장의 영향력을 차단하고 그 나름의 완벽함이 있다고 항변하는 효과를 발휘한다.

찬성 측의 정책적 제안은 문제를 해결할 수 있을 때만 가치가 있다. 반대 측은 찬성 측이 계획한 해결 방안을 실행할 수 있는 능력에 대해 이의를 제기함으로써 상대측의 논증을 공격할 수 있다. 만약 어떤 정책이 실효성이 없거나 긍정적인 결과를 가져오지 못한다면 그 정책을 채택할 이유가 없다. 문제 상황이 해결되지 않는다면 문제를 지적한다고 해서 찬성 측이 신뢰받지는 못한다. 반대 측은 찬성 측의 방안이 문제를 해결하는 데 전혀 쓸모없는 것이라고 증명하지는 못하더라도 찬성 측의 계획대로 했을 때 얻을 수 있는 결과가 그리 크지 않다는 것을 증명하는 것은 가능하다.

다음에는 '교복을 착용하게 되면 학교 폭력이 줄어들고 학업 성취에도 도움이 된다.'라는 주장을 예로 들어 찬성 측의 문제 해결 가능성에 대해 공격할 수 있는 방법을 제시할 것이다.

찬성 측에 문제의 해결 가능성을 수량화하도록 요청한다.   가장 좋은 찬성 측의 증거라고 해도 문제를 100% 해결한다고 확신하기는 어렵다. 사실 찬성 측에서는 대개 자신의 계획대로 하면 문제가 '조금' 혹은 '많이' 해결될 것이라는 증거를 제시하는 데 그친다. 반대 측은 이 점을 지적하고 이를 수치화하라고 요구할 수 있다. 찬성 측의 방안은 문제의 절반에 못 미치는 30% 정도밖에 해결하지 못한다고 주장하는 것이 그 예다. 이와 같이 해결 가능성을 수량화하라. 만약 찬성 측이 증거와 관련하여 높은 비율을 제시하지 못하면, 반대 측은 낮은 비율을 제시해야 한다.

찬성 측의 구체적인 문제 해결 방법에 대해 공격한다.   찬성 측은 문제를 해결할 수 있는 구체적인 방법을 제안할 것이다. 그 방법에 대해 숙지하고 그와 같은 접근법이 효과적이지 않다는 것을 논증해야 한다. 만약 사전에 상대방이 어떠한 문제 해결 방법을 제시할지 알고 있다면 보다 직접적인 자료 조사를 통해 구체적인 제안에 대해 공격할 수 있을 것이다.

찬성 측이 제시한 문제 해결 방안을 뒷받침 하는 증거를 공격한다. 찬성 측은 예전에 시행되었던 어떤 사례를 바탕으로 하여 이를 전국적인 수준에서 시행해야 한다고 주장할 수 있다. 중상위층이 주로 살고 있는 시카고에서 교복 착용이 학업 성취에 기여했다고 해서 똑같은 결과가 할렘, 로스앤젤레스, 라스베가스, 네바다 등지에서 적용되는 것은 아니다. 연구가 진행된 곳은 미국의 전형적인 곳이라고 할 수 없으며 연구에 사용된 표본의 범위도 구체적이지 않을 수 있다. 예를 들어 학력이 더 높은 곳이라는 것은 무엇을 의미하는가? 또한 연구자들이 가장 좋은 학교나 우수한 교사들을 표본으로 선택했을 수도 있고 연구에 자발적으로 참여한 학생들은 긍정적으로 응답하고 연구에 억지로 참여한 학생들은 부정적으로 응답했을 가능성도 있다. 어떤 경우라도 찬성 측은 자신의 해결 방법을 일반화하려고 하는데, 이때 반대 측은 적은 사례에서 나온 증거를 일반화할 수 있는지의 여부에 대해 비판적으로 살펴보아야 한다.

문제를 유발한 다른 원인을 찾는다. 대부분의 사건은 하나의 단일한 원인에 기인하지 않는다. 학교 폭력의 경우에도 그 원인이 교복 하나만 연결된 것은 아니다. 물론 갱과 관련된 스타일의 옷이 영향을 미칠 수는 있지만 학교 폭력에는 가난, 미디어, 갈등 해결 능력의 부족, 가정 폭력 등 여러 가지 이유가 있을 수 있다. 그리고 이는 교복을 입는다고 해결되는 것이 아니다. 따라서 반대 측은 찬성 측의 방안이 아무런 변화도 가져오지 못한다는 점을 들어 반박할 수 있다.

사람들이 찬성 측의 방안을 따르지 않을 수도 있음을 지적한다. 사람들이 찬성 측이 제시한 방안을 싫어하거나 좋아하지 않기 때문에 채택되지 않을 수도 있음을 지적한다. 실제로 몇몇 사람들은 그 방안을 고의로 방해하려 할 수도 있다. 이와 같은 논증을 하기 위해서는 사람들이 왜 그 방안을 반대하는지에 대해 알아야 한다. 예를 들면 갱 조직들이 교복을 싫어하는 이유를 찾아야 한다. 그리고 교복의 착용 요구를 반대하는 방법, 즉 교복 말고도 새롭고 다른 방법으로 갱의 일원임을 표시할 수 있는 머리 스타일, 행동 등을 설명해야 한다. 그리고 그 결과 학교 폭력이 해결되지 않음을 증명하면 된다.

이외에도 다양한 반박의 방법들이 있을 수 있다. 반대 측은 다양한 방법으로 접근해야 하는데 정책 토론의 경우에는 대체 방안 제시, 불이익 강조, 비평 등의 다른 전략적 방법들을 선택할 수 있다. 가치 토론의 경우에는 주어진 가치에 반대할 수 있다. 이에 대해서는 5장에서 상세하게 논의하였다.

토론 전 협의

교실 토론의 질을 개선하기 위해서는 학생들에게 토론 전 협의에 참여하도록 격려할 필요가 있다. 토론 전 협의는 서로가 자신들의 주요 논증에 대해 상대방에 알려 주는 과정이다. 토론 전 협의 시간을 통해 토론의 양측은 상대 논증에 대응할 준비를 할 수 있다.

특히 새로운 토론자를 만났을 경우 토론 전 협의는 매우 필요한 과정이다. 왜냐하면 토론에서 제기된 구체적인 쟁점에 대해 자료를 조사하고 준비할 수 있기 때문이다. 토론 전 협의는 주요 논증에 대한 논의가 발전될 수 있도록 해 주며 본격적인 토론에 들어가기에 앞서 토론자들의 긴장을 풀어 줌으로써 당황하거나 준비 상태에 대해 걱정하지 않고 토론에 임하게 해 준다. 토론 대회에서 토론 전 협의는 별로 효과가 없을지 모르지만 교육적인 맥락에서는 매우 유용하다.

토론 전 협의는 적절하게 실행되었을 때 유용하다. 어떤 토론자들은 자신의 논증을 모두 드러내지 않으려 할 수도 있다. 왜냐하면 그렇게 하지 않는 편이 토론에서 승리할 수 있도록 만들어 준다고 생각할 수 있기 때문이다. 따라서 이와 같은 문제점을 피하면서 성공적으로 토론을 진행하기 위해서는 다음과 같은 원칙을 따르는 것이 좋다.

- 상대 팀에게 논증을 드러내도록 요구한다.
- 토론 전 협의를 진행할 날을 정한다.
- 토론 전 협의에서 공개할 수준을 구체화한다.
- 논증을 상호 공개한 후에 중요한 새로운 쟁점을 추가하지 말 것을 당부한다.

토론자를 위한 온라인 지원

토론자는 많은 인터넷 자료로부터 도움을 받을 수 있다. 여기서 언급한 자료들은 필자 한 명 혹은 두 명 모두가 발전시킨 것이며 이는 모두 인터넷에서 이용 가능하다. 준비 과정에서 토론자가 도움을 받을 수 있는 일반적 자료로 추천하는 곳은 다음과 같다. 버몬트 대학의 알프레드 스나이더 박사가 주관하고 있는 사이트(http://debate.uvm.edu.)를 참고하기 바란다. 이곳에는 실제 토론 영상과 교재, 주제, 자료 조사 방법 등이 소개되어 있다.

결론

이 장에서는 교실 토론을 하기 위해 필요한 지침에 대해 살펴보았다. 능숙한 토론자 혹은 미숙한 토론자의 특성이 무엇인지에 대해서, 그리고 실제 교실에서 토론할 경우에 직면하게 될 문제를 어떻게 처리해야 하는지에 대해서 알아보았다. 토론을 하기 위해 필요한 기본적인 기술들을 익히는 데 필요한 개괄적인 설명을 하면서 찬성 측과 반대 측이 자신의 논증을 만들고 발언할 때의 유의 사항에 대해서도 언급하였다. 이 장을 통해 토론에 꼭 필요한 자료를 얻기 바란다.

성공적인 토론자를 위한 제안

분석

1. 토론자는 자신의 논증을 뒷받침하기 위해 주제에 대한 가장 완전한 지식과 가장 완벽한 근거를 찾아야 한다.

2. 토론자는 논증을 뒷받침하며, 활용할 수 있는 근거가 충분히 있을 만큼 중요한 논증을 선택해야 한다.

3. 토론자는 다른 많은 팀들이 사용하는 '표준' 입론을 사용하는 것을 두려워해서는 안 된다. 표준 입론은 종종 토론 기간 동안 정제되고 강력하게 개발되어 최선의 입론이 될 수 있다. 생각이 부족한 팀은 자신들의 표준 입론을 통해 거짓된 안정감에 빠지기 십상인데, 사실 이러한 것들은 개선의 여지가 많은 것들이다.

내용 조직

1. 분석에 가장 적합한 내용 조직의 유형을 선택하라.

2. 내용 조직이 효과적인지 확인하기 위해 심판의 피드백을 면밀히 점검하라.

토론의 발표

1. 찬성 측

    a. 찬성 측은 입증 책임을 적극적으로 감당해야 한다.

    b. 찬성 측은 지속적으로 공세적이어야 한다.

    c. 몇 가지 예외를 제외하고 찬성 측은 토론에서 논쟁의 범위를 좁혀야 한다.

2. 반대 측

    a. 반대 측은 현재 상태를 유지해야 한다는 추정을 강력하게 옹호해야 한다.

b. 반대 측은 공격 팀이 되기 위한 시도를 해야 하며, 찬성 측을 수세로 몰아넣어야 한다.

c. 몇 가지의 예외를 제외하고는, 반대 측은 토론에서 논쟁의 범위를 확대하려는 시도를 해야 한다.

반론과 반박

1. 토론자는 상대편 주장을 경청해야 한다. 논증을 잘못 해석하고 논쟁하는 것은 바람직하지 않다.

2. 토론자는 자신이 공격하는 논증이 어떤 것인지 분명하게 언급하고 심판에게 공격의 이유를 알려야 한다.

3. 토론자는 자신의 반대 논증을 진술해야 한다.

4. 토론자는 자신의 반대 논증에 대한 근거들을 제시해야 한다.

5. 토론자는 토론의 전개 과정에 관점을 부여함으로써 관점이 토론에 어떻게 영향을 미치는지 보여 주어야 한다.

6. 토론자는 상대편이 진실을 말할 가능성이 있다는 것을 인식해야 한다. 명백하게 타당한 논증에 대해 경쟁하지 말아야 한다. 대신에 더 큰 사례와 논증의 관계를 분석하거나 경쟁할 만한 다른 논증으로 이동해야 한다.

토론에서의 표현과 전달

1. 토론자는 비판적 태도로 토론에 임해야 한다는 것을 인식해야 한다.

2. 토론자는 중요한 논증을 강조하기 위하여 흥미롭고 기억하기 쉬운 표현을 사용해야 한다.

3. 토론자는 상대의 공격을 예측해야 한다.

4. 토론자는 자신의 입론 과정을 심판이 이해할 수 있도록 내용 이정표를 제시하여야 한다.

5. 토론자는 마지막 발언에서 논의를 요약하고 조망할 수 있게 해야 한다.

6. 토론자는 말의 전달을 방해하는 모든 습관적 언어 행위를 삼가야 한다.

7. 토론자는 상투적인 표현을 피해야 한다. 토론자가 사용하는 언어는 주제에 부합해야 하며 토론자의 품위를 드러내는 데 적합해야 한다.

8. 토론자는 상대를 빈정대거나 인신 공격성 발언을 삼가야 한다.

9. 토론자는 토론을 하는 동안 평정심을 유지해야 한다. 상대가 발언하는 동안에 말을 하거나 무례하게 행동하는 일을 삼가야 한다.

출처: Roy V. Wood, *Strategic Debate*, 2nd ed. (Skokie, Ill.: National Textbook Co., 1974), 185.

제7장

교 실 토 론 의 전 개

이 장에서는 교실 토론을 준비하는 데 필요한 실제적인 지침을 설명하고자 한다. 교실 토론의 일정 잡기, 준비하기, 시간 짜기 등 실행 계획에 대해 설명하고, 토론 후에 토의를 진행하는 방안을 안내하고자 한다.

토론은 촬영하여 보관할 수 있는데 이렇게 해 두면 나중에 교육용으로 유용하게 활용할 수 있다. 이와 더불어 토론에 대한 홍보, 이벤트, 봉사 활동 등을 통하여 학교와 지역 사회에 기여할 수 있는 방안도 설명할 것이다. 이러한 노력들은 일반인과 동료 교사로부터 지원을 얻어내는 데 매우 유용하게 작용할 수 있다. 많은 교사들이 수업 기법으로서의 토론이 얼마나 유용한지 알게 된다면 교실 토론 방법은 더 널리 보급될 것이다.

교실 토론의 일정 계획

교실 토론을 계획하고 준비하는 데 있어서 시간은 가장 핵심적인 요소이다. 교사가 시작 시간과 마무리 시간이 포함된 45분의 4인 토론을 준비한다면, 학기 중 20명 학급 학생 전원의 토론을 위해서는 5차시가 필요하다. 학급 인원이 30명일 경우에는 7차시 이상이 필요하다. 토론을 계획할 때 교사는 시간이 충분히 확보되었는지 확인해야 하며 시간적 제약이 있을 경우 토론 형식을 조정할 필요도 있다.

교실 토론 계획은 일찍 수립해야 한다. 가능하다면 학기가 시작하기 전에 계획을 수립하는 것이 좋다. 전체 토론에 필요한 시간을 계산하는 간단한 공식은 토론 한 번에 걸리는 시간을 참여하는 전체 학생 수에 곱한 후 토론 1회당 참여하는 학생 수로 나누는 것이다.

예를 들어 30명 학급에서 20분짜리 일대일 토론을 계획하고 시작과 마무리에 5분이 소요된다면 다음과 같은 공식이 적용된다.

$$\frac{(20분 + 5분) \times 30명}{2명(토론 1회당)} = 6시간 15분$$

교실 토론을 계획할 때 수업 시간의 길이도 중요한 고려 요소이다. 가능하다면 하루에 하는 것이 좋다. 토론하다가 도중에 중단하는 것은 청중의 주의 집중이나 토론자의 집중력을 약화시키기 마련이다. 예를 들면 1차시가 50분이라면 20분짜리 토론 2회와 20분짜리 토론의 절반인 10분으로 차시를 구성하는 것은 바람직하지 않다. 수업 시간 안에 사용 가능한 토론 형식을 선택해야 한다.

계획을 수립할 때 토론의 전환에 필요한 여유 시간도 고려해야 한다. 왜냐하면 학생들이 발언 후 자리에 앉는 시간, 다음 발언을 위해 일어나는 시간, 토론 후 역할을 교대하는 시간으로 인해 토론 시간이 정확하게 지켜지는 경우가 실제로는 드물기 때문이다. 또 효과적인 학습 방법인 토론 후 교실 토의를 위한 시간을 미리 잡아 놓는 것도 좋다.

해당 학기의 토론 주제를 정하고 토론 팀을 구성하는 것이 이르면 이를수록 계획 수립이 용이하다. 토론 주제가 결정되고 팀이 구성되면 전체 계획을 인쇄하여 학생에게 나눠 주고 교실에 게시한다.

토론 순서나 토론하는 학기의 마지막 부분에 시간을 확보해 두어야 한다. 지정된 토론 팀 중 한 명이 불가피하게 불참하는 경우가 있는데 계획을 수립할 때 이를 고려해야 한다.

만약 교실 토론이 전체 수업에서 시간 비중을 너무 많이 차지한다면 다음과 같은 대안을 생각해 볼 수 있다. 토론을 교실이 아닌 다른 곳에서 하고 이를 녹화하여 교사가 시간이 날 때 볼 수 있다. 교실이 아닌 곳에서 하는 토론의 경우에는 토론에 참여하지 않는 학생에게는 심판 역할을 부여하거나 토론에 대해 투표를 하도록 계획을 세울 수 있다.

교실 배치

토론 공간은 토론자들이 발언하고, 토론에 집중하고, 토론을 관찰하는 데 적합한 환경 조성 측면에서 매우 중요하다. 다행히도 대부분의 교실은 문제가 없다. 교실 크기가 학생들이 공간을 활용하기에 충분하다면 토론을 준비하는 데 적합하다.

토론을 하기 위해 교실 배치를 준비할 때 특별히 주의해야 할 요소들이 있다. 이 요소는 토론자의 자리, 발언 자리의 위치, 청중의 좌석 방향, 시간 관리자의 자리 그리고 토론 진행 요원들의 자리 등이다. 이는 법정 토론과 같은 형식에는 부적합하지만 대부분의 토론 형식의 경우에는 이와 같은 교실 배치면 충분하다.

토론자들은 교실 앞 공간에 청중을 바라보고 자리 잡아야 한다. 두 팀이라면 우측과 좌측에 배치한다. 되도록이면 청중을 바라보는 방향으로 탁자를 배치한다. 토론자의 이름과 주제는 칠판에 쓰거나 종이에 써서 칠판에 붙인다.

발언은 교실 앞에 나가서 하는데 때로는 두 팀 중앙의 공간도 좋다. 발언자의 위치는 일종의 '공동 구역'이 되는데 각 팀은 발언하지 않을 때는 지정된 자리에 있어야 한다. 발언 자리에는 가능하면 교탁을 두고, 없다면 보면대라도 두는 것이 좋다. 토론자가 청중을 향해 발언할 때 교탁 위에 자료나 메모를 올려 둘 수 있기 때문이다. 이때 교탁이 토론자를 가리지 않도록 유의해야 한다. 경우에 따라서는 교탁의 높이를 조절할 필요도 있으며 교탁에 학교 상징 마크나 학생들이 디자인한 마크가 부착되어 있으면 좋다.

청중은 토론이 진행되는 동안 토론자를 바라보며 편안하게 앉을 수 있어야 한다. 가능하다면 토론 중이나 토론 직후에 메모를 하거나 투표와 관련된 평을 적을 수 있는 책상이 있는 것이 좋다.

　　마지막으로 시간 관리자를 별도로 지정하여 토론자가 바라보기 좋은 교실 앞 공간에 앉도록 한다. 스톱워치도 사용 가능하지만 토론자들은 주방 기구 판매점이나 전기용품 상점에서 쉽게 구할 수 있는 카운트다운 타이머를 선호한다. 이는 발언 시간이 얼마나 남았는지 알려 주며 시간이 종료되면 삑삑 소리를 내어 편리하다. 시간 관리자는 커다란 시간 카드를 활용하거나 손가락 표시 혹은 말로 시간이 얼마나 남았는지 토론자에게 알려 주어야 하며, 교사는 시간 관리자가 정확하고 주의를 기울이는지 확인해야 한다. 발언 시간이 종료되면 토론자는 발언을 중단하고 앉아야 한다.

토론에 대한 안내와 경고

토론자들의 혼동을 방지하기 위해 매 토론 시작 때마다 토론 논제가 안내되어야 한다. 수업 시간에 하나 이상의 토론이 계획되었다면 모든 참여자가 출석한 토론부터 시작할 수 있다. 그러므로 모두가 출석한 것이 아니라면, '첫 번째 토론', '두 번째 토론' 등으로 구별하지 않는 것이 좋다.

　　토론자가 불참할 경우를 고려하여 예비 팀을 지정해 두도록 한다. 예비 팀은 필요한 경우 토론할 준비를 한다. 이러한 팀을 준비해 두면 토론을 위해 따로 할당한 소중한 수업 시간을 허비하는 일을 방지할 수 있다. 예비 팀이 토론하게 되는 경우에는 토론자가 불참한 팀은 다음 수업 시간에 토론에 참여하도록 계획을 수립한다.

　　매 토론의 마지막에는 다음 토론에 참여할 학생이 누구인지 반드시 안내해 주어야 한다. 이는 부지런하지 않은 학생에게 강력한 경고가 되며 향후 일정에 대한 오해를 없애 준다.

준비 시간

준비 시간은 한 명의 발언이 끝나고 다음 사람의 발언이 시작되기 전의 시간이다. 복잡한 논제를 다룬 토론의 경우, 학생들이 다음 발언을 준비하기 위한 준비 시간의 필요 여부와 시기를 결정하도록 허용하는 대신에, 원하는 때에 사용할 수 있도록 정해진 준비 시간의 횟수를 알려 준다. 네 명 이하의 토론자가 참여하는 토론의 경우, 두 번째 발언 전에 최초로 준비 시간을 사용할 수 있다. 또는 준비 시간을 없애고 학생들이 즉흥적으로 발언하도록 독려하는 방법도 있다.

준비 시간은 팀원과 생각을 모으고 함께 논의할 수 있게 한다는 점에서 가치가 있다. 또한 교사가 토론에 대해 교실의 학생들에게 이야기할 수 있는 기회를 제공하기도 한다. 준비 시간을 통해 교사는 학생들이 주목했으면 하는 토론 전략이나 사용된 논증에 대해 주로 긍정적인 측면의 논평을 할 수 있다.

준비 시간 동안에 학생들은 상대가 제기한 구체적 논점에 대한 답변 방안을 생각하거나 구성하고자 하는 논증을 얼른 메모하기도 한다. 같은 팀 토론자끼리 다음 발언을 위한 아이디어와 전략에 대해 상의한다.

양측에 주어진 준비 시간은 몇 가지 요소에 의해 결정된다. 각 팀이 자신들의 논증을 토론 전에 서로에게 공개하지 않았다면 추가적인 준비 시간이 토론의 질을 향상시킬 수 있다. 토론의 논제가 어려울 경우에도 추가적인 준비 시간이 유용할 수 있다. 일반적으로 발언이 길수록 긴 준비 시간이 필요하다. 3분의 짧은 발언의 경우 준비 시간은 짧아도 되나 8분에서 10분 정도의 긴 발언의 경우 훨씬 긴 준비 시간이 필요하다.

학생들에게 준비 시간은 나중을 위해 아껴 둘 필요가 있다는 것을 가르쳐야 한다. 활용할 수 있는 모든 준비 시간은 항상 최종 발언의 질을 높이는 데 사용하도록 한다.

시간 관리자는 각 팀의 준비 시간이 끝나면 이를 알려야 한다. 시간 관리자는 남은 시간이 기록된 카드를 들어 토론자에게 보여 준다. 한 팀의 준비 시간이 종료되면 발언의 유무와 상관없이 그들의 발언 시간은 바로 시작되어야 한다.

중간 휴식

각각의 토론에서는 아이디어와 정보의 교환이 매우 활발하게 일어난다. 그런데 이런 종류의 비판적 주장은 지적 자극이 되지만 익숙하지 않은 사람에게는 부담일 수 있다. 그러므로 토론 간에 짧은 휴식 시간을 계획할 필요가 있다. 학생들은 휴식 시간에 투표나 메모를 마무리하거나 다음 토론을 준비하고 장비를 사용할 경우 필요한 준비를 할 수 있다. 휴식 시간이 있으면 청중은 주의 집중을 더 잘할 수 있다. 이때 교사는 학생들로 하여금 휴식 시간을 명확히 알도록 하여 시간을 엄격하게 지키도록 한다.

토론 후의 토의

교실 토론 후의 토의는 종종 학생들로 하여금 더 생각해 보고자 하는 아이디어와 질문들을 생성해 낸다. 매 토론 후에 이러한 일정을 잡아 학생들에게 질문하고, 학생들의 생각을 표현하고, 토론 논제와 관련된 새로운 생각을 소개하는 기회를 제공할 수 있다. 이러한 시간은 토론의 쟁점에 대해 개인적으로 관여할 수 있으므로 매우 중요한 학습 기회가 된다.

　　토의 시간은 청중의 질문과 논평을 요청하는 것으로 시작된다. 아무도 말하지 않을 경우에는 청중이나 토론자에게 교사가 다음과 같은 일련의 질문을 한다.

- 누구의 발언이 좋았으며 그 이유는 무엇입니까?
- 누구의 논증이 견고했으며 그 이유는 무엇입니까?
- 누구의 근거가 가장 확실했습니까?
- 토론을 통해 새롭게 배우게 된 점은 무엇입니까?
- 토론을 통해 이 쟁점에 대해 기존 입장에서 재고하게 된 점이 있습니까?
- 토론에서 다루어지지 않은 중요한 논증이 있습니까?

학생들은 토론을 이제 막 마쳤고 친구들의 판단에 대해 긴장하고 있기 때문에 교사는 교실에서 토론에 대한 긍정적인 논평이 이루어지도록 유도해야 한다. 친구들의 반응은 토론 참여자에게 커다란 스트레스를 유발할 수 있다는 점을 인식하고 비판과 긍정적 논평이 균형을 이루어 제공되도록 해야 한다.

교실 내 청중 참여의 다른 형태는 청중 한 사람을 불러내어 한쪽을 지지하는 1분 발언의 기회를 주는 것이다. 이러한 기회는 양측이 최종 발언을 하기 직전 등 토론 중에도 줄 수 있는데 이것이 바로 4장에서 다룬 '청중 발언(floor speech)'이다.

토론 녹화

일반적인 토론과 논증 훈련, 학생들이 특정 쟁점에 대해 발언할 때 녹화는 매우 유용한 수단이다(Barker, 2004: 1). 교실 토론의 좋은 사례를 녹화하여 가지고 있다면 토론 절차의 모범으로 나중에 다른 학생들에게 보여 주는 데 사용할 수 있다. 완벽한 토론은 존재하지 않기 때문에 어느 정도 오류가 있는 것을 선정하는 것도 도움이 된다. 학생들은 토론에서 어떻게 실수하게 되는지 혹은 토론이 어떻게 매끄럽게 진행되지 못하는지 알 필요가 있다. 학생들은 때로는 이런 오류에서 위안을 받기도 한다. 이러한 영상을 통해 절차를 보여 주게 되면 마치 실제로 그들 앞에서 토론이 행해지는 것과 같아서 학생들의 반응을 유발하는 데 도움이 된다.

학생들로 하여금 토론 영상을 보면서 노트에 기록하도록 독려해야 한다. 토론이 끝난 후 토의를 하도록 하거나 청중 발언을 통해 자신의 관점을 표현하도록 할 수 있다. 또는 토론에 대해 투표를 할 수도 있다. 이때 자신의 의견을 투표지에 상세하게 적게 하는 방법도 유용하다. 교사는 투표지를 수합하여 학생들이 적은 의견에 간략한 논평을 하기 위해 검토한 후 점수는 매기지 않고 돌려준다.

토론 녹화는 특히 토론 참여자가 자신을 관찰하는 데에도 도움이 된다. 토론 중에 간단한 VHS카메라나 DV카메라를 교실에 배치할 수 있다면 토론이 시작될 때 '시작' 버튼만 누르면 된다. 학생들로 하여금 자신의 토론을 녹화할 공 테이프를 제출하도록 할 수도 있다. 그 다음에 자신이 토론하는 모습을 볼 수 있도록 테이프를 가져가 서로 공유할 수 있다.

대부분의 학생들은 자신이 발언할 때 다른 사람에게 어떤 모습으로 보이는지에 대해 전혀 익숙하지 않은데, 영상 속 자신의 모습을 보게 되면 그 안에 자신의 표현 방식과 발성 방식이 그대로 노출되어 교정에 매우 유용하다. 이는 교사가 제공할 수 있는 어떤 비판적 논평과 조언의 목록보다 영향력이 클 수 있다. 학생들은 흔히 다음과 같은 특징들을 찾아낸다.

- 자신들은 잘 듣지 못하는 "음, 어"와 같은 음성적 휴지
- 산만한 몸짓과 동작
- 몸짓과 동작의 결여
- 두개골의 공명실을 통해 들은 것보다 단조로운 실제 자신의 음성
- 주요 논점을 다루기에 명확하지 않은 내용 조직
- 논증과 논점을 제시하는 데 서툰 말투
- 논증과 개념에 대한 부족한 설명
- 상대가 제기한 주요 논점에 대한 언급 실패
- 청중의 판정에 도움이 되는 논증 요약의 실패

토론 영상의 또 다른 중요한 용도는 교실에서 교사가 어떻게 행동하는지를 기록하는 것이다. 이는 교육 개혁이나 발전을 추진하는 학교 관리자나 행정가들에게 교사의 노력을 인상적으로 보여 줄 수 있다.

또한 토론 영상은 동료 교사로 하여금 교실에서 토론 수업을 시도하도록 독려하는 데도 사용될 수 있다. 짧은 토론 영상을 보게 되면 토론의 잠재적 가치를 더 잘 이해하게 된다.

교실에서 토론한 결과물을 방송으로 내보낼 수도 있다. 시청자 참여 케이블 텔레비전 방송국을 보유한 지역이 많은데 이런 곳에서 토론 영상을 방영할 수 있다. 미국의 경우 일반적으로 주(州)의 법에 따라 케이블 텔레비전 회사는 전파를 공

공 목적으로 송출하도록 요구하고 있기 때문에 이러한 서비스는 관대한 행위라기보다는 마땅히 해야 하는 것이다. 방송사들은 '방송거리'를 원하며, 토론 영상이 방송거리인지 아닌지를 판단하게 된다. 토론 영상에 시작과 종료 자막을 추가할 수 있으며 이를 쉽게 방송할 수 있다. 이러한 방송 노출은 교사의 노력에 대한 중대한 홍보가 되며 다수의 잠재적 시청자까지 얻을 수 있게 된다.

학생들도 방송에 출연하는 것을 좋아한다. 그들은 지역 주민들이 길거리에서 "텔레비전에서 보았다."라고 말을 거는 경험도 종종 하게 된다. 그러한 방송 프로그램은 토론 주제에 대한 교육뿐 아니라 광고나 홍보에도 매우 강력한 방법이다. 지역 주민들이 채널을 돌리면서 순간적으로 토론 방송을 보게 되더라도 "토론을 진행하는 저 선생님이 또 방송에 나왔네."라고 말하기 쉽다. 이것이 바로 학교에서 함께 제작한 텔레비전 프로그램으로 인해 학생들에게 일어난 일들이다(Snider, 2004).

토론 영상의 마지막 용도는 바로 기록 자료이다. 이것은 시간이 지난 후 학생들의 수행에 대한 흥미롭고 때로는 재미있는 자료가 된다. 경험에 의하면 학생들은 이와 같이 학창 시절의 활동이 담긴 영상을 보고자 한다. 예전 학생들의 영상은 그들이 어떤 명성을 얻었거나 공직에 진출하였을 때 특히 흥미롭다. 그러나 이러한 자료는 언론이나 정치적 반대파에게 공개되어서는 안 되므로 유의해야 한다.

외부 참관자 초대

교실 토론은 토론 참여자들에게 교육적이기도 하지만 참관자들에게 좋은 정보를 제공해 줄 수도 있다. 학생들은 토론을 참관함으로써 마치 토론에 참여하는 것과 같이 배우게 된다고 말한다. 그러므로 교사는 때때로 토론을 관찰할 다른 사람을 초대해야 한다.

관리자와 감독자, 다른 교사, 관심 있는 학생들, 학부모, 잠재적인 후원자와 기부자, 토론 논제에 관심 있는 학교 밖의 인사 등을 토론에 초대할 수 있다. 이때 학교 구성원들이 토론이 어떠한지 보기 위해 예고 없이도 방문할 수 있도록 토론 일정을 알리는 초대장을 보낼 수 있다.

교실에 사람들을 초대하기에 앞서 학생들에게 동의를 얻는 것이 좋다. 왜냐하면 학생들은 '그들의 공간'이 어느 정도 감시받는다고 느낄 것이며, 교사 역시 학생들의 준비 상태를 확인할 수 있기 때문이다.

하지만 토론 절차에 대해 학생들이 익숙하게 느끼기 전에는 외부 인사를 초대하지 않는 것이 좋다. 학생들은 첫 토론 때는 긴장하지만 경험이 쌓이면 훨씬 편해지며 토론이 거듭되면 외부 참관자들로 인해 그리 큰 방해를 받지 않게 된다.

외부 참관자들은 구경꾼으로 있는 것이 바람직하다. 그들은 교사가 만들어 가고 있는 논증의 공동체에 지속적으로 참여한 자들이 아니며 온전한 토론 참여자로서의 권한을 얻지도 못하였다. 그러므로 그들이 토론에 개입하거나 질문을 하거나 청중 발언을 하는 것은 허용하지 않는 것이 좋다. 토론 참여자의 부모나 토론 주제에 대해 큰 관심을 보이는 외부인들이 실제로 자신의 의견을 고집하는 경우도 있기 때문에 때때로 학생들은 동일한 경험을 갖지 않은 외부인에게 질문을 받고 분개하기도 한다.

외부 참관자들이 교실 토론을 관찰한 후, 그들의 반응과 피드백을 얻기 위해 간단한 회의를 하는 것을 잊지 말아야 한다. 이러한 대화를 통해 그동안 알아채지 못한 문제나 교실 활동에 대한 긍정적인 피드백을 받을 수 있으며 그들을 이러한 일에 관여하도록 하여 후원자를 초대하는 절호의 기회를 얻게 된다.

토론 홍보

다른 사람들에게 토론을 보이고자 한다면 교사는 몇 가지 간단한 홍보 활동을 해야 한다. 학생들이 참관 가능한 상태로 준비되었는지 확인한 후에 토론을 홍보해야 한다. 교실 토론을 공공의 영역으로 확대하기 전에 토론자들의 허가를 확실히 얻어야 한다. 토론 홍보를 통해 교사는 충분한 보상을 받게 된다. 교실 수업의 목표를 보다 큰 사회적 쟁점으로 연결하는 것은 분명히 가치 있는 일이다.

기본적인 홍보를 위해서는 시간, 장소, 주제 영역 등과 같은, 관심 있는 사람들을 위한 간단한 정보를 반드시 제공해야 한다. 참여하는 학생의 이름을 알리는 것은 좋지 않다. 왜냐하면 단지 아는 학생들 간의 토론을 보고자 하는 마음으로 오는 사람들이 있을 경우, 토론하는 학생들이 원하지 않는 압박을 받을 수 있기 때문이다. 이러한 부적절한 참관 동기를 갖고 있는 이들의 참여를 막을 필요가 있다. 그러나 관심 있는 사람들이 연락을 할 수 있도록 전화번호나 전자 우편 주소는 항상 제공해야 한다.

토론 행사가 외부 참관자를 위한 공개 행사로 설계되면 교실 활동보다 더욱 크게 홍보가 된다. 이러한 공개 행사는 다음과 같이 쉽게 홍보할 수 있다.

- 문서 작성 프로그램으로 제작한 간단한 포스터를 학생들과 교사들이 모이거나 자주 다니는 교실 안팎의 장소에 붙여 둔다.
- 학교 정보를 제공하는 연락 목록에 포함된 관심 있는 사람들에게 전자 우편을 보낸다.
- 교내 아침 안내 방송에 관련 정보를 포함시킨다.
- 교내 학사 일정에 관련 정보를 포함시킨다.

일자와 장소만 간단하게 대체하여 지속적으로 사용할 안내 견본을 만들어 사용하는 것이 좋다.

우수 학생의 토론 공개 행사 준비

교실 내에서 특별히 토론을 잘하는 우수 학생의 경우 그 토론을 공개적인 방식으로 다시 개최하는 것은 가치가 있다. 앞서 언급한 대로 토론은 참여자뿐 아니라 참관자에게도 유용하며 교육적이다. 이것이 바로 잘된 토론 하나를 공개적인 방식으로 준비하는 진정한 명분이다.

마치 예술 전공 학생이 전시회를 개최하듯이 토론 참여 학생 역시 자신의 전시회를 개최할 수 있다. 학생들의 노력을 공개 행사로 개최하면 학교나 대학의 강력한 지원을 받을 수 있다. 공개 행사를 위해 토론 형식을 변경할 필요는 없지만 더 많은 청중, 확성 장치, 토론 참여자와 토론 주제에 대한 보다 공식적인 소개에 대해서는 반드시 고려해야 한다. 공개 행사는 다음과 같은 장소에서 개최할 수 있다.

- 중고등학교의 집회: 간혹 학교는 좋은 집회 프로그램을 찾고 있으며 토론 공개 행사를 편성한다면 크게 환영받을 것이다.
- 학부모와 교사 단체의 공동 행사: 이런 경우 종종 학생이나 학교 일에 대한 공개 행사를 찾는다.
- 학생들 대상의 방과 후 행사
- 교육 행정가 집단, 교육 위원회, 대학 이사회, 다른 학교를 위해 개최한 토론 시연
- 토론 주제에 관심 있는 지역 공동체의 행사

이러한 행사에 대한 홍보는 충분하게 이루어져야 하며, 잠재적 청중에게 홍보할 수 있도록 계획되어야 한다. 지역 신문, 소식지, 지역 달력에 행사를 소개하는 것이 매우 유용하다. 특히 공개 행사가 열리기 3~4주 전부터 행사 기간까지 지속적으로 홍보가 이루어지는 것이 가장 효과적이다.

학생의 교실 외부 토론 참여

교실과 학교 외부에서도 토론을 할 수 있는 좋은 장소가 있다. 다음 두 곳이 교육기관 외부에서 토론을 할 수 있는 가능성이 있는 장소이다.

대부분의 지역 공동체에는 서로 연락하고 교제하거나 함께 자선 활동을 하기 위한 봉사 단체나 사교 클럽이 있다. 미국에는 이러한 수많은 집단이 한 달이나

한 주에 한 번씩 오찬 모임을 하고 있다. 이러한 집단 구성원들은 해당 모임 때 할 수 있는 프로그램을 항상 찾고 있다. 학생들은 이미 교실에서 한 번 다룬 흥미로운 주제에 대한 토론을 간단하게 보여 줄 수 있으며 그 후 청중이 논의를 이어 나갈 수 있다. 이러한 단체와는 한 장의 간단한 편지로 토론 시연에 대하여 쉽게 연락할 수 있는데 이들이 얼마나 환영하는지를 알게 된다면 매우 놀랄 것이다.

이러한 집단에는 때로는 매우 열성적인 청중이 있으며, 안정된 공간이나 무료 음식을 제공하기도 한다. 이러한 활동은 대중 교육, 학생 훈련, 학교와 지역사회의 연계, 학생들의 미래 취업 확대를 위한 지역 지도자 및 경제인과의 연결, 프로그램과 교사의 노력에 대한 홍보는 물론 후원자와의 관계 증진 등 매우 풍성하고 다양한 유익을 제공한다.

대부분의 지역 공동체는 '전화 토론 프로그램'과 같은 성격의 라디오 프로그램을 가지고 있다. 이러한 방송들은 중요한 사안에 대해 토론하며 청취자를 초대하는 방식으로 제작된다. 이러한 방송국들은 특별히 지역 중심의 주제와 프로그램을 찾고 있다. 학생 소집단이 라디오 방송국에 가서 이미 토론해 본 주제에 대해 토론에 참여하고 청취자들의 전화 질문에 답변할 수 있다. 라디오 방송국도 이러한 행사를 소개하는 한 장 분량의 편지로 쉽게 접촉할 수 있다. 이러한 방송 참여는 학생에게 놀라운 경험을 제공하고, 중대 사안에 대한 지역 담론을 풍부하게 하며, 교사와 학교를 홍보하고, 공공 토론의 가치에 대한 시민 교육에 기여한다.

교사는 지역 공동체를 초대하여 많은 수가 참여할 수 있는 공개 토론을 개최할 수 있다. 이를 위해서는 관련 있는 공적인 논란을 선정하여 미디어와 입소문으로 홍보하고, 지역 회관이나 교회와 같은 장소에서 토론을 개최해야 한다. 토론을 통해 쟁점에 대한 논의를 활성화하고, 청중의 참여를 독려하며, 토론의 교육적 가치를 홍보하는 유익을 얻을 수 있다. 공개 토론에 대해서는 10장에서 자세하게 다루었다.

결론

이 장에서는 교육 토론의 준비 방법에 대해 실제적인 부분들을 포괄적으로 검토해 보았다. 많은 조언이 담겨 있지만 교사나 토론 진행자가 각자 최선의 판단에 따라 토론의 가능성을 현실화해 보기를 권장한다. 교사의 탐구와 학생의 성장을 통해 새로운 아이디어와 실행 방법이 생겨날 것이다.

제8장

청 중 의 참 여

여기에서는 토론 절차가 어떤 면에서 청중에게 유익한지, 청중이 토론의 과정을 어떻게 개선할 수 있는지 살피고자 한다. 또한 교실 토론의 청중인 학생들의 요구, 책임, 잠재력에 대해서도 다룰 것이다. 청중은 단순한 관찰자가 아니라 토론 참여자, 심판, 비평가 등의 역할을 맡을 수 있다. 특별히 청중은 토론 후반부의 의사 결정 과정에 적극적으로 참여하여 토론에 기여하게 된다.

사람들이 교실 토론을 반대하는 가장 큰 이유 중 하나는 교실의 모든 에너지가 토론에 참여하는 일부 소수 학생에게만 집중되고 나머지 학생들은 토론을 듣기만 해야 한다는 점이다. 이러한 문제 제기에 따라 이 장에서는 교실 토론에 나머지 학생들을 참여시킬 수 있는 기법을 소개하고자 한다.

청중으로서의 학생

교실 토론을 지켜보는 학생들은 다양한 심리적 압박을 겪는다. 청중으로서의 학생들은 토론이 벌어지고 있는 전체 상황에서 토론자의 논증을 들으며 토론을 비판적으로 지켜본다. 많은 학생들에게 비평가로서의 역할은 낯설고 새로운 것인데 때로는 참여하는 데 머뭇거리기도 하고 때로는 과도한 열정을 보이기도 한다. 교실 앞으로 나가서 누구나 토론을 해야 한다는 점에서 학생들은 서로에게 일종의 유대감을 느끼기 마련이다. 이런 압력은 모순 같기도 하지만 사실은 서로를 지원하고 강화하는 방식이 될 수도 있다. 토론 같은 낯설고 모험적인 활동에 참여하는 것을 불편해 하는 학생을 지도할 때에는 서로를 지원하는 방식에서 경험하는 상호 의존감에 초점을 두도록 한다.

　교사가 청중에게 바라는 것은 바로 안전하고 편안한 의사소통 환경이다. 일어서서 상대방의 논증을 반박해야 하는 토론자들은 자신의 의견을 지지하며 우호적인 표정을 짓는 청중을 바라볼 필요가 있다. 교실에서 토론을 활용하고자 하는 모든 교사는 학생들에게 이 점을 반드시 주지시켜야 한다. 경험상 학생들은 이 충고를 진심으로 따른다. 교사는 의사소통 친화적 환경을 조성하는 적절한 역할 모델이 되기 위해 노력해야 하는데 이렇게 하려면 호기심이 많고 적극적이어야 한다.

　토론자에게 심각한 지적을 해야 할 경우에는 비밀이 보장되는 개인적인 방식으로 해야 한다. 토론자가 갖는 심리적 부담이 매우 크므로 학생들은 쉽게 상처를 받는다. 특별히 학기 초에는 전체 학생들 앞에서 공개적으로 과도한 비판을 하지 말아야 한다. 학생들이 비판을 견뎌 내는 것처럼 보일지라도 토론을 마친 후 즉석에서 공개적으로 비판을 받는 것보다는 개인적인 방식으로 조언을 들을 때 비판을 더욱 잘 이해하고 수용한다. 전체 학생들 앞에서 논평을 하는 경우에는 서너 개의 토론 중에서 개선이 필요한 항목들을 정리하여 언급한다. 이때 학생들이 잘한 긍정적인 요소를 중점적으로 언급해도 된다. 성공적인 전략을 강조함으로써 학생들은 긍정적인 강화를 제공받게 되며 이로써 우호적인 학습 환경이 조성된다. 모든 비판 자체가 학생을 두렵게 하는 것은 아니지만 전체 학생 앞에서 개인적인 비판을 받는 것은 학생을 몹시 위축시킨다. 교사는 학생이 공적인 자리에서 비판 받지 않아야 한다는 점을 명심해야 한다.

　토론을 종료할 때마다 교실의 모든 학생은 토론자들의 노력에 박수를 보내야 한다. 첫 번째 토론이 끝났을 때 박수를 치는 상황이 자연스럽게 연출될 수 있지만 학생들이 박수를 치는 것을 놓치지 않도록 교사가 솔선할 필요가 있다. 이러한 행동으로 토론의 절차를 확립하면, 서로를 지지하는 긍정적인 분위기를 조성하는 데 도움이 된다.

　모든 학생들이 토론에서 어떻게 행동해야 하는지를 아는 것은 아니다. 일부 학생에게는 토론 상황이 매우 낯선 것이어서 이상하고 어리석게 반응할 수도 있다.

교사는 항상 상황과 학생을 온전하게 통제하고 있어야 한다. 엄격한 규칙이 필수적인 것은 아니지만 수업 중이나 수업 후 개인적인 상황에서라도 학생이 기본적인 행동의 기준을 위반하였을 때는 교사가 반드시 개입해야 한다. 교실 토론에서 기본적인 행동의 기준은 다음과 같다.

- 개개인을 존중한다.
- 다른 관점을 존중한다.
- 생각을 자유롭게 소통할 수 있다.

학생 청중과 메모

토론 중에 메모하게 하는 것은 청중을 참여시키는 유용한 방법이다. 메모는 토론에 대한 청중의 관점을 강화하며 사고의 흐름을 유지하는 데 도움이 되고, 토론 후에 논평과 투표를 하는 데도 큰 도움이 된다. 메모를 하는 방법에 대해서는 6장에서 다루었다.

경험에 의하면 학생들은 메모하면서 토론에서 제기되는 여러 복잡한 내용을 이해하고 해석하게 된다. 즉, 충돌하거나 서로 놓친 쟁점과 논증들을 메모를 통해 시각화하여 쉽게 이해할 수 있다. 정치 토론 등 일상생활에서 접하는 다른 토론과 달리, 상대가 제기한 문제에 답변을 거부하는 것은 공식 토론에서는 심각한 잘못이다. 메모를 하면 이러한 잘못된 상황이 발생한 것을 쉽게 알 수 있다.

메모를 하면 아이디어 간의 논리적 관계를 쉽게 찾을 수 있는데 치명적인 오류 중의 하나인 토론자 개인이나 토론 팀 내부의 의견 불일치를 쉽게 식별할 수 있다. 의견 불일치 진술이 나올 경우 메모의 다른 곳에 따로 적어 두어 이를 지적해 낼 수 있다.

교사는 학생들의 메모를 살펴보고 개선할 점을 조언해 주어야 한다. 학생들이 메모를 잘하고 있는지 점검하기 위해 토론을 마친 후 메모하고 투표한 결과물을 제출하도록 할 수 있다. 교사는 메모를 점검하고 채점한 다음 교사의 재량에 따라 학생들에게 돌려준다. 이러한 과정에서 토론의 핵심적인 요소를 탐구하는 다양한 교육적 기회를 제공할 수 있다. 토론을 관찰하면서 메모를 평가하고자 한다면 메모를 얼른 훑어보도록 한다. 학생의 메모는 다음의 기준을 활용하여 평가한다.

- 논증을 세부적으로 기록했는가?
- 모든 토론자의 발언을 기록했는가?
- (6장에서 제시한) 메모의 형식과 구성은 적절한가?
- 논증의 요점과 취약점을 식별하였는가?

심판과 비평가로서의 학생들

학생이 심판으로서 판정을 하는 것은 토론 과정에 온전하게 몰입하도록 할 뿐 아니라 학술적 주제의 복잡성에 대해 학습할 수 있는 놀라운 기회를 제공한다.

교실의 어린 학생들이 느끼는 '또래 압력(peer pressure)'은 서로에게 상당한 영향을 미친다. 우리는 종종 '또래 압력'의 부정적 차원에 주목하는데, 교실 토론에서는 '또래 압력'이 긍정적인 방향으로 활용될 수 있다. 경험에 의하면 학생들은 다양한 학습 활동을 통하여 의견을 주고받으면서 서로에게 가치 있는 가르침을 제공하곤 한다.

'또래 압력'은 교실 토론에서 학생들로 하여금 심판과 비평가로서 활동하는 장을 만들어 낸다. 학생들은 교실에서 학습에 대한 책임을 갖게 되는데 이러한 점은 수업에서 이루어지는 학습 과정을 근본적으로 변화시킨다. 교실 토론에서는 교사가 학생의 노력과 수행을 판단하는 역할을 하는 것이 아니라 교실에 있는 모든 사람, 즉 교사와 학생들이 청중, 평가자, 비평가, 심판의 역할을 맡는다. 경험적으로 보면 학생들은 동료 학생을 실망시키고 싶지 않을 때 더욱 열심히 하는 경향이 있다. 학생들은 더욱 부지런해질 뿐 아니라 일반적으로 더 나은 수행을 보인다. 이러한 과정을 통해 종국에는 앞서 언급하였던 안전하고 지적인 환경이 조성되는 것이다.

학생들은 종종 토론을 판정할 때 사용할 기준을 요구한다. 물론 완벽한 정답은 없으므로 교육 목표와 주제의 속성을 바탕으로 다양하게 답변하면 된다. 교사는 단일 또는 복수의 모형을 사용할 수 있으며 가장 적절하게 여겨지는 행동을 말해 줄 수도 있다. 이때 부록이나 6장에서 다룬 '능숙한 토론자' 항목을 제시하는 것도 하나의 좋은 대안이다.

'의견 중심(your opinion)' 판정 모형에서는 학생들이 의견을 가장 잘 드러낸 논증을 한 쪽에 투표를 하게 된다. 이것은 토론자의 수행적 차원에 대한 판정은 아니다. 이러한 평가 방식은 사실 쟁점을 다루는 토론이나 학생들이 확고한 의견을 가지고 있지 않은 논란에 대한 토론에서 유용하다.

'토론 수행 중심(better job of debating)' 판정 모형에서는 학생들이 개인적으로 옳다고 믿는 쪽이 아니라 논증을 가장 잘한 쪽에 투표를 하게 된다. 학생들은 진실에 대한 판정으로서 토론을 평가하는 것이 아니라, 토론자의 수행을 판정한다. 논증이나 설득과 같은 특정한 주제를 학습하는 의사소통 전략 수업의 경우 이 판정 모형이 유용하다.

'발표 중심(better presentation)' 판정 모형에서는 청중 학생들이 자신의 생각을 잘 조직하여 전달하는 데 능숙한 쪽에 투표를 하게 된다. 토론의 내용보다 토론자의 발언에 대한 이러한 평가 기준은 공공 화법 수업에 유용하다.

이러한 다양한 판정 모형은 통합해 보는 것도 흥미롭다. 학생들에게 논증과 발표가 균형을 이룬 것을 기준으로 투표하라고 독려할 수 있다. 발표를 잘하여 논증이 효과적이 된 경우와 논증이 훌륭하여 효과적인 발표가 된 경우를 식별하도록 할 수도 있다.

청중 심판에 대한 지도는 교실 토론 경험의 성패를 좌우하는 매우 중요한 요소이다. 교사는 어떤 판정 모형이 토론의 논제에 가장 적합하면서도 학생들이 이해하기 쉬운지 판단해야 한다. 판정 모형을 판단하였다면 반드시 토론 시작 전에 청중에게 공지해야 한다.

청중 투표

교실 토론을 할 때 학생 청중에게 투표지를 작성하게 하는 것이 필수적인 것은 아니다. 그렇더라도 청중이 토론에 집중하게 하고 다음 차례에 교실 앞에 나가서 토론자 역할을 하는 것을 준비하게 하는 중요한 연습으로서 의미가 있다.

토론자와 투표자 모두에게 생산적인 토론 논평 작성 지침은 다음과 같다. 투표의 논평은 항상 정중해야 하며 인신공격성 비판을 하면 안 된다. 청중은 자유롭게 토론자의 생각을 비판할 수 있어야 하지만 사람을 상대로 비판하면 안 된다. 학생들은 교사들이 논평하는 시범을 보고 그와 같은 방식으로 따라 하는 것이 좋다.

단순한 '인상'을 기준으로 판단하는 것이 아니라 토론자에 의해 제시된 이유와 논증을 평가해야 한다. "더 이해하기 쉬운 것 같다." 또는 "무슨 말을 하는지 알 것 같다."와 같은 논평을 적는 것은 바람직하지 않으며 구체적인 생각, 사실, 논증에 초점을 두어 논평해야 한다. 이러한 과정을 통해 학생들은 대부분의 사람들이 설득적인 메시지를 수용하면서 고려하는 것보다 더욱 심도 있는 분석과 비평을 하게 된다. 이와 같이 투표지에 논평을 적는 과정은 비판적 사고력 훈련 모형으로서 매우 유용하다.

논평은 매우 구체적으로 작성해야 하는데 일부 학생의 경우에는 얼른 작성하려고 아이디어나 고려 사항만 간략히 적어 놓기도 한다. 하지만 토론은 한두 가지의 생각으로 결정되지 않는 매우 복잡한 의사소통 행위이다. 학생들이 자신의 판정을 설명하기 위해 더욱 구체적으로 논평을 적을수록 토론에 대한 분석은 심화될 것이다.

토론에서 제시된 여러 쟁점들을 잘 따져 보아야 한다. 토론할 때 전체 논증을 통해 사안의 일면만 다룬 경우는 매우 드물다. 일반적으로 개별적인 측면 모두를 다루어야 좋은 논증이 되므로 학생들은 여러 논증을 잘 따져 보아야 한다. 예를 들면, 의료 보험 개혁과 관련된 토론에서 필수적으로 다루어야 할 현재 의료 보험 제도의 문제점에 대한 측면에서는 이겼지만 해결 방안의 유용성에 대한 측면에서는 진 토론 팀을 가정해 보자. 이 경우 변화를 위한 행동의 필요성에 대한 논증에서는 이긴 것이지만, 제안한 해결 방안이 문제를 충분히 해결한다는 논증에서는 진 것이다. 그러므로 이 팀은 패하고 말았다. 학생들은 어느 팀이 어떤 쟁점의 어느 측면에서 이겼는지를 식별해야 한다. 토론 주제의 찬성과 반대에 투표하는 것인지 아니면 논증을 잘 구성한 팀에게 투표하는 것인지를 결정하기 위해 쟁점이 서로 어떻게 연관되는지를 파악할 수 있어야 한다.

토론을 마친 후에 학생의 투표지를 점검하는 차원에서 투표지를 토론자에게 줄 수도 있는데 이는 학습 과정에서 매우 중요한 부분이다. 토론자는 학생 심판의 다양한 반응을 비교할 수 있으며 수많은 투표지에 적힌 논평에서 특별한 인상을 받게 된다. 경험적으로 보면, 학생들은 친구가 적어 준 투표지의 논평을 통해 교사의 논평보다 진정성과 다양한 관점 측면에서 더욱 강한 영향을 받곤 한다.

책임 있는 논평을 하기 위해서는 자신이 판정한 투표지에 이름을 적는 것이 바람직하다. 자신의 이름을 적게 되면 더욱 부드럽게 진술할 수 있으며 지적된 사항에 대해 의문이 있을 경우 서로 물어보며 상호작용할 수 있다. 투표지를 익명으로 작성하게 하면 구체적인 논평이 가능하여 효과성을 높일 수 있다고 판단한 경우에는 투표지를 익명으로 작성하게 할 수도 있다.

청중 질의

몇몇 유형의 경우, 교사의 재량에 따라 토론 후반부에 청중인 학생들이 토론자에게 질문하게 할 수도 있다. 이러한 과정은 논증의 약점과 강점을 드러내 주고, 토론자가 놓친 주요 쟁점을 찾아내고, 논증을 명확하게 하며, 청중과 개인적 차원에서 상호작용할 수 있는 기회를 제공한다.

토론 중에도 질문을 여러 번에 걸쳐 받을 수 있다. 양측의 마지막(요약) 발언 직전에 질문을 받는 것도 한 방안이다. 이 질의응답 시간을 바탕으로 토론자는 최종 발언에서 청중이 중시하는 쟁점을 부각하여 말할 수 있다. 하지만 때로는 이 과정이 토론의 흐름을 방해하기도 한다.

토론을 완전히 마친 후, 질의응답 시간을 가질 수도 있다. 이렇게 하면 질의응답 시간을 충분히 확보할 수 있고, 토론 전반을 다루면서도 질문과 응답으로 인해 토론 흐름이 끊기는 것을 방지할 수 있다.

청중 전체가 질문할 수도 있고 양측에 질문을 하도록 선정된 일부 학생 패널이 질문할 수도 있다. 아무나 질문할 수 있는 경우에는 각 질문에 아무래도 주의가 덜 기울여지기 마련이다. 학생 패널에게 미리 질문하도록 배정하면 질문 수는 적어지겠지만 보다 진지하고 숙고를 거친 질문이 나온다. 질문하는 것을 임무로 부여 받은 학생들은 진지하게 숙고하여 질문을 만드는 데 많은 노력을 기울이게 된다.

토론에 따라 구두 질문이나 문서 질문을 할 수 있다. 쟁점과 관련된 청중의 감정이 상당히 고조되는 공공 토론의 경우, 질문을 문서로 하도록 요구하는 것이 바람직하다. 이렇게 하면 적대적 질문을 걸러 내고 양쪽 입장을 번갈아 가며 질문을 검토할 수 있다.

교실 토론의 경우 구두 또는 문서 질문이 모두 가능하다. 토론 도중 문서로 질문을 제출하게 되면 쉬우면서도 개인적인 차원의 질문을 하는 경향을 줄일 수 있다. 또한 질문 목록을 편집하여 가장 좋은 질문만 제시할 수 있다. 구두 질문은 시간 소모가 크고 개인적 차원에서 행해지게 되어 마치 공개 토의를 하는 것 같은 분위기를 유발한다. 교사는 필요에 따라 가장 적합한 방식을 선택하면 된다.

청중 발언

청중에게 질문을 대체하거나 질문과 더불어서 '청중 발언'이라고 하는 짧은 발언을 하게 할 수도 있다. 청중은 이 발언 과정을 통해 자신의 관점을 알리고 토론에 참여할 수 있는 기회를 얻게 된다.

청중 발언은 일반적으로 질의응답 시간을 대체하며, 동일한 지점에서 이루어진다. 양측의 마지막 발언 직전이나 토론 종료 후에 이루어지는 것이 가장 적합하다. 청중 발언은 청중이 스스로 의사 결정을 하는 시간이다.

교사는 청중에게 발언 기회가 있음을 알려 주어야 한다. 토론 시작 전에 의사 진행 발언을 통해 청중 발언의 기회를 알려 주면, 청중은 발언 내용을 미리 구상할 수 있어 발언의 질이 향상된다. 청중 발언을 할 시점이 되면 토론 진행자가 청중에게 발언을 요청하면 된다.

청중 발언은 많은 사람에게 발언 기회를 부여하기 위해 일반적으로 1분 동안 한다. 교사는 지지하는 측을 고려하여 교대로 발언할 수 있도록 해야 한다. 한 학생이 청중 발언을 할 때 다음 발언 기회를 기다리는 사람에게 어느 쪽을 지지하는지 물어서 균형 있는 발언이 되도록 해야 한다. 이때 어떤 학생에게도 중복 발언 기회를 허용하지 않도록 한다.

일반적으로 청중 발언을 하라고 하면 직접적으로 요청하지 않는 한 자원자가 많지 않다. 청중 가운데 한 사람이 발언을 시작하여 어색한 분위기를 전환하면 다른 학생들도 순조롭게 논의가 진행되는 것을 보고 마음속으로 할 말을 정리한 후에 후속 발언을 하게 된다. 그러므로 아무도 발언하려 하지 않는다면 교사는 한두 명이라도 발언을 시작하도록 격려하면서 다른 학생의 발언을 기다려야 한다.

청중 발언은 전체 시간 계획에 따라 발언 시간을 한정해야 한다. 토론 자체가 약화될 수 있으므로 청중 발언을 과도하게 하지 않도록 한다.

매체 역할 담당하기

교사가 계획을 적절하게 수립하면 학생들에게 공적 대화의 중요한 부분을 수행하는 실제적인 역할을 부여할 수 있는데, 이렇게 되면 학생들은 토론에 매우 확실하게 참여하게 된다.

학생들에게 익숙한 역할 중 하나는 대중 매체와 관련된 것이다. 신문, 라디오, 텔레비전의 언론인은 각 대중 매체를 통해 관련된 여러 사안과 이야기를 다루는데, 학생들에게 이러한 역할을 담당하도록 할 수 있다.

대중 매체의 역할을 담당한 학생은 해당 사안을 다루는 일을 맡는데 일정한 준비 기간 동안 계획을 작성하고 기사를 준비하게 된다. 이러한 작업은 특별히 역할극 토론을 할 때 유용하다. 만약 마을에 있는 종이 공장과 관련된 토론이라면 지역 주민 대표, 업체 대표, 환경 운동가, 지역 관료, 경제학자 등의 역할을 맡아 생생하고 흥미 있는 역할극 토론을 할 수 있다.

라디오 리포터는 마지막에 1~2분짜리 간단한 보도를 하고, 신문 기자는 다음 날 필요한 기사를 정리할 수도 있다. 만약 장비를 활용할 수 있다면 리포터, 카메라 기자, 음향 기술자 등 학생 텔레비전 뉴스 팀을 꾸려서 2분짜리 보도 영상을 함께 제작·편집할 수도 있다. 이런 언론 보도는 사안을 정리할 때 매우 유용하다. 이러한 과정을 통해 언론인이 사건을 객관적으로 보도하기 위해 직면하는 문제에 대해 학생에게 교육할 기회를 얻게 된다. 또한 다른 이념적 관점을 가진 두 명의 리포터를 지정하여 객관성의 문제를 다룰 수도 있다.

학생들은 이 사안에 이해관계가 있는 사람 또는 부정적인 영향을 받을 사람 등 사안과 관련된 시민의 역할을 맡을 수도 있다. 교사는 가능한 한 학생들에게 다양한 기회를 주어 창의성을 극대화하고 가능한 모든 지원을 해야 한다.

투표 결과 발표

교사는 학생들에게 정해진 양식에 따라 한쪽을 지지하는 투표를 하고 투표지에 자신의 판정 이유를 작성하도록 요구할 수 있다. 사실 반드시 투표할 필요는 없지만 이러한 투표 절차는 여러 장점이 있다. 토론을 정의하면서도 언급했지만 토론은 결국 의사 결정을 요구하게 되고 이러한 투표 절차가 바로 그러한 의사 결정의 기회를 제공하기 때문이다.

토론 직후에 간단하게 투표를 할 수 있다. 발언이 종료되면 잠깐의 시간이 있는데 학생들에게 손을 들게 한 후 숫자를 헤아려서 공표하면 된다. 이러한 과정은 즉각적이고 흥미롭지만 스트레스와 긴장감을 조성하기도 한다.

또는 투표지를 모두 제출한 후에 투표 결과를 집계할 수도 있다. 교사는 다음 시간이 시작할 때 투표지를 받아 검토한 뒤 2차시 후에 그 결과를 발표할 수 있다. 즉각적이지는 않지만 이러한 과정은 의사 결정에 대한 피드백을 제공하며 스트레스를 줄일 수 있다.

투표 결과 발표는 개괄적으로 할 수도 있고 구체적으로 할 수도 있다. 개괄적인 결과 발표는 어느 팀이 더 많은 표를 얻었는지 발표하고 두 팀의 차이는 발표하지 않는다. 이러한 방법은 정확성은 떨어지지만 핵무기 감축에 대한 토론에서 반대 측이 25대1로 이겼다는 식의 발표를 하지 않아도 된다. 구체적인 결과를 발표하는 것은 이긴 팀과 실제 득표수를 함께 언급하는 것이다. 이때도 역시 14대12처럼 막상막하의 결과를 발표할 때는 좋지만 24대2처럼 한쪽의 일방적 승리일 경우 토론 결과를 드러내게 되는 단점이 있다.

결론

교실 토론은 실제 토론을 행하는 학생들만을 위한 활동이 아니고 논증과 제기된 쟁점에 대해 건설적이고 실질적인 평가를 하는 교실 전체 학생을 위한 것이다. 이 장에서 제언한 것처럼 청중 참여는 토론이 실행되는 모든 시간에 전체 학생에게 학습 기회를 제공하는 데 기여할 수 있다.

제9장

교 실 토 론 의 평 가

이 장에서는 교실 토론 평가의 목적과 방법에 대해 다루고자
한다. 개별 교실에 적합한 토론 유형을 선정하고 토론 준비를 한
후에 교사는 '학생의 수행을 어떻게 평가하는가?'라는 마지막
문제에 직면하게 된다. 토론 평가와 관련해서는 이 장의 전체
내용을 활용하지 않아도 된다. 예를 들면 논증 내용만 평가하고
설득 기술에 대해서는 평가하지 않을 수도 있다. 이 장은 학생을
평가하는 틀을 마련하는 것과 더불어 평가를 통해 교실 토론에
청중이 참여하게 하고 또 그 과정에서 흥미를 느끼게 하는 방식에
대한 새로운 발상을 얻는 데 도움이 될 것이다.

토론은 기본적으로 주관적인 행위이므로 학생의 수행을 평가하는 것은 쉬운 일이
아니다. 게다가 대부분의 교사들은 사실 토론에 익숙하지 않다. 여기에서는 우선 교
실 토론을 평가하는 기준을 제시할 것이다. 이 장은 토론 평가의 철학적 기반과 학
생의 토론을 평가하는 실용적인 지침으로 구성하였다. 더불어 학생이 친구를 평가
하기 위한 지침도 제시하고자 한다.

평가의 목적

우선 토론 평가의 목적에 대해 살펴볼 것이다. 학생들이 주제와 관련된 문제에 참
여하고 있는지 판단하는 몇 가지 방법과 더불어 토론 기술, 토론 준비, 논증에 대해
평가하는 방법을 알아볼 것이다.

교과 내용 탐구에 대한 평가
대부분 교실 토론의 경우 토론의 가치는 학생들에게 수업에서 제시된 지식을 활용

하는 기회를 제공하는 데 있다. 교실 토론 후에 교사가 직면하는 기본적인 문제 중 하나는 학생이 적절한 방식으로 수업의 내용에 관여하고 있는지를 판단하는 것이다. 여기에서 학생들이 교육과정의 교과 내용과 관련된 부분을 다루었는가라는 질문에 대한 해답을 제공하고자 한다. 사실 이 부분의 평가는 대부분 상식적인데 교사는 주제와 관련하여 학생의 개념 이해 여부를 알 수 있다. 하지만 판단하기 어려운 점은 학생들이 어느 정도 개념을 이해하고 있느냐이다. 왜냐하면 토론이 전문화되면 학생이 다양한 정보를 어느 정도 파악하였는지 판단하기 어렵기 때문이다.

이때 가능한 해결책은 토론의 주제 범위를 다양화하는 것이다. "의회는 UN이 마케도니아에 평화유지군을 파병해야 한다고 믿는다."와 같은 특별한 주제를 다루기보다는 학생들이 수업에서 충분히 다룰 수 있는 보다 일반적인 주제를 선정하는 것이다. 교사는 "의회는 UN이 행동해야 한다고 믿는다."를 공공 포럼 토론의 논제로 정한다. 이러한 개방형 주제에 대해서는 학생들은 교실 내의 논의를 통해 자료를 사용하면서 논증을 개발할 수 있다. 수업 내용과 관련하여 토론이 전개되는 것을 보는 것은 매우 유익하다. 토론 주제 설정에 관한 자세한 정보는 5장을 참고하면 된다.

하지만 교사가 학생의 내용 숙지 여부를 평가하기 위한 대체 방법으로 토론을 사용한다면 관심사는 달라진다. 이 경우에 교사는 역할극 토론이나 입법(policy making) 토론 유형을 사용하게 된다. 왜냐하면 이런 유형의 토론은 심도 있는 준비가 필수적이어서 교사는 학생들이 가지고 있는 정보의 완전성과 토론을 통해 드러나는 학생의 이해 정도를 파악할 수 있기 때문이다. 학생들은 자료의 내용에 익숙한지를 입증하기 위해 토론에서 다루어야 할 생각의 목록을 가지고 있으며 토론 시간 전에 주제를 제공하는 것을 포함한 그들의 책임을 이해해야 한다. 교사가 각각의 토론에서 보고자 하는 내용의 틀(template)을 가지고 있다면, 토론을 안내하고 판정할 때 이러한 기대 사항들을 포함해야 한다.

또한 학생들은 자료 조사를 통해 교과 내용을 익혔음을 나타낼 수 있다. 교사가 자료 조사의 준비 정도를 평가할 때는 다음과 같은 핵심 질문에 초점을 둔다.

학생들은 수업에서 다룬 정보와 공유한 기초 지식을 사용하였는가?　토론은 진공 상태에서 이루어지는 것이 아니다. 전체 학급 구성원은 교실에서 익힌 개념에 대해서 인식하고 있어야 한다. 이러한 종류의 정보를 매끄럽게 통합하는 학생의 능력은 수업 참여 상태와 더불어 자료를 열심히 공부했다는 느낌을 들게 한다.

최신 연구 결과인가?　많은 학생들이 자료 조사를 할 때 가끔은 오래된 문헌 자료로 논증을 뒷받침한다. 이 요건의 중요성은 토론 논제의 유형에 따라 상이하다. "프랑스는 나치와 공모하였다."와 같이 주제가 다분히 역사적인 것이라면, 최신 정보는 필수적인 것이 아니다. 그러나 "아시아 경제는 과열되고 있다."와 같이 현재 진행되는 정치적 주제라면 최신의 다양한 자료가 중요해진다. 역사적 주제라도 새로운 정보가 발견되고 새로운 논거가 발견되면 내용이 극적으로 변경된다는 것을 명심해야 한다. 고고학과 종교학 분야에서는 새로운 발견을 바탕으로 끊임없는 변화가 일어나기 때문에 전문가들이 전문 영역을 보는 관점에 극적인 변화가 유발되기도 한다.

완벽한 조사 결과인가 아니면 허술한 지식인가?　만약 교사가 주제에 익숙하다면, 학생이 조사한 것에서 이러한 결함을 즉시 찾아낼 수 있을 것이다. 교사가 특정 주제의 문헌에 익숙하지 않더라도, 토론 과정을 통해 상대편에서 그것에 대해 문제를 제기할 것이므로 토론자의 정보 공백이 드러나게 마련이다. 교사는 학생들에게 관련된 출처의 최신 논거는 토론의 중요한 요소가 된다는 것을 인식시켜야 한다.

증거가 편향되어 제시되는가?　주제에 대해 조사하면서 많은 학생들은 매우 강한 주장, 심지어는 폭탄 발언과 같은 논증을 접하게 된다. 종종 토론의 증거를 위한 최상의 인용이 논의의 결과에 대해 이해관계가 있는 사람에게서 나오는 경우가 있다. 이러한 사람은 심한 편견을 갖기 마련이고 그들의 관점을 뒷받침하기 위해 생각과 증거들을 왜곡하고자 할 것이다. 교사는 학생들에게 이러한 종류의 증거가 존재한다는 것과 다른 조사를 통해 반드시 보완될 필요가 있음을 인식시켜야 한다.

토론 기능과 준비의 평가

토론 기능은 토론 과정에 참여할수록 자연스럽게 길러지는 능력이다. 순발력 있는 사고력과 자신감은 토론에 많이 참여할수록 늘게 된다. 준비와 연습을 통해 학생들은 이러한 능력을 신장할 수 있다. 교사는 학생들의 토론 기능을 평가하기를 원하는데, 다음과 같은 질문이 학생의 토론 기능 평가에 유용하다. 사실 학생들은 토론에 대한 배경지식이 많지 않다. 그러므로 여기에서는 준비와 연습을 통해 학생들이 신장할 수 있는 토론 기능에 초점을 두어 알아보고자 한다.

설득적인가?　설득력은 자신감과 연습의 조합을 통해 발현되는 기능이다. 이것은 논증의 내용뿐 아니라 표현, 전달과도 관련이 있다. 교사는 학생이 발언하거나, 청중에게 집중하도록 요구할 때 청중을 보는지, 아니면 단순히 메모를 들고 읽어 내려가는지 주의하여 보아야 한다. 학생들은 강한 전달력을 가지고 있는가? 억양과 목소리는 논증에 주의를 끌 만큼 다채로운가? 이러한 모든 기능은 설득력을 구성하는데, 이는 연습을 통해 길러지게 된다. 교사는 학생이 말하기를 연습하지 않았는지, 말하기 불안증을 겪고 있는지, 또는 연습과 준비를 했음에도 불구하고 여전히 청중을 설득하는 데 어려움을 겪고 있는지 구별할 수 있어야 한다.

설득 연설을 평가할 때 최고의 기준은 어휘를 선택하는 데 얼마만큼의 시간을 들였느냐이다. 시각화, 비유와 유추의 사용, 강력한 어휘 선택은 모두 학생이 토론 준비를 심도 있게 하였다는 지표가 된다. 만약에 학생이 특정 논증의 표현을 정교하게 하는 데 시간을 많이 사용하였다면, 자신의 생각을 충분히 설명할 수 있을 것이고 설득력 있고 잘 준비되었다는 인정을 받을 수 있다.

내용이 잘 조직되어 있는가?　내용 조직은 전달과 표현에서 중요한 기술이다. 논의가 어떤 방식으로 전개되든 말할 내용의 준비가 되어 있으며, 생각이 정리된 메모를 가지고 있는지 확인해야 한다. 토론 형식에 따라 일반적이지 않은 방향으로 논의가 전개되는 것에도 준비가 되어 있어야 한다. 이런 경우에는 그러한 상황에서 학생이 얼마나 유연한 사고를 하는지 평가할 수 있다.

　　내용 조직으로 발언 자체를 평가할 수 있다. 학생의 발언이 할당된 시간에 적절한지 확인해야 한다. 너무 짧은 발언과 너무 긴 발언 양상은 모두 준비 부족과 내용 조직 전략의 부족을 의미한다. 학생의 발언은 앞으로 어떤 내용을 말할지 설명하는 전체 내용 개관으로 시작해야 한다. 더불어 발언 내용은 앞부분에서 개관한 내용의 주요 논점에 잘 맞아야 한다. 각각의 논증은 구별되어 제시되어야 하고 유기적으로 연결되어야 한다. 목적과 실행의 명료성은 좋은 내용 조직의 징표이다. 즉흥 논증 토론(SPAR)과 의회 토론과 같은 즉석 토론일지라도 반드시 주요 논증으로 내용을 조직하고 전체 개관을 제시해야 한다. 학생이 토론을 준비하는 데 얼마만큼의 시간을 들였는지 관계없이 교사는 학생의 발언과 논증의 조직을 바탕으로 준비 상태를 평가할 수 있다.

　　토론의 중심 생각에 초점을 맞추는가?　토론 지도에서 중요한 기술 중의 하나는 중요한 논증과 관련이 없는 논증을 식별하는 것이다. 학생들은 종종 어떤 생각에 흥분하거나 특별한 주제에 혼동이 되어 실제로는 핵심 쟁점과 무관한 내용이지만 자신이 알고 있는 것 또는 중요하다고 생각하는 내용에 많은 시간과 에너지를 낭비하는 경향이 있다.

　　교사가 이러한 사항을 확인하는 가장 쉬운 방법은 교실에 도착하기 전에 토론에서 어떤 내용을 기대하는지 생각해 보는 것이다. 만약에 "동물에게 권리가 있어야 한다."라는 토론의 경우 무엇이 중요한 논증이 될지 생각한다면, 학생들이 어떤 종류의 논증을 전개할지에 대해 평가할 준비가 된 것이다. 필수적인 질문은 학생들이 생각을 토론 주제에 성공적으로 연결시키느냐이다.

　　이런 유형의 분석에는 예외가 있다. 영국 의회식 토론의 경우 주제를 어렵게 해석하면 유리하다.[17] 만약 입증 책임을 가볍게 하기 위해 논제를 쉽게 해석한다면

17　[역주] 의회식 토론의 논제(동의안)에는 두 개의 기본적인 범주가 있다. 이는 열린 것과 닫힌 것으로 나뉜

낮은 점수를 받겠지만 반대로 매우 어려운 일련의 논증들을 준비한다면 높은 점수를 받을 수 있다. 이러한 기준을 염두에 두고 학생들이 어떻게 논증을 연결하고 정당화하는지 분석할 수 있다.

논증 평가

거의 모든 교재에서 논증의 질을 평가하는 부분을 다루었기 때문에 부족한 지면에 중요한 정보를 모두 포괄하지는 않을 것이다. 대신에 이 장에서는 공적인 논증을 평가한 경험이 적은 교사를 돕기 위한 기본적인 지침을 제시하고자 한다.

논증의 옳고 그름을 분명하게 구별하는 방법은 없다. 여러 교재에서는 종종 특정 종류의 논증을 논리적이지 않다거나 건전하지 않다고 규정하지만 특정 상황에서는 이러한 논증들이 매우 성공적일 수도 있다. 감성적 근거에 기반을 둔 논증에 대해 가치를 낮게 평가하는 자료가 많다. 런스포드·루츠키비츠(Lunsford and Ruszkiewicz)의 책인 『모든 것이 논증이다(Everything's an Argument)』에서 다음 부분을 생각해 보자. "이성에 의해 다듬어지지 않은 인신공격과 욕하기와 같은 오류와 연관된, 정서적 논증은 경제적, 인종적, 종교적, 철학적 차이에 의해 구분된 민주 사회에 큰 문제를 초래할 수 있다." 사회적 붕괴에 대해 정서 중심 논증의 결함에 책임을 물어 욕하는 것은 근시안적이다. 사실 모든 종류의 논증은 좋은 방식과 나쁜 방식으로 사용될 수 있으며 정서적 논증이 특별히 나쁜 것은 아니다. 사실 많은 상황이 정서적 논리를 요구한다. 군중을 고무시키거나 장례식장에서의 연설은 분명히 그러한 사례이다.

토론에서 논증을 평가할 때 교사는 필요한 모든 훈련 과정을 이미 거쳤다는 점에 대해 자신감을 가져야 한다. 매일 수백 개의 논증과 질문에 직면하는 생활 자

다. 이는 찬성 측이 토론의 논제를 얼마나 유연하게 해석할 수 있는가에 따라 정해진다. 닫힌 논제는 해석의 가능성이 제한된다. 예를 들어 '본 의회는 중동에 평화 유지군을 파병하겠다.'는 논제가 대표적이다. 이에 대해 찬성 측은 비교적 보수적이고 쉽게 예상되는 해석을 제시하게 된다. 열린 논제는 모호하고 애매하며 추상적이다. '미국을 위한 새로운 노래가 있어야 한다.', '죽음의 신을 두려워하지 말라.' 등이 대표적이다. 찬성 측은 이와 같은 열린 논제를 창조적인 방향으로 해석하게 되는데 보통 논제의 모호한 말을 현재 혹은 역사적인 공공 정책 논란과 연결시키기도 한다(Meany and Shuster, 2003).

체가 교사를 단련시켜 왔다. 토론을 듣는 것과 논증을 판단할 수 있는 것에는 추가적인 작업이 요구되지 않는다. 왜냐하면 교실 토론은 교사가 잘 알고 있는 주제로 진행되며 교사는 그 내용에 대해 구체적으로 논평할 수 있기 때문에 유효한 비판을 제공할 수 있는 것이다.

다음은 토론에서 논증을 평가할 때 사용되는 유용한 지침들을 살펴볼 것이다. 주제별로 구조화된 이 지침은 교사가 토론 도중 빠르게 전개되는 논증을 검토하는 데 매우 유용하다. 교사는 모든 논증에 이러한 질문들을 사용할 수 있다. 더불어 이 장의 부록 1에 제시된 토론 평가표도 사용하면 된다.

제시된 논증은 토론에 사용된 다른 논증과 관련이 있는가? 많은 토론자들은 토론에서 중심이 될 거라 생각하는 논증을 준비하지만, 이것들은 생각하지도 않은 방향으로 빗나가기 일쑤이다. 훌륭한 토론자는 개별 논증을 연관시켜 유기적으로 논증을 전개한다. 유감스럽지만 많은 학생들은 연관성이 부족한 상태로 준비한 논증을 단순히 열거하곤 한다. 강력한 논증으로 보이지만 사실은 핵심을 비껴간 지엽적인 논증일 수도 있으므로 교사는 항상 제시된 논증이 토론의 주제와 관련이 있는지 확인해야 한다.

찬성 측 입론 사례를 살펴보자. 찬성 측 학생이 대학 입학에 인종에 따른 특혜는 정당하다는 주장을 하고자 한다. 이를 위해서 다문화 교육은 모두에게 가치가 있으며 백인 학생은 다인종 학습 환경을 경험하지 않은 불리한 입장이라는 점을 들어 논증하려고 한다. 이 점에 대해 유색인을 차별했던 전 세대에 대해 현재 세대는 책임이 없다는 논증으로 반대 측 토론자가 반박한다면 매우 강력한 논증이 될 수 있다. 하지만 이것은 사실 찬성 측 토론자의 주장과는 관련이 없는 것이다.

논증은 주장, 이유, 근거로 구성되어 있는가? 우리는 2장에서 주장-이유-근거 형식(ARE; Assertion-Reasoning-Evidence)에 대해 논의하였다. 이런 방식으로 개념화된 논증은 학생이 논증을 구성하는 데 유용할 뿐 아니라 교사가 논증을 평가할 때도 유용하다. 토론의 논증에서 나타나는 대부분의 문제가 ARE 형식을 잘못 사용했기 때문에 일어난다. 동시에 교사는 이러한 형식으로 근거를 혁신적으로 사용하는 학생들에게 보상할 준비가 되어 있어야 한다. 이야기, 일화, 시, 예술 작품, 상식에서 참고한 사항 등도 인용이나 통계와 같은 전통적인 것들과 마찬가지로 질 높은 근거로 사용될 수 있다.

인과 관계를 정확하게 판단하였는가? 학생들의 토론에서 인과 관계는 매우 유용하지만 위험이 따르기도 한다. 인과 관계에 의한 논증이 강력할 수 있다는 것을 학생들은 빨리 인식한다. 그러나 인과 논증을 사용할 때 유념해야 할 두 가지 위험을 알아야 한다. 첫째, 강력한 영향력을 만들기 위해 인과 논증의 연결선을 극단적으로 확장하고 싶은 충동이다. 둘째, 하나의 사건에 하나의 원인만을 적용하여 인과 관계를 단순하게 하는 것이다. 다음 예시에서 이 두 가지 개념을 살펴보자.

"우리는 자연으로 돌아가야 한다."라는 논제의 토론을 살펴보자. 찬성 측 토론자는 서구 산업 문명은 서구의 도시에 목재를 제공하기 위해 열대 우림을 훼손하여 지구에 큰 피해를 입혔다고 주장할 것이다. 이때 추론의 인과적 연쇄에는 벌목이 광합성을 방해한다는 생각이 포함될 수 있다. 즉, "산소의 부족은 오염 지역을 호흡이 불가능한 사지(dead zone)가 되도록 할 것이며, 이전의 우림 지역을 사막으로 만들 것이다."와 같은 논증이 성립된다.

이것은 강력한 논증이지만 각각의 논증 단계에서 참인 요소와 더불어 인과 논리의 여러 오류가 담겨 있다. 예를 들면, 특정 지역에서 광합성의 부족이 산소 부족을 유발한다는 논리의 비약은 산소를 한 지역에서 다른 지역으로 쉽게 흘러 갈 수 있는 대기 요소라기보다는 지역적 산물이라고 전제하고 있다. 또한 수많은 기후 학자들이 열대 우림 벌목이 사막화를 야기한다는 데 동의한다. 하지만 그 이유는 그 지역에 산소가 충분하지 않기 때문이 아니라 수분 증발을 늦추는 뿌리와 나뭇잎 표면 등의 복합 체계가 사라져 열대 우림 아래의 토양이 말라 버리기 때문이다.

이 토론자는 청중을 설득하기 위해 과학자들의 논증을 지나치게 확장한 것이다. 근거에 의해 뒷받침되는 인과 논증을 사용하기보다는 교실에 있는 학생들의 마음을 얻기 위해 필요한 강력한 영향력을 원했던 것이다. 위험을 무릅쓰고 인과 논증의 연결선을 극도로 확장하였으나, 장점을 가질 수 있었던 최초의 주장을 과장된 시각으로 인해 망쳐버린 결과를 초래하였다.

　　이와 유사하게 위의 토론자를 포함하여 많은 토론자들은 자신의 주장을 강하게 만들기 위해 인과 관계를 단순화한다.

　　무엇이 열대 우림의 벌목을 야기하였는가? 위의 토론자는 열대 우림 벌목의 원인은 서구 산업 도시의 목재에 대한 수요 때문이라고 주장하였다. 이러한 시도는 인과의 연쇄를 상당히 단순화한 것이다. 사실 이 문제를 고려할 때 무수히 많은 원인을 생각할 수 있다. 어떤 사람들은 수익성 높은 작물을 수출하기 위한 그 나라의 요구로 경작할 땅을 늘리기 위해 열대 우림을 벌목했다고 판단할 수도 있다. 전 세계인들의 신선한 육류에 대한 수요가 늘어 육우에 대한 목초지를 제공하기 위해 열대 우림을 벌목했을 수도 있다. 지역 인구의 증가로 거주 지역 확장을 위해 열대 우림을 벌목했을 수도 있다. 목재에 대한 서구의 수요만을 열대 우림 벌목의 유일한 원인으로 여기는 것은 지나친 단순화이다.

　　반면에 인과 관계에 의한 모든 주장은 어느 사건이든 일반적으로 다양한 원인이 존재한다는 비판의 대상이 될 수 있다. 인과의 연쇄에 대한 우선적인 책임이 어디에 있는지를 판단하는 것은 좋은 토론자와 좋은 교사가 갖추어야 할 중요한 기술이다. 위의 사례에서 경작지나 거주지의 용도로 열대 우림의 일부 지역을 벌목하는 지역 주민들은 수출용 커피 재배를 위해 수천 에이커를 벌목하는 다국적 기업에 비해 실제적으로 그 책임이 덜할 것이다. 인과 관계를 제대로 살피기 위해서는 인과 관계에 대한 책임의 범위를 검토하는 것이 중요하다.

　　논증의 함의는 무엇인가?　　논증의 함의를 무시하는 일이 매우 많다. 많은 토론자들은 이유를 설명하고 몇몇 근거로 주장을 뒷받침하는 것으로 논증을 구성하고자 한다. 토론자들은 전체 입론을 구성하기는 하지만 논증의 함의는 절대로 언급하지 않는다. 토론자의 가장 큰 실수는 왜 이 논증이 중요한지에 대한 충분한 설명을 제공하지 않는 것이다. 많은 토론자들이 토론의 승리라는 사소한 문제에 치중하여 더욱 근본적인 질문인 "그래서 어쩌라고(So what?)"라는 질문을 망각하고는 한다.

논증의 함의를 설명하는 일은 우리가 왜 토론을 하는지에 대해 이해하는 데 필수적이다. 한쪽의 토론자가 러시아와 중국의 상호 개입 증가에 대해 논증하는 러시아-중국의 관계에 대한 토론을 살펴보자. 많은 토론자는 이러한 정책의 이점으로 정보 공유의 증대, 군사적 긴장의 완화, 사회적 이해를 촉진하는 민간의 교류 등을 언급할 것이다. 그러나 이 논증의 함의는 사실 그 이상이다. 만약에 이러한 움직임이 실패하면 어떤 일이 발생할지는 언급되지 않았다. 세계에서 가장 강력한 두 나라 간의 분쟁이 발생할 것이다. 초강대국 간의 냉전은 대재앙일 것이다. 논증의 중요한 함의에 대한 탐구가 없는 토론에 참여하는 것은 대화의 근간을 무시하는 것이다. 토론자들이 자신이 참여한 토론에서 가장 중요한 함의에 대해 인식하고 이에 대한 논의를 준비하는 것은 필수적이다.

논증 평가는 간단하면서도 복잡한 일이다. 교사는 평가에 필요한 중요한 수단을 모두 가지고 있다는 점에서는 쉽고, 개별 논증들이 이 장에서 살핀 수단을 사용해서 논증이 지닌 미묘한 요소를 파악해야 한다는 점에서는 어렵다. 논증들 간의 관계, ARE 형식의 가치, 인과 관계에 대한 질문, 논증의 함의를 살핌으로써, 교사는 논증을 더욱 이해하게 되고 토론의 논증을 평가하는 자신의 능력에 대해 더욱 자신감을 갖게 된다.

평가 도구

여기서는 토론을 평가하는 다양한 방법으로서 앞서 논의한 아이디어들을 실행하는 다섯 가지 도구에 대해 알아보고자 한다. 수업에서 활용할 수 있는 여러 종류의 평가 도구를 찾아보는 것은 바람직한 일이며 이러한 경험을 통해 자신의 교실에 가장 적합한 평가 유형을 찾을 수 있다.

학생 투표

학생 투표는 토론자를 평가하는 동시에 학생들을 토론에 참여시키는 방법이기도 하다. 학생 투표의 경우 어느 쪽이 승자인지와 관련하여 각 토론 팀에 대한 논평을 작성해야 한다. 토론자가 발언하는 동안 다른 학생들이 졸거나 창밖을 본다면 청중인 학생들은 토론에 전혀 참여하지 않고 있다는 것이다. 학생 투표는 나머지 학생들을 토론에 참여시키는 방법이다. 특히 그들의 투표가 성적으로 평가된다면 더욱 그러하다.

토론은 참여자뿐 아니라 청중에게도 훌륭한 교육적 경험을 제공한다. 학생이 논증에 대한 평가와 자신의 수행에 대한 판단을 충분히 받기는 현실적으로 어려운 일이다. 만약에 능동적인 청자의 역할을 요구 받고 토론이 진행되는 동안 이를 정성 들여 메모한다면, 토론에 적극적으로 참여하게 되어 토론의 논증과 여러 생각들을 경험하게 될 것이다. 언급되는 논증들의 장점을 비교하는 데 시간을 사용한다면 그러한 경험은 더욱 강력해질 것이다. 학생들은 판정에 필요한 의사 결정을 하기 위해 논증의 연관성, 아이디어와 근거들의 충돌을 대조해야만 할 것이다.

이러한 일련의 과정을 처음 경험하는 학생들은 어려워할 수도 있다. 토론을 판정해 본 경험이 전혀 없다면 투표지의 개방형 질문에 좌절할 수도 있다. 그러므로 학생들이 쉽게 작성할 수 있는 양식의 투표지를 사용하는 것이 바람직하다. 칠판에 동일한 평가 척도를 판서하고 평가의 목적을 설명하고 시범을 보일 수 있다. 어느 정도 토론을 보는 경험을 한 뒤에는 판정에 대한 설명을 작성하는 과제를 학생들에게 부여할 수도 있다.

교사는 토론에서 학생 참여자의 성적을 산정할 때 투표지를 고려할지 결정해야 한다. 학생의 투표지를 통해 토론자가 청중을 얼마나 효과적으로 설득했는지를 판단할 수 있는 반면에, 학생들 사이에 개인적인 어려움이 있는 경우에는 적절하지 않은 영향에 의해 투표지의 내용이 왜곡될 수 있다. 토론 성적을 산정할 때 학생 투표를 반영하기로 결정했다면, 교사는 매우 가치 있는 논평을 제시한 청중의 의견을 잘 수합해야 한다. 토론자에게 투표지의 사본을 제공하기로 결정했다면 그 전에 학생들이 알게 하고 상대를 존중하며 논평을 작성하도록 해야 한다. 이에 대해서는 8장의 내용을 참조하면 된다.

동료 평가

학생들은 소집단 활동을 어려워할 수도 있다. 교육적 수단으로서 소집단 활동이 지니는 장점에도 불구하고 많은 학생들은 활동 과정에서 학생별로 기여하는 정도가 균등하지 않다는 이유로 비판적인 태도를 보이기도 한다. 토론을 준비할 때 업무 분담에 대해 개인적으로 불평하는 학생들이 많다. 이럴 때 한 가지 방법은 팀워크를 요구하지 않거나 자발적인 접근에 초점을 두는 것이다. 또한 부담 불균형에 대한 학생들의 느낌을 줄이기 위해 동료 평가를 할 수 있다.

학생들이 어떻게 느끼는지와 상관없이 팀을 통한 준비는 매우 가치가 있다. 학생들이 모여서 함께 생각을 도출하고 토론을 준비한다면 이러한 과정을 훨씬 강화하는 시너지를 창출할 수 있다. 대부분의 토론 유형에서 팀워크는 필수적인 기술이다. 토론에서 팀 작업은 개인적 성공에 결정적인 역할을 한다.

만약 학생들에게 팀 토론을 준비하게 하였다면 동료 평가를 도입하는 것이 좋다. 학생들은 어느 학생이 다른 학생에 비해 결정적인 기여를 했는지에 대한 정보를 제공할 것이다. 또한 학생들은 불만을 토로할 수 있는 기회를 갖게 됨으로써 팀워크와 관련된 스트레스를 줄일 수 있게 된다. 더불어 학생들의 준비 상태에 대한 자세한 정보를 얻을 수 있다.

교사용 평가지

교사의 평가지는 교수·학습에 도움이 되는 매우 중요한 양식이다. 토론을 평가할 때에는 위에서 언급한 모든 토론의 목표를 반영하여 작성해야 한다. 토론에 대한 평가를 담은 교사의 메모는 학생들에게 상당히 유용할 수 있다. 만약 학생들이 토론 준비에 많은 시간을 들였다면 아마도 자신들의 수행과 향상 정도에 대해 알고자 할 것이다. 이때 교사의 평가는 그들이 원하는 피드백을 제공하게 된다.

평가용 체크리스트

부록 1과 부록 2에 포함된 자유 형식 혹은 특정 형식의 투표지를 사용하는 경우 불편함을 느낄 수도 있다. 두 번째 것은 토론을 통해 제시되는 토론 수행보다 주제의 숙달에 초점이 맞추어져 있다. 체크리스트 평가는 교사에게 정확한 평가 도구가 될 수 있으며 평가의 표준 도구로 사용될 수 있는 일정한 틀을 제공한다. 토론에서 필요한 목표를 선정한 후 이것들을 평가 척도로 구성하면 된다. 체크리스트에 '+', '-' 로 표시하는 것은 간단하다. 또는 문자나 숫자, 등급을 나타내는 칸을 사용할 수도 있다. 체크리스트를 사용할 때는 특정 평가에 대한 이유를 설명할 수 있는 비고란을 포함시킬 수도 있다.

반복을 통한 향상도 평가

교실에 성공적으로 토론을 통합한 교사라면 또 다른 토론을 시도하려 할 것이다. 4장에서 다루었듯이 교사는 토론자들이 특정 주제를 다시 다루게 될 경우 토론 유형을 확장하여 사용하는 가능성을 탐색해 볼 수 있다. 여러 번의 토론을 하려고 결정하였다면, 학생의 토론을 반복적인 관점에서 평가하는 것을 고려할 수 있다.

　　학생이 토론을 반복하여 경험할수록 토론 기술은 향상될 것이다. 교사는 평가할 때 이 점을 고려해야 한다. 교사는 이전 토론에서의 성공과 실패를 기준으로 하여 다음 토론의 성적을 산정할 수 있다. 만약 학생이 토론의 주요 논증 구성에 실패하였다면, 이 부분이 다음 토론의 목표가 된다. 만약 학생이 토론 준비에 필요한 자료 조사가 부족하였다면, 다음 토론이 이런 단점을 보완할 수 있는 중요한 기회가 된다. 만약 교사가 복수의 토론에 대해서 하나의 등급을 부여하고자 한다면, 향상이 필요한 부분에 대해서 다시 작업을 하여 자신의 등급을 높일 수 있는 기회를 부여해야 한다. 교사가 이러한 접근 방법을 취한다면, 여러 토론의 수행을 비교하기 위해 개별 학생의 평가지를 잘 보관하는 것이 중요하다.

결론

학생의 수행을 점수화하는 것이 매우 힘들기 때문에 토론 평가는 어려울 수 있다. 심지어는 토론 과제의 다양한 목표를 해석하는 방법을 정확하게 아는 것조차 어렵다. 이 장에서는 일정한 평가 형식을 활용하여 토론 과제의 목표에 맞는 평가 방법을 적용하는 데 도움이 되는 내용을 다루었다. 교사가 교실에서 토론을 판정하기 위해 가장 필요한 사항은 1장에서 다루었던 토론에서 강조하고자 하는 핵심 목표를 선정하여 평가 방법을 선택하는 것이다.

평가표

학생 이름: _____

주제: _____

기준	매우 잘함 =A	잘함 =B	보통 =C	보통 이하 =D
논증 생성에 대한 지식				
논증을 뒷받침하는 지식				
반대 논증을 반박하는 지식				
질문에 답변하는 지식				
토론을 요약하는 지식				
기타				
합계				

토론 투표 양식, 체크리스트 형식

학생 이름: _____

주제: _____

교과 내용 관련 평가

• 학생들과 공유하고 있는 지식과 수업에서 얻은 정보를 효과적으로 사용하였는가?

☐ 매우 못함　　☐ 못함　　☐ 보통　　☐ 잘함　　☐ 매우 잘함

• 조사는 최신의 것인가?

☐ 매우 못함　　☐ 못함　　☐ 보통　　☐ 잘함　　☐ 매우 잘함

• 조사는 완벽한가?

☐ 매우 못함　　☐ 못함　　☐ 보통　　☐ 잘함　　☐ 매우 잘함

• 증거가 편향되지는 않았는가?

☐ 매우 못함　　☐ 못함　　☐ 보통　　☐ 잘함　　☐ 매우 잘함

토론 기능과 준비 평가

• 설득력이 있는가?

☐ 매우 못함　　☐ 못함　　☐ 보통　　☐ 잘함　　☐ 매우 잘함

• 내용 구성은 잘되었는가?

☐ 매우 못함　　　☐ 못함　　　☐ 보통　　　☐ 잘함　　　☐ 매우 잘함

• 토론의 중심 생각에 초점을 효과적으로 맞추었는가?

☐ 매우 못함　　　☐ 못함　　　☐ 보통　　　☐ 잘함　　　☐ 매우 잘함

논증 평가

• 토론의 다른 논증과 관련이 있는 논증을 제시하는가?

☐ 매우 못함　　　☐ 못함　　　☐ 보통　　　☐ 잘함　　　☐ 매우 잘함

• 논증은 주장, 이유, 근거로 구성되어 있는가?

☐ 매우 못함　　　☐ 못함　　　☐ 보통　　　☐ 잘함　　　☐ 매우 잘함

• 논증의 함의를 설명하였는가?

☐ 매우 못함　　　☐ 못함　　　☐ 보통　　　☐ 잘함　　　☐ 매우 잘함

제10장

공개 토론의 개최

이 장에서는 토론 기능과 학습 환경을 지역 사회로 확장하는 방법에 대해 논의하고자 한다. 이 장은 공공의 영역으로 토론 경험을 확대하고자 하는 교사의 실용적인 요구에 초점을 두었으며 공개 행사를 기획하고 준비하는 학생들에게도 유용할 것이다.

공개 토론의 힘

공개 토론은 어떤 생각에 대해 숙의하고 이를 확산하는 장을 동시에 마련해 주는 매우 강력한 힘을 가진 방법이다. 학생들은 토론하는 주제의 중요성에 대해 충분히 이해하지 못한 상태에서 단지 추가 학점을 얻기 위해 공개 토론을 할 수도 있지만 특정한 주제를 반영하여 지역 주민을 위해 포럼을 시행하는 것도 의미 있는 일이다.

공개 토론을 통해 학생들은 자신의 생각을 여러 청중과 공유하거나 새로운 생각을 전파할 수 있는 기회를 얻게 되며, 이상적으로는 공개 토론에 참여한 사람들에게 논쟁을 확산하게 된다.

이러한 방식으로 아이디어의 숙의와 확산의 장을 마련함으로써 공개 토론에 참여하는 학생들을 지적으로 고무시키는 강력한 학습 환경을 조성할 수 있다. 공개 토론에 참여하기 위해서는 교실에서 배운 여러 토론 기술들을 적용해야 하므로 학생들에게 매우 유용하다. 이를 위해서는 교실에서 배웠던 모호한 토론 기술을 공개 토론에서 구체적으로 적용하는 작업이 필요하다. 사실 거의 일어나지도 않을 것 같은 사건에 대한 보도 자료를 작성하는 일은 많은 학생들에게 어렵게 느껴지겠지만 이렇게 공개 토론을 실제로 추진하는 것 자체가 매우 흥미진진할 것이다.

청중은 공개 토론을 통해 특정 매체에 의존하지 않고도 자율적으로 공적 숙의를 할 수 있다. 사실 학생들과 시민들 모두 어떤 사안에 대해 다른 사람들과 심도 있게 논의할 수 있는 시간과 기회는 많지 않다. 일반적으로 오피니언 리더들은 그들의 청중이 자신들과의 대화에 참여하기에는 충분히 지적이지 않다고 말하는데, 이런 차원에서 공개 토론은 사실 급진적인 시도이다. 공개 토론에서 청중은 화자의 메시지를 경청하고 의견을 개진해야 하는데 이런 점에서 공개 토론의 목표는 단지 정보를 전달하거나 설득을 하는 것이 아니라 진실된 대화의 장을 만드는 것이다.

공개 토론 참여 설득

공개 토론은 일반적으로 학생들 또는 지역 사회 구성원들이 미리 정해진 주제에 대해 함께 논의하는 시간이다. 공개 토론을 준비할 때 이 책의 부록에 제시된 여러 형식과 아이디어를 활용할 수 있는데 청중을 초대하는 일도 포함하여 고려해야 한다. 공개 토론 사례는 다음과 같다.

고등학교 국어 수업에서 '운전 면허증에 대한 이민자의 권리'라는 주제로 토론해 볼 수 있다. 학생들은 50분 수업 동안 양측의 논증을 구성하는 자료를 조사하고 브레인스토밍을 한다. 그 다음 교사는 전체 학생들이 관련 쟁점과 이해관계를 이해하도록 주제와 관련된 몇 개의 글을 작성할 것을 과제로 부여한다.

학생들은 4명의 학생이 참여하는 2:2토론을 계획하는데 나머지 학생들은 질문자 패널에 자원한다. 토론에 필요한 항목을 작성한 후 홍보, 기록, 시설, 매체 등 필요한 모든 사항을 담당할 준비 위원회를 꾸리고 시간 계획을 포함한 토론 계획을 수립한다.

학생들은 화요일 저녁 7시가 부모와 지역 사회 주민 등 예상 청중이 참여하기 좋은 요일과 시간대라고 판단하여 이때 공개 토론을 개최하기로 결정한다. 그 다음에는 행사 개최를 알리기 위해 지역 신문사와 방송사에 연락하고 마을에 홍보 전단을 돌린다. 화요일 저녁 당일 100명 이상의 지역 주민들이 토론에 참석한다.

학생들은 토론을 비디오로 촬영하고 토론 내용을 기록하여 지역 잡지에 싣는다. 토론 대회 2개월 후 지역 신문이나 잡지의 독자 투고란에는 이 쟁점에 대해 사람들의 논의가 이어진다.

공개 토론은 학생들에게 지역 사회 구성원과 상호작용할 수 있는 놀라운 기회를 제공한다. 하지만 이러한 공개 토론의 분위기는 학생이나 교사에게는 두려움으로 작용할 수도 있다. 교사가 처음 공개 토론을 계획하고 있다고 하면 학생들은 이 계획에 대해 반대할 수도 있다. 학생들은 대중 앞에서 말하는 것에 대한 불안감이 있고 여러 사람이 보는 앞에서 실수하는 것에 대해 두려운 마음이 있을 수 있다.

학생들에게 토론을 우리 마음대로 계획할 수 있다는 것과 모두 함께 철저히 준비하면 불안감을 극복할 수 있다는 것을 말해 주어야 한다. 교사가 돕고 학생도 연습을 충분히 한다면 어떤 학생이든 토론자가 될 수 있다. 학생들에게 일부 중요한 역할은 연단에 서는 것과 관련이 없음을 말해 주어야 한다. 연단에 서는 것을 두려워하는 학생은 질문자 패널로 참여하거나 토론 후 신문에 실을 논평을 작성하면 된다. 모든 학생들이 쟁점을 마련하고 이에 필요한 내용을 구성하기 위해 두뇌 집단(think tank)으로서 함께 자료 조사를 하게 하면 공개 토론에서 사실 정보를 틀리는 실수를 상당 부분 줄일 수 있다.

교사는 학생들이 공개 토론을 준비하면서 하는 걱정을 잘 들을 필요가 있는데 그 내용 중 어떤 것들은 공개 토론의 성공에 필수적일 수 있다. 공개 토론에서 직접 중요한 역할을 맡게 된 학생들은 토론에 몰입하게 되고 토론을 자신의 생활에 적용할 수 있는 기회를 얻게 되는데 이처럼 어느 정도 무거운 부담을 가져 보는 것도 바람직하다.

계획 단계

성공적인 공개 토론을 위해 교사는 계획 단계에서 학생들 모두가 참여할 수 있도록 역할 목록을 만들어야 한다. 학생들에게 중요한 과업에 대해 브레인스토밍을 하도록 한다. 계획 단계에서부터 학생의 참여를 독려하고 고무할 수 있다면 전체 토론의 과정을 교육적으로 만들 수 있다.

학생의 참여를 독려하기 위해서는 토론이 어떻게 진행될지 구체적으로 설명해 주어야 한다. 전통적인 공개 토론의 양상은 청중 앞에서 양측이 논쟁하는 것인데 경우에 따라 교사가 진행 과정을 조정할 수 있다. 예를 들면 청중의 질의응답 시간을 추가하거나 질문을 미리 준비한 학생 질문자 패널을 운영하는 것을 고려할 수 있다.

공개 토론 방식은 이 책에서 설명한 모든 유형의 토론이 가능한데 특별히 다면 토론이나 공공 포럼 토론이 청중이 참여할 수 있는 여지를 만드는 데 유용하다.

자료 조사

공개 토론을 위한 자료 조사 과정은 학생들에게 자료 조사 방법을 지도할 수 있는 훌륭한 기회가 된다. 피츠버그 대학에서는 공개 토론 프로그램에서 토론의 주제와 관련된 일체의 자료를 모아 조사 문서를 작성하는데, 조사한 전체 문서를 수합하여 모든 참여자가 공유한다. 이러한 과정을 통해 모든 학생이 참여하여 자료를 조사하고 필요한 여러 생각을 도출해 낸다. 공개 토론이므로 상대를 제압하는 경쟁이 중요한 것이 아니라 대중에게 전달할 생각에 중점을 둔다. 자료를 조사할 때는 쟁점에 대해 학생들이 논의할 수 있도록 전문 용어보다 일반적인 용어를 사용해야 하며 수업에 참여한 모든 학생이 이를 공유해야 한다.

자료 조사의 일부는 토론 주제에 관한 내용을 정리하는 데 중점을 둔다. 지역의 교도소에 대해 토론하는 학생의 경우, 자료 조사를 시작하기 전에는 주제와 관련된 용어조차 정확하게 모를 수도 있다. 학생들은 자료 조사 단계에서 자료 수집에 그치는 것이 아니라 수집한 자료의 내용으로 핵심적인 논증을 구성하는 것에 역점을 두어야 한다. 이때 커다란 종이에 핵심적인 논증을 찬성과 반대로 구분하여 구조화해 보는 것이 좋다.

성공적인 공개 토론을 하기 위해서는 전체 학생들이 브레인스토밍을 통해 논증을 구성하는 과정이 필수적이다. 이 과정에서 토론에 직접 참여하지 않는 학생들이 열등감을 느낄 수 있는데, 교사는 이들에게 제공할 별도의 교육적 경험을 마련해야 한다. 이 학생들은 주로 쟁점 구성 단계에서 활동하면 된다. 모든 학생들이 프로젝트에 대해 논의할 수 있어야 하므로 전체 학생을 토론의 준비와 진행에 참여시키는 것도 유용하다. 결국에는 토론을 직접 하는 학생들이 추가적인 자료 조사를 통해 자신의 입론을 세부적으로 조정하는 작업이 필요하겠지만 대부분의 생각들은 전체 학생이 참여하여 공개 토론 전에 교실 전체에서 공유되어야 한다.

토론자의 선정과 지원

공개 토론에서 일부 학생들이 토론 연단에 서게 되는데 아마도 토론에 능숙한 학생들로 구성될 것이다. 학생들이 토론자를 자원하면 이 문제는 간단해진다. 교사는 브레인스토밍이 끝나기까지 학생들이 토론자를 선정할 수 있도록 기다려야 한다. 양측 모두 토론에 직접 참여할 사람을 추천하도록 요구한다. 다른 학생보다 의사소통 불안이 심한 학생은 교사의 특별한 도움이 필요하다. 이런 학생의 경우 자신의 두려움을 말할 기회가 있어야 하며 별도의 연습이 필요하다. 토론자들은 입론을 구성하는 것과 생각을 제시하는 것에 대한 책임을 지게 된다. 교사는 학생들이 나머지 학생들에게 자신의 생각과 자료 조사 내용을 설명하도록 토론자를 독려해야 한다.

행사 계획

가장 시급하게 해결해야 할 문제는 공개 토론의 개최 시기이다. 시기를 결정할 때는 학생들에게 언제가 가장 좋은지 물어보아야 하며 참석하는 청중을 고려해야 한다. 학교의 다른 학생들이 관심을 가질 만한 주제라면 수업을 마친 후 바로 올 수 있도록 수업이 있는 날의 후반부로 일정을 정하는 것이 좋다. 체육 행사나 연극 등 다른 행사가 있는 날이라면 그러한 행사가 예상 청중에게 흥미가 있을지도 고려해야 한다. 교복에 관한 토론이라면 학교의 관리자가 참석할 수 있도록 수업이 있는 날 오후 3시 정도로 일정을 잡는다. 그러나 무분별한 확장과 개발에 대한 토론이라면 근로자, 사업가, 지역 사회 지도자들도 관심을 가질 만하므로 이들이 참여할 수 있도록 주로 저녁에 열리는 지역 사회의 모임 일정과 겹치지 않는지 확인해야 한다.

공개 토론은 학교 내부에서만 할 수도 있다. 다른 교실의 수업과 함께 진행할 수 있다면 다른 교사들과 교육과정을 함께 설계하면 된다. 예를 들면 역사 수업에서는 1차 세계 대전의 원인에 대해 토론할 수 있고, 과학 수업에서는 혼돈 이론(chaos theory)의 본질에 대해 토론할 수 있다.

토론자들이 어느 정도 숙달되면 교사는 전교생에게 토론을 공개하여 보여 주고 싶을 것이다. 이때 학생들이 상상하는 가장 두려운 청중은 바로 동료 학생일 수도 있다는 사실을 명심해야 한다. 교사는 진행자나 질문자 등의 역할을 포함하여 학생들의 참여를 확장하고 의사소통 불안을 최소화할 수 있는 방안을 고려해야 한다.

교사는 토론 장소를 찾아 예약해 두어야 한다. 가장 확실한 장소는 학교 강당이나 대형 교실이다. 경우에 따라서는 예약을 서둘러야 하며 토론 행사가 저녁에 개최된다면 출입문을 개방하기 위한 학교 경비원의 도움이 필요하다는 것도 잊지 말아야 한다.

행사 홍보

계획된 행사를 홍보할 때도 역시 예상 청중에 초점을 맞추어야 한다. "피츠버그는 보호소 수용 동물을 죽이지 않는 도시가 될 수 있는가?"라는 주제로 피츠버그 대학에서 '동물 보호소'에 대해 토론을 하였었는데 예상 청중을 동물 보호소 직원과 봉사자로 설정하였다. 즉, 토론 주제에 흥미를 가질 만한 지역 사회 구성원을 초대하려는 분명한 시도를 한 것이었다. 그래서 동물 보호소의 다른 일정과 겹치지 않는지 확인하고 대회 일정을 정하였다.

공개 토론을 홍보하는 일은 학생들의 발상에서 시작되어야 한다. 학생들에게 관심을 가질 만한 사람들의 명단을 만들도록 하고 홍보 전략을 생각해 보도록 한다. 컴퓨터에 능숙하고 시각 디자인 기술이 있는 학생들은 홍보 포스터를 만들고 다른 학생들은 이 포스터를 학교와 지역 사회에 붙인다. 학생들은 보통 레터 사이즈(8.5×11인치)의 종이로 대면 홍보에 필요한 전단을 만들 수도 있다. 이때 슈퍼마켓과 같이 많은 사람들이 오가는 장소에서 홍보하는 것을 잊지 말아야 한다.

홍보 전단을 지역 사회 구성원 모두에게 전달하는 것이 어렵기 때문에 적절한 홍보 매체를 고려해야 한다. 홍보하기에 좋은 지역 사회의 게시판이나 지역 텔레비전 방송이 있는지 확인해야 한다. 어쩌면 지역의 라디오 방송국에서 토론 대회를 홍보해 줄 수도 있다. 마약 교육 프로그램에 대한 토론을 한 적이 있었는데 두 토론자의 토론이 5분 동안 방송되었다. 방송이 되는 동안 방송국에는 수많은 전화가 걸려 왔고 1시간 동안이나 그 쟁점에 대해 논쟁이 이어졌으며 실제 공개 토론 대회는 만원을 이루었다.

인터넷 홍보도 생각해 볼 수 있다. 지역의 신문사나 정보 서비스 기관에서 인터넷에 지역 일정을 게시한다면 여기에 행사 일정을 알릴 수도 있다. 그러나 일반적으로 사람들은 많은 스팸 메일을 받기 때문에 대회 홍보 메일을 읽게 하기는 갈수록 힘들어지기 마련이다. 이때 토론 주제에 관심이 있는 기관의 인터넷 관리자에게 행사를 공지하고 이메일 리스트의 공유를 요청하면 된다. 예를 들면 쿠바에 대한 미국의 제재 강화에 대한 토론이라면 미국과 라틴아메리카의 관계를 우려하는 집단이 적합할 것이다. 그러나 이메일을 받는 사람들이 과격한 사람들이거나 편협한 사람들일 경우 이들에 대처하는 데 어려움을 겪을 수도 있다. 적절하게 발송된 이메일과 보도 자료는 대회 홍보에 매우 크게 기여할 것이다.

보도 자료를 제작하는 일은 또 하나의 훌륭한 교육 기회를 제공한다. 학생들에게 보도 자료의 예시를 보여 주고 내용을 작성하도록 한다면 학생들은 언론 매체와 관련된 지식과 기능이 신장될 것이다.

토론자와 전문가

토론에서 주제와 관련된 전문가가 일정 역할을 맡기를 원할 수 있지만 학생의 참여는 필수적이다. 매우 효과가 좋은 방식은 학생과 전문가가 조를 이루어 학생의 발언과 생각이 전문가와 동일하게 취급되도록 하는 것이다. 강력한 논증을 하는 전문가 동료를 경험하고 이 전문가의 목소리와 동일하게 취급되는 경험은 학생들에게 매우 인상 깊은 자극이 될 것이다. 이스라엘과 팔레스타인에 대해 토론할 때 두 집단의 대변인을 포함하는 방안을 고려해 보라. 이들을 양측의 학생들과 조를 이루게 한다면 학생들은 자신의 생각이 그런 전문가와 함께 어우러질 때 엄청나게 고무될 것이다.

교사를 위한 조언: 문제 해결

학생들이 전체 행사에 대해 책임을 지는 자기 주도적 학습 환경을 조성하였음에도 불구하고 토론 계획의 일부가 제대로 진행되지 않을 수 있다. 따라서 학생을 포함한 대회 준비 위원들은 주기적으로 제반 절차가 잘 진행되는지 확인하고 필요한 경우 교사가 도움을 줄 수도 있다.

 토론 대회를 진행하면서 몇 가지 문제를 경험한 경우가 있었다. 학생들은 종종 일정을 잡고 장소를 준비하는 데 어려움을 겪었다. 이러한 필수적인 실행 계획들은 교사의 도움이 필요하다. 일부 학생들은 토론에 참여하고자 하는 외부의 지원자들과 어려움을 겪기도 하였다. 이럴 때는 교사가 나서서 학생을 도와야 한다. 이러한 문제들은 토론 진행자나 많은 학생들의 지원에 의해 함께 해결되어야 한다.

 교사는 학생들이 논증을 구성하는 것을 도와야 한다. 발언과 논증에 대한 구체적인 피드백은 학생들이 청중 앞에서 보다 편안하게 이야기하는 데 도움을 준다. 학생들은 질문하기와 반대자의 논증에 답변하기 연습을 해야 한다. 전체 학생들이 양측 토론자가 제시하는 논증의 전반을 잘 이해할 수 있는 자료 조사 단계는 이러한 과정에 도움이 될 것이다. 그들에게 도전하고자 하는 다른 학생들과 토론자를 한 팀으로 구성하거나 질문하는 청중과 역할 놀이를 하는 것도 고려할 수 있다.

 질문자 역할을 맡은 학생을 돕기 위해서는 교사는 서로 중복되지 않는 다양하고 흥미로운 질문을 개발하도록 안내해야 한다. 학생들은 매우 중요하다고 생각하는 '프로그램 비용이 얼마나 들 것인가?'라는 질문과 같이 토론에 특별히 논쟁이 될 만한 측면이 있다면 학생들이 이를 분석하고 다른 질문을 어떻게 추가할 수 있을지 고려해 보도록 독려해야 한다. 양측의 토론자가 균등한 주목을 받을 수 있도록 질문의 균형을 맞추는 것에도 도움을 줄 수 있다.

준비 기간에 질문을 맡은 학생들은 자신이 맡은 역할의 중요성에 대해 생각해 보게 한다. 그들은 논의의 중대성을 설명할 책임이 있다. 질문자들은 쟁점에 대해 충분히 조사하여 많은 정보를 가지고 있으므로 어느 쪽에서도 논의하고 싶어 하지 않는 주제의 측면에 대한 정보를 가지고 있다. 이러한 복잡성과 모호함에 대해 주목하게 하는 것이 이들의 임무이다. 질문자의 목표는 토론자를 곤경에 빠뜨리는 것이 아니라 토론자들로 하여금 새로운 시각으로 주제를 바라볼 수 있게 하는 것이다.

토론의 시작부터 처음까지 전 과정에 대해 계획을 점검하는 작업은 혹시라도 놓칠 수 있는 부분을 챙기는 데 필수적이다. 모든 세부 사항을 확실하게 진행하는 데 필요한 분 단위로 계획된 일정표는 학생들의 토론 진행에 도움이 된다.

논증 구성과 발언 연습의 여부와 상관없이 전체 리허설은 모든 토론 참여자에게 유익하다. 특히 토론이 녹화될 경우에 잘 보이고자 하는 마음은 학생들이 연습하도록 하는 커다란 동기가 된다.

기록

공개 토론에서 학생들을 가장 고무시키는 영역은 학생들이 일시적인 행사에 그친 토론의 내용을 영구적인 기록으로 남겨 논의된 생각을 전파할 때이다. 토론의 과정은 지적인 산출물이 되어 토론 자체의 경험을 넘어서는 영향력을 갖게 되는 것이다.

기록을 남기는 가장 쉬운 방법은 영상 녹화와 전사이다. 학생들이 토론을 녹화할 때 연단의 구석에서 촬영하도록 하면 매우 간단하다. 영상 편집 프로그램을 다룰 줄 아는 학생이 있다면 여러 대의 카메라를 동원하여 다른 각도에서 촬영한 후 이를 편집하는 것도 매우 훌륭한 기록물이 될 것이다. 녹음 역시 저장하거나 인터넷을 통해 공유하기 편한 방식이다. 토론 녹음은 매우 쉬우며 MP3 형식으로 변환하여 인터넷을 통해 공유하면 된다. 사진도 토론 대회에 대한 유용한 기록물이다. 토론이 진행될 때 소수의 학생을 지정하여 디지털 카메라로 촬영하게 한다.

토론을 전사하면 신문이나 잡지에 토론 내용을 소개하는 데 도움이 된다. 이는 토론의 쟁점이나 과정에 대해 학생이 작성한 논평만큼이나 강력하다. 지역 신문에 학생들이 수행한 토론을 전사한 것과 이에 대한 논평이 수록된 것을 상상해 보라.

행사를 대중과 공유하기 위해서는 계획이 필요하다. 물론 토론 영상을 공유하면 되겠지만 이것은 논의된 생각을 확산하는 데 가장 효과적인 방법은 아니다. 어떤 토론의 경우 지역 신문에서 다음 날 기사로 토론 내용에 관한 지면을 편성하는 것에 관심을 보였으며 또 다른 잡지에서는 전체 토론 내용을 싣는 것에 관심을 보이기도 하였다. 토론 프로그램을 부각하는 데 사용할 수 있는 방식에 대한 아이디어를 도출하기 위해 언론사와 협의하는 것이 좋다.

학생을 지도할 때 얻을 수 있는 실제 교육적 가치는 생각 자체뿐 아니라 생각이 공적인 영역으로 확산될 수 있는 방법이다. 잡지에 실린 자신의 글과 생각을 접할 때 학생들은 매우 고무될 것이다.

전사는 매우 지루하며 누군가 최종본을 점검해야 하므로 고된 작업이다. 토론 전사를 마쳐야 하는 시간이 매우 촉박할 뿐 아니라 언론사가 토론 전사를 요구하는 시기가 토론 직후라는 점에서 토론을 전사하는 것은 어렵다.

그러나 이러한 이유 때문에 전사를 주저해서는 안 된다. 전사의 유익은 그 어려움보다 큰데, 토론 전사에 대해 몇 가지 유용한 지침을 설명하면 다음과 같다. 신문사가 토론 내용의 일부를 부각하여 다루고자 한다면 일부만 전사하여 보내고 나머지 부분은 나중에 하면 된다. 단지 토론 전체의 영상이나 음성을 백업용으로 보관하고 있으면 된다. 양측 토론의 700단어를 전사하는 것은 두 명이 해도 몇 시간이 소요된다. 이를 용이하게 하기 위해서는 교실의 학생 각자에게 하나의 질문이나 하나의 발언을 전사하도록 임무를 부여할 수도 있다. 만약 전사본을 발간하려면 교사나 학생들은 전사본을 퇴고하는 책임을 져야 한다.

출판을 위해 전사를 준비할 때는 토론에 참여한 전문가에게 초점을 두는 일을 피해야 한다. 즉, 모든 답을 알고 있는 전문가의 메시지를 강조하기보다는 학생들의 발언에 초점을 두는 것을 유념해야 한다. 출판물에는 전사한 토론 내용과 더불어 언론 매체에 소개된 학생들의 발언 내용도 포함하여 싣는 것이 좋다.

만약 지역 텔레비전 채널이나 학교 네트워크가 다음 날 토론 영상을 방송하고자 한다면 그에 대한 준비는 비교적 간단하다. 교사는 단지 토론 일자, 토론을 주관하는 학교나 학급 등 간단한 개요가 담긴 제목 장면만 영상 앞부분에 추가하면 된다. 가능하면 토론 녹화 영상을 편집하려고 하지 말아야 한다. 교실에서 토론 영상을 보여 줄 경우나 다운로드용으로 인터넷에 게시할 경우에는 필요에 따라 편집하면 된다.

마리스트 대학(Marist College)에서 2004년 여름에 개최된 프로그램에서는 학생들에게 2주간의 토론 집중 강좌를 하였는데 토론 방법뿐 아니라 토론 녹화, 편집, 인터넷 게시 방법들을 함께 다루었다. 사실 교사들이 비디오 영상의 짧은 부분만 주로 사용한다는 것을 알리는 것이 토론을 녹화하는 학생에게 도움을 주는 길이다.

이러한 토론 이후의 출판이나 방송 사례들은 누군가가 신문사의 편집자나 방송국의 관리자에게 접촉을 해야 하는 것들이다. 토론에 이러한 출판이나 방송 관련 역할을 담당하는 학생을 포함시키는 것이 좋다. 이들은 아마도 토론 내용을 발간하는 것을 반기는 지역 신문사를 알고 있을 것이다. 사실 이러한 방송과 인터넷에 대해 많은 학생들이 잘 알고 있다. 토론 지도의 이러한 부분을 이 분야에 관심이 많은 학생들을 끌어들이는 기회로 삼는 것을 고려해야 한다.

공개 토론의 예시

이미 꽉 짜인 교육과정에 어떻게 공개 토론의 일정을 넣을 수 있을지 궁금해 할 것이다. 다음은 소요 시간이 상이한 여러 공개 토론 모형들이다.

하루에 마치는 공개 토론

고등학교 역사 수업에서는 동성 결혼을 주제로 한 논쟁이 있다. 어떤 학생들은 게이나 레즈비언들은 평등권 개념에 입각하여 결혼할 권리가 있다고 주장한다. 다른 학생들은 비정상적 부모로서의 동성애자들은 사회의 유익을 기준으로 할 때 바람직하지 않으므로 동성 결혼은 미래 사회에 부정적 영향을 미친다고 주장한다. 논쟁은 수업의 마지막 20분 동안 고조될 것이다.

교사는 이 논쟁을 갑자기 중단시키고 방과 후에 토론을 지속하고 싶은지 물어본다. 몇몇 학생들이 그렇다고 대답하면 교사는 방과 후에 동성 결혼에 대한 공공 포럼 토론을 재빨리 제안한다. 학생들이 바로 동의하면 토론은 이미 시작된 것이다.

한 학생이 배포용 안내지를 만들면 교사는 이것을 복사하여 배부한다. 점심 시간에 교내 방송을 통해 방과 후 공개 토론에 대해 안내하고 학생들의 참여를 독려한다. 수업 후에 한 시간 정도 호기심 많고 논쟁적인 학생들이 모여 주제에 대해 토론한다는 내용을 방송한다.

교사는 조정자로서 그리고 다음과 같은 몇 가지 기초적인 규칙에 합의한 참여자로 행동하면 된다. 기초적인 규칙이란 학생들은 순서대로 발언해야 하며, 인신 공격성 발언은 불가하며, 발언 시간은 2분으로 제한된다는 것 등이다. 발언하고 싶어 하는 학생들의 명단이 충분해지면 토론을 시작한다.

일주일에 마치는 공개 토론

음악 교사는 컴퓨터 음악 다운로드라는 쉬운 방법과 저작권을 주제로 하여 논쟁을 진행해 왔다. 음악가이기도 한 교사는 음악 CD를 구매해 왔다. 교사는 다운로드는 남의 것을 훔치는 것이라고 주장한다. 학생들이 선생님이 좋아할 만한 음악 파일을 드렸을 때 그 교사는 거절하며, 앨범을 구입하지 않은 음악을 소유하는 것은 음악가의 돈을 빼앗는 행위라고 주장한다. 학생들은 음악가들은 콘서트 투어를 통해 돈을 벌며, 그들의 음악을 공유하는 것은 그 음악가의 콘서트에 참여할 새로운 팬을 만드는 것이라고 주장한다.

최종적으로 대표 학생 한 명이 공개 토론으로 이 문제를 논의할 것을 제안하면 나머지 학생들은 이 사안을 공공 포럼 토론으로 다룰 것에 합의한다. 교사와 학생은 마이크를 사용할 수 있는 인근 커피숍에서 토론하기로 결정한다. 커피숍의 주인은 새로운 행사에 흥미를 갖고 대여에 합의한다. 학생들은 행사를 알리는 전단을 만들고 토론을 중계하고자 하는지 지역 라디오 방송국에 연락해 본다. 음악 전공 학생들은 자신의 네트워크를 동원하고 잘 알려진 지역에 있는 음악가들에게도 연락을 하여 커피숍이 논쟁을 벌일 사람들로 채워지도록 한다.

토론자들은 사회자가 필요 없으며 각 사람이 5분 동안 발언하고 청중과 질의 응답 시간을 갖는 토론 형식에 합의한다. 포럼 후반부에 토론자들은 5분간의 최종 발언을 한다.

한 달에 마치는 공개 토론

언론의 자유에 대한 대학 수업의 일부로서 커뮤니케이션학 교수는 언론과 출판 통제에 대해 공개 토론에 참여하도록 학생들을 구성한다. 학생들은 "전쟁 기간 동안에는 언론과 출판의 자유가 제한되어야 한다."라는 주제에 합의한다.

일주일의 준비 기간 동안 도심에 있는 대규모 센터 강당을 예약한다. 이러한 장소를 선택한 이유는 학생들뿐 아니라 지역 구성원들을 참여시키기 위해서이다. 학생 자원자들은 이 행사를 홍보한다. 학생들은 안내 전단을 제작하고 지역의 여러 라디오 방송국에 전달할 홍보 내용을 녹음한다.

지역 신문사의 편집장은 반대 측 학생들과 합류하기로 한다. 정치학과 교수는 찬성 측 학생들과 합류하기로 한다. 충분한 논의를 거쳐 한 측이 세 명으로 구성된 토론 형식에 맞추어 공공 포럼에 참여하려는 네 명의 학생을 선정한다. 90분 정도의 토론 형식이므로 개별 발언은 5분 정도로 제한하기로 결정한다. 토론 형식은 다음과 같다.

안내	학생 사회자	5분
찬성 측 1번 토론자	정치학 교수	5분
반대 측 1번 토론자	신문 편집장	5분
찬성 측 2번 토론자	학생	5분
반대 측 2번 토론자	학생	5분
청중 질의응답		30분
찬성 측 3번 토론자	학생	5분
반대 측 3번 토론자	학생	5분

토론을 녹화하기로 결정하고 대학 방송사는 이를 한 시간으로 편집하여 대학 방송에서 방영한다. 이를 담당하는 학생은 녹화와 방송을 조정하고 미디어 센터에서 장비를 대여한다.

결론

공개 토론은 학생들에게 매우 훌륭한 교육의 기회이다. 다른 어떤 교육적 모형도 이러한 역동적이고 총체적인 학습 환경을 조성할 수 없다. 이러한 토론 방식이 갖는 가장 중요한 생각은 교내 구성원, 지역 사회 구성원과 같은 대중의 일부와 직접적으로 연결된다는 것이다. 도전적이면서도 확장적인 생각이라는 이 두 가지 접근은 공개 토론을 누구도 간과할 수 없는, 교육과정에서 중핵적인 부분으로 만든다.

문학 · 역사

철학 · 종교

교육 · 외국어

법률 · 사법 제도

시사(時事) 문제 · 국제 관계

국민 윤리, 정치, 정부 · 경제

사회학 · 사회 복지

다문화 · 여성학

매체 연구 · 수학

과학 · 과학 기술과 사회

환경학 및 지구 과학 · 지리

예술 · 스포츠와 레크리에이션

제11장

교 과 영 역 별 토 론 활 용

토론은 이미 결정한 답변을 성찰하게 하고 더 많은 질문을 하도록
함으로써 새로운 생각을 탐색하도록 고무하는 학습 방법으로,
여러 교과 영역에서 폭넓게 활용되어야 한다. 이 장에서는 교과
영역별로 토론을 활용해야 하는 까닭과 활용할 수 있는 논제 예시,
형식 예시를 보여 줄 것이다. 토론을 교과 영역 수업에
적극적으로 활용하고자 하는 교사라면 이 장에서 필요한 정보를
얻을 수 있을 것이다.

문학

아주 먼 옛날부터 이야기는 우리를 가르치고 계몽시키며 보다 고상하게 만드는 데
기여해 왔다. 과거, 현재의 위대한 이야기들이 문학을 이루고 사람들은 이를 공부
하고 가르치고 있다. 사람들은 동일한 이야기를 각자 다르게 말하기도 하는데 이는
각각 자신의 독특한 관점으로 이야기를 해석하기 때문이다. 작품을 읽고 각자 이해
한 것을 서로 나눌 때 문학의 위대한 교육적 잠재력 중 일부가 드러나게 된다. 토론
은 이와 같은 해석을 확장시키기 때문에 문학 수업에서 매우 가치 있게 활용될 수
있다.

문학 수업에 토론이 유용한 까닭

위대한 작품을 읽고 이를 나누고 가르칠 수 있는 방법은 많다. 토론 역시 유용한 방
법 중의 하나인데 토론과 문학의 통합이 필요한 이유로 네 가지를 들 수 있다.

첫째, 토론은 자칫 일방적인 활동이 되기 쉬운 문학 수업에 활력을 불어 넣어
준다. 개인적으로 혼자 책을 읽을 때 정신은 활동을 하지만, 대부분이 인식적인 활

동이며 동적인 모습을 보이는 것은 아니다. 학생들은 문학적 쟁점에 대해 다른 학생들과 토론하면서 개인적으로 독서를 하며 인식했던 과정을 청중 앞에서 제시하고 이에 대해 방어하게 된다. 이런 방법은 학생들이 문학 작품을 감상할 때보다 개인적으로 연관될 수 있도록 만들어 준다.

둘째, 문학과 토론 모두 상당한 서사적 실재와 메타 서사적 요소를 지닌다. 문학은 서사적이라 할 수 있으며, 토론 역시 서사적이다. 토론자는 현상이 어떠하며 이 현상이 어떠해야 하는지에 대한 이야기를 들려준다. 또한 상대방 주장을 다시 말하기도 한다. 물론 상대방의 말을 다른 시선으로, 그리고 그에 대해 약간의 과장이 있다는 식으로 인용하여 말하지만 말이다. 토론 과정은 서사적 교환과 재해석의 수준을 고양시켜 준다.

셋째, 토론은 학생들이 문학적인 경험을 공유하고 이 과정으로부터 서로에게 배울 수 있는 기회를 제공한다. 많은 사람들이 '독서 동아리(같은 책을 읽고 한 달에 한 번씩 만나 이에 대해 토론하는 모임)'를 의미 있게 생각한다. 독서 토론 활동은 초점화된 문학 작품 읽기를 가능하도록 만들기 때문에 모인 사람들은 유사한 경험을 하게 된다. 다른 사람들이 같은 문학 작품을 어떻게 읽는지에 대해 지속적으로 깨달아 가면서, 같이 공유할 수 있는 독특하고 가치 있는 관점을 갖게 된다. 이와 같이 서로 공유하는 과정을 통해 문학 작품을 조명하고 가치를 새롭게 높일 수 있는데, 토론을 활용한 방법 역시 예외가 될 수 없다.

넷째, 문학 작품과 토론을 통합하여 교실에서 진행하게 되면 이야기들은 학생들과 개인적인 관련성을 지니게 된다. 오래전에 창작된 문학 작품의 경우에 몇몇 학생들은 쓰인 언어나 묘사된 시간을 낯설게 느끼기 때문에 그 작품을 생소하거나 퇴색한 것으로 여기기 쉽다. 이때 문학 작품을 활용하여 토론을 하게 되면 학생들은 활동을 통해 개인적인 관여도를 높일 수 있다. 문학 작품은 가르칠 거리가 풍부하며 학생들은 토론을 통해 작품의 교훈을 자신과 통합할 수 있게 된다.

문학 수업을 위한 토론 논제 예시
• 드라마는 소설보다 강력한 예술의 형식이다.

- 공상 과학 소설은 미성숙한 문학의 형식이다.

- 허구성은 사실성보다 열등하다.

- 서구 문학 작품은 과대평가되었다.

- X라는 장르는 Y라는 장르보다 열등하다.

- X라는 작가는 Y라는 작가보다 낫다.

- X라는 소설은 Y라는 소설보다 작품성이 뛰어나다.

- X라는 희곡은 Y라는 희곡보다 작품성이 뛰어나다.

- X라는 인물은 Y라는 작품에서 진정한 영웅이다.

- X라는 인물은 Y라는 작품에서 진정한 악인이다.

- X라는 작품은 Y라는 사회적 상황을 설명하기 위한 시도이다.

- 작품 Y의 인물 X는 Z라는 죄의 책임이 있다.(재판)

문학 수업을 위한 토론 형식 예시

문학 수업에 효과적으로 적용될 수 있는 토론 형식은 매우 많다. 앞서 제시한 목록을 훑어 보고 이 중 몇 가지 형식을 선택할 수도 있을 것이다. 학생들이 작품을 꼼꼼히 읽어 오기만 했다면 토론은 매우 쉽게 조직될 수 있다. 역사의 어떤 특정 시기에 일어난 일에 대한 토론의 경우에는 방대한 양의 배경지식 정보를 필요로 하지만 문학 작품의 경우에는 작품 하나만으로 학생들이 충분히 생산적인 토론을 진행할 수 있다.

첫째, 문학 작품 속의 특정 인물이나 제도를 재판에 회부하라. 햄릿은 살인죄가 있는가? 코요테(Coyote)가 문제의 진짜 원인인가? 몰 플랜더스(Moll Flanders)[18]를 부도덕하다고 할 수 있는가? 학생들은 검사, 변호사, 판사, 배심원, 증인, 피고인 등의 역을 맡아 토론을 진행할 수 있다. 또한 역할을 바꾸면서 같은 주제로 토론할 수도 있다. 교사들은 이 토론 방식이 상당히 유용하다고 경험적으로 밝힌다.

---

18   [역주] 영국 작가인 대니얼 디포의 1722년 작품인 '몰 플랜더스(Moll Flanders)'에 나오는 여자 주인공. 몰 플랜더스는 도둑이었던 어머니에 의해 교도소에서 태어나 여러 번 결혼하고, 매춘부, 소매치기, 도둑, 추방자로 생활하는 등 파란만장한 삶을 살았다.

둘째, 작품 속 인물의 성격에 대해 토론하라. 좋은 작품일수록 누가 선인이고 악인인지를 판단하여 결정하는 것이 어렵다. 여러 작품을 통해 다양한 인물에 대해 좋은 논증을 펼쳐 나갈 수 있다. 이와 같은 애매성은 학생들이 작품에서 보이는 허구적인 사실들을 그냥 훑고 지나가는 것이 아니라 작품 속 인물에 대해 철저하게 분석할 수 있도록 해 준다.

셋째, 서로 다른 작품을 비교하거나, 동일 작가가 쓴 두 작품을 비교하거나, 같은 주제를 지닌 다른 작가의 작품을 비교하여 토론하라. 이와 같은 활동에 따로 정해진 정답은 없다. 하지만 이와 같은 활동을 통해 학생들은 문학 작품을 평가하는 자신의 기준을 개발할 수 있으며 특정한 사례에 이를 적용할 수 있게 된다.

넷째, 서로 다른 두 작가를 비교하는 토론을 하라. 두 작가가 똑같을 수 없다는 전제 아래, 각 작가에 대한 찬성과 반대의 입장으로 토론을 해 보면 학생들은 각 작가가 추구하려 했던 작품 세계를 이해할 수 있고 이것이 작품에 성공적으로 드러났는지에 대해 판단할 수 있다.

다섯째, 서로 다른 장르를 비교하거나 평가하는 토론을 하라. 어떤 문학 작품은 '매우 고상하다.'라고 인식되고 어떤 작품은 '대중적이다.'라고 평가받는다. 또한 어떤 이들은 공상 과학 소설과 미스터리 소설들을 미성숙한 장르이며, 진실을 제시하는 데 제한적인 형식이라고 비판하지만, 다른 이들은 이에 대해 반대한다. 개별 문학 장르를 비평할 수 있으며 두 가지 이상의 장르를 비교할 수도 있다. 이들의 적절성에 대한 평가는 수업이나 토론의 좋은 자료가 될 수 있다.

여섯째, 문학 작품에 대하여 작가와 비평가의 입장에서 토론하라. 한 쪽은 작가의 입장에서 다른 한 쪽은 그 작품을 비판하는 비평가의 입장에서 토론을 하게 되면 매우 생생하고 흥미진진한 토론을 할 수 있다. 학생들에게 재미있게 읽었던 부분과 그렇지 않은 부분에 대해 이야기하게 하고 이를 활용해 작가를 대변하거나 혹은 비평하게 하는 활동을 첨가하도록 하면 매우 교육적이고 재미있는 구성을 할 수 있다. 이와 같은 활동을 통해 학생들은 문학 이론과 비평에 대해 파악할 수 있으며 자신의 시각에서 문학 작품을 평가하거나 판단하는 본질적인 비평에 대해 학습할 수 있다.

결론

문학 시간에 토론이 자주 사용되는 것은 아니지만 고려해 볼 만한 강력한 도구가 될 수 있다. 공공 포럼 형식을 활용하면 학생들이 고전에 대해 개인적 관련성을 높여 역동적으로 토론할 수 있을 것이다.

역사

고대의 포럼에서부터 오늘날의 국제회의에 이르기까지 토론이 역사를 만들어 온 것은 의심할 나위가 없다. 또한 토론은 역사를 이해하는 유용한 방법이기도 하다. 이는 학생들이 접하는 쟁점들이 토론을 통해서 '재미있어지기' 때문이다. 이 과정을 통하여 학생들은 자신들이 공부하고 있는 과목에 대한 비판적 의사소통에 직접 책임을 지는 법을 배우게 된다.

역사 수업에 토론이 유용한 까닭

역사를 공부하는 학생들은 토론을 통하여 자신들이 어디에서 왔으며 어디로 갈 것인지를 이해함으로써 연관성과 유용한 교훈을 찾을 수 있다. 토론이 역사를 공부하는 학생들에게 매우 가치 있다고 보는 이유는 다음과 같다.

첫째, 역사는 본질적으로 논란의 여지가 있는 대상이다. 어떤 사건에도 하나의 완벽한 역사는 존재하지 않는다. 오히려 역사적 사실, 원인, 결과를 두고 많은 경쟁적 해석이 가능하다. 학생들은 역사가의 저작을 검토하고 비판적인 관점에서 비교하거나 역사의 인과 문제를 논증할 수 있는데, 이는 모두 조직화된 비판적 의사소통을 통하여 가능한 일로서 특정 수업에 맞게 조정할 수 있다. 역사적 연구의 거의 모든 분야에서 관련된 토론 주제를 찾아내는 것은 어렵지 않은 일이다.

둘째, 역사는 가장 웅장한 이야기하기(storytelling)의 과정이다. 많은 학생들이 이국적이고 다른 시공간에 대한 공부에 황홀해 한다. 그러나 역사 탐구의 수준에 따라 경쟁하는 이야기들이 존재한다. 역사에 대한 토론의 과정은 어떤 면에서는 이야기하기 경쟁의 연습으로 생각될 수 있다. 이 경쟁에서 각각의 이야기는 사건들의 상황과 가능한 미래를 묘사하면서 다른 이야기를 재해석한다. 학생들은 역사의 흐름을 더 폭넓게 해석하고 이해하는 방법을 배울 수 있다.

셋째, 역사에 대해 토론하면서 우리는 과거를 재구성한다. 특정한 시공간 제약하에 토론을 함으로써 학생들은 매우 역동적이고 즉각적으로 상황에 투입된다. 역사로부터 개인과 집단을 재현함으로써, 토론은 역사적 텍스트 나아가 역사적 실재까지 더 잘 이해할 수 있게 해 준다. 이러한 논증과 발표에서 학생들은 과거에 대한 생각과 논리적 연관성을 재구성하는 시도를 할 수 있다. 이러한 과정이 완벽하게 이루어질 수 없다는 것은 분명하지만 다른 사람들과 다른 시대를 이해하려고 시도하는 노력은 학생들이 익혀야 할 매우 중요한 것이다.

넷째, 토론을 통하여 학생들은 중요한 쟁점들에 대한 상이한 관점을 취할 수 있다. 역사 공부에서 등장하는 많은 쟁점들은 개인들이 다른 사람들을 어떻게 구성할 것인지, 즉 그들을 폄하할 것인지 높일 것인지와 관련되어 있다. 우리는 우리 자신에 대해 생각해 보도록 요구받는 경우가 거의 없다. 하지만 잠시 동안, 우리가 '그 다른 사람'일지도 모른다고 가정해 보는 것이다. 토론 활동을 통하여 학생들은 다른 사람과 집단을 역사적 관점 '안에서' 보는 능력을 계발할 수 있다. 간단한 토론으로 다른 사람들이 보는 것과 같이 사물을 보는 훈련을 다 할 수는 없지만 그것은 그러한 과정을 시작하는 데 유용하고 학생들은 그것을 즐기고 음미하는 것처럼 보인다.

역사 수업을 위한 토론 논제 예시
특정한 시점에서뿐만 아니라 현대적인 관점에서도 다음과 같은 많은 주제들을 토론할 수 있다.

- 역사는 승자의 기록이기 때문에 신뢰할 수 없다.
- 미국은 몰역사적인 사회이다.
- 역사에서 유일하게 배우는 것은 역사로부터 배울 것이 없다는 사실이다.
- 역사는 설명하지만 예견하지는 못한다.
- 할리우드는 간직해 온 것보다 더 많은 역사를 파괴하였다.
- 공립학교 역사 교과서는 크게 수정할 필요가 있다.
- 구술사가 문자로 기록된 역사보다 더 정확하다.
- 여성의 참정권이 거부되어서는 안 된다.
- 우리는 역사를 부인해야 한다.

- 국가주의는 미덕이다.
- 역사(history)는 그녀의 역사(her story)가 아니다.
- 시민적 자유의 진보는 무력보다 지적 교양(intellectual culture)에 더 큰 빚을 졌다.
- 조면기(繰綿機)는 전신(電信)보다 더 위대한 발명품이다.
- 미국은 1914년에 제1차 세계 대전에 참전했어야 한다.
- 미국은 워싱턴 국립 공항[19]에 로널드 레이건(Ronald Reagan) 대통령의 이름을 붙이지 말았어야 했다.
- 미국은 국제 연맹(League of Nations)[20]에 가입했어야 한다.
- 금주법(Volstead Act)은 알코올 도수가 낮은 포도주와 맥주의 제조와 판매를 허용하기 위하여 수정되어야 한다.
- 미국은 제1차 세계 대전에 따른 연합국의 전채(Allies debts)[21]를 무효화하는 데 동의했어야 한다.
- 미국은 국제 또는 국내 무력 분쟁에 연루된 서반구 밖의 모든 국가에 대하여 엄격한 경제적·군사적 고립 정책을 따라야 한다.
- 세계 연방 정부가 수립되어야 한다.
- 미국은 1970년대 초 남베트남에 대한 군사적 지원을 실질적으로 축소했어야 한다.
- 투표권을 부여하기 위한 교육 평가가 있어야 한다.

19　[역주] 원래 명칭은 워싱턴 국립 공항(Washington National Airport)이었으나, 1997년 11월 미국공화당 주지사 32명의 모임에서 로널드 레이건 전 대통령을 기념하여 공항의 명칭을 바꾸자는 제안이 채택된 뒤 1998년 2월에 상원 의회에서 법안이 통과되어 명칭이 '로널드 레이건 워싱턴 국립 공항(Ronald Reagan Washington National Airport)'으로 바뀌었다.

20　[역주] 제1차 세계 대전에서 승리한 연합국을 주축으로 국제 평화와 안전을 유지하고 경제적·사회적 국제협력을 증진시킨다는 목적으로 1920년 설립되었다가 1946년 개최된 연맹총회에서 해체를 결의하고, 국제연맹의 구조와 형식, 목적을 이어받은 국제연합을 발족시켰다.

21　[역주] 전쟁에 필요한 비용을 충당하기 위하여 발행하는 국채

- 다니엘 웹스터(Daniel Webster)[22]는 스티븐 더글라스(Stephen A. Douglas)[23] 보다 지적으로 더 뛰어났다.
- 올리버 크롬웰(Oliver Cromwell)은 나폴레옹 보나파르트(Napoleon Bonaparte)보다 더 위대했다.
- 투생 루베르튀르(Toussaint L'Ouverture)[24]는 군인이자 정치가로서 조지 워싱턴(George Washington)에 필적하였다.
- 리처드 3세(Richard Ⅲ)는 찰스 2세(Charles Ⅱ)보다 더 나쁜 군주였다.
- 아테네는 독립 국가로서 스파르타보다 더 우월하였다.
- 이집트는 유럽 문명의 요람이었다.
- 역사적으로 중국 문명은 유럽 문명보다 더 발전하였다.
- 아즈텍과 잉카 문명은 이들을 정복한 스페인 문명보다 더 정교하였다.
- 역사를 과거보다 현재의 행위 지침으로 사용하는 경우는 드물다.
- 정치인들은 역사를 이용하여 자신들이 선호하는 행위의 과정을 정당화하지, 역사에 의해 정당화되는 행위의 과정을 선택하는 것은 아니다.

역사 수업을 위한 토론 형식 예시

수업 내용에 따라 주제가 결정되겠지만, 대부분의 토론 형식이 거의 모든 역사 수업에 적합하다. 1대1, 2대2, 공회 형식(public assembly format)은 쟁점을 토론하는 데 매우 유용할 것이다. 다음과 같은 방식으로 사용된다면 거의 모든 형식이 통찰력을 제공할 수 있다. 우선 역사의 용도에 대한 토론을 개최할 수 있다. 객관성 또는 객관성의 필요성이 토론 주제가 될 수 있다. 또 의사 결정의 틀을 마련하는 데 역사가 활용되거나 간과되는 방식은 토론의 유익한 근거가 될 수 있다. 이러한 유형의 토론은 입문자들을 위한 수업이나 역사를 새로 전공하기 위한 수업에서도 학생들

---

22 [역주] 미국의 하원·상원 위원과 국무장관을 지낸 웅변가이자 정치가
23 [역주] 미국의 웅변가이자 정치가(1813~1861). 민주당 지도자로서 남부 노예 문제에 대해 인민주권의 원칙을 주창했다. 공화당 후보인 링컨과 토론을 벌였던 것에서 링컨-더글라스 토론이 유래되었다.
24 [역주] 프랑스 혁명 때 일어난 아이티 독립운동의 지도자(1743~1803)

에게 도움이 될 수 있다. 고등학교 수업에서는 역사를 공부할 필요가 있는지 그리고 역사 시간을 줄일지 늘릴지에 대한 토론을 할 수도 있다.

역사의 일부를 다시 쓸 것인지에 대한 토론은 역사 이해에 도움이 된다. 용인된 역사적 해석에 대해서 어떤 주장은 상당히 수정되어야 한다는 의미심장한 비판이 제기되어 왔다. 학교 체제에서 역사 교과서를 수정할 필요성에 대한 토론을 개최할 수도 있을 것이다. 이 주제를 통하여 학생들은 역사적 해석의 본질을 이해하고 특별한 역사적 시기와 해석에 대해 연구하게 될 것이다.

학생들은 '역사적 재구성(historical re-creation)' 토론이라고도 불리는 '……라면 어땠을까?(what if……?)' 토론에 참여할 수 있을 것이다. 이 토론에서 학생들은 만일 역사에서 무언가가 달라진다면 무슨 일이 일어날 것인가를 상상한다. 학생들은 만일 추축국(樞軸國, Axis Powers)[25]이 제2차 세계 대전에서 승리했다면 어떻게 되었을까에 대해 토론할 수 있을 것이다. 또는 만일 케네디(John Kennedy) 대통령이 암살되지 않았더라면 어떤 삶을 살았을까를 탐색해 볼 수도 있을 것이다. 이러한 토론은 새로운 생각을 살피고 학생들의 현실 감각을 신장하면서 상상력과 탐구력을 강조한다.

특정한 시대에 대한 또는 특정한 역사적 인물이나 집단에 대한 토론을 개최할 수도 있다. 금주법, 노예제 폐지, 식민지 독립, 여성의 투표권, 국제연맹의 창설 등과 같은 쟁점에 대한 대토론이 다양한 역사적 시점에 일어났다. 주의할 점은 학생들이 자신감을 갖고 나폴레옹이나 람세스 2세가 되지 못할 것이라는 점이다. 이때 한 가지 방법은 토론에서 학생들에게 그 인물의 대리인 역할을 해 보도록 하는 것이다.

이러한 토론은 다양한 수준에서 역사를 공부하는 유용한 방법이 될 수 있다. 토론을 통하여 학생들은 주전 선수로서 쟁점들을 실연하면서 역사가 '재미있어지는' 경험을 하게 된다.

25　[역주] 제2차 세계 대전 때 일본, 독일, 이탈리아가 맺은 삼국 동맹을 지지하여 미국, 영국, 프랑스 등의 연합국과 대립한 여러 나라. 1936년에 무솔리니가 "유럽의 국제 관계는 로마와 베를린을 연결하는 선을 추축으로 하여 변화할 것이다."라고 연설한 데서 유래한 말이다.

결론

토론에서는 역사적 사례와 교훈을 논증의 증거로 이용하는 경우가 많다. 정책 토론에서는 미래의 의사 결정을 위한 근거로 역사를 이용한다. 가치 논제에서는 윤리적이고 도덕적인 기준의 변화를 탐색할 수 있다. 토론을 역사 교실에 통합함으로써 더 깊이 있는 학습이 가능해진다.

철학

토론과 철학의 역사적 관련성은 유서가 깊다. 고대 그리스와 로마의 철학자들은 토론 방법의 역사적 조상들이라고 할 수 있으며 공자와 그 외 중국의 철학자들 역시 토론을 학습의 중요한 방법으로 지적한 유명한 글을 써 왔다. 생각의 충돌은 철학에 그 뿌리를 두고 있으며 철학자들은 우리는 누구인가, 우리는 여기에 왜 있는가, 존재한다는 것은 무엇인가와 같은 진지한 질문들을 던져왔다. 이 모든 것은 토론의 핵심적인 영역이 된다. 철학과 토론 영역의 연결은 매우 자연스러운 것이다.

철학 수업에 토론이 유용한 까닭

철학 수업에 토론을 적용하는 본질적인 이유는 토론이 교육적이기 때문이다. 철학은 가르치기 어렵다. 학습해야 할 다른 중요한 과목과 마찬가지로 학생들이 철학에 대해 흥미를 갖도록 하는 것은 어렵다. 마셜 대학의 교육학과 교수인 마셜 그레고리(Marshall Gregory)는 어려운 철학책에 대한 흥미를 이끌어내는 것이 얼마나 어려운지에 대해 다음과 같이 밝히고 있다.

> 교사들은 고전이나 순수 예술, 정신을 고양시키는 주제들이 자동적으로 혹은 명백하게 학생들에게도 위대하고, 순수하고, 정신을 고양시킬 것이라는 생각을 버려야 한다. (솔직히 대부분의 교사들에게도 이 과정은 자연스럽지 않았음을 기억하라.) 현재 우리 학생들처럼 우리들이 학생이었을 때 역시 위대한 예술 작품이나 고전이나 고상한 주제들이 우리들의 흥미와 관심을 확 끌지 못했다는 것을 알아야 한다. 그보다는 특별한 종류의 삶을 살고 있는 어떤 특정한 주제나 영역에 열정이 넘쳤던 교사들을 통해 우리의 관심이 고조되었다고 보는 것이 맞다. 과거를 돌아보면 내가 좋아했던 교사들의 공통점이 있었는데 이는 실재에 영감을 받고 이에 충만한 삶을 살고 있었다는 것이다. 이와 같은 실재는 제인 오스틴(Jane Austen)의 힘 있는 글이나 칸트의 깊은 사색, 여성의 교육을 강력하게 주장한 울스턴크래프트(M. Wollstonecraft)의 논증, 바흐의 음악 등이었다. 게다가 이와 같은 위대한 실재는 교사들의 삶뿐 아니라 나

의 삶에까지도 영향력을 발휘하게 되었다. 마치 자석이 철가루를 끌어당기듯이 이러한 위대한 삶이 나를 끌어당기게 되었다. 이를 통해 내 자신이 기꺼이 매료되고 즐겁게 연대되는 것을 느낄 수 있었다(Gregory, 2001: 70).

마셜이 지적한 것처럼 교사들은 학생들의 삶과 무관해 보이는 주제들에 대해 그들의 관심을 끌어내는 데 어려움을 느끼고 있다. 이때 토론을 통해서 무가치하게 보이는 주제들을 공부하는 것의 가치를 알게 할 수 있다. 지식을 추구하는 것은 흥미진진한 것이고 마셜이 이야기했던 영감이 교실에도 전파될 수 있을 것이다. 강의가 관련 없어 보이는 내용이라고 할지라도 학생들은 참여하는 수업을 통해 새로운 기대를 갖게 될 것이고 그 과목과 연결되어 있다고 느끼며 기꺼이 듣고 이에 대한 관심을 가질 수 있다.

토론을 해야 하는 또 다른 중요한 이유는 철학 수업은 수업 주제와 잘 어울리는 활동이기 때문이다. 존재하는 것, 시간, 아는 방식, 이해하는 방식, 의식화에 대한 탐색, 형이상학, 윤리학의 본질 등에 대한 탐구는 두 지식인들의 대화에 자신을 이입시켰을 때 가능하다. 철학자들 간의 토론은 세상에 대한 인식 변화를 이끌어 냈다. 철학에 대한 토론은 학생들이 배우는 과목의 수업에 대해 가르침을 주고 이와 같은 주제를 소개하고 지식을 알리는 데 도움을 준다.

철학 수업을 위한 토론 논제 예시

- 지식은 행동 뒤에 와야 한다.
- 타고난 것은 사회적인 것보다 중요하다.
- 니체는 마지막 형이상학자였다.
- 포스트모더니즘은 망했다.
- 실존의 상태는 유동적이다.
- 신은 죽었다.
- 종교는 진정한 철학이다.
- 나는 생각한다, 고로 존재한다.(데카르트)

- 우리는 논리 실증주의를 버려야 한다.
- 우리는 X라는 철학을 신봉해야 한다.
- 권력은 유동적이다.
- 도덕성은 구경꾼들의 눈에 달렸다.
- 윤리학은 우선되어야 하는 철학이다.(레비나스)

철학 수업을 위한 토론 형식 사례

철학 수업은 매우 다양하기 때문에 어떤 특정 토론 형식이 학생들에게 유리하다고 말하기는 어렵다. 대신 교사가 계획하는 교육과정에 맞도록 토론의 형식을 유연하게 적용할 수 있을 것이다. 아래에서 제시하는 사례는 특정한 교실이나 주제에 해당되는 것임에 유념할 필요가 있다.

만약 이집트에서부터 존 듀이에 이르기까지 전통적 철학의 기원을 추적하는 서양 철학에 대해 수업을 한다고 가정해 보자. 독일의 철학자 프리드리히 니체에 대해 공부할 때 학생들은 그의 주요 논증을 이해하는 데 어려움을 겪을 수 있다. 왜냐하면 학생들은 공통으로 인정하는 도덕성에 대해 어떻게 의문을 제기할 수 있는지에 대해 상상하기 어렵기 때문이다. 따라서 교사는 이 문제에 대해 공공 포럼을 열고 반 학생의 절반에게는 도덕성을 정당화할 수 있는 것에 대해 생각해 보도록 하고 다른 절반의 학생에게는 도덕성이 지닌 경직성으로 인해 실제에서 불편함을 겪는 사례들을 조사해 오도록 할 수 있다.

학생들은 훔치는 것과 굶주리는 것과 같은 간단한 쟁점에서 시작해서 낙태나 안락사와 같은 사례들을 떠올릴 수 있다. 좋은 사례들이 나오게 되면 교실 토론은 그 주제에 대해 더욱 활기를 띠게 된다. 학생들은 자신의 주장을 뒷받침하기 위해 사례를 제시할 뿐 아니라 상대편이 제시한 사례를 공격하기 위해서도 다양한 토론의 기술을 발휘하게 된다. 학생들은 어떠한 경우에도 사람을 죽이면 안 된다는 강경한 주장을 하기도 하고 안락사나 전쟁과 같은 특수한 상황에서는 더 큰 선을 실현하기 위해 살인이 정당화된다고 주장하기도 할 것이다.

이와 같은 토론을 통해 학생들은 도덕성이 지니는 유연함을 배우게 될 것이고 니체가 말한 비판의 근원을 알게 될 것이다. 포르노그래피나 예술에서 벌거벗는 것을 도덕적으로 반대하는 것 등과 같은 도덕성은 불평등하게 적용된 판단의 사례로 보일 수 있다. 이때 학생들은 도덕성은 이기적이며, 특정 선호를 마치 절대적인 것처럼 정당화하는 데 사용하였다는 니체의 생각을 탐색하게 된다. 교사는 이와 같은 연결을 토론 전 대화를 통해 이끌어 낼 필요가 있다. 하지만 학생들은 토론을 통해서도 어떻게 논증이나 생각이 작동하고 만들어지는가에 대해서 알게 될 것이고 이 과정을 통해 새로운 지식을 만들어 갈 수 있을 것이다.

결론

코페르니쿠스 혁명에 대한 후기 모더니즘적 의미에 대해 열띤 즉흥 토론을 벌이거나 충분한 조사를 기반으로 역할극 토론을 하게 되면 학생들은 그 과목 자체에 매료될 수 있으며 그 영역에 대한 정보를 더욱 잘 이해하게 된다. 이와 같은 방식으로 토론은 철학 교수의 방법을 제공해 준다.

종교

종교와 토론은 첫눈에도 서로 어울리지 않는 조합으로 보인다. 인간의 문명화만큼
이나 오랜 기간 동안 다양한 종류의 복음주의가 지속되고 있지만 보통 그들의 종교
적 신념에 대해 토론하는 것은 비생산적이다. 종교적인 신념은 개개인의 인지적 과
정에 깊이 뿌리내리고 그들이 세상을 살아가는 방식을 결정짓는다. 또한 종교는 영
적인 부분을 다루기 때문에 논리적인 것과는 거리가 멀어 보인다. 종교적인 사람에
게 '믿음'의 문제는 '논리'의 문제를 초월한다. 많은 사람에게 종교적이고 영적인
문제는 매우 중요한 문제가 된다. 우리는 토론을 통해 개개인의 종교적인 믿음을
바꾸고자 하는 것이 아니라 개개인이 종교나 종교적 쟁점을 이해할 때 토론이 어떻
게 도움이 되는지에 대해 알아볼 것이다.

종교 수업에 토론이 유용한 까닭

종교 수업에서 토론은 가치 있고 생산적인 역할을 할 수 있다. 왜냐하면 종교는 논
증이나 토론이 주제이기 때문이다. 토론은 개개인이, 특히 종교를 갖지 않은 사람들
이 다양한 종교적 믿음을 이해할 수 있도록 해 준다.

첫째, 종교는 가정 환경을 떠나서 이야기할 수 있는 가장 공통된 비형식적인
주제이다. 학교에서는 다양한 종교적 배경을 지닌 학생들을 만날 수 있다. 기숙사에
서 밤 늦게까지 종교적인 쟁점을 주제로 하여 서로 일치하지 않는 주장을 해 본 경
험들이 많을 것이다. 학생들은 자신들에게는 분명히 옳게 여겨지는데도 불구하고
어떻게 많은 사람들이 서로 다른 종교적 믿음을 갖게 되는가에 대해 궁금하게 생각
한다. 종교 시간에는 토론을 통해 종교에 대해 이미 형성된 실재를 더욱 발전시켜
나갈 수 있다.

둘째, 다양한 종교들은 토론의 전통을 지니고 있다. 유대교는 학문적인 성경
공부를 통해 믿음을 강화해 왔으며 성경의 해석이 지적인 전통의 상당 부분을 차지
하고 있다. 티베트 불교는 신자들에게 토론의 실천을 강조하고 있다.

유대교 랍비인 메나켐 엠 슈너슨(Menachem M. Schneerson)이 쓴 『유대교 율

법 연구(*Torah studies*, 1992)』를 참고해 보자. 그는 깊이 있고 광범위한 설교로 유명한데, 이 책은 구약 성경의 의미와 해석에 대하여 복잡한 토론을 한 것을 모은 것이다. 번역가인 조나단 색스는 서문에서 토론과의 관계에 대해 다음과 같이 기술하고 있다.

> 유대인 교사인 루바비처의 말을 듣거나 책을 읽는 것은 마치 여행을 하는 것과 같다. 우리는 항상 도전을 받고 전진하는데 마지막에 우리가 서 있게 되는 곳은 우리가 처음 시작했던 곳이 아니다. 몇 번이고 되풀이해서 미시적인 긴장으로 여겨지는 토론이 시작된다. 랍비의 말에 대한 질문, 혹은 율법의 이해에 있어서의 문제점, 유대 율법의 실제적인 준비 등. 그러나 한 발 한 발 가장 높고 전망 좋은 꼭대기를 향해 올라갈 때까지 이와 같은 논증을 통해 우리는 새롭게 시작하고 새로운 질문에 예비된 답을 할 수 있게 된다. 꼭대기에서 보면 바닥에서 우리가 찾아 헤매던 가장 넓은 맥락을 알게 되고 처음에 던졌던 질문이 해결될 뿐 아니라 주요한 영적 여행의 시작점 역시 발견하게 된다.(iv)

티베트 불교에서는 그들에 대해 토론하고 논증하는 것이 교육적이고 명상적인 연습을 하는 것이라고 여긴다. 미국에서 많은 대학들이 18세기, 19세기에 기독교적인 사역을 위해 학생들을 준비시키고자 하는 요구에 의해 토론 활동을 했다. 고대 중국과 인도에서는 부처의 신비한 행적이 때때로 토론의 주제가 되기도 한다. 현재 미국에서 역시 많은 기독교 대학들이 토론을 강조하는데 그 이유는 이와 같은 기술들이 궁극적인 복음주의 사명을 달성하는 데 중요하다고 생각하기 때문이다. 이와 같은 풍부한 종교적 전통들이 종교 수업에서 토론을 탐색 가능하게 만들어 준다.

셋째, 토론은 서로 다른 의사 결정의 유형을 비교해 보도록 하여 종교를 이해하는 데 영감을 준다. 케네스 버크(Kenneth Burke)가 주장한 부조화의 상호 검증을 통해 어떤 것에 대한 관점을 얻는 방법이 이와 관련성이 있어 보인다. 예를 들면 우리는 죽음에 대해 이해함으로써 삶을 더욱 잘 묵상하게 된다. 종교에서 비논리적인 영역으로 여겨지는 믿음을 논리적인 논의의 쟁점으로 들여오게 되면 이를 효과적으로 조망할 수 있게 된다. 학생들은 논리를 적용하여 믿음을 배울 수도 있고, 인간의 사고 유형으로서의 믿음이 지닌 역할을 이해함으로써 논리에 대해 이해할 수도 있다.

넷째, 학생들은 토론을 통해 종교가 하나의 믿음 체계라는 것을 알 수 있다. 여러 토론의 경험을 바탕으로 확신이라 생각되던 것을 비교해 보고 부정해 봄으로써 우리의 확신이 무엇인지 알게 된다. 나와 다른 생각을 지닌 사람과 같은 경험을 해 보게 되면 그 사람의 상황과 관점을 더욱 잘 이해하게 되듯이, 기독교 신자와 불교 신자가 서로 간에 입장을 바꾸어 '기독교 : 불교'에 대해 토론하게 한다면 더 큰 배움의 기회를 제공할 수 있을 것이다. 버몬트 대학의 종교학 교수인 페이든(William E. Paden)은 상대방의 신념이나 믿음에 대한 상대적 관점의 인정이야말로 인간성에 대한 근본적 인식의 진일보를 의미하는 것이라고 밝혔다(Paden, 132–133). 토론은 존중하는 태도로 비판에 임하게 하면서 다른 가치 체계에 대해 탐색하도록 하기 때문에 종교의 영역에서 우리의 이해를 넓혀 준다.

종교 수업을 위한 토론 논제 예시
- 교회, 교파의 차이를 초월하여 모든 기독교 교회를 통일하고자 했던 세계교회 운동은 무분별했다.
- 신은 존재하지 않을 뿐 아니라 존재해 오지도 않았다.
- 역사상 종교 제도는 기여한 것보다 해악이 더 컸다.
- 종교들이 상호 유사성을 보인다는 것은 공통 종교적 실재가 존재함을 의미한다.
- X라는 사람은 Y라는 종교의 교리를 위반하였다.(갈리레오는 카톨릭교의 교리를 어겼다. 살만 루슈디는 이슬람교의 교리를 어겼다. 다윈은 기독교의 교리를 어겼다.)
- 인간은 필요에 의해 종교를 만들었다.
- 종교적 의례가 어떠한 다른 권리보다 중요하다. (산테리아교에서 동물을 희생물로 바치는 것은 동물의 권리에 우선한다. 레스터페리언교에서 마리화나를 피우는 것은 마약류 관련 법률에 우선한다. 가톨릭교에서 와인을 마시는 것은 금주법보다 우선한다. 종교의 일부다처제는 국가의 일부일처제에 우선한다. 북미 원주민 교회에서 페요테를 사용하는 것은 마약

류 관련 법률에 우선한다. 북미 원주민들이 매장지를 훼손해서는 안 된다는 믿음은 고고학을 위한 과학적 조사보다 우선한다.)

- 지금은 과학이 종교보다 중요한 시대이다.
- 과학과 기술은 우리의 새로운 종교가 되었다.
- 종교는 아편과 같다.
- 에밀 뒤르켐(Emile Durkheim)이 옳았다.
- 루돌프 오토(Rudolph Otto)가 옳았다.
- 종교는 개인적이지 제도화되어서는 안 된다.
- 신은 악을 물리칠 수 있지만 그렇게 하지 않는다.
- 죽음을 선택할 수 있는 권리는 인간 최후의 자유이다.
- 정치에 적극 가담하는 종교 단체는 정치적 과정을 교란시킨다.
- 기독교에서 이혼은 가능하다.
- 도덕성과 종교는 분리될 수 있다.
- 취한 상태에서 저지른 죄에 대해서는 신께 용서를 구할 수 있다.
- 지질학적 기원에 대한 발견은 종교에 영향을 미치지 않는다.
- 우리 모두가 무신론자인 편이 낫다.

종교 수업을 위한 토론 형식 예시

종교 수업에서 토론은 다양한 형식으로 활용될 수 있다. 위에서 열거한 논제의 목록 등은 특정한 교과에서 취할 수 있는 주제와 관련이 있으며, 토론 형식은 시간의 제한, 교과 내용, 학생들의 흥미에 맞춰 조정될 수 있다.

종교 문제를 다룰 때는 모든 토론자들에게 각별한 주의가 요구되는데, 학생들이 토론을 하면서 상대방을 화나게 하거나 무례하게 억지로 대답하게 하지 못하도록 할 필요가 있다. 만약 대다수에 의해 비난 받는 종교라 할지라도 각자의 종교를 존중하는 태도를 갖추도록 해야 한다. 사실 몇몇 학생들은 자신의 종교적 신념을 유지한 채 어떤 토론 형식에도 참여하지 않으려는 경우가 있기 때문에 교사는 다루는 논제를 불편하게 느끼는 학생들을 충분히 격려할 필요가 있다.

첫째, 학생들에게 종교를 공부하는 것의 유익함에 대해 입문 단계의 유익한 활동으로 제시하여 토론하게 하라. 공회 형식의 토론이나 반 전체를 둘로 나누어 토론하는 형식을 취하게 되면 학생들이 종교가 인간 생활에 미치는 역할이나 중요성에 대해 이해하는 데 유용하다. 왜냐하면 서로 다른 많은 종교들이 보편적으로 다루고 있는 개인과 사회의 책임에 대해 이해할 수 있기 때문이다.

둘째, 학생들이 종교를 둘러싸고 있는 메타 쟁점에 대해 토론하도록 하라. 예를 들면 신의 존재, 공통으로 인정하는 영적 믿음을 통합할 필요성, 개인적 종교와 사회적 종교 등의 쟁점인데 이것들은 많은 주요 종교들이 지속적으로 토론하고 있는 넓은 주제이며 수많은 사람들이 이에 대해 논의해 왔다. 이와 같은 과정을 통해 교실에서 얻을 수 있는 것보다 더 넓은 관점에서 종교를 이해할 수 있게 된다.

셋째, 역사적으로 중요한 종교적 재판을 재현하도록 하라. 학생들에게 이와 관련된 사실적 자료, 고소된 사람의 약력, 종교세를 올리게 된 시대적 배경 등을 제공하여 역할극을 하도록 한다. 이 수업은 몇 차시에 걸쳐서 이루어지며 적절한 수준에서 자세하게 다루어질 수 있다. 학생들은 준비하고 자료를 조사하는 데 시간이 필요하며 각각 증인, 고발자, 피고인, 변호사, 재판관 등의 역할을 맡을 수 있도록 한다. 이때 증인이나 다른 배우들은 자신에게 요구된 역할을 하도록 미리 준비되어야 한다. 학생들은 역사적 시대와 종교적 역할에 몰입되어 봄으로써 종교세를 지지하는 입장 혹은 그 반대 입장에서 그 역할에 처한 특정한 사람들의 신념과 논증을 이해할 수 있다.

넷째, 특히 비교 종교학과 관련한 수업의 경우에는 서로 다른 종교의 입장에서 토론하게 하라. 토론자들에게 자신이 부여받은 종교적 신념을 지지하고 상대의 종교적 믿음에 대하여 질문을 하도록 한다. 연관성이 있는 종교적 믿음들이 토론의 대상이 될 수 있다. 예를 들면 가톨릭과 그리스 정교회, 수니파와 시아파, 인디언과 일본 불교 등을 들 수 있다. 학생들은 토론을 통해 자신이 학습한 내용을 발표하는 기회로 활용할 수도 있고 한 학기 프로젝트로 진행할 수도 있다. 그리고 토론의 목적이 각자 다른 종교에 대해 탐색할 기회를 제공하는 것이지 어떤 종교가 다른 종교보다 우수하다는 결론을 내기 위한 것이 아님을 강조할 필요가 있다. 이를 위해 별도로 심판을 정하거나 청중이 승자에게 투표하도록 하는 절차를 생략하는 대신에 어떤 토론자가 더 잘했는가를 토론 수행 면에서 평가하도록 할 수도 있다.

결론

토론은 개인적으로 강한 신념의 문제이지만 토론을 통해 교과를 이해하는 방법이자 논쟁을 만드는 쟁점을 이해하는 방법으로 쓰일 수 있다. 종교 수업에서 일반적인 수준에서 특정 종교나 종교적 경험에 대해 열린 마음으로 접근하도록 할 필요가 있다. 개방적인 태도를 취하면서도 감수성 있는 접근 방법으로 종교 수업에 토론을 도입하게 되면 여러 종교적 신념의 공통점과 차이점에 대해 토론할 수 있을 것이다.

교육

교육학 수업에 토론이 유용한 까닭

토론은 교실 활동 방법으로서 그리고 특별히 관련된 학습 주제를 연습하는 방법으로서 교육학 분야와 관련되어 있다. 토론은 내용 교수 방법으로서 그리고 학습 기능을 익히는 과정으로서 교사들이 중요한 쟁점과 개념들을 더 잘 인식할 수 있도록 해 준다. 이 절에서는 교육학 수업에서 토론의 방법을 안내하고자 한다.

학습 모형 토론(learning model debate)은 모든 교육학 전공 학생과 전문가에게 유용하다. 정보의 습득, 습득한 정보를 사용하려는 노력, 피드백의 수용, 그리고 이러한 순환의 재시작이라는 관계는 지속적인 학습의 과정을 표현하는 것이다. 토론을 활용하여, 학생들은 수업에서 정보를 받아들이고 그것을 자신들의 수행에 활용하며 수행 결과에 대한 비판적 반응을 수용한 후 새로운 지식을 활용한다. 토론자는 어떤 쟁점도 완벽하게 탐색할 수는 없으며, 토의는 결코 완성되지 않고, 토론은 결코 종결되지 않음을 알고 있다. 마찬가지로 교육은 평생 지속되는 과정이다.

토론은 교실에서 의견이 충돌할 때 좋은 분위기를 만들어 낸다. 선의를 가진 지적인 사람들은 다양한 쟁점에 대해 의견이 일치하지 않을 수 있으며 교육 전문가뿐만 아니라 학생들도 그러한 사실을 교실에서 받아들이라는 조언을 듣는다. 하나의 목소리, 즉 지도하기 위하여 고용된 권위자의 목소리만 존재하는 교실이 너무나 많다. 교육 토론은 로버트 브랜엄(Robert Branham)이 일반 토론에 대하여 말한 바와 같이 그 과정을 통하여 '갈등의 조화'를 이루어 낼 수 있다. 새로운 목소리들이 교실에 더해질 때, 독주는 합창이 되고 참여를 통한 학습의 기회는 열린다.

교육학을 배우는 교실에서 토론은 예비 교육자들이 자신들의 교실에서 토론을 어떻게 효율적으로 활용할 것인지를 알려 준다. 토론 형식은 많은 교육적 주제와 기회에 폭넓게 적용할 수 있다. 우리 역시 훌륭한 선생님들을 통해 반복적으로 사용할 수 있는 토론의 절차를 배울 수 있었으며 교육학 수업에 토론을 통합시킬 수 있었다. 학생들 역시 이와 같은 학습 방법을 익힌 데 대해 감사할 날이 올 수 있기를 바란다.

버틀러 대학(Butler University)의 마셜 그레고리(Marshall Gregory) 교수는 가르칠 때 연습이 기본적인 역할을 해야 한다고 보았다. 그레고리 교수는 교육 계열 학생들이 특정의 교수법에만 집착하고 교육이 학생 중심이어야 한다는 본질을 인식하지 못하는 경우가 매우 많다고 주장한다. 그는 연습도 중요하지만, 그것은 "첫째, 비판 능력, 즉 이제까지의 수행에 나타난 결함을 살피는 능력과 둘째, 상상력, 즉 지금 실제로 하고 있는 것이 아니라 연습 후 미래에 남다르게 더 잘할 수도 있는 수행을 마음속에 그려 볼 수 있는 능력 또는 기능으로(Gregory, 2001: 74-75)" 보완할 필요가 있다고 설명한다. 예비 교육자들에게 토론을 이끌고 비판적으로 사고하는 방법을 가르친다는 것은 토론이 교육학 수업에서 매우 가치 있는 일이 될 수 있음을 시사한다.

교육자들은 학생들에게 모든 수준의 비판적 사고 기능을 훈련시킬 기회를 지속적으로 찾아야 한다. 제1장에서 설명한 바와 같이 미래에는 자료 암기력을 넘어서는 비판적 사고 기능이 필요할 것이고 토론은 문제를 해결하고 복잡한 상황을 분석해야 하는 학생들을 가르치는 교사들을 훈련시키는 방법이 될 것이다. 우리는 비판적 사고 기능에 관심을 갖고 그것을 가르치기 위한 방법으로서 토론에 대해 배우고자 하는 교사들이 이 과정의 열렬한 지지자들이라는 사실을 확인하였다. 우리는 교육 훈련 전문가들이 토론을 주요한 교수적 도구로 고려해 보기를 촉구한다.

교육학 수업을 위한 토론 논제 예시
- 성적 부여 및 평가 체계가 혁신적으로 바뀌어야 한다.
- 교육 체계를 연령에 따라 나누지 말아야 한다.
- 학생들은 자신만의 속도로 진보해야 한다.
- 원격 교육에 대한 지나친 의존은 피해야 한다.
- 학교는 자발적이이야 한다.
- 교사 자격 제도를 강화하여야 한다.
- 인종 차별이나 성 차별 문제를 해결하기 위해 대학의 교육 방법을 변경한 것은 부적절하다.

- 고등 교육은 기관의 생존을 위하여 교육의 질을 희생하였다.
- 정부는 모든 고등학교 졸업생에게 고등 교육의 기회를 보장하여야 한다.
- X 수업 계획은 크게 바꿀 필요가 있다.
- 남녀 공학이 아닌 학교에서 더 수준 높은 중등 교육을 한다.
- 정부는 종교계 학교를 지원해야 한다.
- 부모들은 자녀들이 다닐 학교를 선택할 수 있어야 한다.
- 표준화 검사는 불공정하고 차별적이다.
- 교사를 직업으로 선택하는 것은 현명하지 않다.
- 학생은 중등학교 졸업 전에 자격 시험에 합격하도록 규정해야 한다.
- 학교에서 스포츠를 지나치게 강조하고 있다.
- 학교에서 능력별 반 편성을 해야 한다.
- 대학에 가서는 안 될 학생들이 많다.
- 교사는 정부보다 학생에 대한 책무가 더 크다.
- 교사는 자신이 전혀 동의하지 않는 자료를 가르치는 것을 거부해야 한다.
- 학문적 자유는 교사의 책무성(accountability)보다 더 중요하다.
- 모든 중등학교에는 토론 팀을 두어야 한다.
- 직업 교육은 과거의 일이다.
- 학생이 단 하나의 직업만을 준비해서는 안 된다.
- 대학 경험은 군 복무 이후에 하는 것이 더 좋다.
- 교실에서 감정을 상하게 하는 발언은 통제되어야 한다.
- 교사가 학생들에게 교육적 기회를 제공하기 위하여 인터넷을 사용하는 것은 중요하다.
- 인터넷 사용은 학생의 연구 능력을 저하시킨다.
- 초등 및 중등학교에서는 교복 착용을 의무화해야 한다.
- 고등 교육에서 정년 보장 제도는 더 이상 쓸모가 없게 되었다.

교육학 수업을 위한 토론 형식 예시

교육학 교실에는 다양한 형식과 방법을 제안할 수 있다. 특정 주제를 교사가 직접 준비하거나 학생이 준비하게 하고 교사는 학생들이 한 학기에 1회 이상 토론에 참여하게 하여 기능을 향상할 수 있는 기회를 주는 것이 좋다.

　　교육 계열 학생들은 어떤 수업 계획과 교육 방법이 좋은지 토론할 수 있다. 방안을 만든 후 다른 팀에게 공개하고 학급에 회람하면 청중으로 참여하는 학생들은 개선 사항을 제안하는 것뿐만 아니라 비판을 할 수도 있다. 팀은 학기 중에 역할을 교대해야 하는데 이는 학생들로 하여금 두 가지 관점에서 교육과정을 배우게 하고 토론자들로부터 매우 실제적이고 명확한 시사점을 제공받게 해 준다. 역할 교대는 학기 중에 학생들이 교육과정 과제들을 공유할 수 있게 하는 좋은 방법이다.

　　교육 영역의 중대 쟁점에 대한 토론은 매우 가치 있으며, 교육 설계나 교육적 이상의 실행, 교육적 인간상에 대한 정의와 같은 주제를 다룰 수 있다. 학생들은 현대의 교육 실천에 대한 비판적 논의들을 조사하고 현재의 교육 실천을 옹호하는 반대 진영과 더불어 비판적 견해를 대변하는 찬성 측으로 나누어 토론을 개최할 수 있다. 이러한 연습을 통하여 매우 중요한 철학적, 교육적, 인식론적 개념을 밝힐 수 있다.

　　교육 개혁에 관한 토론을 열 수도 있다. 교육은 많은 정치적 의제의 정점에 있으며 채택된 개혁안도 많다. 차터 스쿨(chater school),[26] 학교 바우처 제도와 같은 쟁점에 관한 열띤 토론은 수업에서 새롭고 흥미로운 아이디어를 불러 일으킬 수 있다. 이러한 개혁 문제에 대한 토론은 강좌 내용이나 중요한 시사 문제와 관련지을 수 있다. 교육이 어떻게 설계되고 전달되며 실행되고 평가되며 개혁될 수 있는지는 매우 유용한 토론 문제이다.

결론

사실 이 책의 대부분이 이 부분의 요점, 즉 토론이 매우 우수한 교육 기법이라는 것

26　　[역주] 공적 자금을 받아 교사·부모·지역 단체 등이 설립한 학교

을 입증하고자 하는 것이다. 우리는 토론이 교육자들 중에서 열성적인 청중을 찾아 낼 것이라는 점을 믿는다.

외국어

외국어 수업에서 토론을 하는 이유는 명확하다. 학생들은 토론을 통하여 언어를 특별하고 엄격하게 사용함으로써 새로운 언어를 경험한다. 제2장에서 설명한 토론 과정은 학생들이 외국에서 살면서 제2언어로 사업을 하고자 할 때 필요한 것과 동일하다.

외국어와 토론

토론은 참여자들이 이해하는 어떤 언어로든 할 수 있다. 우리가 완전히 이해할 수 없는 언어로 하는 토론에서조차도 많은 것을 배울 수 있다. 세계토론협회(World Debate Institute)에서는 지금 매우 많은 국제 토론이 영어로 이루어지고 있는데, 이는 영어가 세계에서 가장 널리 사용되는 제2언어이기 때문이다. 그러나 우리는 더 다양한 언어로 토론하는 것을 촉진하는 것이 중요하다고 믿는다.

토론은 이 책의 주요 논점을 통해 알 수 있듯이 어떤 언어로 하든 유용하고 교육적이다. 그러나 제2 또는 제3 언어를 이와 같은 자연스럽고 논리적인 형식으로 배우고자 하는 학생들에게는 특히 유용할 것이다.

외국어 수업에 토론이 유용한 까닭

토론은 언어 습득에 매우 생산적인 연습 활동임이 입증되어 왔다. 미국에서 토론은 비영어권 학생들이 상당한 언어 기능을 갖추도록 도와주는 데 매우 성공적이었다. 전 세계적으로 토론은 영어를 학습하기 위한 가치 있는 교수법이다. 일본에서는 토론자들이 처음으로 이러한 실천을 하여 큰 성공을 거두었으며 영어 말하기 클럽에서 토론을 언어 습득의 도구로 사용하도록 지원하는 경우도 종종 있었다. 오늘날 이러한 관행은 정부, 학교, 민간 재단과 협력하여 국제토론교육협회(International Debate Education Association, IDEA)를 통하여 전 세계적으로 확산되어 왔다. 그러나 현재 이러한 교수법은 영어 화자 또는 누군가에게 새로운 언어를 가르치기 위하여 설계된 수업에서 충분히 이용되고 있지 않다.

토론은 다른 언어로 '생각'해야 할 상황을 학생들에게 조성해 준다. 초급 언어 학습자의 암기는 의사소통을 위해 단어와 구를 늘어놓는 것에 그친다. 그러나 상이한 문화 속에서 작동하는 생생한 언어는 논리적 개념의 조작이 필요한 문제 해결과 비판적 과정을 포함하는데, 이는 토론이 학생들에게 자신과 타인의 논증을 비판적으로 분석하기를 요구하는 것과 마찬가지이다. 이와 같이 토론 훈련은 중급 및 고급 언어 학습자에게 매우 가치 있는 활동이 된다.

토론은 배우는 언어와 관련된 문화적·사회적 측면의 학습을 촉진하는 기제이다. 언어는 문화와 사회 내에서 작동하며 고립적으로 학습하면 제대로 이해할 수 없다. 토론 주제는 이러한 문화적·사회적 특징을 고려하여 표현되어야 한다. 이러한 주제들은 학생이 자신의 생각을 펼치는 자유를 많이 부여하는 방식으로 표현될 수도 있는데, 이는 새로운 어휘를 학습하는 데 따른 불안감을 경감해 준다. 제2언어로 하는 토론을 우호적이고 유익하게 만들기 위해서 '진지한' 주제를 선정할 필요는 없다.

외국어 수업을 위한 토론 논제 예시
• X 국가에는 국어가 있어야 한다.
• X 국가는 국어로 토론해야 한다.
• X 국가는 영어로만 토론해야 한다.
• 스위스의 정부 형태가 X보다 더 낫다.
• 공립학교에서는 어떤 외국어도 가르쳐서는 안 된다.
• 우리 학교에서는 외국어 교육을 더 늘려야 한다.
• 라틴 어와 그리스 어 공부를 하는 것은 시간 낭비이다.
• X 정부의 체계가 Y 정부의 체계보다 더 낫다.
• 비엔나는 독일어권 도시이다.(다양한 변형이 가능함)
• 스페인이 라틴 아메리카보다 문화적으로 더 세련되었다.
• 프랑스/독일/이탈리아 음식이 프랑스/독일/이탈리아 음식보다 더 낫다.

- 프랑스 어는 비프랑스 어 단어를 배척해야 한다.
- 스페인 어는 전 세계적으로 표준화되어야 한다.
- 영어는 전 세계적으로 표준화되어야 한다.
- 휴가지로는 X가 Y보다 낫다.

외국어 수업을 위한 토론 형식 예시

학생들은 대개 간단하고 짧은 일대일 토론이 가장 유용한 형식임을 알게 될 것이다. 이러한 형식은 학생들의 참여 시간이 짧고 최소한의 준비로도 가능하다. 덜 '진지한' 주제가 더 좋을 것이다. 여기에서 초점은 기본적 언어 기능에 있지 반드시 정교한 새 어휘에 있는 것은 아니다. 이러한 토론은 짧고 간단하기 때문에 청중이 시간 범위 내에 가능한 한 많이 참여할 수 있게 하는 전략을 사용하는 것이 좋다.

고급 언어 사용자에게는 팀 토론이 더 유용하다. 이러한 토론은 더 많은 준비가 필요한 좀 더 '진지한' 주제를 선택하여야 한다. 초점은 공적 상황에서 격식을 차린 언어를 사용하는 데 두어야 한다. 여기에서 예비 토론을 해 보는 것은 상호작용의 질을 제고하는 데 매우 유용하다. 그러한 사전 발표가 사전에 충분히 자세하게 이루어질 수 있도록 해 보자.

공회 토론(public assembly debate)은 언어 유창성 수준에 따라 다양하게 활용할 수 있다. 초급 화자들에게는 주제를 미리 알려 주어야 하고 고급 학생들에게는 주제를 즉흥적으로 정하게 해도 좋다. 어떤 간단하거나 복잡한 주제가 주어지면, 각 학생은 주제에 대한 찬성 또는 반대의 입장에서 1-2분 정도 간단한 연설을 해야 한다. 교사의 판단에 따라 주어진 시간 범위에서 학생들에게 한 차례 더 말할 기회를 부여할 수 있다. 발언 시간이 끝난 후 '토론자'에 대한 투표를 할 수도 있다. 이러한 활동은 즉흥적이고 상호작용적이며 시간을 많이 차지하지도 않는다.

반대 신문은 언어 교수에 사용되고 있는 어떤 토론 형식에나 유용하게 부가할 수 있다. 그것은 상호작용적이지만 동시에 대화 훈련보다 훨씬 더 형식적이다. 반대 신문은 매우 즉흥적이기 때문에 학생의 언어 수준을 잘 드러내 준다. 학생들은 그것을 지켜보는 것도 매우 재미있는 일임을 알게 될 것이다.

결론

토론은 언어를 학습하는 방법으로서 순수한 번역이나 회화를 넘어서서 학생들을 비판적 사고 수준의 활동에 참여시키기 때문에 어떤 외국어 교실에도 잘 적용될 수 있다. 전 세계적으로 상당히 많은 경험이 이러한 사실을 입증하였다. 더 많은 언어로 서로 말하고 추론하는 능력은 사회에 대하여 토론이 기여할 수 있는 가장 중요한 부분 중 하나이다.

법률

법률 분야는 다른 어떤 분야보다 토론과 밀접한 관계를 맺고 있다. 법조계에서 일하려는 생각으로 토론을 하는 학생들이 많은데 이는 법률과 관련된 상황에서 많은 토론이 이루어지기 때문이다. 법학 전문 대학원에서는 토론 활동을 강력히 추천하면서 입학 전형에서 토론을 중시한다. 법조인은 토론 능력을 갖출 필요가 있다.

이 절은 법학 전문 대학원생이 아니라 법률을 공부하는 인문계 학생과 대학생 및 교사를 대상으로 한다. 이는 높은 수준의 법률 지식보다는 법률에 대한 기본적인 관심과 좀 더 배우고자 하는 열망을 가정한다는 것을 의미한다.

토론이 법률 수업에 가치 있는 이유는 무엇인가

법률과 관련한 주제에 대한 수업과 토론 연습 간에는 많은 연관성이 존재한다.

첫째, 토론과 비판적 의사 결정은 법률의 방법이다. 법률가와 토론자의 역할은 매우 유사하다. 양쪽 모두 사실을 수집하고 조사를 수행하며, 자신의 편에서 사례에 대한 논증을 구성하고, 그러한 논증을 의사 결정자에게 구어로 전달하며, 상대방의 발표에서 비판의 여지를 탐색한 후 판정이 내려지기를 기다린다. 토론에 참여하는 데 따르는 준비 과정은 법률 분야에 필요한 기능과 직접 관련된다.

둘째, 토론과 법률 모두 구어 논증을 강조한다. 법률 문서가 보존되고 중요하게 여겨지긴 하지만 법률과 토론의 구어 논증 요소는 필수적인 것이다. 판사와 배심원을 설득해야 하며 발언은 핵심 논증과 증거의 전달에 기여하는 수준의 것이어야 한다. 구어 의사소통 기술에 충분히 숙달하지 못한 변호사와 학생들이 많은데 법률 관련 수업에 토론을 활용하는 것은 이러한 문제를 해결해 준다. 즉흥 논증(SPAR) 토론이나 공공 포럼(public forum)과 같이 관련성이 낮아 보이는 형식도 이러한 기능의 계발과 활용을 촉진한다.

셋째, 조사는 실천의 핵심 요소이다. 토론을 할 때 주제에 대한 지식을 대체할 방안은 없다. 이와 마찬가지로 훌륭한 변호사는 역할을 제대로 수행하기 위해서 소송 사건의 사실관계와 현행 관련 법규를 알아야 한다. 토론자와 변호사는 필요한 정보를 신속하게 얻기 위하여 목표 지향적이고 효율적인 방법으로 조사하는 법을 배울 필요가 있다. 문헌 조사, 전자 검색, 현장 조사 능력을 확보하는 것이 매우 중요하다. 법률적 문제를 다루는 토론을 준비하기 위한 조사는 사법 분야에서 필요한 연구에 직접적인 훈련이 된다.

넷째, 모든 활동에서 강조해야 할 것은 적절하고 간결한 논증의 필요성이다. 논증을 구성하여 논리적이고 조직적이며 적합한 형식으로 제시해야 한다. 자료가 논증이 되고 결국에는 하나의 입론이 되기 때문에 조사 단계에서 변론 단계로 이동하는 것이 핵심이다. 토론자와 변호사는 상대편의 논증을 예견하는 법을 배워, 미리 이를 염두에 둔 논증을 만든다. 언젠가 어떤 판사는 자신이 어느 변호사가 토론 경험이 있는지 구별할 수 있다고 하였다. 토론자들은 자신들의 최초 변론이나 변론 취지서에 상대측의 논증을 미리 파악하고 답변함으로써 반대자보다 한 단계 앞서는 경향이 있기 때문이라는 것이었다.

다섯째, 법률 교실에서 다루는 주제는 토론하는 사람 누구에게나 흥미 있는 것이다. 오늘날 세계에서 직면하는 거의 모든 위기는 법률적 관점에서 생산적으로 탐구할 수 있다. 대량 학살 문제를 예로 들어, 르완다에서의 잔혹 행위에 대해 대처하고 있는 법률적 과정에 대한 토론은 이 쟁점을 의미 있게 이해할 수 있게 해 준다. 오늘날 거의 모든 토론 주제는 법률적 관점으로 볼 수 있으므로, 법률로 대처하고 문제 해결에 기여할 수 있는 방법에 초점을 맞추는 토론의 가치는 매우 크다.

법률 수업을 위한 논제 예시

- 사례 X에 대한 결정은 취하되어야 한다.
- 18세 이하가 저지른 중범죄에 대해서는 사형이 고려되어서는 안 된다.
- 법률 체계는 부자에게 유리하다.
- 재판관은 임명되는 것이 아니라 선출되어야 한다.
- 법률적 절차를 따르는 것보다 사실 확정이 더욱 중요하다.
- 현행 법률 체계는 국민의 신뢰를 잃었다.
- 민/형사 사건의 공소 시효 기간은 연장되어야 한다.

- 불법 행위에 대한 책임 체계가 경제에 악영향을 끼친다.
- 갈등 조정을 위해 법률적 수단을 과도하게 사용하는 경향이 있다.
- 처벌보다 재소자의 사회 복귀에 관심을 기울여야 한다.
- 출소한 성범죄자에 대한 거주지 정보가 해당 지역 주민들에게 공개되어야 한다.
- 피고인의 권리는 희생자의 상처에 대한 권리에 비해 확대되어 왔다.
- 변호사에 대한 저평가된 여론은 부당하다.
- 변호사의 수가 과다하다.
- 군인들도 시민의 모든 법적 권리를 지녀야 한다.
- 동성애자의 결혼은 허용되어야 한다.
- 극악무도한 사건을 제외하고 감옥 제도는 폐지되어야 한다.
- 전문적인 법률 단체들은 정치적 로비 활동이나 캠페인 활동을 벌이는 것을 금지해야 한다.
- 피해에 대한 보상이 처벌보다 더 중요하다.
- 사형 제도를 금지해야 한다.
- 매춘, 도박 등 피해자가 발생하지 않는 범죄는 합법화되어야 한다.
- 법에 따르는 것이 시민의 의무이다.
- 무정부주의는 법치주의의 가능한 대안이다.
- X라는 나라에서 기소된 사람에 대한 법적 보호는 법무부의 업무를 불필요하게 방해한다.
- 불법 약물을 찾기 위하여 직원을 조사하는 것은 부당한 사생활 침해이다.
- 대립적인 법률 체계는 올바른 의사 결정을 할 수 있는 체계로 대체되어야 한다.
- 미국에서 시민의 총기 소지에 대한 강화된 규제는 정당하다.
- 정교분리는 더 이상 필요 없다.
- 사생활에 대한 권리가 언론의 자유보다 중요하다.
- 테러리스트 활동에 대한 매체의 보도를 정부가 엄격히 규제하는 것은 정당하다.
- 언론 출판의 자유에 대한 현행 제한 조치는 축소되거나 철폐되어야 한다.

법률 수업을 위한 토론 형식 예시

법률 교과의 엄정한 성격을 고려해 볼 때 어떠한 수업에도 적합한 토론 형식을 제안할 수 있다. 이에 몇 가지 기본적인 토론 형식에 대한 제안을 하면 다음과 같다.

첫째, 법의 본질과 같은 기초적인 주제로 시작하라. 가장 기초적인 쟁점은 이후에 있을 법적 탐색 활동에 대해 준비 단계로 기능할 수 있으며 이와 같은 주제로 미리 토론 활동을 경험한 토론자들은 서로에 대해 익숙하고 편안하게 교실 토론을 진행할 수 있게 된다. 법률에 따라야만 하는지, 법률에 대한 요구에는 어떤 것이 있는지, 법률을 제정하기 위해서는 어떤 과정을 거치는지에 대한 쟁점들이 적당히 활용될 수 있다. 또 앞서 제시한 주제 목록과 다른 기본적 질문들이 훌륭한 공개 토론을 구성할 수 있다. 일반적인 주제를 다루는 입문 단계에서는 청중을 포함한 토론이나 찬성과 반대의 두 팀으로 나누어 진행하는 토론 형식이 적절하다.

둘째, 매우 간단한 하나의 쟁점으로 토론을 시작하라. 토론의 주제를 좁게 잡으면 학생들은 그 쟁점에 대해 한 사람씩 돌아가며 빠르게 의견을 주고받을 수 있다. 이와 같이 빠르게 진행되는 토론은 며칠 안에 모든 학생들이 토론할 수 있는 기회를 제공할 수 있으며 매주 일정한 시간을 정해 이루어질 수도 있다.

셋째, 간단한 글을 작성하고 이를 바탕으로 토론해 보라. 학생들이 자신의 의견을 글로 쓸 수 있는 법률적인 질문에 대한 숙제를 내고 이를 활용하여 토론을 할 수 있다. 이때 학생들이 명확한 논증을 많이 구성할 수 있도록 격려하고 제한된 몇몇 쟁점에만 시간을 너무 허비하지 않도록 해야 한다. 또 학생들에게 상대편의 발언에 대해 할 수 있는 대답을 글로 써 오도록 할 수도 있다. 이와 같은 활동은 학생들의 작문 실력뿐 아니라 쟁점 개발 능력까지 함께 신장할 수 있도록 해 준다.

넷째, 반대 신문의 방법을 개발하도록 해 보라. 학생들은 상대편에게 쟁점에 대해 3~4분 정도의 질문을 하게 된다. 이와 같은 반대 신문은 학생들이 증인의 입장에서 증언을 하도록 훈련하는 데 도움이 된다.

다섯째, 모의재판을 해 보라. 법률 시간에 가장 많이 사용되는 방법인 모의재판은 다른 여러 영역, 특히 법률과 관련된 영역에서도 유용하게 쓰일 수 있다. 물론 학생들은 이를 위해 상당한 준비를 해야 하고 수업 시간 또한 많이 할애해야 하지만, 그럴 만한 가치가 있다. 학생들에게 배심원, 보도 기자, 증인, 피고의 가족 등의 역할을 하도록 하고 교사는 수석 재판관의 역할을 맡아 진행을 도울 수 있다. 또한 교사의 역할을 능숙한 학생이 대신하도록 할 수도 있다.

여섯째, 법률 토론을 통해 학생들이 쟁점이 되는 현안에 대해 법률 지식을 적용할 수 있도록 하라. 찬성과 반대의 주장을 할 때 비용-효과 분석 기준을 사용하거나 도덕성의 관점에서 접근하기보다는 학생들이 자신이 마련한 근거를 바탕으로 법률에 적용할 수 있도록 한다. 학생들은 마약 수사 중 불법적인 차량 수색 문제와 같은 쟁점과 관련된 기본적인 법률에 대해 알 수 있게 되고 특정 사례가 법률적으로 어떻게 해결되는지를 경험하게 될 것이다. 학생들은 기본적인 법률에 대해 알게 되고 법률의 활용과 가치에 대해 새롭게 깨닫게 된다. 이를 수업에 적용하기 위해서는 4장에서 제안한 토론 형식에 대해 다시 살펴보는 것이 도움이 될 것이다.

결론

법과 토론은 공통점이 많기 때문에 토론은 법률 쟁점을 다루는 수업에서 최고의 방법으로 사용될 수 있다. 교과목의 내용이 곧 방법이 되는 것이다. 미래의 법률 제도는 우리들의 개방적 공적 논증 수준에 달려 있다고 해도 과언이 아니다.

사법 제도

사법 제도는 토론을 활용하여 공부하기 좋은 주제이다. 각 나라의 복잡한 법률 집행 체계에는 중요하고 영향력 있는 토론을 할 수 있는 법적, 방법론적, 윤리적 문제들이 있다. 이 절에서는 사법 제도 학습에서 토론이 갖고 있는 가치와 함께, 교실에서 활용할 수 있는 토론 주제와 형식에 대해 알아보자.

사법 제도 수업에 토론이 유용한 까닭

사법 제도 학습은 어떤 사회에서든 주춧돌과 같다. 법 집행관들이 연수를 받을 때, 법률, 시민, 정부와 자신들의 관계가 복잡하다는 점이 늘 대화의 초점이 된다. 토론은 학생들이 공부하고 있는 주제를 자신의 삶과 관련짓는 것을 도와주고 이를 통하여 공동체에서 자신의 역할을 평가하고 자기 자신의 권한을 인식하도록 해 준다.

사법 제도와 관련된 개념들은 미묘한 차이가 나는 것이 많은데, 학생들은 학습 과정에서 그 차이를 놓치고 가는 경우가 많다. 그러나 법률의 세부 사항은 매우 중요하므로 법 집행관을 꿈꾸는 학생들은 법률, 규칙, 규정의 복잡한 개념, 역사, 관련 근거를 잘 알아야 한다. 이러한 개념들은 역할극 토론을 적절히 활용하고 이러한 개념들의 복잡성에 대하여 토론해 봄으로써 명확하게 이해할 수 있다.

미래의 법 집행관으로서 학생들은 자신이 일하는 공동체에서 해야 할 역할을 알고 있어야 한다. 학생들은 토론에 참여하여 시민의 관점에서 문제를 바라보면서 다양한 법률 집행 전략을 활용하여 교대로 논증할 수 있다. 유색인 지역 사회의 경찰관을 심리하는 민간인 심리 위원회에 대한 공공 포럼 토론을 고려해 보자. 학생들은 제기된 의견들을 잘 이해하고 밖에 나가서도 이러한 개념들에 좀 더 민감해질 것이다.

법 집행관으로서 역할과 사회인으로서 역할을 인식하는 것이 학생들에게는 어려운 경우가 있다. 자신들이 어떤 종류의 일을 수행하게 될지에 대한 불확실성은 좌절감 같은 것을 만들어 낸다. 교실 토론에서 법 집행의 목표와 철학을 탐색함으로써 이러한 불안을 해소할 수 있다. 제안할 만한 활동은 정의, 평화와 같은 일반적 개념을 가져와서 이러한 개념이 무엇이라고 생각하는지 학생들에게 탐색해 보게 하는 것이다. 이러한 쟁점에 대하여 학생들에게 표현의 기회를 제공함으로써 그들이 지역 사회에 자리를 잡을 수 있도록 도와주고 미래에 직면할 어려움을 예방할 수 있다. 토론을 활용하여 미래의 법 집행관들이 많은 관점에 주의하도록 도와줌으로써 그들은 자신들의 직무를 수행하는 과정에서 접하게 될 다양한 개념, 의견, 상황을 다루기 위한 준비를 할 수 있을 것이다.

사법 제도 수업을 위한 토론 논제 예시

- 개인의 권리를 항상 수호해야 한다.
- 언론의 자유를 어느 정도 제한해야 한다.
- 경찰권을 제한해야 한다.
- 경찰에게 더 많은 권한을 부여해야 한다.
- 사적 제재(vigilante justice)[27]를 허용해야 한다.
- 피해자와 가해자 간의 중재가 모색되어야 한다.
- 정의가 평화보다 더 중요하다.
- 비폭력적인 마약 범죄자를 처벌해서는 안 된다.
- 비행 청소년에게 체벌이 필요하다.
- 교도소를 해방시켜야 한다.
- 권력은 유동적이다.
- 피고인의 권리가 지나치게 확대되어 왔다.
- (위법적으로 수집된) 증거 배제의 원칙은 제거해야 한다.
- 사법 제도에서는 인간 지능이 기계 지능보다 더 중요하다.
- 경찰은 치명적이지 않은 무기로만 무장해야 한다.
- 총기를 불법화해야 한다.

---

27   [역주] 미국 서부 개척 시기, 치안이 안정되지 않았기 때문에 보안관의 힘을 빌리기보다는 자신이 스스로 자신의 몸과 재산을 지켜야 했다. 이때 정당방위권과 사유지 수호권이 폭넓게 인정되었다.

• 처벌은 재활만큼 중요하다.

사법 제도 수업을 위한 토론 형식 예시

표준적인 의회 토론 형식은 사법 제도 수업에 잘 적용된다. 의회의 형식을 갖추어 자신을 대변하도록 학생들을 안내하고 로버트 의사 규칙(Robert's Rules of Order)[28]과 같은 의사 진행 지침을 활용하게 함으로써, 많은 학생들이 참여하여 자유롭게 의견을 교환하게 할 수 있다.

　　"비폭력적인 마약 범죄자를 처벌해서는 안 된다."와 같은 논제를 선정하여 두 학생에게는 이 주제에 대한 찬성 측의 토론자가 되게 하고 다른 두 학생은 반대 측의 토론자가 되게 한다. 이 학생들은 토론의 기반이 되는 다양한 논증과 자료를 제시할 것이다. 그리고 학급의 나머지 학생들에게는 양측의 정보를 모두 담고 있는 글을 미리 과제로 주어 읽게 한다.

　　사회자로서 교사는 양측 주 토론자들에게 몇 분간씩 말하게 하고 청중의 질문을 받는다. 그런 다음에는 이 주제에 대하여 말하고자 하는 학생들의 명단을 작성할 수도 있다. 학생들에게 자신들이 말하기를 끝낸 후에 질문을 받을 수 있음을 다시 한 번 알려 주어야 한다. 교사는 학생들이 여러 차례 말하게 하고, 대략 1분 내외의 짧은 연설을 하도록 권장한다.

　　서로 다른 학생들이 각각 주 토론자가 되게 함으로써 한 수업에서 토론 주제를 여러 개 다룰 수도 있다. 만일 과제에 더 많은 시간을 들이고자 한다면, 학생들이 자신들의 주제를 몇 주 동안 연구하게 하고 각자 중요하다고 생각하는 사법 제도 정책 변화 방안을 제안하도록 하면 된다. 질문 형식과 화자는 동일하게 해야 한다. 각각의 토론 후에는 학생들에게 변화 방안에 대한 찬반 투표를 하게 해 보자.

28　　[역주] 미국의 공병 장교였던 로버트(Henrry M. Robert, 1837~1923)는 1863년 어느 모임의 의장직을 우연히 맡게 되면서부터 회의법에 관심을 가지게 되었다. 그리하여 당시의 영국과 미국의 문헌을 섭렵하여 평회의체를 위한 회의법 교본을 작성하였다. 1876년 그는 '회의체를 위한 회의 진행법 포켓용 교본(Robert's Rules of Order for Deliberative Assemblies)'라는 표제하에 '로버트 의사 규칙(Rober's Rules of Order)'이라는 약칭으로 회의법 교본을 발행하였는데, 이는 그 후 회의법의 전범이 되었다.

형식이나 규칙에 대해서 너무 걱정하지 말자. 토론에서 무질서하게 말하는 학생들이나 소강 상태는 자연스러운 과정의 일부이다. 이런 데 마음을 쓰지 말고 교실에서 아이디어가 지속적으로 분출되게 하는 데 초점을 맞추는 것이 좋다.

결론

사법 제도를 가르치는 것은 학생들에게 단순히 정보를 전달하는 것 이상의 일이다. 사법 제도를 가르치는 교사는 학생들 자신과 시민들의 삶을 구할 아이디어와 주제의 중요성을 명심하게 할 필요가 있다. 그러면서 학생들은 윤리에 대해서 배우고 자신들의 위치와 특권에 대해서 성찰할 필요가 있다. 토론은 규칙과 법률에 담겨 있는 의미를 알게 하고 학생들에게 사회 속에서 자신들의 역할을 탐색하도록 가르치는 데 도움을 준다.

시사(時事) 문제

떠오르는 쟁점들을 탐색하는 시사 문제는 교사와 학생 모두 흥미를 느끼는 분야이다. 열띤 토의의 잠재력은 토론이 교사에게 **훌륭한 교수적 도구**가 될 수 있음을 시사한다. 이 절에서는 토론과 시사 문제 수업이 만나는 지점의 가치에 대해서 논의한다.

시사 문제 수업에 토론이 유용한 까닭

토론은 교육 내용에 대한 새로운 관점을 제공하기 때문에 시사 문제 수업에 가치가 있다. 토론은 다양한 미디어에서 거의 주목하지 않는 주제들에 대해 학생들이 조사하고 문제를 제기하게 해 준다. 토론은 본질적으로 학생들로 하여금 새롭게 제기되는 이야기들과 충돌하게 하는데, 옹호의 여지가 없을 것 같은 논증을 옹호해야 할 때에는 자발적인 비판을 하게 된다. 쉬운 길을 찾아 게으름을 피우고 싶은 것이 인지상정이다. 토론은 지성이 도전을 받고, 난처함을 느끼고, 비판적으로 생각하도록 학생들을 이끌어 준다.

한 나라의 수도에서 정치적 시위가 큰 폭동으로 바뀐 다음 날 일부 학생들이 이 폭동에 대해 폭도들을 옹호하는 토론을 해야 한다고 생각해 보자. 아마 학생들은 경악할 것이다. 온 나라, 신문, 부모, 친구가 모두 이 폭도들을 비난하는 것처럼 보이는데 어떻게 폭도들을 옹호할 수 있겠는가? 좌절의 시간이 지나면 그리고 교사의 매우 강력한 지도를 받은 후, 그들은 시위의 근본적 이유를 어느 정도 발견할 것이다. 그들은 집회 기간 동안의 경찰 폭력에 관한 자료를 찾을 수도 있다. 서서히 그들은 제정신이 아닌 것처럼 보이는 폭도들이 확고한 정치적 신념을 가지고 있고 폭동의 상황으로 내몰렸을 수 있음을 이해하기 시작할 것이다. 이제 학생들은 토론을 기다리고 있는 자신들의 모습을 발견한다. 성공적인 토론은 각각 그 자체로 가치 있고 지지받는 여러 입장을 인식하는 데 달려 있기 때문에 학생들은 토론의 주제 내에서 새로운 지형을 탐색하여야 한다.

융통성 있는 토론 형식을 통하여 학생들은 논쟁적 주제를 심층적으로 탐색할 수 있다. 새롭고 흥미 있는 세계적 사건이 발생하면 그것을 개괄적으로 보려는 경향이 생긴다. 매체 보도나 전문가들은 종종 이러한 사건을 유발하는 복잡한 배경에 대해 거의 주의를 기울이지 않기 때문에, 학생들은 단순한 배경지식의 틀로 사건을 바라보려 한다. 토론은 이러한 이해에 문제를 제기한다. 토론은 거의 모든 상황에 적용할 수 있는 교수법이기 때문에, 쟁점에 대한 단순한 이해를 넘어 실체에 대한 설명에 도달하려는 요구를 촉진할 수 있다. 이민을 반대하는 인종 차별주의에 대한 수업의 도입 부분에서 토론은 규범들에 반영된 편견을 폭로할 수 있다. 최근의 정치적 추문에 대하여 서로 다른 정당의 의견을 대변하는 역할극 토론은 학생들에게 뜨거운 질문 공세를 펼치게 함으로써 선정주의적 언론을 무력화시킨다. 모의국회는 학생들로 하여금 새로 제정할 법안에 대해 끊임없이 연구하도록 요구한다.

학생들은 토론의 내용에 대해 책임이 있기 때문에 그들 스스로 아이디어를 발견하려고 노력하지 이러한 아이디어에 이끌리지 않을 것이다. 토론에 참여하는 학생들은 자신들이 거의 또는 전혀 아는 바 없는 입장을 지지해야 한다는 것을 알고 자기 탐색의 과정으로 뛰어드는 경우가 많다. 교사는 연구하는 방법을 가르쳐 다양한 주제를 탐색하는 데 필요한 도구를 제공해 줌으로써 이러한 과정을 촉진할 수 있다.

토론을 통하여 교사들은 복잡한 생각을 맥락에 맞게 구조화할 수 있다. 좋은 생각이 공적 영역에서 실패하는 경우가 종종 발생하는 이유가 무엇인지를 학생들에게 가르치기는 쉽지 않을 것이다. 토론과 역할극 토론 연습을 통하여 학생들은 한정된 체계 내에서 변화를 일으키는 데에는 어려움이 있다는 것을 발견할 수 있다. 학생들은 또한 역사적 선례와 생각들을 토론에 통합함으로써, 상존하는 정치적 문제가 지속적으로 정치인을 괴롭히게 된 과정과 이유에 대한 장기적인 안목을 제공할 수 있을 것이다.

시사 문제 수업을 위한 토론 논제 예시
• X 국가는 핵무기를 일방적으로 무장 해제해야 한다.
• 유럽 연합(EU)은 유럽 이민 정책을 조정해야 한다.

- 이민은 전염병이다.
- 민중을 해방해야 한다.
- 미래는 지금 도래하였다.
- 발칸 지역은 자신들의 문제를 스스로 해결해야 한다.
- 국제 사회는 전쟁 범죄를 처벌해야 한다.
- 모든 국가는 지구 온난화를 예방하기 위해 행동해야 한다.
- 러시아/중국은 체첸/티벳에서 철수해야 한다.
- 드러나는 현상과 싸우기보다는 원인을 해소함으로써 테러를 방지하는 것이 더 낫다.

시사 문제 수업을 위한 토론 형식 예시

시사 문제 수업에서 할 수 있는 토론 중 하나는 중동 평화 과정에 관한 것이다. 이 복잡한 주제는 전통적인 교실 상황에서는 꺼내기가 어렵다. 참여자의 수나 정치적 정당화의 복잡성을 고려할 때, 정치적 지형에 대한 정보를 간단하게 전달하는 것은 매우 어렵다. 많은 교육 전문가들이 중동에 대하여 개략적으로 설명하기 위한 지리 정치학, 국제 관계, 문화, 종교에 대한 지식을 쌓아 두고 있지만, 토론은 학생들이 이 주제에 관심을 기울이는 데 도움을 준다.

만일 시사 문제 수업에서 토론을 반복적으로 하고자 하고 중동 평화 과정이 그 중심 주제라면, 학생들은 자신들의 토론 능력을 그 주제에 대한 실제 지식과 완벽하게 연결할 수 있을 것이다. 수업은 학생들이 그 주제에 대한 자신들의 의견을 표명하고 지식 수준을 드러낼 수 있는 공공 포럼 토론(public forum debate)으로 시작할 수 있을 것이다. 이러한 아이디어를 토론의 기반으로 활용하여, 교사는 평화 협상, 이스라엘의 지배에 대한 정당화, 국가 지위 부여에 대한 팔레스타인의 주장 등 쟁점을 탐색하는 읽기 과제를 부과할 수 있다. 약간의 조사와 토의 후에, 이스라엘의 다양한 비둘기파와 매파,[29] 팔레스타인 무장 세력과 온건파, 미국, 시리아 등을

---

29   [역주] 비둘기파는 대외 온건론자 또는 주화파(主和派), 매파는 대외정책에서 자기편의 이념과 주장을 고

대변하면서 이 쟁점에 대한 다면 토론(multisided debate)을 하게 하면 학생들은 이러한 극적인 사건 속의 복잡한 쟁점을 이해할 수 있게 된다. 수업의 뒷부분에서 교사는 평화 과정에서 이스라엘 정착촌의 역할에 대한 의회 토론을 하게 할 수도 있다. 수업에서 이스라엘과 아랍 모두의 관점으로 역사적인 영토 분쟁을 토론하게 함으로써 논란의 토대를 추적할 수도 있다.

토론을 쟁점에 대한 학습의 도구로 활용하고 주제로 복귀함으로써 학생들은 각자의 지식을 쌓아 갈 것이다. 쟁점과 아이디어에 대한 그들의 이해는 단순히 암기한 것이 아니라 열정이 결합된 지식으로 귀결될 것이다. 이와 같은 이해의 관점에서 보면 토론은 전통적인 교수법을 능가하는 것이다.

결론

시사 문제에 대한 토론은 학생들로 하여금 쟁점에 관심을 갖고 참여하게 하려는 교수 목표와 맞물려 있다. 토론을 통하여 학생들은 쟁점을 이해하고 이를 복잡하게 개념화할 수 있다. 토론은 현대적인 정책들이 결정된 맥락과 난관, 제약들을 학생들이 이해하도록 도와준다.

수하며 타협하지 않는 강경론자 또는 주전파(主戰派)를 가리킨다.

국제 관계

국제 관계에 대한 공부는 세계를 이해하는 데 중요하다. 국제 관계 이론은 국제 정책의 변화를 개략적으로 그려보는 데 도움을 준다. 비정부 기구(NGO)의 독립성, 경제적 제재의 전략적 가치와 같은 다양한 쟁점들이 국제 관계의 분야이다.

국제 관계를 가르치는 것은 해양 규제에 관한 조약에 대한 정보를 제공하는 것 이상을 포함한다. 가르치는 것은 흔히 공부하는 방법과 철학에 대한 것이고, 다른 민족과 국가의 세계관에 대해 배우는 것이며, 많은 경우에 우리 문명의 가장 어두운 면, 즉 전쟁에 대해 탐색하는 것이다. 교실 토론을 도입하여 이용함으로써 교사는 국제 관계 수업의 교육 목표 일부를 달성할 수 있다.

국제 관계 수업에 토론이 유용한 까닭

학생들은 외국에 대한 매력, 영향력과 중요성에 대한 암시, 역사가 국제 관계를 통해서 만들어진다는 인식과 그러한 현실 등의 이유로 국제 관계에 매력을 느낀다. 그러나 이 분야에 관심을 갖는 학생들은 난해한 저작이 많고 그것을 숙달하는 데 많은 준비가 필요하다는 사실에 놀랄 것이다. 역사, 지리, 경제학, 문화, 협상에 대한 지식은 국제 관계를 이해하는 데 중요한 요소이지만, 의사소통이 가장 중요한 기능이다. 따라서 토론은 이러한 훈련에 매우 가치가 있다.

첫째, 국제 관계에 관여하는 사람들은 구어 소통에 능수능란해야 한다. 의사소통 기능은 어떤 종류든 계발하는 일이 쉽지 않지만 다른 사회의 사람들과 함께 일하는 사람들은 훨씬 더 많은 어려움에 직면하게 되는데, 특히 집단의 이해관계가 일치하지 않을 때 그러하다. 공개적으로 대중 앞에서 해명할 책임을 지는 토론은 그러한 상황에 대비하는 매우 우수한 훈련 방법이다. 토론을 교실에서 이용하면 과목에 대한 흥미를 배가할 수 있다.

둘째, 국제 문제와 토론은 모두 사색을 필요로 한다. 국제 관계 학자들은 과거, 현재, 미래에 대하여 '……라면 어땠을까?'라는 질문을 제기한다. 토론자가 특정한 정책안이 다른 분야에 미칠 영향에 대해 숙고하는 것과 마찬가지로 국제 관계

학은 참여자들에게 무엇이 가능할 것인지를 생각하게 한다. 토론을 통하여 학생들은 어떤 제안에 대해 '미리 생각하는' 법을 배우게 되는데 이는 미래의 외교관들에게 매우 가치 있는 일이다.

셋째, 토론과 국제 관계에는 모두 문제들을 인지적으로 처리하여 결론에 도달하게 해 주는 언어적 표현에 대한 의사 결정이 포함되어 있다. 국제 관계 분야에서는 현실주의, 세력 균형, 여성주의 국제 관계, 비폭력 행위 등 의사 결정을 내리는 데 이용되는 다양한 관점을 제공한다. 토론자는 또한 문제들뿐만 아니라 그 문제들을 어떻게 평가하고 결정할 것인지에 대해서도 관심을 갖는다.

넷째, 토론과 국제 관계에서는 관점을 적용할 필요가 있다. 즉, 또 다른 이의 시각으로 쟁점을 관찰하는 것이다. 비판적이고 중요한 의사소통은 상호 이해의 수준에서 진행되어야 한다. 국제 관계 행위자는 서로 다른 가치의 위계를 갖고 있으므로, 참여하고 있는 상대방을 이해하는 것이 매우 중요하다. 토론에서 학생들은 상대편의 관점을 취하고 그러한 관점에서 결정을 해야 할 상황에 처할 수 있다. 자신을 개별적으로 대변하면서 이러한 과정에 참여함으로써 학생들은 비판 능력을 계발하기 시작할 것이다.

국제 관계 수업을 위한 토론 논제 예시

- 미국은 서반구 밖에 주둔하고 있는 모든 지상군을 철수시켜야 한다.
- 핵무기의 생산과 개발에 대한 미국의 일방적 동결 조치는 바람직하다.
- 유럽 공동체를 지금 확대해야/하지 말아야 한다.
- 제3세계의 가난은 제1세계의 과오이다.
- 세계 시장이 우리에게는 좋다.
- 미국은 세계 정세에 대한 관여도를 낮추어야 한다.
- 서방 국가들은 이스라엘에 대한 헌신을 축소해야 한다.
- 인권의 증진이라는 뚜렷한 외교 정책 방향은 바람직하다.
- 이민자에게 문호를 개방해야 한다.
- 현실주의는 국제 관계의 틀로는 부적합하다.

- 비정부 기구의 국제적 중요성을 제고해야 한다.
- 세계 정부를 적극적으로 추구해야 한다.
- 냉전 시대의 결과물인 X 조약은 폐기되어야 한다.
- 유엔은 덜 하지도 더 하지도 말아야 한다.
- X 국가는 Y 국가에 대해 타당한 영유권 주장을 하고 있다.
- X 국가는 Y 국가에 대한 배상금을 지불해야 한다.
- X 지도자의 Y 국가에 대한 정책은 실패였다.
- 서반구는 자유 무역 지대를 개발해야 한다.
- 국제 조직 X는 폐지되어야 한다.
- 어떤 조약 협상을 선정하여 각 진영을 둘로 나누어 토론해 보자.
- 세계 대전의 승자와 패자를 바꾸어 '……라면 어땠을까?' 토론을 해 보자.

국제 관계 수업을 위한 토론 형식 예시

국제 관계 공부의 특정 분야는 대개 토론의 형식과 방법에 영향을 끼친다. 그러나 교사는 교과 내용에 맞고 자기 방식에 맞는 형식과 주제를 자유롭게 선택하거나 설계할 수 있어야 한다. 토론은 매우 유동적이며 어떻게 조직되든 그 장점은 대부분 보존된다.

첫째, 도입하는 수업에서는 이 분야에 대한 공부의 중요성을 규명하는 토론을 개최하는 것을 고려해 보아야 한다. 주제는 시사 문제나 역사에서 얻을 수 있지만 국제 관계가 매우 중요한 분야임을 보여 주려는 시도를 해야 한다. 공회 형식(public assembly format)을 이용하거나 학급을 몇몇 모둠으로 나눌 수 있다.

둘째, 국제 관계에 대한 '상위 쟁점(meta-issue)'을 다루는 토론을 개최할 수 있다. 이를 통하여 몇몇 학생으로 이루어진 팀들은 통용되는 견해에 문제를 제기하거나 여성주의 국제 관계나 포스트모던한 접근 방법과 같은 대안적인 관점을 도입할 수 있다. 이러한 토론은 쟁점을 더 심층적으로 다루어 국제 관계에서 어떤 의사 결정이 내려진 '이유'에 대한 통찰을 제공해 준다. 학생들은 토론을 통하여 이 분야에 대한 자신의 접근법에 문제를 제기하고 자신들이 의사 결정을 내린 방법을 재평가할 수 있다.

셋째, 특정 사례 연구에 대한 토론을 할 수 있다. 하나의 사례 연구에서 두 진영이 할당되는데 어떤 학생도 실제로 각 진영을 지지하지 않을 수 있다. 토론에서 해당 진영을 대표하는 것은 각 팀이 될 것이다. 가령, 이스라엘 또는 팔레스타인 대표 역할을 맡은 학생들이 참여하여 예루살렘의 미래에 대해 토론하는 것은 학습 전체에 흥미를 유발하고 참여하는 학생들에게도 교육적일 것이다. 교사는 학생들이 충분한 양의 정보를 이용할 수 있도록 해 주어야 한다.

넷째, 특정 정책에 대한 토론을 할 수 있다. 이러한 토론은 특정한 제안에 대하여 두세 명씩으로 이루어진 두 팀 간에 할 수 있다. 특정 정책 제안에 대한 50분 토론은 매우 시사하는 바가 많고, 학생들은 활발한 반대 신문 과정을 즐길 것이다. 외교 분야 주요 정책 제안이 여기에 이용될 수 있는데 이는 그 제안에 대한 지지자와 반대자가 모두 존재하며 그래서 학생들이 두 측면을 모두 연구할 수 있다는 점을 전제로 한다. 청중으로 참여하는 학생들은 더 나은 토론자 또는 자신들이 더 동의하는 정책에 투표할 수 있다. 만일 후자가 선택된다면 토론 전후에 투표를 하여 비교해 볼 수 있다.

다섯째, 역사적 배경을 이용할 수 있다. 학생들은 사건의 참여자가 되어서 자신들이 공부하고 있는 회의나 협상에 대한 토론을 개최할 수 있다. 이러한 형식은 이미 교육과정의 일부로 정해져 있는 역사에 대한 공부를 필요로 한다. 대표자로 나서지 않는 학급 구성원은 기자단이나 다른 이해관계인으로서 각 진영의 발표가 끝난 후 진행 과정에 대한 의견을 제시할 수 있다.

여섯째, '……라면 어땠을까?' 토론을 할 수 있다. 이 짧은 토론에서 참여자들은 '추축국이 제2차 세계 대전에서 승리했다면 어땠을까?'와 같이 역사적 사건에 대하여 숙고할 수 있다. 첫 번째 팀은 '세계가 어떻게 되었을까?'에 대한 자신들의 해석을 제시할 수 있다. 두 번째 팀은 첫 번째 팀의 의견을 비판하고 자신들의 대안을 제시할 것이다. 토론이 신속하게 진행되게 하려면 첫 번째 팀이 두 번째 팀에 대하여 자신들의 의견을 밝히는 것이 바람직하다. 이 토론은 학급의 나머지 학생들이 질문을 하거나 논평을 하는 것으로 마무리할 수 있다. 그런 후에 학급에서 '……

라면 어땠을까?'라는 질문에 대한 최고의 답을 한 팀에게 투표를 한다.

결론

교육 토론 대회에서 국제 관계 문제는 가장 생동감 있고 재미있는 경연의 기회를 제공하는데 이는 그 자체가 중요하기도 하고 시민의 폭넓은 이해가 필요하기 때문이기도 하다. 이러한 문제에 대한 토론의 재미를 교실로 가져올 만한 이유가 충분하다.

국민 윤리, 정치, 정부

이러한 주제들을 탐색하는 수업은 가장 토론 친화적인 교육 기회를 제공한다. 우리가 어떻게 통치하고 통치받는지 그리고 국가가 어떻게 만들어지고 유지되는지에 대한 질문은 가장 흥미로운 토론 주제가 될 수 있다. 토론은 현존하는 쟁점들을 취하여 학생들로 하여금 의사 결정의 중요성과 어려움을 알게 해 준다. 토론을 통하여 참여자들은 국가 정체성의 실질적 토대를 이해하고 시민적 삶의 의미와 중요성을 발견할 수 있다.

국민 윤리, 정치, 정부 수업에 토론이 유용한 까닭

토론은 학생들이 공공 정책에 대하여 배우고 정부에서 하는 의사 결정의 복잡성과 의미를 탐색하게 해 준다. 또 학생들이 자기 나라의 법률에 대해 더 많이 알도록 이끈다. 토론을 통하여 학생들은 시민사회들이 모여 나라를 구성하든 구성하지 못하든지 간에 시민 사회가 지니는 가치를 알게 되고 통치의 과정에 대하여 배우게 된다. 공적 쟁점들이 토론을 통하여 활성화된다. 학생들이 각자의 목소리를 찾으면, 통치 행위가 쉽다는 인식이 잘못 되었음을 발견하게 된다.

토론은 학생들이 국가 정책에 의문을 제기하고 한 나라를 이끄는 정부 정책과 사회적 규범을 이해할 수 있게 해 준다. 교실 토론은 학생들에게 가르치기 어려운 개념들을 이러한 질문을 통하여 알려 준다. 역할극 토론은 어떤 법률의 제정에 영향을 미친 역사적 맥락을 이해할 수 있게 해 준다. 그리고 의회 토론은 학생들이 정부의 규범에 문제를 제기할 자기 자신의 목소리를 신뢰하도록 가르치는 데 도움이 된다. 교수 도구로서 토론은 국가 규범의 가치와 중요성에 대한 비판적 사고를 촉진하기도 한다.

토론이 아니라면 정부와 사회의 작용에 관한 수업에 무관심했을 학생이 토론을 통하여 그 주제에 흥미를 갖고 참여하게 되는 것을 볼 수 있다. 토론은 역동적이기 때문에, 학생들로 하여금 자기 자신의 의견을 표현하도록 해 준다. 학생은 자신의 의견이 한 국가를 규정하는 바로 그 법률과 일치하지 않음을 볼 기회를 갖게 되기 때문에 이러한 표현을 통하여 자유로움을 느낄 수 있다.

어떤 이들은 토론이 정부에 대한 문제 제기를 조장한다는 점에서 위험한 교수 방법이라고 생각하기도 하지만 이것은 잘못된 생각이다. 토론은 분명히 학생들에게 어려운 질문을 제기하고, 자신들을 표현하도록 가르치지만, 이러한 표현 방식이 그러한 제도들을 더 강해지도록 해 줄 것이다. 토론을 통하여 학생들은 현 정부 정책과 규범의 가치를 입증하는 관점을 얻게 되기도 한다. 토론이 항상 정부에 대해 문제 제기를 할 필요는 없다. 종종 그것은 정부 규범의 가치와 정치적 의사 결정의 현실을 전달해 주기도 한다.

국민 윤리, 정치, 정부 수업을 위한 토론 논제 예시

• 왕가에도 세금을 부과해야 한다.
• 왕족을 유지하는 것은 적절하지 않다.
• 서반구의 국가들은 영구적인 연방을 결성해야 한다.
• 모든 것을 감안해 볼 때, 미국 대법원은 법률 집행 기관에 대해 과도한 권한을 승인하였다.
• 현실주의 세계관은 세계를 적절히 표상하지 못한다.
• 우리는 해외 원조를 통하여 다른 나라를 지원해야 한다.
• 과세의 권한은 파괴의 권한을 수반한다.[30]
• 우리는 양당 정치 체제를 지지해야 한다.
• 엘리트만이 성공적으로 국가 경영을 할 수 있다.
• 우리는 강한 국가를 지지한다.
• 우리는 정교 분리의 원칙을 믿는다.
• 우리는 평화를 위하여 힘을 활용해야 한다.

---

30   [역주] 이 말은 미국의 유명 판결 중 하나로 주 법과 연방 헌법이 충돌하였을 경우 연방 헌법이 우위를 지닌다는 것이다. 연방 정부가 설립한 은행에 대하여 메릴랜드 주 정부는 세금을 부과했는데 이에 대해 대법원은 의회의 은행 설립에 관한 법률은 주 법에 우선하므로 주 정부의 연방 은행에 대한 조세 부과는 위헌이라고 판결하였다.

- 우리는 큰 정부를 거부해야 한다.

- 강력한 독재가 미약한 민주주의보다 낫다.

- 우리는 민주주의 과정에서의 시민의 불참에 대한 제재를 지지해야 한다.

- 우리는 국가 공무원의 임기를 제한해야 한다.

- 한 사람의 테러리스트는 어떤 면에서는 자유 투사이기도 하다.

- 네거티브 정치 홍보는 민주주의 과정에 매우 해롭다.

- 우리는 국기에 대한 모독을 예방하기 위한 강력한 법률을 지지해야 한다.

- 오래된 적이 새로운 우방이 될 수 있다.

- 대중은 정치인을 직접 뽑을 권리가 있다.

- 집단주의가 개인주의보다 우월하다.

- 우리는 국경 개방을 지지해야 한다.

- X 국가에서는 유전무죄, 무전유죄이다.

- 우리는 문화적 다양성을 넘어 사회적 통합을 지지해야 한다.

- 특정 이권 단체들이 민주주의를 파괴해 왔다.

- 언론의 자유보다 사생활 보호 권리가 더 중요하다.

- 서방 세계에서는 자유를 지나치게 누려 왔다.

- 우리는 상원(the House of Lords)을 해산해야 한다.

- 국가 지도자는 인품보다 성과가 더 중요하다.

- 자격을 갖춘 모든 국민에게 국가 서비스를 의무화하는 것이 바람직하다.

- 사법 체계는 피고인의 권리를 과대평가해 왔다.

- X 국가가 비민주적인 정부에 군사적 지원을 제공하는 것은 정당화된다.

- 테러 활동의 언론 보도에 대한 정부의 제한 정책은 정당하다.

- UN 회원으로서의 권리는 X 국가에 더 이상 유익하지 않다.

- 총선에서 매우 강력한 제3당의 참여는 정치 과정에 도움이 될 것이다.

- 폭력은 정치적 억압에 대한 정당한 반응이다.

- UN 인권 선언의 실천은 국가의 주권을 보존하는 것보다 더 중요하다.

- 국영 뉴스 매체는 정치적 쟁점에 대한 대중의 이해에 부정적 영향을 미친다.

- 폭력 범죄로 유죄 선고를 받은 사람에게 더 가혹한 처벌을 하는 것이 바람직하다.
- X 국가는 내각 책임제를 채택해야 한다.
- 정부는 대중 매체에 대한 규제를 강화해야 한다.
- 모든 공립 초·중등학교에서 국어, 예술, 수학, 자연 과학 같은 분야 중 한두 과목에서 좀 더 엄격한 학업 성취 기준을 정립해야 한다.
- 언론의 자유에 대한 현행의 규제 중 한두 가지는 축소되거나 금지되어야 한다.
- 주민 법안 발의와 국민 투표는 최고의 입법 형식이다.

국민 윤리, 정치, 정부 수업을 위한 토론 형식 예시

"한 사람의 테러리스트는 어떤 면에서는 자유 투사이기도 하다."라는 주제에 대한 토론은 교실에서 다룰 수 있는 주제이지만 이 주제에 대한 오랜 논쟁과 수업에서 누군가가 개인적으로 영향을 받고 있을 가능성이 있기 때문에, 몇 가지 준비가 필요하다는 점을 조언하고자 한다.

교실에서 학생들이 분노를 표출할 가능성을 최소화하는 데 역점을 두고 다양한 방식으로 주제를 다룰 수 있도록 탐색 방향을 안내해 줄 필요가 있다. 교사는 학생들이 특정한 정치적 투쟁에 집착하는 대신 관심사를 넓혀 서로 다른 사례와 생각을 살피도록 도와주어야 한다. 학생들이 자기 자신을 드러내고 의견을 표현할 수 있도록 시간을 정해 주는 것도 중요하다. 이 주제는 이 분야의 다른 주제들과 마찬가지로 청중으로서 흥분하여 주장을 펼치거나 질문을 하는 학생들이 마음을 진정할 수 있도록 압력 분출 밸브가 있어야 한다. 교사는 학생들이 과열된 생각을 조절하고 감정을 식힐 수 있도록 얼마간의 시간을 주고 토론에 대한 반응을 기록해 보게 하는 것이 좋다.

이 테러리즘 문제는 조사를 바탕으로 한 의회 토론의 논제로 다루어 보자. 찬성 팀, 즉 정부는 모든 테러리스트를 자유 투사로 정당화할 수 있는 사례를 제시해야 한다. 팔레스타인 과격분자 단체 하마스(Hamas)[31]가 논증의 초점이 될 수 있다.

---

31   [역주] 팔레스타인 점령지를 중심으로 반(反)이스라엘 투쟁을 전개하는 이슬람 원리주의 조직

논증을 전개하면서 그들은 아일랜드 공화국 군(IRA),[32] 바르샤바 게토에서 발흥한 유태인 무장 세력(Jewish militants), 또는 인종 차별주의에 대항하여 싸운 남아프리카공화국의 아프리카 민족 회의(ANC)[33]를 예시로 활용하고 싶을 것이다. 이 집단들은 테러리스트라는 이름이 붙지만 이 나라 국민들에게는 무언가 가치를 갖고 있는 것으로 여겨진다. 다른 팀의 논리와 논증에 대해서 싸울 뿐만 아니라 청중이 갖고 있는 개념에 대해서도 문제 제기를 하여야 함을 학생들에게 일깨워 주자.

숙달된 반대 팀에서는 시민 살해나 익명의 폭탄 테러와 같은 전술을 언급함으로써 테러리스트를 자유 투사와 동일시할 수 없음을 지적한다. 그들은 자신들이 변호할 수 없다고 믿는 '테러리스트' 집단 하나를 지목하여 이들이 누군가 테러리스트로 보는 이들을 다른 사람들은 자유 투사라고 보는 인식의 예외 사례라는 것을 증명하려고 할 것이다. 그러나 이러한 접근은 테러리스트에 대한 우리의 부정적 인식에도 불구하고 외부의 누군가는 그들의 행동을 자유를 위한 투쟁이라고 인식한다는 찬성 팀의 논증에 의해 반박될 것이다.

반대 팀에서는 이러한 방법을 취하지 않고 새롭게 논제를 해석할 수도 있다. 반대 팀은 테러리스트가 자신의 소속이 아니라 사용하는 전술로 규정된다는 점과 어떤 IRA 단원은 자유 투사이지만 가령 암살에 참여하는 다른 이들은 테러리스트라고 논증할 수도 있다. 이러한 전술이 실제로 조직에 대한 불신감을 키운다는 논거를 주장과 결합함으로써 반대 팀은 스스로 논쟁의 여지를 넓힐 수 있도록 토론을 개념 규정해 갈 수 있다. 또 하나의 접근 방법은 핵무기의 보유와 사용이 테러리즘을 규정한다고 주장하는 것이다. 왜냐하면 이러한 강력한 무기는 전 세계를 볼모로 잡기 때문이다. 이 경우, 미국의 핵무기 보유와 사용 문제가 도마에 오를 수 있는데 이는 미국이 전시에 핵무기를 사용해 본 유일한 국가이기 때문이다. 토론을 창조적으로 해석함으로써, 학생들은 새로운 지지 근거를 찾아 반대자들을 무력화할 수 있다.

---

32   [역주] Irish Republican Army(IRA). 영국으로부터 완전한 아일랜드의 독립을 추구했던 아일랜드 공화국에 기지를 둔 비공식적인 반(半)군사 조직

33   [역주] African National Congress(ANC). 남아프리카 공화국의 정당, 흑인 민족주의자 조직

결론

이러한 주제들에 대한 토론을 통하여 우리의 시민적 본성이 드러난다. 정부가 시민의 규범과 대화, 법률과 그 법률의 가치와 장점, 정치적 가능성과 현실을 어떻게 만들고 바꾸는지를 탐구함으로써 학생들은 이러한 주제에 참여하는 즐거움을 느낄 수 있다. 교육적 도구로서 토론은 이러한 복잡한 쟁점을 설명하고 그것을 교실 교육과정에 잘 맞추어 준다.

경제

경제는 학생들의 삶의 중심에 있지만 그 중요성을 이해하는 경우는 많지 않다. 경제적 쟁점을 토론하는 것은 학생들이 이 주제의 관련성을 깨닫는 데 도움을 준다.

경제 수업에 토론이 유용한 까닭

경제적 쟁점이 토론에 잘 들어맞는 데는 몇 가지 이유가 있다. 첫째, 토론은 학생들이 경제 이론을 검토하고 이해하는 데 도움을 줄 수 있다. 둘째, 경제적 의사 결정은 모든 정치적 의사 결정과 얽혀 있다. 오랫동안 토론을 지도해 본 경험에 따르면 모든 정부 정책은 비용이 들거나 절약을 하거나 인간의 경제적 행동에 영향을 미치거나 아니면 이 세 가지 중 일부이다. 학생들에게 토론을 통하여 경제적인 의사 결정을 정치적 의사 결정과 통합하라고 가르치는 것은 매우 유용한 일이다. 셋째, 경제에 대해 오해하고 있는 사람들이 많다. 어떤 이들은 경제가 첨단 과학 기술이라고 생각하는데 주로 금융계에서 이렇게 믿는 경향이 있다. 금융계에서는 경제가 불가사의한 예술이라고 믿기도 한다. 그러나 시민들은 경제를 이해하고, 예측하고, 통제하기 어려운 것이라고 생각할 뿐이다. 토론은 이러한 전제를 깨뜨리고 경제적 개념을 지적 탐구의 영역으로 이해하고 분석하게 해 준다. 마지막으로, 시장 경제가 어떻게 작동하는지를 이해하는 것은 온전한 삶을 영위하는 데 매우 중요하다. 경제에 대한 비판적 이해를 통하여 누군가는 주식 사기에 빠지지 않을 수 있고 학생들은 전 지구적 자유 무역의 영향을 윤리적 차원에서 생각하는 법을 배울 수도 있다.

경제 수업을 위한 토론 논제 예시

- 투자 소득에는 과세를 하지 말아야 한다.
- 부가 가치세는 어떤 정부에서든 국가 재정을 위한 핵심 수단이다.
- 유럽 연합과 미국의 농업 보조금은 개발 도상국의 빈농들을 희생시킨다.

- 존 메이너드 케인스(John Maynard Keynes)[34]가 옳았다.

- 칼 마르크스(Karl Marx)가 옳았다.

- 통화 정책만으로는 국가 경제를 관리하기 충분치 않다.

- 전 세계적 자유 시장 형성을 후회하게 될 것이다.

- 원주민이 자본주의에 통합되어 오래 생존하기는 어려울 것이다.

- 컴퓨터 기반 거래는 시장 변동성을 증가시켰다.

- 미국의 사회 보장 제도는 X를 통하여 보호될 수 있다.

- X 국가는 높은 수준의 화석 연료 사용 규모를 현저히 감소해야 한다.

- 탄소 배출권 거래는 이산화탄소 배출량 감소에 활용되어야 한다.

- 개발은 자살 행위이다.

- 경제적 성장은 영구적으로 지속될 수 있다.

- 기업은 윤리 규범을 지켜야 한다.

- 토빈세(Tobin Tax)[35]를 부과하여야 한다.

경제 수업을 위한 토론 형식 예시

주제, 형식, 배경을 창의적으로 활용하여 교실에서 토의하고자 하는 자료를 조사해 보자. 몇 가지를 제안하면 다음과 같다.

첫째, 모의재판(mock trial) 형식을 활용할 수 있다. 칼 마르크스나 밀턴 프리드먼(Milton Friedman)[36]과 같은 주요 경제학자를 재판에 부쳐, 그들의 이론이 널리 적용됨으로써 사람들과 자원, 환경 체계가 파괴되었다는 주장을 토론할 수 있다. 토론을 특정한 역사적 시기에 맞출 수도 있을 것이다. 이는 학생들이 이전의 경제학자들에 대해 조사해 보도록 도전 의식을 환기하는 좋은 방법이다. 교사는 다양한

---

34   [역주] 영국의 경제학자·언론인·금융인. 정부가 주도하는 완전 고용 정책에 기초하여 경제 침체에 대한 치유책을 주장했다.

35   [역주] 모든 국가가 자국으로부터 시작되는 모든 외환 거래에 대하여 0.1%에서 0.5% 정도의 낮은 일정 세율로 거래세를 부과하는 것으로 1981년 노벨 경제학상 수상자인 제임스 토빈(James Tobin)이 1972년에 주장한 세제이다.

36   [역주] 자유방임주의를 옹호하는 미국의 경제학자(1912~2006)

방법으로 재판을 열고 다수의 학생들을 쉽게 참여시킬 수 있다. 예를 들면, 전체 학급이 참여하는 이틀간의 정교한 재판이나 두 명의 대립하는 학생 변호인이 참여하는 30분 재판을 열 수 있을 것이다. 그렇지 않으면 며칠에 걸쳐 재판을 열고 매일 조금씩 진행하는 방법도 가능하다.

둘째, 다양한 비즈니스 모델에 대한 토론을 열 수도 있다. 필요에 따라 어떤 토론 형식이든 활용하여 동일한 사업 분야의 두 회사를 비교할 수 있다. 교사는 학생들로 하여금 이러한 회사들을 조사하고 그중 하나가 더 우수한 비즈니스 모델을 따르고 있음을 주장하도록 과제를 부과할 수 있다. 이러한 유형의 토론을 통하여 학생들은 주요 회사들이 어떻게 조직되고 운영되는지 그리고 사업이 어떻게 더 광범위한 경제에 통합되는지를 이해할 수 있다.

셋째, 경제학이 과학인지 아닌지에 대하여 공공 포럼 토론(public forum debate)이나 공공 토론(public debate)을 개최할 수 있다. 학급의 절반에게는 찬성 입장을 연구하게 하고 나머지 절반에게는 반대 입장을 연구하게 한다. 두 가지 토론 형식 모두 학생들을 참여시키고 상호작용을 촉진하는 데 도움이 될 것이다.

넷째, 학생들과 관련된 주제에 대한 공공 토론을 개최해 보자. 학생들에게 교사가 선택한 경제 정책을 토론해 보게 한다. 가령 이제 막 유럽 연합에 가입한 나라에서 온 학생들은 "유럽 연합에 가입하는 것은 X 국가에 경제적으로 불리하다."와 같은 주제를 토론하게 한다. 이런 유형의 토론은 학생들에게 관련성이 매우 높고 경제학과 자신들의 삶이 연관되어 있음을 드러내 준다.

다섯째, 경제 정책, 세금 정책, 최저 임금법, 미성년자 고용 규제 등과 같은 특정 정책에 대한 토론에는 간단한 2대2 형식을 활용할 수 있다. 각 토론에 서로 다른 주제를 부여하는 것은 교육적이기도 하고 재미도 있을 것이다. 학기 초에 주제들을 제시하고 각 수업을 시작할 때 짧은 토론을 하거나 몇 차례의 수업에 걸쳐 연속적으로 토론을 개최할 수도 있다.

여섯째, 고도 경제 성장의 혜택과 생태계 건전성 사이에 흔히 상정되는 상반 관계(trade-off)에 대하여 역할극 토론(role-playing debate)을 개최해 보자. 교사는 경제적·생태적으로 심각한 결과를 유발하는 특별한 경제 성장 시나리오를 개발할 수 있다. 그리고 학생들에게 지역 주민, 기업의 개발자, 정부 규제 담당관, 환경 운동가, 투자자, 노동자 등의 역할을 맡길 수 있다.

결론

토론은 경제학을 공부하는 데 많은 도움이 된다. 초급 학생들은 토론을 함으로써 기초적인 경제학 원리들에 접근할 수 있다. 상급 학생들은 토론에서 자신들의 특정 지식과 전문성을 보여줄 수 있다. 또한 토론은 학생들에게 경제 전문가로서 '자신을 선전하는(sell themselves)' 데 필요한 의사소통과 논증 기능을 향상시키는 데도 기여할 것이다.

사회학

사회학은 사람 간의 복잡한 관계와 그들이 어떻게 사회를 창조하고 형성해 가는지를 연구하는 학문 분야이다. 이러한 쟁점들은 토론을 통해 탐구하기에 매우 적합하다. 그 이유는 학생들이 사회의 움직임에 익숙하기 때문이다. 학생들은 인간으로서 사회적 구조에 대해 의견을 갖고 토론을 통해 의견을 표현할 수 있다.

사회학 수업에 토론이 유용한 까닭

인류는 다양하다. 사람들은 매우 다양한 가치, 태도, 신념을 가지고 있다. 토론의 과정은 참여자 간의 비교와 생각과 관점의 대조를 포함하고 있어 학생들로 하여금 다양성을 평가하고 더 잘 이해할 수 있도록 도와준다. 사회가 어떻게 구성되는지에 대한 이해는 '선(good)'이나 '본성(nature)'과 같은 도덕적으로 모호한 개념에 대한 깊은 탐구를 가능하게 하는데 이러한 주제는 토론 환경에 매우 적합하다.

대부분의 토론 주제는 사회학적 요소로 구성되어 있다. 길거리 범죄, 협동 행위, 가족생활, 전쟁과 평화의 문제 등을 토론할 때 이러한 문제들은 매우 깊은 사회학적 연관성을 갖고 있다. 사회학적 쟁점에 대한 토론은 핵심적인 개념을 이해하기 위한 가치 있고 생산적인 방식이다.

사회학 수업을 위한 토론 논제 예시

- 범죄는 사회적/개인적 원인에 의해 가장 잘 설명된다.
- 세대 차별은 성차별처럼 악한 것이다.
- 가난은 대부분의 청소년 범죄의 원인이다.
- 진정한 사회적 변화는 정부의 강제가 아닌 사회 운동을 통해서 실현된다.
- 음악은 사회 변화에 대한 명확한 기록이다.
- 일탈행동은 보는 사람의 눈에 달린 것이다.
- 엄격한 사회 규범은 개인의 자유의 적이다.
- 정신 건강 서비스는 생활 시설 외부에서 이루어져야 한다.

- 보장된 연간 수입은 빈곤을 감소시키는 좋은 방법이다.
- 사회에는 그에 걸맞은 기업이 있다.
- 사회에는 그에 걸맞은 정치인이 있다.
- 사회적 현상 X는 Y이론을 통해 가장 잘 설명된다.
- 사회적 현상 X는 Y연구 방법론을 통해 가장 잘 연구된다.
- 전통은 우리 사회에서 어른의 역할을 한다.
- 유년기는 상대적으로 근래에 고안된 것이다.
- 오늘날의 시민은 죽음의 개념을 접할 기회가 적다.

사회학 수업을 위한 토론 유형 예시

사회학 수업의 토론을 위해 다음과 같은 다양한 토론 유형을 활용할 수 있다.

첫째, 학교에서 사회학을 필수 과목으로 채택할지 공공 포럼을 연다. 혹은 필수 사회학 과정을 늘리는 것이 바람직한지 토론할 수도 있다. 이러한 주제는 학생들이 사회학의 중요성을 이해하는 데 도움을 줄 뿐만 아니라 앞으로 연구할 분야에 대해서도 검토하게 한다.

둘째, 연구 방법론에 대해 토론의 장을 마련한다. 하나의 연구 방법론이 다른 방법론보다 더 적합한지 주제로 사용될 수 있다. 예를 들어 양적인 연구와 질적인 연구 등의 비교를 주제로 사용할 수 있다. 이러한 주제를 통해 학생들은 각각의 방법론들이 저마다 장단점들을 가지고 있음을 알 수 있다. 많은 경우 학생들은 사회학 심화 과정에서 하나의 방법론만을 이해하거나 선호하는 양상을 보인다. 방법론을 대조하는 토론은 학생들에게 다른 관점들을 발견하게 하는 데 도움이 될 것이다.

셋째, 범죄와 일탈 행동들과 같은 다양한 사회적 현상의 원인에 대해 토론한다. 이것은 학생들이 다양한 요소들을 발견하고 분석할 수 있도록 도와줄 것이다. 범위를 좁혀 다양한 주제를 개발한다면, 모든 학생이 참여하는 일련의 토론을 준비할 수 있을 것이다.

넷째, 강의 계획서에 제시한 주제를 바탕으로 여러 즉석 토론을 교과목이나 특정 수업에 통합한다. 매 수업 중에 한 가지씩 간단한 예고하에 진행할 수 있다. 참여자들에게 주제를 제시하고 5분의 시간을 주고 짧은 SPAR 토론을 한다. 이러한 토론은 적은 시간으로 많은 학생의 참여를 가능하게 한다.

다섯째, 심화 과정의 학생들을 연구 계획에 대한 토론에 참여시킨다. 이들에게 한두 명의 평가자들을 상대로 연구 계획을 방어하도록 하는 것이다. 학생들에게 자신의 연구 계획에 대한 자료를 평가자들에게 주고, 토론 준비를 한다. 토론은 연구 계획에 대한 짧은 발표와 첫 번째 반론과 답변, 그리고 두 번째 반론과 답변으로 이어진다. 이러한 훈련 방법은 연구 계획을 설계하고 평가하며 박사 논문 심사의 답변을 준비하는 데 매우 효과적이다.

여섯째, 많은 사회적 현상들이 정부 정책에 반영할 대상이기 때문에, 특정한 정부 정책에 대한 적합성을 토론할 수 있다. 이 토론은 초등학교 성교육 의무 정책 등 특정한 정책에 대한 평가 또는 정부는 성병의 확산을 줄여야 한다는 등 더 자유로운 구조로 토론이 가능하다. 이 토론은 크게는 공공 포럼이나 공개 토론도 가능하고 작은 규모로는 학기 중에 수시로도 가능하다. 이것은 준비가 필요한 토론이기 때문에 주제와 진영을 정하고 토론 일정을 잡는다. 각 토론에 따라 주제를 달리하거나 주제가 광범위하고 개방적이면, 토론을 연속으로 할 수도 있다.

일곱째, 과정 전반을 역할극으로 구성할 수 있다. 마리스트(Marist) 대학의 사회학 전공 브루스 루스케(Bruce Luske) 교수는 사회적 불평등 수업에서 학생들에게 각자 다른 계층의 역할을 할당한다. 수업 첫째 날, 학생들은 사회 경제 계층으로, 즉 소수의 부유한 상류 계층과 중산층 그리고 다수의 빈곤층으로 지정된다. 수업 전반에 걸쳐 학생들이 해야 하는 일이 그들이 배정된 사회 경제적 계층과 묶여 있다. 이 학생들은 토론의 각 단계에 참여하게 된다.

결론

사회학자들은 사회적 불평등, 행동 양상, 사회적 변화를 위한 무력과 저항, 사회 체계가 어떻게 움직이는지 등의 쟁점들을 이해하려는 시도를 한다. 토론은 학생들이 이러한 주제들을 이해하는 데 효과적이다.

사회 복지

사회 복지는 도움이 필요한 사람이나 일반 개인의 삶의 질을 향상하는 데 초점을 두어 현재 점점 그 영역이 확장되고 발달하는 분야이다. 이 분야의 성공을 위한 결정적인 절차에는 의사소통, 문제 해결, 갈등 해소와 같은 것이 포함된다. 이 분야에 대한 토론은 학생에게 매우 유용한 경험을 제공한다.

사회 복지 수업에 토론이 유용한 까닭

사회 복지 수업에서 학생들은 토론을 통하여 다양한 기능을 익힐 수 있다. 토론의 일반적인 비판적 사고 기술은 사회 복지 수업에 참여하는 학생들을 포함하여 모든 학생들에게 유용하지만, 토론과 사회 복지는 다음과 같은 영역에서 매우 생산적으로 통합된다.

첫째, 사회 복지 분야에서 의사소통 기술은 효과적인 업무 수행을 위해 매우 중요한 부분이다. 사회 복지 담당자는 의사소통 방식이 다른 여러 사람을 대상으로 심각하고 문제 해결적인 대화를 해야 한다. 여기에는 주로 자료 수집, 상황과 자료 분석, 문제 해결, 실행 방안 계획 등이 포함된다. 사회 복지 분야에서는 고객들과 프로그램과 관련된 적절한 조치에 대해 동료들과 활발한 의사 교환을 할 필요도 있다. 또한 대중 홍보를 위해서나 관리자를 위하여 정식으로 발표를 할 필요도 있다. 토론을 통해 이러한 모든 의사소통 장면에 필요한 기술을 연마할 수 있다.

둘째, 사회 복지 업무는 갈등 해소와 관련이 있다. 사회 복지사들은 정책, 실행, 행동 등과 관련하여 고객들과 불일치를 겪게 된다. 이러한 불일치는 사회 복지사들 사이에서나 업무를 처리하는 팀 내에서도 발생할 수도 있다. 사회 복지사들은 관리자들, 기부 단체, 정부 관료들을 대상으로 정책 수행을 분석하고 정당화해야 할 필요도 있다. 이러한 모든 경우에서 판단, 평가, 프레젠테이션 기술을 향상하는 데는 토론이 결정적으로 도움이 된다.

셋째, 사회 복지 담당자들은 그들이 관여하는 여러 사안에 대하여 다양한 관점을 지녀야 한다. 사회 복지 업무를 처리하다 보면 희한하거나 독특한 관점을 지닌 고객을 만날 수 있다. 일반 대중, 사회 복지 단체 관리자, 정부 부처 공무원들 중에도 특이한 관점을 가진 사람들이 있기 마련인데 사회 복지 담당자들은 그러한 관점을 이해해야 한다. 사회 복지사들은 비판적 의사소통이 일어나는 토론의 장 속에서 고객, 관리자, 공무원, 관련된 일반 대중을 상대할 때 필요한 여러 역할들을 상정하게 되고 이로 인해 그들에 대한 이해가 시작된다. 학생들은 비판적 의사소통이 일어나는 토론에서 특정 역할을 맡음으로써 그들이 상대하게 될 사람들에 대해 더욱 공감할 수 있게 된다.

넷째, 사회 복지사들은 입론 구성의 여러 사례를 경험하게 된다. 각각의 입론을 구성하기 위해서는 조사를 해야 하고, 문헌을 찾아 읽어야 하고 이를 이해해야 한다. 이러한 입론의 자료와 기록들은 분석 가능하도록 논리적으로 조직되어야 한다. 이러한 입론들은 언급해야 할 필요가 있는 문제의 예를 제공하기 마련이다. 또한 사회 복지사들은 행위의 과정과 일련의 절차를 입증해야 할 필요도 있다. 또 사회 복지사들은 경우에 따라 자신의 프로그램을 유지할 때나 변경할 때 입증을 요구받기도 한다. 이러한 예에서 보듯이 학생들이 토론을 통해 익히는 기능과 논리적 입론을 구성하는 방법은 나중에 사회 복지사로서 일할 때 큰 도움이 될 것이다.

사회 복지 수업을 위한 토론 논제 예시

• 기초 의료 보장은 권리가 아니라 특권이다.
• 아이를 갖기 전에 부모가 되기 위한 자격을 획득해야 한다.
• 사회 복지사들은 이 분야의 주도적인 비판을 경청해야 한다.
• 도움을 주는 관계는 종종 사회적 통제의 관계로 끝나게 된다.
• 사회 복지 분야의 모든 사회 복지 개입은 고객의 허락하에 진행되어야 한다.
• 사회 복지는 광범위하게 탈제도화되어야 한다.
• 행동 수정 약물의 사용은 엄격하게 제한되어야 한다.
• 사회 복지 분야에는 급진적인 개혁이 일어나야 한다.
• 모든 사회 복지 서비스는 팀으로 접근해야 한다.
• 사회 복지의 관료적 사무 절차는 고객 서비스 향상을 위해 간소화되어야 한다.

- 사회 복지사의 직무 만족도 향상을 위해 개선이 필요하다.
- 사회 복지사 자격 표준은 강화되어야 한다.
- 사회 복지의 직업화가 과도하게 진행되었다.
- 자신의 신체를 해치지 않는 한 고객은 특이한 행동을 할 권리가 있다.
- 정신 건강 전문가들은 좋은 일보다 해로운 일을 많이 한다.
- X 고객에 대한 현재 사회 복지 지원을 변경해야 한다.
- X 사례의 경우 사회 복지사는 부주의하게 행동했다.

사회 복지 수업을 위한 토론 형식 예시

사회 복지 수업에서는 다양한 토론 형식이 사용될 수 있다. 교사는 이러한 화제와 형식에 대해 몇 가지 주제별 접근을 취할 수 있다.

첫째, 토론 형식에 역할 놀이를 도입한다. 학생들에게 여러 토론 상황에서 그들이 보통은 잘 맡지 않는 역할을 부여한다. 학생들은 일반 고객, 특별 고객, 관리자, 공공 서비스 직원, 사회 복지 분야에 기부하는 시민 등의 역할을 맡을 수 있다. 이러한 사람들의 관점으로 논증을 구성하고 비판적으로 입장을 분석하는 일들은 학생들이 나중에 함께 일하게 될 사람들에 대해 이해하고 공감하게 되는 데 도움을 준다. 이러한 역할에는 특정한 서비스나 처방에 대해 반대하는 고객, 다른 사회 복지사의 결정에 반대하는 동료 사회 복지사, 서비스 제공을 감축하거나 향상하려고 하는 관리자, 적은 돈으로 보다 많은 서비스를 원하는 시민 등이 있다. 짧은 약력을 포함하여 역할을 맡아 연기해야 할 사람들에 대한 설명을 학생들에게 제공한다.

둘째, 사회 복지 상황에서 발생할 수 있는 실제 적대적인 상황을 토론으로 구성한다. 실제 사례별 사회 복지 사업(casework)[37]에서 이러한 상황이 발생하기 전, 학생들이 미리 상황을 탐구할 수 있도록 토론을 설계하라. 사회 복지 서비스를 제공하는 데에서 일어날 수 있는 적대적 갈등들은 정부와 고객, 고객과 사회 복지사,

---

37　[역주] 정신적·육체적·사회적으로 문제가 있는 사람의 가정 내력·환경 등을 조사하여 정상 생활에 복귀시키려는 복지 사업

접근 방식이 다른 사회 복지사 간, 사회 복지사와 관리자, 의사 결정에 영향을 주는 동종 업계 평가 단체, 서로 다른 사회 복지 제공 모형을 대변하여 논쟁하는 이들, 사회 복지사와 관료 체제 사이 등에서 다양하게 존재할 수 있다. 이러한 모든 상황은 학생들이 장래에 직면하게 될 적대적인 상황에 대처하기 위해 토론을 통해 모형으로 제시될 수 있다. 일대일 토론, 고객 대 사회 복지사의 짧은 토론, 사회 복지사 간의 약간 긴 토론, 결정을 방어하고 프로그램을 평가할 때와 같이 상당히 긴 토론 등을 할 수 있다.

셋째, 토론을 '도움'의 관계적 본질과 사회 복지사가 빠지기 쉬운 함정에 초점을 두어 진행한다. 사회 복지는 이 분야의 전문가들이 '필요'가 있는 사람들에게 실질적인 '도움'을 제공한다는 개념을 기반으로 한다. 이 역할로 종종 서열과 우열을 형성하는 경향을 보이는데, 복지사가 도움이 필요한 사람보다 더 많이 알고, 하향식 의사소통을 하며, 종종 이롭지 못한 결정들을 하게 된다. 어떤 경우에는 복지사의 필요가 고객의 필요를 가릴 수도 있는데, 이것은 고객에게 최선의 도움을 제공하는 것이 아니라 관료적인 복지 업무가 되는 것이다. 특정 상황에서 '도움'은 '통제'의 형태로 보일 수 있다. 개인적 자율성 대 개인적 복지와 사회적 생산성에 대한 질문은 이 부분에서 종종 이슈가 된다. 학생들은 언제 '도움'이 '통제'가 되는지, 언제 서비스가 복지 프로그램 자체와 사회에 도움이 되지만 고객 개인에게는 그렇지 않은지 토론을 통해 발견할 수 있다. 도움을 필요로 하는 다양한 사람들을 분류하는 것에 관해 토론을 하거나 이러한 분류가 부정적인 영향을 가져올 것이라고 논쟁할 수도 있다. 사회 복지사의 '전문가'로서의 역할은 이 상황을 복잡하게 만들 수 있다. 도움의 본질과 더불어 고객 통제, 자율성, 공동체에 대한 책임에 관한 토론들은 학생들에게 이 쟁점들에 대해 명확하게 하고 더 생산적이고 전문적인 삶을 준비할 수 있도록 도와준다.

넷째, 특정한 사회 복지 영역에 대한 비평을 유도하는 생각과 제안에 대한 토론에 집중한다. 학생들은 주어진 분야의 쟁점을 이해함으로써 이 분야와 상황들을 더 잘 알게 된다. 예를 들어 비평가 토마스 사스(Thomas Szasz)는 근대의 정신 보건 사회 복지에 대한 역할에 대해 문제를 제기하며, 이것이 인간을 의존적으로 만들고 인간의 자율성을 침해한다고 주장했다. 다른 비평가 미셸 푸코(Michel Foucault)는 '사회 복지'의 증가 수준을 '사회적 통제'의 증가 수준과 동일시하였다. 또 다른 비평가 이반 일리치(Ivan Illich)는 전문가와 정부 네트워크를 통해 제공되는 사회 복지는 복지 서비스가 필요한 사람을 위한 개인, 가정, 지역 공동체의 지원을 훼손시켰고 결과적으로 전반적인 손상을 초래했다고 주장하였다. 이러한 견해가 해당 수업에 적합할 경우 토론 주제로 설정될 수 있다. 이러한 토론은 학생들이 발견하지 못한 사회 복지에 관한 많은 중요한 견해들을 강조할 수 있다. 토론은 학생들에게 이 분야의 전문가가 되기 위한 노력에 대한 이해와 깊이 있는 통찰력을 제공하게 된다.

다른 많은 접근법들이 사회 복지 교실에서 사용될 수 있다. 교사 자신의 화제와 관심이 토론 주제와 토론 형식으로 쉽게 반영될 수 있다.

결론

사회 복지는 협력과 더불어 의사 결정과 불일치의 틀 내에서 이루어지는 타협을 필요로 한다. 많은 경우 사회 복지는 이러한 요소들이 어떻게 맞물리는지, 그리고 어떠한 방법으로 의사소통되는지에 따라 성공과 실패를 결정하게 된다. 주변의 사회 복지에 관한 주요한 쟁점들에 관한 토론은 이 분야를 준비하는 학생들에게 도움을 준다.

다문화

'다문화'는 부정확한 분류로 여겨지지만, 여기에서 언급하고자 하는 다양한 과목들을 아우르는 데는 유용하게 사용된다. 고등학교에는 이와 관련하여 '세계 문화의 비교'와 같은 과목이 있고 대학에는 '인종과 문화', '문화적 다양성', '다문화 연구 입문' 등의 과목이 있다. 또한 현재 많은 대학들에서 모든 학생들이 다문화주의와 관련한 기본적인 쟁점에 대한 과정을 이수하거나 세미나를 개최하기를 요구하고 있다. 많은 경우 이러한 과정들은 다양한 교육과정을 개발하고 오래된 세계관에서 벗어나 세계화된 관점을 가질 수 있도록 만든다. 이때 교실 토론은 유용하고 흥미진진하게 쓰일 수 있다.

다문화 수업에 토론이 유용한 까닭

토론은 학습 방법으로서 유용할 뿐 아니라 다문화 쟁점들을 토의하기 위한 채널이 되기도 한다. 다문화 수업은 쉽고, 재미있고, 관련성 있게 토론할 수 있는 특정한 측면들을 모두 포괄하고 있다.

첫째, 다문화 관련 쟁점은 민족 자결권, 시민 운동, 인종 갈등, 이민, 난민 운동, 인종 차별 그리고 경제적 정의 등 오늘날 토의의 주요 주제들을 그 핵심으로 다룬다. 이와 같은 논제를 다룬 토론의 경우 다문화적 훈련은 강력한 토론 수행을 위한 본질이라 할 수 있다.

둘째, 토론을 통해 학생들은 다른 관점을 갖게 된다. 다문화 연구의 많은 쟁점들이 우리가 거의 가정할 수 없었던 '타자'의 위치에서 개인이 어떻게 구성되는지와 관련되어 있다. 토론 활동을 통해 학생들은 다른 사람이나 다른 집단의 내부 관점이 되어 보는 능력을 계발할 수 있다. 학생들은 인종 갈등에 대해 읽었거나 들어 보았을 수는 있지만 정말 그들의 관점이 되어 보지 않는 한 이를 이해했다고 보기는 어렵다. 물론 한 번의 토론으로 다른 사람의 시각에서 사건을 보도록 훈련시키기는 어렵겠지만 학생들이 이를 즐기고 이와 같은 경험을 기꺼이 받아들인다면 좋은 출발점이 될 수 있다.

셋째, 토론을 통하여 학생들은 주장을 펼치는 훈련을 하게 된다. 다문화의 쟁점들은 상당히 중요하지만 이에 대해 책임질 만한 발언을 하는 사람은 부족한 경우가 많다. 토론은 그간 자신의 희망, 감정, 생각 등을 표현할 기회가 부족했다고 느끼는 사람들에게 힘을 실어 줄 수 있다. 논증의 공통 기반에 감정 이입하여 만남으로써, 사람들은 의사소통을 통해 교감하는 것이 가능하다는 것을 알게 된다. 토론을 통해 주장하는 이, 대중의 의견을 이끄는 이(오피니언 리더), 동류 의식을 갖도록 만드는 옹호 지향자가 될 수 있다. 특히 기득권을 지닌 위치에 있다고 생각하는 많은 학생들은 이전에는 자신과 무관하다고 생각했던 주제에 대해 토론 활동을 통해 다문화주의에 대해 더 깊은 수준까지 이해할 수 있게 된다.

넷째, 토론을 통해 학생들은 다문화적 쟁점에 대해 균형 잡힌 판단을 내릴 수 있다. 많은 경우 다문화적 쟁점들은 일방적으로 전달되는 경우가 있다. 어떤 의견에 이미 동의한 사람들이 제시하는 자료들을 보여주거나 이미 이에 대해 반대하고 있는 다문화적 관점에 대해 조롱할 수도 있다. 하지만 토론에서는 쟁점에 대한 양측의 입장을 공개하여, 공적으로, 논리적인 형식에 따라 다룬다. 학생들은 주제에 대한 각각의 입장에서 가장 적절한 쟁점을 발견하고 개발하고 이를 다른 것과 비교할 수 있다. 토론을 통해 어떤 다문화적 쟁점을 다룬 포럼에서보다 더 균형 잡힌 논의를 접할 수 있다.

다문화 수업을 위한 토론 논제 예시
- 지배적 언어를 사용할 줄 모르는 학생에게는 이중 언어 교육이 제공되어야 한다.
- 우리나라의 이민 규제 정책은 강화될 필요가 있다.
- 우리나라는 하나의 공식적인 언어를 사용해야 한다.
- 인종 개념은 시대착오적인 사회적 의미이다.
- 미국은 아메리카 원주민에 대한 보상을 해야 한다.
- 서구 국가들은 아프리카 인을 노예로 부린 것에 대한 보상을 해야 한다.
- 계급이 인종보다 중요하다.
- 몇몇 도덕적 가치들은 문화를 초월한다.

- 1850년 미국: 노예 제도는 철폐되어야 한다.
- 팔레스타인과 이스라엘: 예루살렘은 새로운 팔레스타인의 수도가 되어야 한다.
- '문명 충돌'은 인류에게 어두운 미래를 암시한다.
- 우리는 아프리카의 여성 생식기 절단 관습에 대해 반대한다.
- 우리는 직장에서 일어나는 인종적 차별에 대한 보호 조치를 강구해야 한다.
- 우리는 가능하다면 언제나 인종에 따른 분류를 하지 않아야 한다.
- 최근 아프리카의 민족적 폭력 사태는 식민주의의 유산이다.
- 대학은 다문화적 국제 현실을 반영하여 교육과정을 대폭 수정해야 한다.

이외에 '종교'와 관련한 부분의 논제도 참고할 수 있다.

다문화 수업을 위한 토론 형식 예시

다문화 교실 수업의 목표와 주제에 맞는 몇 가지 토론 형식들이 있다.

첫째, 왜 다문화주의에 대한 연구가 필요한지에 대해 학생들과 토론하라. 다문화 관련 교육은 대부분의 고등학교, 대학교에서 학기 초에 다루어야 하는 수업이나 쟁점이 될 수 있다. 학생들을 두 가지 다른 집단으로 나누거나 공공 의회 형식을 선택하여 계급이 강제적이어야 할 필요가 있는가에 대해 실제 토론을 해 보도록 할 수 있다.

둘째, 학생들에게 갈등하고 있는 두 민족의 집단이 되어 토론하게 한다. 토론을 할 때는 자신이 평소에 대변하지 않을 것 같은, 예를 들면 자신이 속하지 않은 인종이나 민족 집단이 되어 갈등을 유발하는 중요 쟁점 중 하나에 대해 말하도록 한다. 갈등 관계에서 비교적 우위를 보이는 집단에게는 반대 측을, 그렇지 않은 집단에게는 찬성 측의 역할을 제시하여 입론을 준비하도록 한다. 학생들에게 갈등의 배경을 조사할 기회나 시간을 주어 자신이 대변해야 할 것이 무엇인지 파악하도록 한다. 이때 중요한 것은 학생들이 각 민족 집단을 '흉내 내는 것'이 아니라 그들의 관점이 되어 '그들의 이익'을 대변할 수 있어야 한다는 것이다.

셋째, '문명의 충돌'에 대해 학생들과 토론하라. '문명의 충돌'을 둘러싼 새

뮤얼 헌팅턴의 에세이와 책들의 영향으로 주요 문화권 간의 세계적 교류가 긍정적인지 혹은 부정적인지에 대해 토론할 수 있다. 찬성 측은 이와 같은 교류는 가난을 유발하고 민족적 갈등을 증가시켰으며 서로에 대한 압제와 불관용을 가져왔다고 주장할 것이다. 한편 반대 측은 이와 같은 부정적인 측면은 극복될 것이고 더욱 관용적이고 평화로운 세상을 만들어 갈 수 있을 것이라고 주장할 것이다. 여기에 에드워드 사이드(Edward Said)[38]나 가야트리 스피박(Gayatri Spivak)[39]과 같은 후기 식민주의 이론가들의 흥미진진한 토론 주제를 더할 수도 있을 것이다. 둘 다 문화에 대한 우리의 개념은 폭력을 허용하고 다른 나라에 대한 압제를 정당화한다고 주장한다. 물론 토론에서 어느 한 쪽이 옳은 대답을 하는 것은 아니다. 하지만 다문화적 쟁점을 탐색하고 그 주제에 대한 우리의 관점을 훈련하는 데 토론은 좋은 도구가 될 수 있다.

넷째, 현재의 다문화적 쟁점에 대해 토론하라. 학생들은 역할극을 하는 것이 아니라 직접 그들이 되어 보는 것이다. 1:1토론이나 팀 토론으로 진행될 수도 있고 토론 시간도 다양할 수 있다. 학생들이 미리 주제와 입장을 알고 준비를 할 수도 있다. 교사는 서로 다른 주제를 제시하거나 넓은 범위의 주제를 제시하고 약간씩 다른 쟁점을 가지고 반복적으로 토론을 할 수도 있다.

다섯째, 특정한 시기와 장소에 따른 토론을 하라. 학생들에게 역사적인 배경을 설명한 자료나 주요 인물들의 전기물을 제공하고 토론을 하게 하여 그들의 방식대로 어떻게 문제를 해결하는지 지켜볼 수 있다. 상황은 다양하게 구성될 수 있다. 1850년 미국에서 노예를 폐지하자는 상황, 20세기 영국에서 여성에게도 참정권을 보장하자는 상황, 제2차 세계 대전 이후 사우디아라비아에서 여성의 참정권을 보장하자는 상황, 1950년 아프리카를 유럽의 식민지에서 독립하도록 만드는 상황 등은 흥미로울 뿐 아니라 교육적으로 의미가 있다. 학생들은 이와 같은 토론을 통해 다

---

38 [역주] 팔레스타인 출신의 미국 영문학자·비교문학자·문학평론가·문명비판론자. 주요 저서로는 '오리엔탈리즘'이 있으며 서구인들의 동양에 대한 인식을 비판한 대표적 학자이다.

39 [역주] 인도 출신의 탈식민주의 이론가. 영국의 제국주의와 인도의 가부장제 아래에서 이중으로 억압당하는 인도 여성의 상황에 주목하였다.

문화적 쟁점이 역사를 통해 어떻게 다루어져 왔는지에 대해 이해할 수 있다.

결론

사회의 문제나 오해들은 상호 존중의 태도를 바탕으로 논리적인 방식으로 공개적인 토의의 과정을 거쳐 다루어질 필요가 있다. 토론은 방법이자 내용으로서 쟁점을 깊게 이해할 수 있도록 만들어 준다.

여성학

젠더와 섹슈얼리티에 관련된 학문의 중요성은 낮게 평가되어서는 안 된다. 우리 삶의 거의 모든 교차점마다 성은 중핵적 변수다. 일자리 관련, 가족 규범, 사회적 갈등, 국제 정치 모두 여성학의 영역에서 분석되고 있다.

여성학 수업에 토론이 유용한 까닭

토론은 여성학 수업에서 자연스러운 과정이다. 논란거리들은 격렬한 대화로 이어진다. 여성학 수업은 우리 일상에 영향을 주는 다차원적 주제들을 다루기 때문에 이러한 토론은 우리 삶에 혁신적 변화를 유발할 것이다.

점차 지지를 잃어 가는 여성 공동체(all-female communes)와 같은 개념을 배울 때, 학생들은 이런 정치적인 결정을 정당화하는 것을 상상하는 데 어려움을 겪는다. 토론은 학생들에게 이러한 정책에 대해 옹호하고 논쟁할 기회를 제공한다.

여성학 수업을 위한 토론 논제 예시

- 본성 대 양육
- 여성 인력은 경제에 크게 기여하였다.
- 트랜스젠더의 투쟁은 잘못되었다.
- 우리는 성별 비례 선출을 해야 한다.
- 가슴은 모유 수유를 위한 것이다.
- 월경은 권력이다.
- 특정한 집단에서 여성은 남성으로부터 분리되어야 한다.
- 남자가 여성학을 가르칠 수 있다.
- 미시건 위민스 음악 페스티벌에 트랜스젠더 여성의 참여를 허용해야 한다.
- 여성이 남성보다 본성에 충실하다.
- 여성은 공무원의 51%를 차지해야 한다.
- 여성 스포츠에도 동등한 투자를 해야 한다.

- 여성에게는 여학교가 바람직하다.
- 광고는 거식증을 일으킨다.
- 남성을 위한 학문에도 동등한 투자를 해야 한다.
- 여성들의 이야기가 CNN 뉴스보다 중요하다.

여성학 수업을 위한 토론 형식 예시

여성학 관련 쟁점에 대해 학생들의 관심을 유도할 때 토론이 이용될 수 있다. 이와 더불어 성별의 관점에서 정치를 이해하도록 장려하기 위해 또는 단순히 정보를 주기 위해 토론이 사용되기도 한다. 교사가 토론을 구성하는 방식에 따라 다양한 교육적 목표의 달성이 가능하다.

첫째, 미시건 워민스(Michigan Womyn's) 음악 페스티벌에 관한 토론 일정을 잡는다. 20여 년 된 이 기관은 트랜스젠더 여성 참여를 허용하지 않아 비난을 받았다. '페스티벌에 트랜스젠더 여성을 참여시켜야 한다.'라는 주제는 섹슈얼리티, 젠더, 여성 전용 공간, 그리고 '누가 여성인가'라는 질문 등 다양한 주제를 포함하고 있어 훌륭한 주제가 될 수 있다.

교사는 토론을 4:4토론과 나머지 학급 인원들이 20분의 질의응답 시간을 갖는 것으로 구성할 수 있다. 각 토론자는 트랜스젠더 여성 참여를 불허하는 질문을 중심으로 발표를 한다. 한쪽 편에서는 미시간 워민스 음악 페스티벌에서는 '여성으로 태어난 여성만' 머물 수 있다는 논증을 제시할 것이다. 이 논증들에는 여성으로서의 경험 공유의 가치와 성폭력을 경험한 여성의 안전이 포함된다. 반대 측에서는 트랜스젠더 개인이 직면한 차별을 지적하고, 남성에서 여성으로 전환한 사람에게도 여성 축제의 특별한 혜택을 주어야 한다고 주장할 것이다.

둘째, '본성 대 양육'과 같은 주제는 확장된 토론에 적합하다. 학생들은 이 주제를 문화적, 정치적, 진화론적 생물학의 관점에서 토론할 수 있다.

셋째, 여성학 수업은 역할극 토론으로 활용하기에 매우 적합하다. 한 교실에서는 역할극 실습으로 학생들에게 '미군 동성애자 무시 정책(Don't Ask Don't Tell)'에 대하여 토론을 하게 하였다. 이는 공공 정책의 맥락에서 젠더와 섹슈얼리티의 쟁점을 볼 수 있는 기회를 제공한다. 학생들에게는 전문가의 주장을 인용한 내용이 주어지고 그 인용에 제시된 논증을 가정하라고 요구하였다. 군에서 제기한 게이와 관련된 토론에 대해 양측 전문가의 의견과 함께, 교실은 의회에 제출하는 보고서를 작성하기 전 이 쟁점에 대해 토의하는 싱크 탱크의 역할을 맡게 된다. 학생은 동성 애자의 권리와 같이 차마 토론하기 어려운 주제를 역할극 실습을 통해 만날 수 있다. 또 역할극이 아니었더라면 감당하지 못할 입장을 옹호하며, 다른 사람이 자신의 말에 어떻게 생각할지 걱정하지 않고 자유롭게 그 쟁점에 대해 토론할 수 있다. 이 과정에서 학생들은 동성애 문화의 주류화, 동성애의 위험, 사회적 변화에 따른 미군 내 동성애자들의 기회 등에 대해서도 토론할 수 있다. 다른 학생들은 섹슈얼리티와 젠더 이론을 설명하는 전문가의 역할을 맡아 수행할 수 있다.

결론

여성학 수업은 토론에 가장 적합하고도 풍성한 분야 중 하나이다. 이 분야의 지속 적인 논쟁은 훌륭한 토론 주제이다. 토론이 중요한 지도 방법으로 사용되기를 기대 한다.

매체 연구

매체 연구는 고등학교와 대학교 모두에서 점점 인기를 얻고 있는 영역이다. 21세기의 사회적 현실 속에서 매체의 중요성은 이와 같은 인기를 이끄는 동력이 되고 있다. 인쇄 매체, 라디오, 텔레비전, 인터넷, 케이블, 위성 통신, 무선 기기에 이르기까지 매체는 지속적이고 정기적인 방법으로 정보를 제공하며 우리를 둘러싸고 있다. 이런 메시지들은 설득적인 내용을 포함하고 의제를 만들어 갈 의도를 지니고 있기 때문에 모든 시민들은 보다 비판적인 시청자가 되어야 한다. 매체가 확산될수록 개개인은 이에 압도당해 온라인 모임에 참석하지 않거나 전 세계 무대에서 방송인의 역할을 하지 않는 것이 오히려 쉽다고 생각할 수 있다. 하지만 모든 시민은 자기 주장하는 방법을 배워야 한다. 이러한 변화는 교육과정에서 매체 교육의 중요성을 더욱 강화해 주며 비판적 듣기와 옹호 기술을 정련화해 줄 수 있는 토론에 대한 기대를 하게 만든다.

매체 수업에 토론이 유용한 까닭

매체 연구와 토론은 공통적으로 중요한 방법과 목표를 공유하고 있다. 이에 이 둘을 통합하게 되면 교실 수업에서 상당히 유용하게 활용할 수 있다.

첫째, 토론과 매체 연구는 개개인의 능동적인 비판 의식을 증진시켜 준다. 시민들은 매체의 내용을 해독하면서 결점이나 오류를 발견할 수 있다. 토론을 통해 학생들은 반대 팀의 메시지를 해석하고 결점을 찾고 이를 보완할 대안을 모색한다. 토론자들은 메시지가 무엇인지를 결정하기 위해 듣는 것이 아니라 메시지에 대하여 무엇이 잘못되었는지를 진술할 수 있어야 한다.

어배너 샘페인(Urbana Champaign)에 위치한 일리노이 대학 의사소통 연구 기관의 로버트 맥체스니(Robert McChesney) 교수는 『부유한 매체, 가난한 민주주의(Rich Media, Poor Democracy)』라는 자신의 책에서 매체가 아무런 의심을 받지 않는 요인으로 작용하는 사회의 위험성에 대해 다음과 같이 발언하고 있다.

현재에도 그리고 한 세대를 지나와서도 매체 산업의 구조와 통제는 명백하게 미국 정책 토론의 출입 금지 지역이었다. 이러한 상황이 지속된다면 미국 매체 체계의 영속적이고 질적인 변화를 상상하기가 어려워진다. 매체의 개혁이 없다면 미국을 더욱 평등하고 자치적이고 인본주의적으로 만드는 관점을 상실하게 될 것이다.(McChesney, 1999: 281)

둘째, 토론은 매체 쟁점을 논의하는 데에서 매우 우수한 형식을 갖추고 있다. 매체 연구에서는 여러 측면에서 옹호 가능한 강력한 입장을 가진 절대적 가치 혹은 정책적 쟁점은 극소수이다. 표현의 자유, 매스컴의 책임, 의사소통에 접근할 기회, 의사소통을 통제할 제도적 장치, 방송 내용 평가의 기준 등과 같은 주제들은 매체 의사소통 자체만큼이나 오래된 것이지만, 현재에도 유효한 것들이다. 특히 매체 내용이 널리 전송되면서 그 중요성이 더더욱 커지고 있다. 이러한 쟁점들로 학생들은 주제를 정해 토론할 수 있을 것이다. 또한 특정 교과 내용과 연관된 쟁점 역시 주제를 만드는 데 쓰일 수 있다.

셋째, 토론은 종종 자료들을 평가하는 연습 기회를 제공한다. 토론에서 토론자는 정보원으로서 행동하지만, 그들은 종종 다른 출처로부터 가져온 자료 혹은 증언을 활용하기도 한다. 따라서 토론자는 어떤 토론에서나 자신이 펼치고 있는 논증이나 논의되는 쟁점들에 대한 비판적인 증거들의 출처를 분석하고 그것들의 신뢰성을 평가하는 방법을 배워야 한다. 마치 학생들이 전력 회사의 행위가 미치는 환경 영향에 대한 전력 회사 중역의 신뢰성을 평가하는 것을 배우듯이, 이러한 평가 절차를 매체 사용에 적용하는 법을 배울 것이다. 즉, 어떤 상품을 평가하는 것이 증언에 의한 것인지 아니면 질문에 의한 것인지를 판단하거나 혹은 왜 텔레비전에 나와서 말하는 사람을 신뢰할 만하다고 하는지에 대해서 말이다. 토론은 매체에서 자주 얼굴을 보이는 전문가들의 말이 엇갈리는 경우에 학생들 스스로가 판단할 수 있도록 도와준다.

매체 수업을 위한 토론 논제 예시

- 지금의 텔레비전은 즐거움을 위해 프로그램의 질을 희생시켰다.

- 텔레비전은 컴퓨터보다 의미 있다.

- 새로운 매체에 대한 검열은 정당하다.

- 예술에 대한 검열은 허용되어서는 안 된다.

- 검열은 허용될 수 없다.

- 거대 회사에 의한 매체 지배는 바람직하지 않다.

- 인터넷 연결에 대한 접근성 부족이 빈부 격차에 따른 정보 양극화를 유발한다.

- 인터넷 연결에 대한 접근성 부족이 선진국과 후진국 사이의 정보 양극화를 유발한다.

- 미디어 스타의 사생활 보호 조치가 확대되어야 한다.

- 매체 폭력은 사회의 폭력성을 유발한다.

- 텔레비전은 죽었다.

- 매체는 상반되는 의견에 대해 공평한 시간을 할애해야 한다.

- 공공 채널(시청자 참여 텔레비전)은 실패한 실험이다.

- 책 읽기가 텔레비전 보기보다 훨씬 생산적이다.

- 현대적 매체가 공산주의의 쇠퇴를 가져왔다.

- 장시간의 인터넷 사용은 수동성을 유발한다.

- 텔레비전은 물질 만능주의 문화를 만든 책임이 있다.

- 어린이 상품과 텔레비전 프로그램을 결합하는 것은 바람직하지 않다.

- 소수 집단에 대한 매체 노출은 해롭다.

- 텔레비전 종교 프로그램이 개인의 실질적 종교 행위 참석의 감소를 가져왔다.

- 모든 전기 매체는 국유화되어야 하며 상업화되어서는 안 된다.

매체 수업을 위한 토론 형식 예시

매체 수업을 위한 토론 형식에는 여러 가지가 있을 수 있다. 왜냐하면 매체 연구는 매우 새롭고 활기찬 영역이기 때문에 교사들은 이를 가르치기 위한 방법들을 개발해 왔고 이 책에서 계속적으로 교육에 토론을 적용할 것을 권면했기 때문이다.

첫째, 매체와 관련한 쟁점을 담고 있는 형식적 교실 토론 주제를 만들라. 표현의 자유, 내용 통제, 미학 등의 쟁점을 가져와 40~50분 정도의 팀 토론이 가능하도록 만들 수 있다. 적어도 한 번 이상 학생들이 참여할 수 있는 팀 토론의 다양한 형식을 사용하여 다양한 주제를 이야기할 수 있다.

둘째, 다양한 매체 비평을 제안할 수 있는 토론을 하라. 매체 회사나 매체 사건에 대한 잘못을 지적하기는 쉬워도 특정한 제안을 하는 것은 매우 어려운 일이다. 주요 매체 비평가들은 텔레비전을 없애라, 매체를 국유화하라, 매체 광고를 폐지하라 등의 제안을 한다. 이와 같은 제안은 매체 쟁점의 현재 그리고 미래에 대한 유익한 논의의 장을 제공해 줄 수 있다. 왜냐하면 문제는 항상 존재하는데 해결책이 완벽하지 않을 경우 학생들은 그 정책의 목표가 쉽게 달성되지 않으리라는 것을 쉽게 밝힐 수 있기 때문이다.

셋째, 매체끼리 비교하는 토론을 하라. 각각의 매체들은 서로 다른 강점과 약점을 지니고 있어서 이들을 비교하는 것은 입문 단계에서 매우 유용하다. 예를 들어, 많은 사람들이 독서가 텔레비전 보기보다 유익하다고들 하지만 이 둘은 엄연히 서로 다른 강점과 약점을 지니고 있다. 이와 같은 토론은 즉석에서 이루어지며 준비하는 데 많은 시간을 필요로 하지 않는다. 신문, 라디오, 텔레비전, 인터넷 등의 뉴스 기사를 비교하거나, 책, 라디오, 텔레비전, 비디오테이프, 인터넷 등의 오락거리를 비교해 볼 수 있다.

넷째, 매체 뉴스 프로그램이 어떻게 작동하는지 더 잘 이해하기 위한 프로그램을 시작하라. 분석하기에 적합한 매체의 프로그램 형식을 선택하고 학생들에게 다른 쟁점을 이용하여 그 프로그램의 형식에 맞추어 활동하도록 한다. 그리고 참석자들이나 청중에게 그 형식에서 배운 '규칙'에 대해 서로 이야기를 나눠 보도록 한다. 이런 활동을 통해 학생들은 어떻게 프로그램의 형식이 내용에 직접 영향을 미치는가를 이해할 수 있게 된다.

결론

매체 연구는 매체가 어떻게 작동하는지에 대해 일상생활을 통해 익숙하게 받아들이고 있으며 관여도가 높고 생생하기 때문에 학생들과 활동하기에 적합한 영역이라고 할 수 있다. 토론은 이 영역에 생기를 불어넣어 줄 수 있는 방법이 된다. 개인적이고 비판적인 활동을 통해 토론은 학생들이 이 영역의 개념을 더 잘 익힐 수 있도록 도와준다.

수학

일반적으로 수학은 복잡한 문제를 칠판 위에 풀어 내는 것으로 인식된다. 하지만 수학 수업에도 토론이 활용될 수 있다. 철학과 관련된 수학적 쟁점에서부터 수학자들의 윤리적 책임에 대한 쟁점에 이르기까지 모두에게 꼭 필요한 문제 제기를 할 수 있기 때문이다. 토론은 수학 수업과 관련된 활동에 기여하고 복잡한 주제를 분석하는 데 도움을 줄 수 있다. 물론 토론은 수학에서 지배적인 방법으로 쓰이지는 않지만 평범한 교수 학습 방법에서 벗어나 재미있는 수학 수업을 위한 보충제 역할을 할 수 있을 것이다.

수학 수업에 토론이 유용한 까닭

수학 수업에 적용되는 토론은 세 가지 방법으로 논의될 수 있다. 첫째, 수학이라는 과목의 추상적 요소에 학생들이 관여되도록 독려할 수 있다. 둘째, 교실 수업에 수학 이론의 역사적 맥락을 소개할 수 있다. 셋째, 수학자들의 업적을 통해 수학자의 윤리적인 책임에 대해 탐색할 수 있다.

학생들이 수학 공부를 하도록 만드는 것은 매우 어렵다. 천체 물리학자인 닐 디그래스 타이슨(Neil Degrasse Tyson)은 일반 대중에게 천체 물리학자의 일을 소개하는 것의 어려움을 다음과 같은 말로 표현했다.

> 일반 대중은 우주적 발견에 광파가 하는 역할에 대해 거의 들어본 적이 없다. 이와 같은 개념은 스스로를 충분히 설명할 수 있는 대상들로부터 너무 동떨어져 있기 때문이다. 자연사 박물관의 전시물이나 혹은 실재하는 물건들에 대한 어떠한 종류의 박물관의 전시물을 만들 때 설계자들은 일반적으로 전시하기에 적절한 사물이나 공예품들, 예를 들면 바위, 뼈, 도구, 화석, 기억할 만한 사건의 기사 등을 찾기 마련이다.(Tyson, 2001: 34)

수학의 경우도 이와 유사하게 구체적으로 사물화되는 개념이 부족하기 때문에 토론의 논쟁을 촉발시키기 어려워 보인다. 하지만 이와 같은 구체성의 결핍이 교사들이 토론을 가치 있게 여겨야 할 이유가 되기도 한다. 왜냐하면 토론 활동은 학생들에게 중요해 보이지 않는 개념 같은 것을 가르칠 때 학생들이 겪는 어려움을 극복할 수 있도록 상황 맥락과 배경을 제공해 줄 수 있기 때문이다. 예를 들어 코페르니쿠스의 혁명에 대해 역할극을 하는 장면을 생각해 보자. 학생들은 프톨레마이오스와 코페르니쿠스의 역할을 맡아 주의 깊게 자료 조사를 할 것이다. 그리고 열띤 논쟁의 자료는 학생들이 토론 활동에 관련되어 있는 당시의 이해관계를 이해하는 데 도움을 줄 것이다. 또 다른 수학적 발견에 대해서도 토론을 할 수 있는데, 학생들은 오래된 생각의 패러다임을 이해하고 그 패러다임이 그 당시 사람들이 무지하기 때문이 아니라 그 세계의 맥락에서 그 이론이 잘 들어맞았기 때문에 성공적으로 보였을 수 있음을 이해할 수 있다. 또한 학생들은 토론을 통해 어떻게 수학적 변화가 다른 세계에 영향을 미쳤는가에 대해 확장된 사고를 할 수 있다. 토론 활동은 과목을 학습하는 데에서 의미의 수준을 높여 줄 뿐 아니라 학생들의 흥미를 끌 수 있다.

수학에 대한 인식은 수에 대한 분석과 재분석을 기반으로 하기 때문에 토론은 수학 교육의 의미 있는 형식이 아닌 것처럼 보일 수 있다. 기하학이나 대수학의 영역에서 학생들은 역사적인 정리를 다시 해 보는 시간을 가질 수 있지만 일반적으로 수학은 숫자와 긴밀히 연결되어 있다고 인식되기 때문이다. 그렇지만 수학에서의 많은 변화들이 수학자들 사이의 가열된 논쟁의 결과로 일어났음을 주목할 필요가 있다. 수학에서의 철학적 변화를 수업에서 지적하고 토론할 수 있다. 예를 들어 상대성 이론, 쿼크[40] 이론, 차원 이론, 수 이론, 음파에 대한 개념, 집합 이론, 초끈 이론,[41] 여행한 거리를 반으로 계속 줄여나가면 결코 목표지에 도달할 수 없다는 다소 괴상한 제노의 주장에 이르기까지 말이다. 이와 같은 쟁점에 대한 토론은 의문의 여지가 없어 보이는 수학적 연구들을 포스트모던해 보이도록 만든다. 토론은 이론

---

40   [역주] 쿼크(quark). 양성자, 중성자와 같은 소립자를 구성하고 있다고 생각되는 기본적인 입자. 3분의 1이나 3분의 2의 전하를 갖는다.

41   [역주] 초끈 이론(super-string theory, 超—理論). 우주를 구성하는 최소 단위를 연속해서 진동하는 끈으로 보고 우주와 자연의 원리를 밝히려는 이론

과 개념을 그 함의와 연결될 수 있게 해 주며, 이것은 수학 수업에서의 토론의 핵심 가치 중 하나이다.

수학에 기반을 둔 논쟁적인 다른 영역들인 생물, 유전 공학, 암호 해독, 물리학, 컴퓨터 과학, 화학 등을 생각해 보자. 미래의 수학자들은 자신들의 연구가 지닌 윤리적인 측면과 힘과 관련된 암시들에 익숙해져야 한다. 토론은 수학적 탐색이 가져올 효과, 수학적 진보가 세상에 끼칠 영향에 대해 생각해 볼 수 있도록 도와준다.

수학 수업을 위한 토론 논제 예시
- 수학은 형이상학적 의미를 지니는가?
- 형식주의는 모든 수학의 이론을 대표하는가?
- 수학은 일종의 예술이다.
- 프톨레마이오스는 틀에 갇혔다.
- 수학은 절대적 진실을 대변한다.
- 우리 학교에는 더 높은 수준의 수학 강의가 필요하다.
- 수학 시간에 계산기를 사용해서는 안 된다.
- 수학자들은 자신들의 업적으로 인해 일어난 악에 대한 책임을 져야 한다.

수학 수업을 위한 토론 형식 예시
"수학자들은 자신들의 업적으로 인해 일어난 피해에 대한 책임을 져야 한다."는 주제로 토론을 한다고 생각해 보자. 미국의 거대 컴퓨터 회사인 IBM에서 일하는 수학자가 성공적인 컴퓨터를 개발했지만 이는 나치 정권의 홀로코스트 동안 무고한 사람들을 모아서 처형할 수 있도록 하는 근본적인 기술로 쓰였다. 또 원자 폭탄을 개발한 미국인 과학자를 사례로 들 수 있으며 원자 폭탄에 대한 위협은 지금도 지속되고 있다. 이와 같은 토론은 책임의 문제에 초점이 맞추어져 있으며 관련 사례들은 충분히 많다. 반대 측에서는 수학자들이 이루어낸 긍정적인 업적에 대해서도 평가가 이루어져야 한다고 주장할 것이다. 아인슈타인의 발견에 대해 감사를 해야 하지 않을까? 또 다른 접근으로는 수학의 사용과 수학적 개념의 이론적 탐구는 신중하게 구분되어야 한다고 주장할 수 있다. 어떤 수학자도 자신의 머릿속에서 흘러나오는 생각을 막을 수는 없으며 이에 대해서 책임을 져야 하는 것도 아니다. 이와 같은 생각의 자유는 수학적 발견의 뿌리가 된다.

가장 효과적인 토론 형식으로 다수의 청중 참여가 가능한 의회 토론을 제시할 수 있다. 각 팀은 세 명의 토론자로 구성하고 청중 질의 시간을 많이 배정하도록 한다. 또는 주제에 대해 세 가지로 입장을 나누어 토론할 수도 있다. 한 쪽은 수학자들은 그들의 발견에 의해 일어나는 일에 대해 전혀 책임질 필요가 없다는 입장, 다른 한 쪽은 예측 가능한 피해에 대해서만 책임져야 한다는 입장, 또 다른 한 쪽은 일어나는 모든 피해에 대해 책임져야 한다는 입장으로 나눌 수 있다.

결론

다른 과목과 마찬가지로 수학 교사들은 자신이 계획한 교육과정의 중요 부분에서 토론을 유연하게 활용할 수 있다. 즉흥 논증 토론 형식을 활용해 학생의 참여를 높이거나 수업 첫날 학생들의 흥미를 자극할 수도 있다. 또는 기말 과제로 마지막 프로젝트를 토론 형식으로 진행하면 학생들은 유명한 수학적 정리에 대한 조사를 할 수 있을 것이다. 이처럼 교사는 교실 상황에 적합한 토론 형식을 선택해야 한다. 여기에서는 수학 수업에 적용 가능한 기본적인 토론 형식에 대해서만 소개했지만 다양한 가능성을 두고 토론에 대해 탐색해 볼 수 있을 것이다.

과학

토론이 없었다면 과학은 발달하거나 원숙한 경지에 이를 수 없었을 것이다. 오래된 이론에 새로운 정보로 도전하며 새 이론이 수립된다. 이를 다시 비평하고 받아들이고 다시 거부하는 과정이 계속 반복된다. 모든 실험은 주어진 가설을 입증하거나 부인하기 위한 논리적 시도로서 의미가 이를 뒷받침할 증거가 때로는 얻어지지 못하는 경우가 생기더라도 이 과정을 통해 배움이 일어난다.

언뜻 보기에는 과학과 토론은 공통점이 적어 보이기 때문에 과학을 위한 토론 수업은 매우 소략할 것으로 생각할 수 있다. 하지만 실제는 전혀 그렇지 않다. 방법론으로서의 과학, 토론과 잘 결합된 연구, 열린 태도로 임하는 비판적 담론이 결론을 내리는 데 도움을 줄 수 있다.

과학 수업에 토론이 유용한 까닭

과학 수업에서 토론을 활용해야 하는 이유는 다음과 같다.

첫째, 과학과 토론 모두 공적으로 수행된다. 과학적 절차는 학계에 보고와 공적인 정보 교류를 필요로 한다. 새로운 과학적 견해가 과거의 것을 대체하고자 할 경우 그러한 절차는 개인적인 차원이나 비밀리에 이루어지는 것이 아니라 저널에 실리거나 심포지엄에 소개되거나 학계에서 논쟁을 유발하게 된다. 일반 대중은 매우 높은 수준의 특정 과학적 지식을 가지고 있지 않더라도 해당 쟁점과 과학적 효과에 대해 매우 큰 관심을 갖고 있다. 그러므로 언론은 과학적 사안을 다룸으로써 대중이 과학계에 관심을 갖고 질문을 던지게 한다.

둘째, 과학과 토론은 모두 조사를 수행한다. 토론의 조사 과정에서도 과학과 다름없이 쟁점을 탐색할 영역을 조사하고 근거를 개발한다. 이러한 조사, 탐색, 증명의 절차는 과학과 유사하다. 과학자가 되고자 하는 학생과 토론자가 되고 싶어 하는 학생은 정보 수집, 쟁점 탐색, 자료와 쟁점을 근거로 한 의사 결정의 기술을 학습할 필요가 있다.

셋째, 과학과 토론은 모두 비판적 연습이다. 마치 토론자가 반대 논증을 개발하여 반대 측에게 비판적인 문제 제기를 하듯이 과학자도 새로운 탐구를 위해 지속적으로 비판적인 문제 제기를 시도한다. 이론, 설명, 발견 등은 엄밀한 비판적 조사를 통과할 때만 살아남게 된다. 사회나 개인적 단체는 계속하여 과학적 진실로 받아들여지는 것들에 대한 비판적 조사와는 관련이 없었다. 과학자들이 새로운 통찰과 탁월한 성과를 얻기 위해 비판적이고자 노력하는 것처럼, 토론자 또한 탁월한 성과를 얻기 위해 비판적이고자 노력해야 한다. 토론은 과학자에게 사회에서 그들의 영향력과 지위에 대해 의문을 제기할 수 있는 매우 중요한 수단이기도 하다. 토론은 자기 인식을 촉진하여, 과학의 본질과 영향에 대해 많은 윤리적 대화의 기회를 제공한다.

넷째, 과학과 토론은 반복 연습이다. 실험은 결과를 확증하고 쟁점들을 분명하게 하기 위해 반복된다. 어떤 실험은 기존의 발견을 지지하기도 하고 어떤 경우는 그렇지 않기도 한다. 결과가 다를 수 있으므로 실험은 반복된다. 토론에서도 이러한 반복은 학생의 학습과 발달에서 동일하게 중요하다. 토론은 생각과 논리가 계속 시험되는 일종의 논증 실험실이다. 연구가 비록 동일한 결과를 산출하는 데 실패하더라도 연구나 가설에 대해 무언가 중요한 것을 발견할 수 있는 것처럼, 때때로 결과는 다를지라도 학습은 계속 일어난다.

토론과 과학은 공통점이 매우 많아서 교실에서 이 둘을 융합하는 것은 항상 생산적이다.

과학 수업을 위한 토론 논제 예시

- 과학자들은 그들의 발견에 대해 도덕적 책임감을 가져야 한다.
- X 이론은 폐기되어야 한다.
- 이 실험에 대한 제안은 승인되어야 한다.
- 과학적 방법에 대한 의존도가 과도하게 높다.
- 사람의 성품은 과학적 발견을 관리하기에 불충분할 것이다.
- 이 분야의 과학 연구는 중등학교에서 다루어지면 안 된다.
- 이 분야에서 X 비평가의 관점은 신중하게 검토되어야 한다.

- 과학은 종교를 극복해 왔다.
- 자유 시장은 과학 발달을 가장 잘 촉진한다.
- 과학 발달은 승자만큼이나 패자도 많이 만들어 낸다.
- X에 대한 과학적 발견은 회의적이다.
- 동물 실험은 과학적으로 신뢰할 수 없다.
- 동물 실험은 윤리적 파행이다.
- 인간 복제는 윤리적으로 불가하다.
- 유전자 조작 곡물은 통제되어서는 안 된다.
- 유전자 조작 음식에 반드시 라벨 표시를 해야 한다.
- X 국가는 최고의 과학적 유산을 가지고 있다.
- 과학은 나치의 과학적 발견에 대해 책임지지 않아도 된다.
- 생명 윤리 심의(institutional review)[42] 절차는 폐지되어야 한다.
- 피험자에 대해 동의서를 얻는 것은 불필요하다.

과학 수업을 위한 토론 형식 예시

과학 수업에서 토론을 활용하는 것은 물론 특정 분야, 학생의 수준, 수업 목표에 달려 있다. 교사는 학생들이 이러한 목표를 도달하는 데 도움이 되도록 토론을 활용해야 한다. 이러한 제약에도 불구하고 토론은 과학 수업에서 여러 방식으로 활용될 수 있다.

첫째, 어떤 과학 분야가 공부할 가치가 있는지 토론한다. 많은 학생들이 필수 과목으로 과학을 처음 접할 수 있으며 과학 연구를 그들과는 직접 관련이 없는 것으로 여겨 과제를 불필요하게 어렵게 생각한다.

교사는 이러한 입문 단계의 학생들이 친구들과 함께 과학 수업이 필수 과목으로 정당화되는 이유와 필수가 되지 않아야 하는 이유에 대해서 토론하도록 할 필

42　[역주] 인간을 대상으로 하는 연구에서 연구 참여자의 권리와 안전을 보호하기 위해 소정의 심의 절차를 밟는 것

요가 있다. 공공 의회 형식의 토론을 사용할 수도 있고 학급을 두 팀으로 나누어 토론을 진행할 수도 있다. 이 단순한 입문 기술은 학생들로 하여금 많은 사람들이 어떤 생각을 하는지에 대해 생각하게 하고 특정 과목을 공부해야 하는 이유에 대한 사고의 틀을 형성한다. 이러한 연습은 여러 분야의 과학 수업에서 요구하는 수동적인 암기가 아니라 과학에 대해 학생들이 능동적으로 참여할 수 있는 장을 제공한다.

둘째, 특정 과학 이론에 대해 토론한다. 찬성 측이 반대 측에 대해 이론을 제시하고 방어하는 역할을 맡는다. 또는 찬성 측이 유명 이론에 대해 입론한다. 진화론, 대륙 이동설, 공룡 멸종설 등 논쟁이 가능한 이론들이 토론에 유용하게 사용될 수 있다.

셋째, 특정 과학 분야의 '중대 쟁점'에 대해 토론한다. 이러한 중대 쟁점은 해당 영역에서 논쟁이 지속되었거나 현재도 진행 중인 견해일 것이다. 일반적으로 찬성 측이 중대 쟁점에 대해 소수 관점(minority viewpoint)을 제시하며 다수 관점(majority viewpoint)에 반대하여 입론을 구성하여 토론한다.

넷째, 특정 실험 설계를 평가하는 토론을 한다. 학생들은 종종 자신의 실험을 설계하는 과제를 부여받는다. 학생들은 실험 계획서를 구체적으로 작성하여 제출하고 교사와 다른 학생들은 이 계획을 비판한다. 실험 설계자는 이러한 비판에 대해 방어하거나 설계를 수정함으로써 대응하게 된다. 이러한 토론에서 제시되는 비판이 충실하고 유용하기 위해서는 실험 제안자에 의해 실험 설계의 사전 공개가 이루어져야 한다. 조기 공개는 긴 절차를 필요로 하지 않는다. 학생 모두는 제안자나 비판자 또는 둘 다로 참여할 수 있다. 토론 결과는 실험 구성의 방법과 추후의 비판에 대한 준비와 관련하여 훌륭한 감각을 제공하게 된다.

다섯째, 언론이 주목하는 과학 쟁점을 토론한다. 언론이 주목하는 과학 쟁점은 논쟁적이며 서로 다른 관점과 시각을 포함한다. 인간 생체 공학, 기후 조작, 질병과의 전쟁, 과거에 대한 현재의 과학적 발견 또는 범죄 증거로서의 DNA 표지 인자와 같은 분야들을 선정하여 학생들에게 토론 주제로 할당할 수 있다. 이러한 연습을 통해 학생들은 논쟁적 사안에 대해 친숙해질 뿐만 아니라 자신들의 세계에 과학이 직접적으로 연관되어 있다는 것을 인식하게 된다.

여섯째, 과학계에서 소수자의 목소리에 대해 토론한다. 과학 분야마다 다수와 조금 다른 관점을 가지고 있는 저명한 과학자가 있기 마련이다. 그들이 옳기 때문이라기보다는, 우리가 가지고 있는 신념의 존재와 이유에 대해 완전히 이해했다고 믿는 것에 반대하는 논증을 탐색할 필요가 있으므로 가치가 있다. 학생들은 그 소수자의 이론에 대해 읽고 그들의 관점을 바탕으로 논증을 개발한다. 이러한 연습은 학생들에게 심지어 과학계에서도 지식은 돌처럼 고정된 것이 아니라 역동적이고 변화하는 것이라는 것을 일깨워 준다.

일곱째, 특정 과학적 시기나 역사적 인물과 관련된 과학 쟁점에 대해 토론한다. 예를 들면 19세기 말에 등장한 다윈의 진화론에 대해 토론한다. 찬성 측은 다윈을 지지하고 반대 측은 다윈에 대한 현대의 비평을 논증에 활용한다. 이와 마찬가지로 코페르니쿠스와 프톨레마이오스의 태양계의 기본 설계에 대해 토론할 수 있다. 태양계 구조 이론에 대한 토론은 로마 가톨릭과 갈릴레오가 대립한 갈릴레오 시기의 토론이다. 이 토론을 현재 시점이 아니라 당대의 시점에서 토론하게 한다. 교사는 적절한 배경 자료와 토론에 등장하는 사람에 대한 전기 자료를 제공해야 한다. 이러한 토론은 학생들로 하여금 과학에 대한 역사적 배경을 이해하도록 하며 현재 과학적 논쟁이 어떻게 행해지는지에 대해 더 잘 이해하도록 한다.

여덟째, 과학적 방법 자체를 검토하는 토론을 한다. 과학적 방법은 현대 세계에 커다란 공헌을 하였지만 비판의 여지가 없는 것은 아니다. 사회적 행위와 개인적 행위의 기초로서 과학적 방법은 포스트모던 이론가와 페미니스트들, 세계의 대다수 비평가들에 의해 강하게 비판되어 왔다. 이 토론에서 찬성 측은 이 이론가들의 역할을 맡아 과학적 방법을 과도하게 강조하는 것에 대한 비판을 제기한다. 이러한 연습은 학생들이 과학적 방법의 기본 전제를 탐색하는 데 도움이 된다. 앞서 언급하였듯이 토론은 학생들로 하여금 새로운 쟁점과 아이디어를 탐색하고 개발하게 하는 수단인데 이러한 연습은 그러한 기회를 확실하게 제공할 것이다.

아홉째, 우리 사회에서의 과학의 윤리적 위상에 대해 토론한다. 대중의 의식을 형성하는 과학적 발표의 힘은, 우리가 과학의 의미 형성에 대해 면밀히 검토해야 한다는 것을 일깨워 준다. 사회에서의 과학의 언어, 사고, 의미를 검토함으로써,

학생들은 자신의 발표와 논증의 의미를 인식하는 더욱 윤리적이고 자기 성찰적인 과학자가 될 수 있다. 더욱 중요한 것은 과학 연구의 윤리적 쟁점이다. 동물 실험이나 인간 대상의 실험 등이 쟁점이 될 수 있으며 이와 같은 쟁점으로 토론을 하면 학생들은 윤리적인 시각으로 과학적 탐구를 주시할 필요가 있음을 이해하게 된다.

결론

과학 수업은 종종 지루하고 수동적이며 학생들의 삶과는 무관한 것으로 여겨진다. 여기에서 소개한 토론 기법들을 통해 과학 수업은 지식 전달의 목표를 더 잘 달성하며, 학생들에게 과학 행위가 활기차고 생생하며 접근하기 쉽고 우리의 삶과 밀접한 연관이 있음을 보여 주어 그러한 편견은 깨질 것이다. 과학 연구와 연관된 실험 작업을 학생들이 종종 좋아하게 되듯이 과학 연구의 일환으로서 토론 또한 좋아하게 될 것이다.

과학 기술과 사회

과학 기술은 전통적으로 사회에 상당한 영향을 주어 왔다. 안정적 농업의 채택, 화약의 발명, 증기 동력의 개발과 상용, 트랜지스터의 발명 등은 사회 구조와 사람들의 삶의 방식에 막대한 영향을 끼쳤다. 이러한 변화에 대한 주제는 토론에 적절한 것들이다.

과학 기술 발전은 21세기 세계 인류 사회를 형성하는 가장 강력한 요소 중 하나이다. 과거 주요 과학 기술의 변화는 일부 세대에게 영향을 주었지만, 현재는 모든 세대에게 영향을 끼친다.

오늘날 우리가 직면하게 되는 군사, 경제, 교육 등과 같은 큰 논쟁들은 과학 기술과 관련되어 있다. 학생들은 이러한 주제에 대해 토론함으로써 과학 기술 자체에 대해서뿐만 아니라 사회에서 이러한 과학 기술의 지배적인 역할에 대해서도 더 잘 이해할 수 있다.

과학 기술과 사회 수업에 토론이 유용한 까닭

토론은 학생들이 다양한 주제에 접근할 수 있는 가치 있고 생산적인 방법이다. 개인에 대한 과학 기술의 영향력은 다음과 같은 분야에서 점차 증대되고 있다. 사생활 침해, 정부 감시와 데이터베이스 구축, 생명 공학과 인공 두뇌학의 의료와 유전 공학 분야 적용, 개인 무선 통신 그리고 레크리에이션으로 사용되는 인터넷 등이 그 예이다.

환경에 대한 과학 기술의 영향 역시 증가하고 있는데, 지구 온난화, 유전자 변형 곡물과 동물, 기계화된 농업과 산업, 오염 물질 배출, 산림 벌채, 그리고 관개 수로와 양수기로 끌어올리는 지하수로 인한 수자원의 고갈 등이 그 예이다.

과학 기술은 군사 분야와 작전에도 영향을 끼친다. 차세대 핵무기 개발, 정밀 장거리 유도 무기, 군에 유용한 '비치명적' 무기의 개발, 우주 상공에서의 무장, 미사일 방어 프로그램의 개발, 국가 또는 특정 세력에 확산되어 있는 대량 살상 무기들, 군사력으로 세계적 수준의 영향력을 행사할 수 있는 일부 국가의 능력, 자국을 방어할 수 없는 국가들의 사례 등이 모두 해당한다.

경제적인 면에서도 과학 기술의 영향력이 증가하고 있다. 작업 현장의 자동화, 정보 분야의 일자리 창출, 제조업의 감소, 온라인상의 일자리와 시장 형성, 현금 없는 경제의 확대, 인생의 과정에서 이루어지는 직업의 전환, 인터넷과 홈비디오로 인한 엔터테인먼트 통신망의 탈중앙화와 분절화 등이 그 예이다.

과학 기술은 교육에도 큰 영향을 준다. 원격 교육과 자료 공유를 위한 인터넷의 활용, 고등 기술 교육의 혜택을 받은 사람들과 그렇지 않은 사람들 사이에 생긴 '정보 격차'의 개념, 학생 관리를 위한 행동 교정 약물의 사용, 기술 장비를 통한 홈 스쿨링, 편집된 내용물이 아닌 웹사이트를 활용한 지식의 영향, 책 활용의 감소, 정보화 기기와 메모리 대체물, 세계적 교육 문화의 생성과 전통적 교육 방식의 소외 등이 그 예이다.

과학 기술이 교실 토론에 적합한 이유는 다음과 같다. 첫째, 이러한 토론은 미래 지향적이고 삶과 직장의 새로운 기술을 비교하는 데 초점이 있다. 새로운 기술적 진보가 있으면 이것이 무슨 의미를 갖는지, 어떻게 적용되고 통제되어야 하는지에 관한 토론이 지속적으로 필요하다.

둘째, 이 쟁점에 대한 불일치의 편차가 크기 때문에 학생들은 많은 논증들을 토론에서 손쉽게 사용할 수 있다. 학생들은 기술적 변화와 적용의 이점에 대한 광범위한 스펙트럼을 가진 논증과 근거 자료를 찾을 수 있을 것이다.

셋째, 과학 기술과 관련된 주제는 모든 학생들의 일상에서 반복되는 것들이다. 이러한 과학 기술과 관련된 의사 결정은 미래에 누구나 해야 할 것들인데 학생들은 토론을 통해 이에 대처할 수 있다.

과학 기술과 사회 수업을 위한 토론 논제 예시
• 인터넷은 개인 프라이버시에 치명적인 위협을 나타내고 있다.
• 정부의 시민 감시 능력을 제한해야 한다.
• 인간 복제는 허용되어서는 안 된다.
• 부모가 생명 공학을 통해 자녀의 속성을 선택할 수 있도록 해야 한다.

- 인터넷은 삶의 질을 떨어뜨린다.
- 지구 온난화를 방지하기 위해 내연 기관 엔진의 사용을 줄여야 한다.
- 유전적으로 변이된 음식과 동물들은 산업 시장에서 배제되어야 한다.
- X의 개발이 100년 늦춰졌더라면 세상은 더 좋아졌을 것이다.
- 기계화된 농업은 친환경적인 농업으로 전반적으로 대체되어야 한다.
- 국가들은 군에 비치명적 무기의 사용을 장려해야 한다.
- 우주 공간은 절대 무장되어서는 안 된다.
- 어떠한 국가도 국가 미사일 방어 시스템을 배치해서는 안 된다.
- 에너지원으로 원자력의 비중을 축소하여야 한다.
- 핵무기 생산과 개발에 대해 미국이 통제권을 갖는 것이 바람직하다.
- 전 세계 정보 통신망 요금은 무료가 되어야 한다.
- 우주 탐험과 개발은 국제적 우선순위가 되어야 한다.
- 컴퓨터가 해결책이다.
- 인터넷은 대중에게 새로운 아편과도 같다.
- TV는 컴퓨터보다 더 중요하다.
- 과학자들은 연구 결과에 대한 도덕적 책임을 져야 한다.

과학 기술과 사회 수업을 위한 토론 형식 예시

교실에서 과학 기술에 관한 주제로 토론할 수 있는 접근 방법은 무수히 많다. 교사는 수업에서 특정 교과 내용에 맞게 토론 유형과 주제들을 조율해야 한다. 교실 토론에 적용할 수 있는 몇 가지 발상은 아래와 같다.

학생들은 기술 혁신에 관한 장점과 문제점에 대해 짧은 시간 동안 일대일 토론을 한다. 토론은 회당 20여 분 또는 그 이하도 가능하며, 한 학기 전반에 걸쳐 이루어질 수도 있다. 각 학생은 이러한 토론 중 하나 이상에 참여한다. 이러한 토론은 매우 초점화되어 있어, 휴대 전화, 인터넷, 가축의 복제 등 특정 기술적 혁신에 관해 탐구할 수 있다.

두 명이 한 팀으로 다양한 영역에서 과학 기술의 사회적 함의에 대해 더 긴 토론에 참여할 수 있다. 과학 기술의 영역에 대해 그것이 우리 사회에 유익한지에 초점을 맞춘다. 종종 특정 영역 과학 기술의 실질적 유익과 이 영역에 대한 과학 기술 적용의 사회적 피해 사이에 대결 구도가 형성된다. 예를 들어 자동화는 생산은 증가시키지만 고용은 감소시킨다. 이러한 주제들은 각 토론마다 바뀌거나 여러 차례 반복될 수 있다. 토론 후에도 이 쟁점에 관심을 갖도록 토의를 장려한다. 그리고 같은 주제로 반복되는 토론에서는 새로운 쟁점과 새로운 논증을 개발할 수 있도록 장려한다.

더 큰 팀은 과학 기술의 함의에 대한 가치와 도덕적 차원에 초점을 둔 토론에 참여할 수 있다. 여기에서 평등, 자유, 민주주의, 개인의 자율성 등 깊이 있는 주제들에 초점을 둔다. 이 주제들은 과학 기술의 실질적인 혜택을 다루기보다는 위의 추상적 가치와 이 실질적 혜택을 비교하는 데 초점을 맞춘 것이다. 개인의 자율성, 변화에 대한 사람들의 적응 능력, 과학 기술의 적용에서 승자와 패자 등은 토론해 볼 만한 주제들이다.

재판을 여는 등 토론을 주요 과제로 추진할 수도 있다. 이때 특정 과학 기술 또는 과학자를 대상으로 할 수도 있다. 화약을 포함해 원자력, 생명 공학, 동물 실험도 수업 중에 재판을 받을 수 있다. 특정 과학자나 연구 집단이 과학 기술의 사회적 영향을 고려하지 않았다는 이유로 재판을 받을 수 있다. 이를 테면, 첫 핵무기 개발을 했던 맨해튼 프로젝트 참여자들, 장기 이식을 개발한 크리스천 바나드(Christian Barnard), 또는 1960년대와 1970년대 사이에 세계에 고급 기술 화학 의존적 농업을 장려했던 국제 개발 기구(AID) 등이 그 예이다.

결론

과학 기술과 과학 기술의 사회적 영향력에 대해서는 교실에서 토론할 수 있는 영역들이 풍성하다. 개인 경험을 통해 과학 기술이 우리에게 주는 영향을 평가함에 따라 학생들은 기초적인 주제들과 더 친숙해질 수 있다. 이러한 주제들은 학생으로서 혹은 시민으로서의 삶 가운데서 반복적으로 마주하게 되고, 한 개인으로 선택하는 삶의 결정이나 한 시민으로 사회에 관한 올바른 정책 방향을 결정하는 데에서 상기되고 검토될 수 있다.

환경학 및 지구 과학

환경학을 연구해 보면 토론의 기회를 많이 찾을 수 있다. 환경 정책에 대한 논쟁, 오염 물질의 유독성, 지구 온난화와 같은 사건의 과학적 입증 등은 모두 학생들에게 흥미진진한 의견 발표의 장을 제공한다. 게다가 지금까지 이 영역에서 공공 토론(public debate)의 전통은 거의 존재하지 않았다. 하지만 과학은 식품 안전, 멸종 위기종의 보호와 같은 다양한 쟁점에 대한 공공 토의(public discussion)의 근간이다. 이러한 쟁점에 대해 토론함으로써 학생들은 신나고 활발하게 수업에 참여할 수 있다.

환경학과 지구 과학 수업에 토론이 유용한 까닭

토론은 학생들을 자극하여 주제에 대해서 더 많이 배우게 하고 자신들이 공부하고 있는 것의 중요성과 의미를 인식하도록 유도함으로써 지구 과학 수업의 교육 분위기 조성에 기여할 수 있다. 환경학 수업에서 하는 토론은 학생들에게 과학적 쟁점의 복잡성과 과학적 담론이 공공 정책에 시사하는 바를 학생들에게 전달한다. 과학 수업에서의 토론은 학생들이 과학적 연구가 때때로 초래할 위험성과 윤리적 책무성을 탐색하는 매우 중요한 성찰적 역할을 한다.

토론은 신나는 일이다. 학생이 자신의 토론을 위한 틀과 주제에 대한 어느 정도의 감각을 가지고 있다면 토론을 즐길 수 있다. 토론은 학생들이 스스로 많은 시간과 힘을 들여 얻은 지식을 활용할 수 있게 해 준다. 학생들은 토론을 통하여 다양한 각도에서 쟁점을 바라보고 이전에 버렸을지도 모를 아이디어를 발견하고 상식이라도 결점이 있을 수 있음을 알게 된다. 토론은 능동적이고 특히 의미 있는 일이기 때문에, 학생들은 토론을 통하여 교실이라는 공간을 학습이 활발하게 일어나는 신나는 곳이라고 생각하게 된다.

학생들은 과학적 지식의 범위와 과학 토론의 잠재적 영향력을 인식하지 못하는 경우가 있다. 달과 조류(潮流)의 관계를 이해하는 것은 중요하지만 이러한 지식의 중대한 함의를 파악하지 못하는 학생이 많다. 토론을 통하여 학생들은 이러한 현상의 본질을 깨닫고 설명할 수 있다. 예를 들어, 에너지를 생산하기 위한 조력의 사용에 대하여 토론하는 학생들은 행성의 인력과 관련된 강력한 힘을 이해하고 그 관계의 중요성을 깨달아 이를 자신뿐 아니라 타인에게도 설명할 수 있다.

토론을 하면 환경 문제에 대한 종합적인 관점을 배울 수 있다. 과학적 문제에 대하여 우리가 갖고 있는 지식의 대부분은 대중이 쉽게 소비할 수 있도록 단순화된 것이 많다. 과학적 의미의 인과적 연쇄와 관련된 복잡성이 밋밋해져서 하나의 도표나 짧은 문단으로 설명된다. 지구 온난화가 좋은 사례이다. 지구 온난화는 이산화탄소의 증가로 인하여 태양 광선이 지구 대기권에 갇혀 기온이 상승함으로써 나타나는 단순한 인과적 현상으로 묘사되는 것이 일반적이다. 하지만 지구 온난화의 과정에 영향을 미치는 수많은 다른 피드백 회로들이 존재하는데 여기에는 이산화탄소를 산소로 바꾸는 나무와 식물의 역할, 열 차폐(heat trap) 기능을 하는 해수 온도의 중요성, 밤중에 지구를 식혀 주는 이산화탄소와 함께 나오는 또 다른 오염 물질인 이산화질소의 역할 등이 포함된다. 이 모든 관계들은 지구 온난화로 불리는 과정을 증가시키기도 하고 감소시키기도 한다. 그러나 이러한 과정들은 대개 대중적 과학 서적에서는 언급되지 않는다. 토론 과정을 통하여 학생들은 이러한 복잡한 관계들을 분석한다. 자신들의 주제를 조사할 때 학생들은 과학적 문제들의 복잡성을 이해할 필요가 있으며, 그것을 청중에게 설명할 수 있는데, 이것은 미래의 과학자를 위한 중요한 훈련 과정이나 과학 교육의 소중한 일부분이다.

토론은 복잡한 문제들에 대해 성찰할 수 있게 해 준다. 과학은 중립적이라고 생각하지만 종종 과학이 정치적·사회적 이익을 위해 이용당하는 경우가 있다. 따라서 사회에서 과학이 지니는 역할에 대한 윤리적 성찰은 매우 중요하다. 예를 들어 사냥으로 멸종되어 가고 있는 북미산 순록의 이동, 식습성, 짝짓기, 멸종 위기종으로서의 지위 등에 대한 심층 연구를 생각해 보자. 이 연구는 재정 지원을 충분히 받고 있으며 과학자들이 북미산 순록 종의 보호 방법을 이해하게 하는 것이 목적이다. 하지만 이 연구가 완료된 후에는 밀렵꾼들이 출판된 자료를 활용하여 북미산 순록의 전통적인 이동 경로를 추적하여 밀렵함으로써 이득을 취하게 될 수도 있다. 또한 과학은 세계 여타 부문의 작용과 관계 맺을 책무가 있다. 이러한 관계 맺음이 의미하는 바는 많은 이들이 과학에서 다루어서는 안 된다고 주장하는, 동물 실험과

에이즈(AIDS) 및 에이즈 바이러스(HIV)와 관련된 전염병 문제 등과 같은 윤리적 토론에 참여해야 한다는 것이다. 과학자들은 자신들이 존경받고 있기 때문에 연구 결과의 사용에 영향을 미칠 힘이 있다는 것을 인식하여야 한다. 토론은 새롭게 만들어진 지식에 대하여 토의해야 하는 몇 안 되는 방법 중 하나이다. 토론의 과정은 집요하고도 비판적이다. 그리하여 예상되는 난점들을 탐색하게 함으로써 연구 결과와 관련된 비용과 이익을 인식할 수 있게 해 준다.

환경학과 지구 과학 수업을 위한 토론 논제 예시

- 좋은 환경을 위해서는 경제적 성장을 희생해야 한다.
- 천연 자원의 가치는 그것을 개발할 수 있다는 데 있다.
- 지구 우주선(Spaceship Earth)[43]이 추락하고 있다.
- 환경 보호는 에너지 수요 충족보다 더 중요한 목표이다.
- 세계는 지구 해양 자원의 개발을 크게 늘려야 한다.
- 과학의 힘은 위험하다.
- 정부는 유전자 변형 농산물을 규제해야 한다.
- 나무를 심는 것은 생명을 살리는 일이다.
- 문화를 과학보다 우위에 두어야 한다.
- X라는 인물이 당대의 가장 중요한 과학자이다.
- 창조론을 학교에서 가르쳐야 한다.
- 국가는 강어귀를 오염으로부터 보호해야 한다.
- 지구 온난화와 싸우기 위하여 교토 의정서를 받아들야야 한다.
- 임마누엘 벨리코브스키(Immanuel Velikovsky)[44]의 천변지이설(天變地異說, catastrophism)은 수용되어야 한다.
- 소행성 충돌이 공룡을 멸종시켰다.

---

43   [역주] 자원이 유한한 지구를 우주선에 비유한 말
44   [역주] 미국의 작가(1895~1979). 우주 창조론과 역사에 대해 논쟁의 여지가 많은 이론들을 내놓았다.

- 지진 예방은 시간과 재산을 낭비하는 일이다.

- 지진은 예측될 수 있다.

- 유독성 폐기물이 빈민들에게 유입된다.

- 극지방에서 지각 변동이 일어났고 다시 일어날 수 있다.

환경학과 지구 과학 수업을 위한 토론 형식 예시

지구 과학 수업에서 성공적인 토론 두 가지를 예로 제시하고자 한다. 첫 번째는 유전자 조작 농산물에 대한 삼자 토론(three-sided debate)이다. 이 형식을 사용하여 학생들은 과학을 위한 공공 정책에 대한 다양한 관점들을 볼 수 있다. 두 번째 토론은 인종 차별적 환경 보호 정책(environmental racism)의 본질, 즉 유독성 폐기물의 불평등한 배분에 대한 것이다. 이 토론은 과학적 탐구의 윤리적 영향과 환경 정책 입안의 복잡성을 강조한다.

토론 하나: 유전자 조작 농산물의 세 측면

유전자 조작 농산물 문제는 많은 과학적 성토를 유발하는 쟁점이지만 정작 공공 정책에 대한 분석은 많지 않다. 유전자 조작 과학의 역사는 수천 년에 이른다. 농부들은 수 세기 동안 내성이 더 강하고 더 성공적인, 즉 풍작을 얻기 위한 다양한 품종을 재배해 왔다. 이러한 자연 과학은 유전자 접합이라는 첨단 과학 기술로 발전하였고, 과학자들은 물고기와 토마토와 같이 전혀 다른 개체의 유전자를 결합하고 있다. 유전자 조작 농산물은 환경 운동가, 소비자, 다국적 기업, 국가 지도자들로부터 큰 반응을 이끌어 내었다. 흥미로운 점 중 하나는 토론의 입장이 다양하다는 것이다. 그래서 저자들은 이러한 상황을 탐색하는 토론을 만들어 내었다.

삼자 토론을 구성함으로써, 학생들은 생각에 대한 상호 작용을 더 많이 하고 더 복잡한 의견 교환도 할 수 있게 된다. 첫 번째 진영은 유전자 조작 식품은 경이로우며 그래서 절대 규제해서는 안 된다고 주장한다. 두 번째 진영은 어떤 위험성도 최소화하기 위하여 유전자 조작 식품을 신중하게 규제해야 한다고 주장한다. 세 번째 진영은 유전자 조작 식품은 이미 드러난 위험 때문에 완전히 금지되어야 한다고 주장한다. 이 세 관점의 상호 작용을 통하여, 토론자들과 학급의 나머지 학생들은 과학의 정치는 종종 지식에 대한 순수한 의문을 방해하며 지식에 대한 의문은 극적인 정치적 함의를 가지고 있음을 발견하기 시작한다. 이 토론은 '선과 악의 대립' 구도를 넘어서서 과학적 정당화와 사회적 함의를 탐구한다. 첫 번째 진영은 기아(飢餓)의 위험이 어떤 윤리적 고려보다 더 중요하다고 주장할 것이다. 세 번째 진영은 이러한 농산물의 안전성을 공격하고 농산물 유전자의 특허권을 갖고 있는 다국적 기업을 비판할 것이다. 두 번째 진영은 규제를 통하여 두 가지 문제를 모두 해결할 수 있다는 중간적 입장의 주장을 하고자 할 것이다.

토론 둘: 인종 차별적 환경 보호 정책

인종 차별적 환경 보호 정책(environmental racism)은 인종에 기반을 두고 유독성 폐기물을 불평등하게 배분하는 정책을 나타내는 용어이다. 훨씬 더 유독한 폐기물 처리장이 유색 인종 지역 사회에 존재한다고 주장하면서 많은 환경 운동가들과 과학자들은 이러한 장소가 주변 인구에 미치는 대단히 파괴적인 영향을 기록해 왔다. 인종 차별적 환경 보호 정책에 대한 토론은 과학자의 윤리적 책임과 환경 문제 해결의 어려움을 정면으로 다룬다.

"인종 차별주의적 환경 보호 정책에 대하여 어떻게 대처할 것인가?"를 주제로 한 공공 포럼에서 학생들은 이 문제에 대한 다양한 과학적·정치적 해결책을 탐색할 수 있다. 학생들은 현존하는 위험한 폐기물 처리장을 정화할 책임이 정부에 있다고 주장할지 모른다. 다른 학생들은 새로운 규제를 통하여 미래에는 불평등한 폐기물 분배가 일어나지 않도록 해야 한다고 주장할 수도 있다. 다른 학생들은 이러한 접근 방식을 비판하면서, 폐기물 산업에 대한 압력은 유독성 폐기물을 다른 나라로 실어 보내는 결과를 초래하거나 유색 인종 지역 사회가 일자리를 잃게 될 수도 있다고 주장할 수도 있다. 학생들은 생물학적 환경 정화, 즉 미생물을 활용하여 유독성 폐기물을 먹어 치우게 하는 방식이나 새로운 정화 기술 또는 새로운 산업을 위한 재활용 토지의 사용과 같은 다양한 과학적 접근 방법을 요구할지도 모른다. 이러한 토론을 통하여 학생들은 환경 과학자들이 반드시 협력하여 해결해야 할 복잡한 문제들을 볼 수 있을 것이다. 그들은 자신이 하는 일의 잠재적 영향력을 깊이 생각하고 자신들이 하는 행위의 의미를 고려하기 시작할 것이다.

결론

이러한 토의를 통하여 새로운 발상이 나타나고 엄청난 불평등을 해결하는 데 도움이 될 과학의 잠재력이 드러나게 될 것이다. 더 중요한 것은 이러한 토론을 통하여 학생들이 과학의 힘과 중요성 그리고 자신이 하는 일과 생각에 대해 자기 비판적인 태도를 가져야 할 과학자의 책무를 인식하게 될 것이라는 점이다. 토론은 학생들에게 과학이 진공 상태로 존재하지 않는다는 자각을 일깨워 줄 수 있다.

지리

지리는 인류의 드라마가 상연되는 무대이다. 장소에 대한 학습과 이해 그리고 사건과 상태의 배경 설정은 학생들에게 매우 중요하다. 토론은 이러한 과정을 지원할 수 있다.

지리 수업에 토론이 유용한 까닭

토론은 토지 사용, 국가 간의 정치적 분할, 생태학적 변화와 같은 중요한 지리적 쟁점을 살피는 데 유용한 방법이다. 편의 위주로 이러한 쟁점을 바라보는 정치적 포럼의 수사학과 달리 토론은 쟁점들을 심층적으로 조사한다. 인간의 관점으로 보면 목전의 지형학적 특징이 안정된 상태를 유지하는 것처럼 보이지만, 그러한 특징을 이용하고 보호하는 방식은 변화하고 있다. 토론은 주어진 지형에서 살아갈 '미래의 가능성'을 탐색해 볼 수 있는 탁월한 방법이다.

지리 수업을 위한 토론 논제 예시

20세기와 21세기의 많은 갈등은 지형학적이고 인문적인 지리에 대한 바른 지식 없이 국경을 나눈 식민 열강에 의해 유발되었고 유발되고 있다.

- 지리적 여건 때문에 X 국가는 지구 온난화의 혜택을 볼 것이다.
- 천연 자원 위성 지도를 이용하여 부유한 나라들이 가난한 나라들로부터 부당한 이익을 취해 왔다.
- 중등학교는 지리 수업 시수를 늘려야 한다.
- 지도는 실제 지역과 같지 않다. / 지도는 실제 지역과 같다.
- 역사를 보면 지정학적 조건은 숙명적인 것이다.
- 대규모 인문 지리 공학은 현재 너무 위험하다.
- 대한민국은 수도를 이전하지 말아야 한다.
- 유럽 연합은 최근 확장했음에도 불구하고 지리적으로 전혀 다양하지 않다.

- 그린란드는 인구는 적은데 면적은 너무 넓어서 독립 국가가 되기 어렵다.
- 극동, 중동, 근동이라는 용어는 더 이상 쓰지 말아야 한다.
- 세계 지도는 공식 사용을 위하여 X 투영법으로 표준화되어야 한다.
- 지도 제작은 궁극적인 통제의 수단이다.
- 지도 제작은 중동 위기의 근원이다.
- X 국가와 Y 국가 사이의 경계는 실질적으로 재설정되어야 한다.
- 위성 지도 정보는 무료화하여야 한다.
- GPS는 해방의 도구이다.
- 파키스탄은 절대 건국되지 않았어야 했다.
- 모든 사람들이 자신의 토지를 가질 자격이 있다.

지리 수업을 위한 토론 형식 예시

교사는 지리를 공부하고 숙달할 필요성에 대한 공공 포럼이나 공공 토론을 개최할 수 있다. 지리를 필수 과목으로 이수하는 중등학교 학생들은 "참고 자료를 충분히 이용할 수 있기 때문에 지리 수업을 확대할 필요가 없다."와 같은 주제를 토론할 수 있을 것이다. 이와 마찬가지로 중등학교 학생들은 "지리학은 현명한 진로 선택이 아니다."와 같은 주제를 토론할 수도 있을 것이다. 이 주제들은 모두 토론을 활용하여 지리의 중요성을 가르친다.

첫째, 식민 정부가 국경을 정한 방식에 대한 역사 재연 역할극 토론(historical reenactment role-playing debate)을 개최할 수 있다. 한쪽에서는 제1차 세계 대전 후의 중동과 같은 지역에 사는 사람들을 대표하여, 지리적 특징과 인구에 기반을 둔 새로운 국경이 필요하다고 주장할 수 있다. 다른 쪽에서는 식민 열강의 관점에서 주장할 수 있다. 학기 중에 이러한 계획을 세워 학기 말에 공공 토론을 개최할 수 있다.

둘째, 인문 지리 수업에서는 브라질리아와 같은 새로운 수도가 건설되고 자리를 잡은 방식을 살펴볼 수 있다. 상트페테르부르크(St. Petersburg), 라베나(Revenna), 워싱턴(Washington, D. C.)과 같은 역사적 사례를 이용할 수도 있다. 이 도시들을 만드는 것과 관련한 쟁점들이 다르기 때문에 이 토론은 수많은 지리학 쟁점들을 매우 특별한 방식으로 다루게 될 것이다.

셋째, 교사는 새롭고 변화하는 국가들의 지리적 특성에 대하여 공공 토론이나 공공 포럼을 개최할 수 있을 것이다. 예를 들어, "그린란드는 땅은 큰데 인구는 너무 적어서 독립 국가가 되어서는 안 된다."라는 주제는 매우 다양한 지리학적 쟁점을 아주 현실적인 관점으로 다룰 수 있다. 교사는 학생들에게 이에 대한 사전 공지를 하고 주제와 관련한 글들을 제공해 주어야 한다.

결론

지리가 재미없고 지루하다고 하는 경우가 종종 있지만 지리학의 쟁점을 토론하는 학생들은 이 과목이 배우는 것도 많고 재미도 있음을 알게 된다.

예술

인간의 역사와 예술은 늘 함께해 왔다. 예술은 모든 사회의 기본적인 욕구이며 모든 국가들은 각 역사적 시기의 예술적 성취를 이루며 활발한 문화를 지녀 왔다. 음악, 시, 연극, 회화, 조각, 그래픽 예술에 대한 대논쟁이 전 세계를 뒤흔들어 왔다. 스타일, 형식, 내용에 대한 논쟁은 오랫동안 예술 세계의 일부분이었다. 이러한 쟁점들은 생산적인 토론 주제를 만들어 낸다.

머레이 에델만(Murray Edelman)은 자신의 저서 『예술에서 정치로(From Art to Politics)』에서 예술이 우리 사회의 창조적 충동일 뿐만 아니라 우리의 의식을 구성하는 요소이기도 하다고 보았다. 그는 다음과 같이 기술한다.

> 예술은 실제와 세계를 만들어 낸다. 사람들은 서사, 그림, 이미지에 비추어 인식하고 상상한다. 이것이 바로 예술이 정치의 중심에 있는 이유이다. 이는 예술이 사회적 관계와 자연에 대한 믿음의 중심에 있는 것과 마찬가지이다. …… 예술 작품은 관습적 인식과는 다른 무언가를 만들어 내기 때문에 새로운 의미를 발현하는 매개체가 된다.(Edelman, 1995: 7)

에델만에 따르면 예술은 인간의 기본적인 부분이다. 예술의 중요성에 대하여 그가 주장하는 요점은 예술을 미학적 대상으로뿐만 아니라 사회·문화·정치적 주제로도 보아야 한다는 것이다. 토론은 예술에 대한 것뿐만 아니라 우리가 누구인지에 대해서도 새로운 이해를 할 수 있도록 안내한다.

예술 수업에 토론이 유용한 까닭

예술 수업은 예술품을 만드는 기능을 배워야 하는 교과이기 때문에 토론에 적합하지 않은 것처럼 보인다. 토론은 학생들에게 다른 방식으로는 접할 수 없었을 예술 운동을 소개해 줄 뿐만 아니라 역사적 중요성에 대한 감각을 교과에 제공할 수 있다. 예술에 대한 토론은 학생의 예술적 노력에 맥락을 부여하고, 전체 학생에게 논쟁적이거나 새롭게 보일 수 있는 내용을 탐색하게 할 수 있다. 토론은 학생들이 과제에 흥미를 느끼게 하고 그들에게 배경 정보를 가르치기 위한 좋은 방법이다. 예술 수업의 목적이 예술 창작 기능을 기르는 데 있다고 믿는 교사들도 있지만, 예술에 대한 안목은 만들어지는 것이다. 예술적 스타일이나 예술가들에 대한 섬세한 가치 판단력을 길러 주려 애쓰기보다 아이디어를 밝히는 데 도움이 될 토론을 수업에서 해 보는 것이 어떻겠는가?

예술 수업에서 토론을 활용하면 교사들은 이론과 실천 간의 균형을 유지해야 하는 어려움을 극복하는 데 도움이 된다. 크리스토퍼 나이트(Christopher Knight)는 이러한 논쟁을 LA 타임스에 다음과 같이 기고하였다.

예술 전공생에게 실천은 이론보다 더 중요하다. 예술가는 학자가 아니기 때문이다. 예술품 제작을 학문으로 접근하는 것은 권위주의적 지식인 사회, 말하자면 일종의 학술원(academy)을 만들려는 시도와 같다. 이때의 목표는 전통에 얽매여 독창성이 없는 아카데미 예술이다. 예술은 늘 학교와 맞추기 쉽지 않았는데 이는 새로운 예술품을 만드는 것이 학교가 즉시 검사하고 평가할 수 있는 객관적 기준과 일치하지 않기 때문이다. 예술 학교가 대부분 나쁜 예술 학교가 되는 이유 중 하나가 바로 이것이다. 그들은 기법이 교수법의 요구와 전형적인 학교 교육과정을 위한 시험에 부합하기 때문에 기법을 강조한다. 색상환은 바뀌지 않으며 점용접이 잘 되었는지 여부는 측정이 가능할 것이다.(Knight, 2001: C7)

예술 교수 방법에 대한 이러한 진퇴양난에 직면할 때, 토론은 이론적 혁신뿐만 아니라 기법 및 실제와 관련된 아이디어를 제공한다. 나이트가 문제 제기한 이론과 실천 간의 이러한 양극화는 토론을 통하여 해결될 수 있다. 교사는 예술의 실천에 관한 이론을 가르칠 수 있으며 그 결과는 학문적일 수도 비평적일 수도 있다.

예술 수업을 위한 토론 논제 예시
• 예술은 정치에서 벗어날 수 없다.

- 예술가는 결코 중요하지 않다.
- 예술은 정의할 수 없다.
- 공공 기금으로 예술을 지원해서는 안 된다.
- 검열은 결코 정당화될 수 없다.
- 삶의 질을 가장 잘 판단할 수 있는 것은 미학이다.
- 예술에 대한 공적 재정 지원을 획기적으로 늘려야 한다.
- 삶은 예술을 모방한다.
- 예술은 삶을 모방한다.
- 대중 예술의 표현에 대한 정부의 검열은 개인의 권리에 대한 부당한 침해이다.
- 광고는 삶의 질을 떨어뜨린다.
- 조각은 회화에 비해 지성인에게 미치는 유익한 영향이 더 크다.
- 현대 예술은 중세 예술에 비해 도덕성이 더 낮다.
- 드라마는 현실 삶의 탐구보다 정신적 즐거움에 더 크게 기여한다.
- 화약은 인류의 이익을 위해 시(詩)보다 더 많은 일을 했다.
- 비평가는 도움을 주기보다 해를 끼치는 존재다.
- 작곡가는 작사자보다 더 위대하다.
- 최근 연극사를 보면 지적인 요소보다 볼거리를 더 중시한다는 사실이 입증된다.
- 패션은 예술이다.
- 티보 칼맨(Tibor Kalman)[45]이 옳았다.
- 예술의 변화는 사회의 변화를 예고한다.
- 사회가 앞서 가면 예술은 그 뒤를 따른다.
- 외설 예술 같은 것은 존재하지 않는다.
- 예술가는 정치를 피해야 한다.
- 예술 시장은 위대한 예술을 또 다른 하나의 상품으로 전락시킨다.
- X가 Y보다 더 위대한 예술가이다.

---

45   [역주] 헝가리 출신의 그래픽 디자이너(1949~1999)

• X가 Y보다 더 위대한 예술 작품이다.

예술 수업을 위한 토론 형식 예시

이 절에서는 다양한 예술 수업을 위한 세 가지 토론 모형을 소개하고자 한다. 이 모형들이 가장 중요한 대상이거나 출발점이라는 제안을 하는 것은 아니다. 이 모형들의 의미는 교실 토론의 역할에 대한 교사의 이해를 도와주는 데 있다.

　예술 수업을 개관하는 것은 어려운 일이다. 교사가 학생들에게 제공해야 하는 정보의 범위가 넓기 때문이다. 뿐만 아니라 새로운 시도를 해야 할 때 학생들이 보이는 무관심은 처음 며칠 교사들을 좌절하게 할 수 있다. 새로운 종류의 예술이 보여 주는 혁신과 영향에 대하여 역할극 토론으로 수업을 시작해 볼 수 있다. 학급을 다섯 집단으로 나누고 각 집단에 예술의 한 분야를 정하여 생각하고 이를 대변하게 해 보자. 학생들이 공공 포럼의 형태로 랩 음악, 콜라주, 슬램 시(slam poetry),[46] 비디오 게임 애니메이션, 그라피티(graffiti)[47] 쓰기와 같이 서로 다르고 때로는 논쟁적인 예술의 유형을 대변하는 역할극 모임을 개최하게 해 보자.

　미국에서 흔히 있는 일이지만, 예술 수업을 위한 모금을 요청하기 위하여 조직적인 운동을 계획할 수도 있다. 이때 교사는 학부모 회의에서 그들의 이해를 돕기 위해 배경지식을 제공하고 싶을 것이다. 교사는 학생들이 내용과 상관없이 모든 종류의 예술을 보호하는 것이 가치 있는 이유에 대해 말하거나 각 예술 분야의 가치를 옹호하도록 사전에 학생들의 입장을 정해 줄 수도 있다. 또 하나의 방법은 학생들로 하여금 어떤 예술 범주가 옹호하기 가장 어려운지 그리고 재정 지원이 끊긴다면 어떤 분야가 희생되어야 하는지 결정해 보게 하는 것이다.

　그래픽 디자인 수업은 그 목적이 상업 광고와 연결되어 있어 토론을 위한 중요한 공간을 제공한다. "디자이너는 소비주의와 대항하기 위하여 자신의 솜씨를 사용해야 하는가?"라는 논제에 대한 토론을 한다고 생각해 보자. 이 주제는 학생들이

46　[역주] 일종의 낭송 대회에서 읽거나 암송하는 시
47　[역주] 공공장소의 벽 같은 곳에 페인트나 분무기로 표현하는 낙서와 같은 그림

이해관계와 그들이 공부하는 목적을 명확히 알 수 있도록 논쟁하게 하며, 학생들에게 지속적인 영향을 미칠 수 있다.

『애드버스터스(*Adbusters*)』라는 잡지의 「심리 디자인(Psycho Design)」이라는 글에서 발췌한 인용문을 살펴보자.

> 그러나 디자인 기반의 행동 수정이 궁극적으로 진부하고 파괴적일 필요는 없다. 오른손은 소비자의 구매 주기를 단축시키는 것 이상의 흥미로운 무언가를 하는 데 쓰일 수 있다. 디자인에 대하여 알고 있는 모든 것을 가져다 내쏟아 보자. 완전히 다른 방향을 취하기 위해 노력해 보자. 자신이 디자인하는 대상의 현란함, 시장성, 멋에 현혹되지 말고, 자신의 디자인이 이끌어 낼 여타의, 아마 반대되는 심리적 상태에 대해 생각해 보자. 욕망을 늘리지 말고 오히려 줄이려고 해 보자. 시간을 줄이는 대신 그것을 길게 늘려(s-t-r-e-t-c-h) 보자. 여러분은 모든 이웃이 공유할 수 있는 차, 사용자에게 엉덩이를 내려놓으라고 말하는 의자, 어린이도 고칠 수 있는 라디오를 설계할 수도 있다. 노후화 문제는 접어 두고 백 년간 쓸 제품을 설계하기 시작할 수도 있다. 여러분은 자신의 디자인에 상업적 중요성이 아닌 인간다움을 부여하는 것이다. 일단 소비자 설계 상자를 깨버리고 디자인의 생태학적이고 심리학적인 차원을 고려하는 데서 시작한다면 가능성이라는 상자는 열리고 말 것이다. (*Adbusters* 9(5), 2001: 53)

같은 호에서, 캘리포니아 예술 그래픽 디자인 연구소(California Institute of the Art Graphic Design)의 제프리 키디(Jeffrey Keedy) 교수는 이러한 행동주의 디자이너의 관점을 공박한다.

> 그래픽 디자인의 맥락에서, 반소비주의는 급진적인 생각인데 이는 그것이 매우 비상식적이기 때문이라고 보는 것이 정확하다. 반소비주의를 표방하는 디자이너는 책임 있는 음주를 표방하는 주류 회사나 미성년자 흡연을 반대하는 담배 회사와 아주 흡사하다. 아마 그들은 충심으로 그럴지 모르지만 믿기는 어려운 일이다. 전자 상거래의 거품이 붕괴되고 반소비주의 디자인에 대한 갑작스러운 관심이 일어나는 것은 우

연의 일치가 아니다. 가정용 운동 기구(butt toner) 배달을 위한 웹사이트를 디자인하는 직업에서 실직한 디자이너들이 이제는 운동 기구 회사의 착취 노동에 관한 웹사이트를 디자인하고 있는가? (*Adbusters* 9(5), 2001: 46)

위와 같은 질문을 다루고 있는 이 잡지에서 그래픽 디자이너들이 소비주의에 대항하기 위하여 디자인을 사용해야 하는가 하는 문제는 흥미로운 토론 쟁점이다. *Adbusters*지(誌)는 디자인을 통한 새롭고 긍정적인 의미의 창출을 주제로 토론하는 행동주의 디자이너들의 삶을 묘사하는 반면에, 키디 교수는 이러한 행동주의적 감상의 유출은 디자이너들이 실직했기 때문에 나타나는 것이라고 믿는다.

이와 같은 토론의 가치는 그것이 어떤 수업의 상관성을 강조한다는 것이다. 그래픽 디자인에 관한 수업의 목적이 무엇인가? 왜 학생들은 수업이 목표하는 기능을 배운 후에 어떤 일이 일어날지에 대해 관심을 가져야 하는가? 단지 방법론적 문제가 아니라 왜 우리가 이러한 것들을 해야 하는지에 대해서 교사가 학생들과 가장 공유하고 싶은 것은 무엇인가? 토론은 학생들이 배우고 있는 것에 영향을 미치는 쟁점들에 대해 생각할 수 있도록 가르치는 데 도움이 된다.

결론

예술 수업에서 토론은 활기차고, 흥미롭고, 도전 의식을 주는 활동이 될 수 있다. 교사는 토론이 매우 융통성 있는 활동이라는 장점을 가지고 있음을 유념해야 한다. 예술 작품을 논증에 활용하고, 급진적이고 흥미로운 새로운 생각들을 탐색하며, 창작에서뿐만 아니라 사고에서도 지평을 확장하도록 학생들을 격려해 주어야 한다. 토론을 통하여 예술 공동체와 공공 정책에서의 쟁점을 드러내고 아이디어를 설명할 수 있다.

스포츠와 레크리에이션

토론과 스포츠는 여러 면에서 공통된 부분이 많다. 다른 사람들과 경쟁하기 위해 개개인들이 협력하는 경기이다. 토론은 진영이 있을 뿐만 아니라 팀, 경기, 심판, 규칙, 토너먼트, 리그 등이 있다.

토론은 스포츠와 밀접하므로 스포츠와 레크리에이션의 문제를 훈련하는 데 사용되는 이상적인 도구이다. 중요한 쟁점, 연습과 기술들은 교실에서의 토론을 통해 개발될 수 있다.

스포츠와 레크리에이션 수업에 토론이 유용한 까닭

토론은 학습과 평가의 과정이기 때문에 교육에 광범위하게 적용될 수 있다. 스포츠와 레크리에이션의 특성은 몇 가지 이유로 토론에 잘 적용된다.

첫째, 토론은 학생들에게 새롭고 색다른 방법의 경쟁들을 시험하고 경험하게 할 수 있다. 비록 스포츠 전반에 중요한 정신적 요소가 관여하고 있지만 대부분의 스포츠 경기들이 신체적 움직임과 기술에 근거한다면 토론은 개인의 사고력이나 의사소통 기능과 관련이 있다. 경기장이나 다른 레크리에이션 게임에서 지는 것과 토론에서 지는 것은 다를 것이다. 토론에서 이기고 지는 것은 표현의 능력과 비판적 사고 능력 등의 자존심 문제이다. 전문적으로 스포츠에 관여하고 있는 이들은 토론이 경기 이해에 더 많은 도움을 주는 것을 발견했다. 더불어 토론은 스포츠에서 말하는 협력과 팀워크를 많은 부분 경험할 수 있게 도와준다. 올바르게만 지도한다면, 학생들은 토론 경험을 스포츠와 레크리에이션 지식에 적용함으로써 단순히 토론된 주제뿐만 아니라 경쟁과 협력, 그리고 그들에게 중요한 쟁점들을 배우게 된다.

둘째, 토론은 스포츠와 레크리에이션의 사회적 함의에 대한 탐구를 가능하게 한다. 스포츠와 레크리에이션이 이 사회에 존재하는 이유는 사회적으로나 개인적으로, 육체적 또는 정신적으로 인간의 필요를 충족시키기 때문이다. 스포츠와 관련된 이러한 중요한 본질적인 쟁점들은 충분한 관심을 받지 못했다. 토론은 이러한 쟁점들을 탐구하는 효과적인 방법이다. 이를 위해 다음과 같은 주제들을 추천한다.

셋째, 토론은 논리에 재미를 통합한다. 어떠한 게임들은 흥분을 시키기도 하고, 교육이 되기도 하며, 기술을 요하기도 한다. 또 어떤 게임은 논리적 해결 요소를 접목하고 있고, 스릴을 주기도 한다.

많은 게임들이 지적인 측면이 있는 것처럼 토론 게임은 지성을 기본 요소로 하고 있다. 기술과 스릴 등 스포츠와 레크리에이션에 익숙한 학생들은 교실에서 이러한 요소들을 친숙하고 따뜻한 분위기에서 학습하면서 경험할 수 있다. 토론을 통해 수업에 즐거움을 가미할 수 있는 것이다.

스포츠와 레크리에이션 수업을 위한 토론 논제 예시

- 현대 사회에서는 레저의 역할이 지나치게 강조되었다.
- 레크리에이션은 개인의 계발과 교육을 위해 설계되어야 한다.
- 현대 사회에서는 전문적인 스포츠가 지나치게 강조되었다.
- 팀 스포츠가 지나치게 강조되었다.
- 경쟁은 스포츠와 레크리에이션에서 종종 파멸적 요소이다.
- 레크리에이션과 레저 활동은 친환경적이어야 한다.
- 일은 많고 노는 것은 적다.
- 모든 프로 단계의 스포츠에서 보호 장구는 의무화되어야 한다.
- 장애가 있는 선수들은 경기를 할 때 보상적 차원의 유리함(advantage)이 있어야 한다.
- 모든 스포츠 분야에서 심판의 전문화가 이루어져야 한다.
- 대학교 과정에서 체육이 필수 과목으로 채택되어야 한다.
- 고등학교 체육이 선택과목으로 채택되어야 한다.
- 모든 스포츠는 양성이 평등해야 한다.
- 관습적이지 않은 더 많은 스포츠들이 올림픽 경기에 포함되어야 한다.
- 올림픽 경기는 중단되어야 한다.
- 대학 선수들은 수당을 받아야 한다.

- 국립 공원 생태계를 위해 사람들의 이용을 줄여야 한다.
- 대부분의 놀이공원은 시간과 돈 낭비다.
- 암벽 등반자들은 아메리칸 인디언들의 성지(聖地)를 등반하면 안 된다.

스포츠와 레크리에이션 수업을 위한 토론 유형 예시

스포츠와 레크리에이션 수업에서 토론은 다방면에 생산적으로 사용될 수 있다. 선택된 유형은 수업 내용을 반영하고 학생들이 내용을 풍성하고 흥미롭게 탐구할 수 있게 한다.

첫째, 스포츠와 레크리에이션을 바탕으로 하여 기본적인 사회적 쟁점들을 다루는 토론을 구성한다. 팀 토론을 통해 많은 다양한 쟁점들 혹은 한 가지 주된 난해한 쟁점을 다루도록 한다. 레저 시간을 위한 스포츠와 레크리에이션의 활용, 레저 시간의 중요성 또는 결여, 독서, 연기, 공예, 회화 등 소위 생산적인 레크리에이션과 스포츠 경기 관람, TV 시청, 아무것도 안 하기 등 소위 비생산적인 레크리에이션, 정신 건강에 레크리에이션과 스포츠가 미치는 영향, 신체 건강에 레크리에이션과 스포츠가 미치는 영향 등은 토론에 좋은 주제가 될 것이다. 많은 수업에서 스포츠와 레크리에이션이 '무엇인지'와 이들을 '어떻게' 할 것인지에 대하여 가르칠 때, 토론은 학생들이 '왜'에 대한 질문을 이해하게 도와준다.

둘째, 토론을 경쟁과 공동체 정신을 탐구하는 데 사용한다. 토론의 주제가 경쟁에 관한 것일 수도 있지만, 토론에서 협동과 경쟁은 조정될 수 있는 변인임을 명확히 할 필요가 있다. 예를 들어 토론을 협동적인 토의와 같이 진행해 보자. 이때 각 진영이 지정되지 않고 쟁점을 어떻게 분석했는지에 따라 우승자가 결정된다. 가장 협동적인 대화를 보여 주는 학생들이 이 실습에서 상을 받게 된다. 또 다른 예로는 발언을 하는 한 학생이 그 쟁점에 대한 입장을 진술하고, 같은 입장의 학생들이 '팀' 또는 '정당'을 편성하게 한다. 여기에서부터 토론이 진행된다. 학생들은 팀의 입장이 개인의 입장과 엇갈리기 시작하거나, 다른 집단의 논증에 감탄하여 자신의 집단을 떠나 다른 집단에 합류할 수도 있다. 그리하여 단순히 두 집단이 아니라 서너 개의 집단이 종종 나타나게 된다. 이러한 실습은 학생들이 집단의 형성, 발전, 변화를 이해하는 데 도움을 준다.

셋째, 스포츠와 레크리에이션을 우리 일상의 주요 활동들과 비교하는 데 토론을 활용한다. 우리는 많은 양의 시간을 일하는 데 사용하는데 바로 그 때문에 스포츠와 레크리에이션이 필요하다고 생각한다. 학생들은 이 일상 업무가 어떠한 것이기에 스포츠와 레크리에이션이 꼭 필요한 것인지, 또한 일상 업무가 레크리에이션과 같은 양상으로 발달하여 그 간극을 줄일 수 있을지에 대해 토론한다. 어떤 비평가들은 '놀이'와 '일'을 구별할 필요가 없고, 업무와 역할의 재구성을 통해 우리가 둘 중 하나를 선택하지 않아도 된다고 말한다.

넷째, '놀이' 요소를 부각하여 토론한다. 예를 들어 한 가지 생각을 선택 후, 한 사람은 이것에 지지할 이유를 제시하게 하고 다른 사람은 이것에 반대할 이유를 제시하도록 한다. 학생 중 누구도 논증을 반복할 수 없고 새로운 논증을 제시해야 한다. 학생 배심원들은 이 논증이 반복되는 것인지, 타당한지, 어떤 경우에 그 사람을 토론에서 제외할 것인지 결정한다. 이러한 간단한 학습 활동은 쉽고 즐겁다. 그리고 빠르게 진전됨에 따라 학생들은 다른 사람이 표현하는 생각들에 감탄하게 될 것이다. 이러한 활동은 즐거움을 주고 창조적인 생각들로 보상받게 된다. 학생들은 스포츠가 몸뿐만 아니라 생각을 반영한다는 것을 학습하게 된다.

결론

개개인들이 일상 업무에서 전보다 더 많이 자유로워지면서 스스로 더 활동적이고 체계적으로 즐기는 수단으로 스포츠와 레크리에이션의 영역이 확장되고 있다. 이 교과 영역에 대한 본질적인 교육 방식은 아니라 할지라도, 토론은 이 수업이 관련 주제들을 탐구하는 데 상당 부분 도움을 줄 수 있다. 스포츠와 레크리에이션 관련 학생들은 수동적이지 않고 활발한 수업을 선호하는데, 이런 면에서 토론은 매우 효과적이다.

참고문헌

Abbot, Edwin A. *Flatland*. London: Penguin Books, 1987.

Barker, Roseanne. "Videography to Teach Debate." Paper presented at International Debate Education Association conference, Istanbul, Turkey, November 2004.

Blatner, Adam. "Role-playing in Education." 2002. Available at http://www.blatner.com/adam/pdntbk/ rlplayedu.htm (accessed December 14, 2005).

Bonwell, Charles C., and James A. Eison. "Active Learning: Creating Excitement in the Classroom." Washington, D.C.: ERIC Clearinghouse on Higher Education and George Washington University, 1991. ERIC Identifier: ED340272.

Branham, Robert James. *Debate and Critical Analysis: The Harmony of Conflict*. Hillsdale, N.J.: Lawrence Erlbaum Associates, 1991.

Cialdini, Robert. "The Science of Persuasion." *Scientific American*, February 2001, 76–81.

Cotts, Cynthia. "Dateline: 43rd Street: How the 'Times' Straddles the Globalization Debate." *Village Voice*. August 21, 2001, 31.

Crocker, Lionel. *Argumentation and Debate*. New York: American Institute of Banking, 1962.

Dawson, Jodie. "Self-advocacy: A Valuable Skill for Your Teenager." SchwabLearning.org, 2004. Available at http://www.schwablearning.org/articles.asp?r=522 (accessed December 14, 2005).

Edelman, Murray. *From Art to Politics*. Chicago: University of Chicago Press, 1995.

Ehninger, Douglas, and Wayne Brockriede. *Decision by Debate*. New York: Dodd, Mead, 1963.

Foster, William Trufant. *Argumentation and Debating*. 2nd ed. Boston: Houghton Mifflin, 1945.

Freeley, Austin J. *Argumentation and Debate: Critical Thinking for Reasoned Decision Making*. 9th ed. Belmont, N. Y.: Wadsworth Publishing, 1996.

Giroux, Henry. Impure *Acts: The Practical Politics of Cultural Studies*. New York: Routledge, 2000.

————, *Schooling and the Struggle for Public Life: Critical Pedagogy in the Modern Age*. Minneapolis: University of Minnesota Press. 1988.

Gregory, Marshall. "Curriculum, Pedagogy, and Teacherly Ethos," Pedagogy 1, no. 1 (2001): 69–89.

Keedy, Bruce. "Hysteria." *Adbusters* 9, no. 5, September/October 2001, 46–47.

Knight, Christopher. "Art for School's Sake: Too Many Institutions Want Students to Conform to Criteria That Can Be Tested and Evaluated. The Result Is Pedagogy, Not Creativity." *Los Angeles Times*, July 8, 2001, C7.

Lunsford, Andrea, and John Ruszkiewicz. *Everything's an Argument*. Boston: Bedford/St. Martin's Press, 1999.

McBurney, James H., James M. O'Neill, and Glen E. Mills. *Argumentation and Debate: Techniques of a Free Society*. New York: Macmillan, 1951.

McChesney, Robert. *Rich Media, Poor Democracy: Communication Politics in Dubious Times*. New York: The New Press, 1999.

Meany, John, and Kate Schuster. *Art, Argument and Advocacy: Mastering Parliamentary Debate*. New York: International Debate Education Association, 2002.

————, *On That Point: An Introduction to Parliamentary Debate*. New York: International Debate Education Association, 2003.

Myers, D. G. *Social Psychology*. 4th ed.. New York: McGraw Hill, 1996.

National Forensic League. "Student Congress Manual," 2004. Available at http://www.nflonline.org/AboutNFL/LeagueManuals (accessed December 14, 2005).

New York University School of Continuing and Professional Studies. "NYC Professionals Expect Three or More Careers During Lifetime." News release, September 23, 2004. Available at http://www.scps.nyu.edu/about/article.jsp?artId=10087 (accessed December 14, 2005).

Nietzsche, Friedrich. *Untimely Meditations*. Edited by Daniel Breazeale. Translated by R. J. Hollingdale. Cambridge: Cambridge University Press, 1997.

Paden, William E. *Interpreting the Sacred: Ways of Viewing Religion*. Boston, Beacon Press, 1992.

Paul, Richard, and Linda Elder, Linda. *The Miniature Guide to Critical Thinking Concepts and Tools*. Dillon Beach, Calif.: Foundation for Critical Thinking, 2001.

"Psycho Design." *Adbusters* 9, no. 5 (September/October 2001): 57–58.

Quimby, Brooks. *So You Want to Discuss and Debate?* Rev. ed. Portland, Maine: J. Weston Walch, 1962.

Ross, M. Donna. "Cross Examination in Mock Trial." *The Rostrum*, February 1998. Available at http://debate.uvm.edu/NFL/rostrumlibmocktrial.html (accessed December 31, 2005).

————, "Mock Trial: An Open and Shut Case." *The Rostrum*, May 1997. Available at http://debate.uvm.edu/NFL/rostrumlibmocktrial.html (accessed December 31, 2005).

————, "Mock Trial: Get Going." *The Rostrum*, May 1997. Available at http://debate.uvm.edu/NFL/rostrumlibmocktrial.html (accessed December 31, 2005).

————, "Mock Trial: Who Goes Where?" *The Rostrum*, June 1997. Available at http://debate.uvm.edu/NFL/rostrumlibmocktrial.html (accessed December 31, 2005).

————, "Try Mock Trial." *The Rostrum*, April 1997. Available at http://debate.uvm.edu/NFL/rostrumlibmocktrial.html (accessed December 31, 2005).

Schank, Roger, and Chip Cleary. "Learning by Doing." Chapter 6 of *Engines for Education*, Institute for the Learning Sciences, http://www.engines4ed.org/hyperbook/nodes/NODE_120_pg.html (accessed December 15, 2005).

————. "Learning Is Fun." Epilogue to *Engines for Education*, Institute for the Learning Sciences, http://www.engines4ed.org/hyperbook/nodes/NODE_282_pg.html (accessed December 15, 2005).

Shuster, Kate. "Everything Is Everything Else: Argument Theory/Conspiracy Theory." Paper presented at International Debate Education Association conference, Istanbul, Turkey, November 2004.

Snider, Alfred. "Flashpoint: Revenge on Empty Television." Paper presented at International Debate Education Association conference, Istanbul, Turkey, November 2004.

Spencer-Notabartolo, Alexis. "The Roundtable Discussion: A Model for Debate and Argumentation Accessibility." Paper presented at International Debate Education Association conference, Istanbul, Turkey, November 2004.

Tannen, Deborah. *Argument Culture: Moving From Debate to Dialogue*. New York: Random House, 1998.

Tyson, Neil Degrasse. "Over the Rainbow: The Astrophysicist's Pot of Gold Lies Along the Entire Spectrum." *Natural History* 110, no. 7, September 2001, 30–35.

Whang, Patricia A., and Gisele A. Waters. "Transformational Spaces in Teacher Education: Map(ping) a

Pedagogy Linked to a Practice of Freedom." *Journal of Teacher Education* 52, no. 3, May/June 2001, 197–210.

Willhoft, Waldo. *Modern Debate Practice*. New York: Prentice-Hall, 1929.

Windes, Russel R., and Robert M. O'Neil, *A Guide to Debate*. Portland Maine: J. Weston Walch. 1964.

Wood, Roy V. *Strategic Debate*. 2nd ed. Skokie, Ill.: National Textbook Co., 1974.

X, Malcolm. *The Autobiography of Malcolm X*. With Alex Haley. New York: Grove Press, 1964.

옮긴이 후기

이 책은 버몬트 대학교의 알프레드 스나이더 교수와 훔볼트 주립 대학교의 맥스웰 슈누러 교수가 공동 집필한 교실 토론의 입문서이다[Snider, A. & Schnurer, M. (2006). *Many Sides: Debate Across the Curriculum*(2nd ed.). New York: International Debate Education Association.]. 저자들은 미국의 대학 토론 교육에서 오랫동안 종사해 온 토론 교육의 전문가들로서 토론 교육에 대한 깊이 있는 이해와 경험을 바탕으로 교과 교육을 위한 토론 교육의 내용과 방법을 체계적으로 소개하고 있다.

이 책의 가장 큰 특징은 토론 교육, 특히 교실 토론 교육의 이론과 실제를 균형 있게 다루고 있다는 점이다. 토론을 교육 방법이라는 측면에서 접근하면서 교실 토론에서 활용할 수 있는 다양한 토론 형식을 소개하고 있을 뿐만 아니라 교실 토론의 준비와 실행, 평가 등 교실 토론 교육의 설계와 실행을 위한 전 범위를 망라하고 있다. 토론 교육의 중요성을 인지하고는 있지만 교실에 토론을 적용하고 실천하는 데 자신감이 없던 이들에게는 토론 교육의 지침서로, 다양한 토론 교육을 기획하고 실천하고 있는 이들에게는 개념서나 이론서로 손색이 없을 것이다.

다양한 토론 형식을 소개하고 이를 범교과적으로 활용할 수 있도록 교과별 논제와 방법을 제시하고 있다는 점도 이 책의 특징 중 하나이다. 11장은 이 책이 교과 학습을 위한 교실 토론의 내용과 방법을 제공하는 책임을 가장 잘 드러내 주는 부분이다. 초·중등학교와 대학에서 배우는 다양한 교과목뿐만 아니라 우리 사회에서 최근 관심사가 되고 있는 다문화주의, 미디어 교육, 사회 복지 등의 문제까지 폭넓게 다루고 있어서 다양한 교과 학습에서 실용적으로 활용될 수 있다. 예시된 논제들을 직접 교실 토론에서 다루거나 변형하여 다룬다면 교실 토론의 어려움 중 하나인 논제 발굴 문제를 해소하는 데 도움이 될 것이다.

이 책의 번역과 편집 과정에서 독자의 편의를 증진하기 위하여 원저의 구성을 일부 변경하였음을 밝혀 둔다. 각 장에 첨부되어 있는 부록은 원래 책의 말미에 한꺼번에 제시되어 있었던 것이다. 부록은 해당 장의 본문에 언급되어 있거나 관련된 것들이어서 내용의 이해와 적용에 도움이 될 것이다. 또 11장의 교과 영역 배열은 원저에서 알파벳 순서로 되어 있던 것을 관련성이 높은 영역 순서로 재구성한 것이다. 이 또한 관심 있는 분야를 찾아보거나 여러 교과 영역을 관련지어 이해하는 데 도움이 될 것이다. 마지막으로 독자의 편의를 위하여 배경 지식이 필요한 부분에 대해서는 역주를 붙여 이해를 돕고자 하였다.

우리는 번역할 부분을 장별로 나누어 작업하고, 용어와 문체의 통일성을 꾀하기 위하여 여러 차례 논의 과정을 거쳤다. 토론 분야에서 사용되는 용어가 관련 학계에서 합의되지 않은 채 사용되고 있는 점을 감안하여 용어의 통일을 꾀하기 위한 밑거름이 되게 하자는 취지로 토론 관련 전문 용어에는 번역에 신중을 기하였음도 밝혀 두고자 한다. 일부 번역 용어들은 독자와 견해를 달리하는 것도 있을 수 있고, 더 나은 용어를 대안으로 제시할 수도 있을 것이다. 이와 관련하여 잘못되거나 미흡한 부분이 있다면 그 책임은 전적으로 역자들의 몫이다.

이 책의 번역을 위한 판권 계약에서부터 원고 검토와 편집까지 전 과정을 성심껏 지원해 준 사회평론아카데미 관계자 여러분께 깊이 감사드린다. 특히 거친 원고를 교열하고 멋진 책을 만들기 위하여 전문성을 발휘해 준 편집진에게 경의를 표하고 싶다. 초벌 원고를 꼼꼼히 읽고 자연스러운 문장으로 다듬어 준 서울대학교 대학원의 이민형 선생에게도 고마운 마음을 전한다. 여러 사람의 손을 거쳐 세상에 내놓은 이 번역서가 토론 교육에 대한 원저자들의 열정과 노고를 더욱 빛내고 교과 교육을 위한 토론 교육의 실천에 유익한 자원으로 활용되기를 진심으로 바란다.

민병곤, 박재현, 이선영

찾아보기